AD. GIRAUDEAU & J.-M. LELIÈVRE

LOIS USUELLES
ANNOTÉES.

1re PUBLICATION.

LA CHASSE

SUIVIE DE

LA LOUVETERIE, — LE DROIT SUR LE GIBIER, —
LA RESPONSABILITÉ DES CHASSEURS, DES PROPRIÉTAIRES DE BOIS ET FORÊTS, ETC., —
LES GARDES PARTICULIERS, — FORMULES DIVERSES,

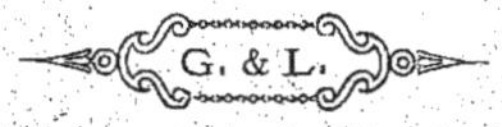

G. & L.

PARIS

LIBRAIRIE DE JURISPRUDENCE

DE GUSTAVE RETAUX,
15, rue Cujas.

LIBRAIRIE ADMINISTRATIVE

DE PAUL DUPONT,
rue de Grenelle-St-Honoré.

1868.

LOIS USUELLES ANNOTÉES.

LA CHASSE

SUIVIE DE

LA LOUVETERIE, — LE DROIT SUR LE GIBIER, —
LA RESPONSABILITÉ DES CHASSEURS, DES PROPRIÉTAIRES DE BOIS ET FORÊTS, ETC., —
LES GARDES PARTICULIERS, — FORMULES DIVERSES,

PAR MM.

AD. GIRAUDEAU & J.-M. LELIÈVRE

AVOCAT   AVOUÉ PLAIDANT

à Nantes.   à Mamers (Sarthe).

PARIS

LIBRAIRIE DE JURISPRUDENCE   LIBRAIRIE ADMINISTRATIVE

DE GUSTAVE RETAUX,   DE PAUL DUPONT,
15, rue Cujas.   rue de Grenelle-St-Honoré.

Et à MAMERS (Sarthe), chez l'un des auteurs chargé de l'administration.

1868.

IMPRIMERIE DE H. CHARPENTIER, A NANTES.

DIVISION MÉTHODIQUE [1]

DE TOUTES LES MATIÈRES TRAITÉES DANS L'OUVRAGE.

I

DE LA CHASSE.

LOI DU 3 MAI 1844.

II

DE LA LOUVETERIE.

III

DE LA PROPRIÉTÉ DU GIBIER

ET DES DROITS DU CHASSEUR SUR LE GIBIER.

IV

DE LA RESPONSABILITÉ.

V

DES GARDES PARTICULIERS.

VI

FORMULES.

OBSERVATIONS GÉNÉRALES.

<table>
<tr><td>

EXPLICATION DES ABRÉVIATIONS

ET DES CITATIONS D'ARRÊTS.

Abréviations.	Explication.
Act.	Action.
Ang.	Angers.
Ann.	Annote.
Ann. j. de p.	Annales des justices de paix.
Append.	Appendice.
Arr.	Arrêt.
Art.	Article.
Bord.	Bordeaux.
Brux.	Bruxelles.
Bull. des j. de p.	Bulletin des juges de paix.
C.	Code.
Cass.	Cassation.
Ch.	Chasse.
Champ.	Champêtre.
Circ. ou circul.	Circulaire.
Col. ou Colm.	Colmar.
Cr. ou crim.	Criminel.
D. ou Dall.	Dalloz.
Déc.	Décret.
Dij.	Dijon.
Dom.	Domaine.
Dr.	Droit.
For.	Forestier.
G. des Trib.	Gazette des Tribunaux.
Gill. et Vill.	Gillon et Villepin.
Gren.	Grenoble.
Inst.	Instruction

Abréviations.	Explication.
J.	Journal.
J. du droit crim.	Journal du Droit criminel.
J. des Chass.	Journal des Chasseurs.
J. de p.	Justice de paix.
Jur. for.	Jurisprudence forestière.
Lim.	Limoges.
Min. de l'Int.	Ministère de l'Intérieur.
Mon.	Moniteur des Tribunaux.
Montp.	Montpellier.
Mot.	Motifs.
Nim.	Nîmes.
Orl.	Orléans.
P.	Palais.
P. ou pén.	Pénal.
Poit.	Poitiers.
Pol.	Police.
Pr.-verb.	Procès-verbal.
Pub.	Public.
Rec.	Recueil.
Rép.	Répertoire.
Revue crit.	Revue critique.
S.	Sirey.
Supp.	Supplément.
Toul.	Toulouse.
Trib.	Tribunal.

Nous avons d'ordinaire renvoyé aux trois grands recueils de jurisprudence, Dalloz, le Palais et Sirey-Devilleneuve, qui se publient par livraisons mensuelles formant un volume à la fin de chaque année. — Nous indiquons ces trois grands recueils par leurs initiales. Le premier chiffre qui suit indique l'année du recueil, le second (au moins pour les recueils de M. Dalloz et de MM. Sirey et Devilleneuve) renvoie à la partie du volume où se trouve l'arrêt cité, et le dernier est la page où il faut se reporter.

Ainsi, cette citation :

Cass., 4 janv. 1860. — D. 60.1.14. — P. 60.299. — S. 60.1.743,

indique que l'on trouvera l'arrêt de cassation du 4 janvier 1860 dans le recueil de M. Dalloz, année 1860, 1re partie, p. 14, — dans le Journal du Palais, année 1860, p. 299, — et dans MM. Sirey et Devilleneuve, année 1860, 1re partie, p. 743.

Les mots *Angers, Cass., Rouen, Metz*, etc., sont les noms des Cours qui ont rendu les arrêts dont la date est ensuite.

Du reste, ces observations sont presque superflues en tant qu'elles s'adressent à ceux qui auront choisi l'édition grand in-8°, cette édition n'étant destinée qu'à des lecteurs familiarisés avec le mode que nous avons adopté pour la citation des arrêts et des auteurs.

Nous croyons devoir donner encore aux possesseurs de l'édition in-18 plus spécialement destinée aux chasseurs, propriétaires, maires, etc., quelques explications sur le système suivi dans notre travail. Quand nous citons des arrêts ou des auteurs à la suite d'une note, il est clair que c'est pour indiquer que ces arrêts ou ces auteurs ont adopté les principes de nos annotations. Le mot *consulter* suivi d'un arrêt ou du nom d'un auteur signifie que l'arrêt ou l'auteur se rapprochent de notre opinion ; les mots *voir pourtant* indiquent au contraire que l'arrêt ou l'auteur s'en éloignent, sans y être pourtant complétement opposés.

</td><td>

INDICATION DES OUVRAGES DE CHASSE

LE PLUS FRÉQUEMMENT CITÉS.

Auteurs.	Ouvrages.
MM.	
Berriat-Saint-Prix,	Législation de la Chasse et [de la Louveterie commentée, 1845, in-8°.
Camusat-Busserolles,	Code de la Police de la Chasse, annoté par Franck-Carré, 1844, in-8°.
Championnière,	Manuel du Chasseur, loi sur la chasse, précédée de l'Histoire du Droit de Chasse, 1844, in-18.
Chardon,	Le Droit de Chasse français, 1845, in-8°.
Cival,	Loi sur la Police de la Chasse, annotée et suivie des lois et arrêts sur la Louveterie, 1852, in-8°.
Dalloz,	Jurisprudence générale du XIXe siècle, Traité sur la Chasse et la Louveterie, compris au 8e volume, 1847.
De Neyremand,	Questions sur la Chasse, 1866, in-8°.
Dufour,	La Loi sur la Chasse expliquée à l'aide de la Jurisprudence, 1863, 2e édition, in-8°.
Duvergier,	Code de la Chasse, ou Commentaire de la loi du 3 mai 1844, extrait de la Collection des Lois, année 1844.
Gillon et Villepin,	Nouveau Code des Chasses, 1851, nouvelle édition, in-18.
Honël,	Le Nouveau Code de la Chasse, 1844, in-32.
Lavallée et Bertrand,	*Vade mecum* du Chasseur, loi sur la police de la chasse, 1844, 2e édition, petit in-18.
Morin,	Répertoire Criminel, 2 vol. in-8°, 1851, à l'article *Chasse*.
Perrève,	Traité des délits et des peines de chasse, 1845, in-8°.
Petit,	Traité complet du droit de chasse, 1853, 2e édition, 2 vol. in-8°.
Rogron,	Le Code de la Chasse expliqué, 1850, in-18.
Sorel (Alexandre),	Dommages aux champs causés par le gibier et responsabilité des propriétaires de bois et forêts, 1861, in-8°. (C'est à cet ouvrage que nous renvoyons dans notre IVe partie, § 2.)
Sorel (Alexandre),	Chasse à tir et à courre. Du droit de suite et de la propriété du gibier tué, blessé ou poursuivi, 1862, in-8°. (Nous renvoyons à cet ouvrage dans notre IIIe partie.)
Villequez,	Du droit du chasseur sur le gibier dans toutes les phases des chasses à tir et à courre, 1864, in-12. (Il faut consulter ce traité quand nous citons M. Sorel, à la IIIe partie.)
Villequez,	Du droit de destruction des animaux malfaisants ou nuisibles et de la louveterie, 1867, in-12. (Nous citons cet ouvrage, IIe partie.)

Nous avons consulté ou cité aussi :

MM.	
Blanche (Alf.),	Dictionnaire général d'Administration, 1 fort vol. in-8°.
Block (M.),	Dictionnaire de l'Administration française, 1 vol. in-8°.
Cère,	Manuel du garde champêtre, forestier et particulier, 1853, in-18.
Gislain,	Le Chasseur prud'homme.
Gournay,	Formulaire des procès-verbaux en matière de délits de chasse, 1852, brochure in-8°.
La Vallée (Joseph),	La Chasse à tir en France, in-18.
Loiseau et Vergé,	Loi sur la Police de la Chasse, 1844, in-24.
Nicolin,	Police de la Chasse.
René et Liersel,	Traité de la Chasse, 1865, in-18.
Rousset (A.),	Code usuel des gardes champêtres, des gardes particuliers et des gardes messiers, 1863, in-12.
Viel (Ch.),	La Loi sur la Chasse expliquée aux chasseurs, aux gardes champêtres et aux agriculteurs, 1865, in-18.
Etc., etc.	

</td></tr>
</table>

Les Auteurs seraient très-reconnaissants des communications que l'on voudrait bien leur faire. Prière de les adresser à M. LELIÈVRE, Avoué à Mamers, chargé de l'administration.

I.

DE LA CHASSE

(Loi sur la Police de la Chasse, du 3 Mai 1844).

Article 1ᵉʳ. Nul ne pourra chasser, sauf les exceptions ci-après, si la chasse n'est pas ouverte, et s'il ne lui a pas été délivré un permis de chasse par l'autorité compétente.

Nul n'aura la faculté de chasser sur la propriété d'autrui sans le consentement du propriétaire ou de ses ayants-droit.

Article 1ᵉʳ.

SOMMAIRE.

§ 1ᵉʳ.

NATURE DU DROIT DE CHASSE.

CESSION, LOCATION, ETC.

1. Droit naturel. — Le droit de chasse dérive du droit naturel, mais la loi de 1844 a presque effacé ce principe, en faisant du droit de chasse un attribut de la propriété, et en subordonnant la faculté de chasser au consentement du propriétaire ou de ses ayants-droit. Cette condition serait avantageusement remplacée par la simple réserve, au profit du propriétaire, du droit d'interdire la chasse sur ses terres. Encore cette modification laisserait-elle subsister de justes critiques élevées contre les tendances un peu aristocratiques de la loi sur la chasse.

Nous rappelons en passant qu'après des modifications successives, la loi dont nous nous occupons fut votée par 214 voix contre 99 à la Chambre des députés.

2. Attribut de la propriété. — Le droit de chasse est un attribut du droit de propriété; il doit donc être réputé exclusivement dans les mains du propriétaire tant qu'il n'en a pas fait la concession expresse.

Angers, 14 août 1826. — D. 27.2.6. — P. à sa date. — S. 27.2.4.

3. Cession ou location du droit de chasse. (*Voir aux formules*.) — Le propriétaire peut céder ou donner à bail le droit de chasse sur son terrain, aussi bien à titre onéreux qu'à titre gratuit, soit pour un nombre d'années déterminé, soit pour la vie d'une personne ou même de ses héritiers. (Avant l'abolition par l'Assemblée Nationale du droit exclusif de chasse, la chasse n'était pas susceptible d'être affermée; un réglement du 3 octobre 1722 était formel à cet égard.)

Rouen, 9 nov. 1826 — D. 50.2.177. — P. à sa date.
Cass., 21 janv. 1857. — D. 57.1.505. — P. à sa date. — S. 57.1.50.
Metz, 1ᵉʳ mars 1854. — D. 54.2.266 — P. 55.2.501. — S. 50.2.51.
Et les arrêts cités n° 29, qui décident implicitement la question.
En ce sens : Tous les auteurs, notamment : Dalloz, n° 46; De-

molombe, *Servitudes*, n° 686; Favard, n° 15; Gillon et Villepin, n° 20; Marcadé, art. 686; Morin, n° 8; Merlin, *Bail*, p° 570, Rogron, p. 31; Toullier, t. 4, n° 19; Troplong, *Louage*, n° 94.

4. *Mais la cession peut-elle être perpétuelle?* — Cette question est gravement controversée et dépend de la solution de cette autre question : Le droit de chasse aliéné à perpétuité constitue-t-il une servitude réelle ou une servitude personnelle? Nous décidons, sans hésiter, avec *Marcadé*, art. 686, que la *cession perpétuelle* du droit de chasse constitue une *servitude personnelle, prohibée par la loi.* Le profit, en effet, ne s'attache pas au fonds, mais à la personne; la valeur intrinsèque du sol n'est pas accrue, l'exploitation n'en est pas plus facile, l'habitation n'en devient pas plus commode, l'aspect reste le même, etc. Donc, comme l'exprime énergiquement Marcadé, sous la couleur mensongère d'une servitude réelle se cache la personnalité du service imposé au fonds.

Caen, 10 déc. 1851. — Cité par Demolombe.
En ce sens : Championnière, p. 46; Chardon, p. 121; Demante, t. 2, n° 541 *bis;* Demolombe. *Servitudes*, n° 686; Ducaurroy, t. 2, n° 541; Duranton, t. 4, n° 292, et t. 5, n° 249; Duvergier, 1844, p. 101; Lavallée, p. 5; Merlin, *Pêche*, § 1ᵉʳ, p. 52, et *Chasse;* Pardessus, t. 1ᵉʳ, n° 12, et t. 4, n° 11; Petit, t. 1ᵉʳ, p. 510; Proudhon, *Dom. privé*, t. 1ᵉʳ, n° 587; Répertoire du Palais, n° 59; Rogron, p. 33. *Voir aussi un avis du conseil d'État du 19 oct. 1811*, qui déclare nulle l'aliénation à perpétuité du droit de pêche.

5. Sont de l'*opinion contraire*, c'est-à-dire admettent la cession à perpétuité du droit de chasse en le considérant comme constituant une servitude réelle :

Dalloz, n° 43 et 45; Daviel, t. 5, n° 955; Favard, *Chasse*, n° 15; Gillon et Villepin, n° 21; Lavallée et Bertrand, p. 41; Taulier, t. 2, p. 356; Toullier, t. 2, n° 588.

Jugé, dans le sens de cette opinion, que le droit de chasse est un démembrement de la propriété, et peut être cédé à temps ou à perpétuité comme la propriété elle-même; — que spécialement la clause par laquelle le vendeur d'un fonds se réserve le droit de chasse sur ce fonds, pour lui, ses héritiers ou ayants-cause, est valable et ne saurait être annulée comme renfermant des caractères de féodalité.

Amiens, 2 déc. 1855. — D. 56.2.29. — P. à sa date. — S. 56.2.98.

6. La Cour de cassation s'est rapprochée de la même opinion en jugeant que la concession du droit de chasse, dans une forêt, faite à tous les *habitants d'une commune*, constitue une véritable servitude réelle, et non une servitude personnelle prohibée par la loi; qu'en conséquence, une telle concession n'a rien de féodal et n'a pas été annulée par la loi du 4 août 1789.

Cass., 4 janv. 1860. — D. 60.1.14. — P. 60.299. — S. 60.1.745.

7. Toutefois, plusieurs des partisans du système exposé nᵒ 5 ne concluraient à la validité de la cession à perpétuité du droit de chasse, qu'autant que la cession aurait lieu en faveur d'un fonds ou du moins d'une personne considérée en tant que propriétaire d'un fonds ; ils considèreraient en conséquence comme entachée de personnalité et comme revêtant un caractère en quelque sorte féodal, — ce qui entraînerait la nullité, — la cession d'un droit de chasse *au profit de certaines personnes désignées.* Par suite, ils ont vivement critiqué la dernière partie de l'arrêt de la cour d'Amiens précité.

Dalloz, nᵒ 44 ; Gillon et Villepin, nᵒ 22. — Voir aussi les motifs de l'arrêt de cassation cité nᵒ 6.

8. *La cession est-elle opposable aux tiers acquéreurs ?* — Oui, dans l'opinion (nᵒ 5) qui reconnaît à la cession d'un droit de chasse à perpétuité le caractère d'une servitude réelle.

9. Mais nous pensons que la conséquence forcée du système que nous avons adopté, nᵒ 4, — et qui tend à la nullité d'une pareille cession, — est de n'accorder à l'acquéreur d'un droit de chasse, pour un temps déterminé, qu'un droit personnel contre son vendeur ; un semblable droit n'est pas en effet susceptible d'hypothèque ou de transcription. L'acquéreur pourrait seulement faire évaluer dans un acte authentique les avantages qu'il entend retirer du droit de chasse, et faire obliger conditionnellement son vendeur au paiement de la somme fixée ; il prendrait ensuite hypothèque pour le paiement de cette somme en cas d'éviction.

10. M. Demolombe croit *au contraire,* nᵒ 686, que le droit de chasse peut bien être établi à titre d'usage irrégulier, de manière à grever, au profit d'une personne déterminée et pendant sa vie, le fonds servant d'une charge réelle qui le suivra dans les mains de tout tiers détenteur.

11. *La cession ou le bail de la chasse sont-ils personnels ?* — En un mot, le droit de chasse adjugé ou affermé est-il personnel au fermier, en sorte que celui-ci ne puisse rétrocéder son droit, ni même donner à des tiers des permissions individuelles ? — Nous croyons, avec MM. Dalloz, nᵒ 48, et Gillon et Villepin, nᵒ 30, que le droit est, à moins de stipulations contraires, rétrocessible, pourvu toutefois qu'il ne résulte pas de la convention ou des circonstances que le droit n'avait été cédé qu'en considération de la personne du locataire ou cessionnaire, et pour lui seul et sa famille, et pourvu encore que la position du locataire ou fermier ne soit pas aggravée par la substitution d'un tiers au bailleur lui-même (Rouen, 2 arrêts cités nᵒ 52). — Suivant les recueils de Dalloz et de Sirey, M. Petit, t. 1ᵉʳ, p. 337, et le répertoire de M. Morin, nᵒ 8, la Cour de cassation aurait jugé le contraire les 16 juin et 14 juillet 1848, mais c'est une erreur ; la Cour s'est basée sur les termes formels de la convention ; voir ces arrêts, art. 11, 5ᵒ.

12. *Interprétation du bail de chasse.* — Quand les parties ont fait un bail écrit, il doit être interprété, dans le doute, en faveur du locataire. Ainsi, si l'acte porte le mot *cession,* il faut l'interpréter dans le sens le plus large, c'est-à-dire dans le sens d'une cession et non d'une simple permission ; il importerait peu que le bail fût révocable à la volonté des parties (Bruxelles, 13 février 1836), ou qu'il eût été consenti par un usufruitier (Rouen, 2 janvier 1865, *Recueil des arrêts de Caen et Rouen,* Rouen, p. 134).

13. Lorsqu'on cède ou qu'on autorise la chasse au profit de quelqu'un ou de ses *amis,* cette dernière expression ne pourrait donner au bénéficiaire le droit de céder son droit à des tiers, à prix d'argent. Il en serait autrement s'il s'agissait d'une chasse adjugée à un prix élevé ; le mot *amis* aurait alors, d'après la commune intention des contractants, un sens plus étendu.

Paris, 25 et 26 novembre 1864. (*Gazette des Trib.* du 27 nov.)

14. La défense de rétrocéder son droit emporte-t-elle celle d'accorder des permissions de chasse ? La Cour de cassation l'a jugé dans des cas où il s'agissait de droits de chasse dans des forêts, en s'appuyant aussi sur les termes des cahiers de charges (voir art. 11, 5ᵒ). Nous pensons que dans les locations ordinaires il n'en serait point ainsi, et que le locataire de la chasse, auquel défense serait faite de rétrocéder son droit, aurait cependant le droit de se faire accompagner d'amis et même de les autoriser à chasser isolément.

15. *Société de chasseurs.* — Des chasseurs peuvent s'associer pour exploiter en commun les divers droits de chasse qui leur appartiennent. Une telle association constitue une *société civile* parfaitement valable qui peut agir en justice, aux poursuites et diligences du comité d'administration qu'elle s'est constitué.

Cass., 18 nov. 1865. — D. 66.1.455. — P. 66.1104. — S. 66.1.415.

16. Expiration des baux de chasse. — *Tacite réconduction.* — Nous pensons que les baux de chasse doivent être assimilés aux locations de biens ruraux, et qu'il faut leur appliquer les principes du droit civil, art. 1774 et suivants du Code Napoléon. Si donc un bail de chasse prend fin et que le propriétaire laisse néanmoins le locataire chasser, il s'opère en faveur de celui-ci un nouveau bail qui durera une année.

17. Permission de chasser. — Il faut bien distinguer la cession du droit de chasse de la simple permission que donne un propriétaire de chasser sur son terrain.

Par la cession du droit de chasse, que ce soit une vente ou un simple bail, l'acquéreur de ce droit devient seul maître de la chasse ; il peut faire chasser par d'autres et même rétrocéder son droit. (Voir ci-dessus.)

Par la permission qu'obtient un chasseur, il n'a qu'un droit tout personnel, à moins de conventions contraires, et ne pourrait y faire participer des tiers. Si la permission n'est pas générale, il doit la demander chaque fois.

18. Cantonnement. — *Usage.* — *Cession* — *Gibier particulier. — Commune. — Étang.* — Le droit, concédé à titre onéreux par un particulier aux habitants d'une commune de chasser sur son fonds une certaine espèce de gibier, formant le revenu principal de ce fonds (oiseaux de rivière), constitue une vente de fruits, un démembrement de la propriété qui ne saurait être soumis au cantonnement, alors surtout que par suite des habitudes changeantes de cette espèce de gibier, la commune serait exposée à être privée tout à coup des avantages de son droit, si le cantonnement avait lieu. (Arrêt de Bordeaux.) — Le droit de chasse sur un étang n'est pas susceptible de cantonnement. (Arrêt de cassation.)

Bord., 17 mars 1847. — D. 47.4.68. — P. 48.2.651. — S. 49.2.281.
Cass., 17 juin 1856. — D. 56.1.264 — P. 56.2.481. — S. 56.1.585.

19. *Terrain ordinaire. — Effets du cantonnement.* — Le cantonnement pourrait, au contraire, avoir lieu lorsque le droit de chasse, suivant le titre, constituerait un simple usage, devant s'exercer sur un terrain ordinaire et sur toute sorte de gibier, et que le cantonnement offrirait des avantages de nature à compenser la restriction du droit. (Motifs de l'arrêt ci-dessus.)

Les avantages du cantonnement entre particuliers sont de leur permettre, par des échanges fictifs et des compensations de terrain, de se composer à chacun un canton de terre sur lequel il peut chasser sans passer sur ses voisins. Les propriétaires peuvent se cantonner entre eux, mais le cantonnement est toujours facultatif.

Fournel, t. 1, p. 95 ; Houël, nᵒ 6 ; Vaudoré, p. 107.

20. Prescription. — Le droit de chasse sur le terrain d'autrui ne peut s'acquérir par prescription ; c'est là une servitude éminemment discontinue.

Metz, 20 fév. 1850. — D. 50.2.124. — P. 51.1.5. — S. 51.2.257.
Les auteurs sont unanimes.

21. Renvoi. — Celui qui chasse, au mépris de la cession qu'il a faite de son droit, commet-il un délit ? — Voir art. 11, 1ᵒ.

§ II.

QUI PEUT CHASSER ET A QUI LE DROIT DE CHASSE APPARTIENT.

22. Qui peut chasser. — *Droit commun.* — Le droit commun est que toute personne peut chasser; il faut donc une exception prévue par la loi d'une manière expresse pour que le permis de chasse puisse être refusé à quelqu'un.

23. Ecclésiastiques. — Sous l'ancien droit ils ne pouvaient chasser; l'art. 15 du quatrième concile de Latran le leur défendait d'ailleurs. Ils avaient seulement le droit de commettre une personne pour exercer leur droit sur leurs terres. Aujourd'hui ils ont évidemment, au point de vue légal, le droit de chasser.

Dall., n° 151; Gill. et Vill., p. 151; Petit, t. 1er, p. 297.

24. Étranger. — Nous ne voyons pas que le droit de chasse puisse lui être contesté; les circulaires ministérielles sont en ce sens.

25. Femme. — Elle a le droit de chasser; si elle est majeure elle n'a besoin d'aucune autorisation (la question était controversée sous l'ancien droit). Si elle était mineure, il lui faudrait l'autorisation de ses père, mère ou tuteur. Si elle était mineure et mariée, l'autorisation de son mari serait nécessaire.

Dalloz, n° 150; Gill. et Villep., n° 156; et Rogron, art. 7, p. 97.

26. *Femme majeure mariée.* — Nous décidons qu'elle a le même droit, et nous ne croyons point qu'elle ait besoin de l'autorisation maritale.

Auteurs ci-dessus; ajoutez: Berriat, p. 70; Championnière, p. 51. — Suivant MM. Lavallée et Bertrand, p. 77, l'autorisation du mari serait nécessaire.

27. Renvoi. — Voir encore nos annotations sous les art. 6, 7 et 8 pour connaître les personnes à qui les permis de chasse peuvent ou doivent être refusés.

28. A qui le droit de chasse appartient. — **Propriétaire, fermier.** — Si le bail parle du droit de chasse expressément ou implicitement, tout le monde est d'accord pour dire qu'il faut interpréter la convention. (Voir n° 38 l'interprétation d'un droit d'usage.) Mais sur le point de savoir à qui le droit de chasse appartient du propriétaire ou de son fermier, *dans le silence du bail,* il existe *quatre systèmes.*

29. 1er *système.* — *Le droit appartient au propriétaire seul.* — D'après ce système, qui semble prévaloir en doctrine et en jurisprudence, le fermier n'a point le droit de chasse, à moins de stipulations contraires dans le bail. Le gibier, dit-on, n'est pas un produit du sol, puisqu'il n'appartient point au sol, mais seulement au premier occupant. C'est donc un droit voluptuaire, tacitement réservé au propriétaire du fonds.

Paris, 19 mars 1812; cass., 13 nov. 1818; Angers, 14 août 1826, 12 juin 1828; cass., 12 juin 1828; Rennes, 11 nov. 1835.
Cass., 4 juil. 1845.—D. 45.1.551.—P. 45.2 297.—S. 45.1.774.
Gren., 19 mars 1846.—D. 46.2.183.—P. 46.2.504.—S. 46.2.468.
Metz (mot.), 26 fév. 1850. — Cité n° 38.
Nancy (réform.), Gazette des Tribunaux du 31 décembre 1858.
Riom, 21 déc. 1864. — D. 65.2.24 — P. 65.1033.—S. 65.2.270.
Cass., 5 av. 1866. — D. 66.1.411. — P. 66.1099.—S. 66.1.412.
En ce sens: Aubry et Rau, t. 3, § 366, note 2; Berriat, p. 133; Championnière, p. 18; Dalloz, n° 49; Favard, n° 15; Foucard, t. 1er, n° 301; Gillon et Villepin, n° 17; Lavallée et Bertrand, p. 42; Loiseau et Vergé, p. 17; Massé et Vergé, t. 2. § 294, note 2; Merlin, Chasse, § 3; Neveu-Derotrie, p. 122; Perréve, p. 180; Petit, t. 1er, p. 229, 307; Poullain, p. 28; René et Liersel, p. 13; Sauger, Louage et Servitudes, n° 197; Sébire et Carteret, n° 22; Toullier, t. 4, n° 19; Troplong, Louage, t. 1er, n° 161.

30. 2e *système.* — *Le droit appartient au fermier seul.* — Le fermier a droit à toute la jouissance du fonds, sans qu'il y ait à distinguer si elle porte sur les agréments ou les produits; d'ailleurs le sol nourrit le gibier: comment le fermier n'aurait-il pas le droit, par compensation, de chasser ce gibier? Le droit de chasse est si bien un produit qu'il peut être affermé. La loi de 1790 accordait au fermier l'indemnité pour fait de chasse

comme propriétaire des fruits. Par quels moyens, si la chasse n'appartient pas au fermier, le défendra-t-on contre la gêne, les dangers même de cessions multiples que pourrait faire le propriétaire?

Chardon, p. 129; Ph. Dupin, Journ. des Cons. munic., 2e année, p. 1; Duvergier, Louage, t. 1er, p. 73, Gasparin, p. 388; Houël, n° 20; Pascalis, 1843, n° 6, p. 161; Vaudoré, t. 2, n° 241. Nous ajouterons M. Rogron, p. 17 et suiv., et append., p. 533, qui, tout en paraissant se ranger au premier système, développe avec un grand soin tous les arguments du second.

31. 3e *système.* — *Le droit appartient concurremment au propriétaire et au fermier.* — Le fermier a le droit de se plaindre du fait de chasse commis sans sa permission; comment pourrait-il être poursuivi pour avoir chassé sur le même terrain sans la permission d'un autre? — Cependant le propriétaire a droit aussi à la chasse, du moins c'est une question d'intention.

Duranton, t. 4, n° 286. — En Belgique, la Cour de cassation s'est plusieurs fois prononcée en ce sens.

32. 4e *système.* — *Distinctions à établir.* — Nous ne pouvons nous ranger, d'une façon absolue, à l'une ou l'autre des opinions qui précèdent. — Nous acceptons comme règle générale que le propriétaire a seul droit à la chasse, et en cela nous partageons le premier système; mais nous pensons qu'en dehors même de toute stipulation dans le bail, la nature a indiquer l'intention des parties, il y a des cas où cette intention doit être présumée d'elle-même. Nous croyons, par exemple, que s'il s'agit de la location d'une propriété de luxe, comprenant un parc, il est impossible d'admettre que le propriétaire pourra venir y chasser et y faire chasser. Il en serait ainsi, à plus forte raison, si la propriété formait un enclos, dans les termes de l'art. 2. (Voir sous cet article l'examen de ce point spécial.) Nous déciderions de même s'il s'agissait d'une ferme très-éloignée du domicile du propriétaire et sur laquelle il n'aurait jamais chassé; — de même encore, si la ferme était voisine de sa demeure, mais s'il était notoire que de tout temps les fermiers y auraient chassé au vu et au su du propriétaire, sans avoir jamais demandé aucune autorisation. — Pour nous donc, tout se réduit à une question d'appréciation de faits. Aussi adhérons-nous à ce motif de l'arrêt de Rouen, cité ci-dessous, que « la présomption en faveur du propriétaire fléchit lorsque le droit de chasse, exercé par lui ou par le tiers qui le tiendrait de lui, serait, en l'état des choses, tellement incommode ou onéreux au preneur, qu'on ne puisse facilement admettre qu'il ait eu l'intention de s'obliger à le subir. » La Cour de cassation, dans son arrêt du 5 avril 1866, cité n° 29, disait également que la concession du droit de chasse au fermier pourrait résulter des stipulations du bail ou « de circonstances de fait équivalentes. »

Rouen, 22 mars 1861. — D. » » » — P. 61.1047.— S. 61.2.406.
En ce sens: Dalloz, n° 51. qui pose plusieurs des exemples que nous avons choisis; Proud'hon, du Dom. privé, t. 1er, n° 582, qui accorde le droit de chasse au fermier si le terrain est en culture, et au propriétaire si le terrain est en bois, distinction que nous ne pouvons admettre; d'autres reconnaissent le droit au fermier d'un enclos, art. 2; Rogron, p. 57, le concède au locataire ou fermier, s'il s'agit d'un simple jardin ou d'en enclos fort peu considérable, et le lui refuse dans tous les autres cas.
M. Marcadé, sur l'art. 1719, accorde la chasse au locataire dans les deux cas suivants: 1° Lorsque les produits du fonds sont principalement ceux que peut donner la chasse, et 2° lorsqu'il s'agit d'une location d'agrément. C'est toujours revenir à une question d'appréciation.
Voir encore:
Rouen, 25 août 1857.—D. 59.2.27. — P. 58.547 — S. 58.2.557.

33. *Fermier, gibier, dommage.* — Le fermier a toujours le droit de repousser le gibier et les animaux nuisibles qui porteraient dommage à ses récoltes (art. 9). — A-t-il le droit de poursuivre les délits de chasse? (Voir art. 26.)

34. Antichrésiste. — C'est le créancier qui reçoit un immeuble en gage, avec la faculté d'en percevoir les fruits qu'il impute sur les intérêts et subsidiairement sur le principal de sa créance. Son droit est précaire et restreint, nous ne pouvons lui reconnaître le droit de chasse.

Championnière, p. 15; Dalloz, n° 60.
En sens contraire: Gillon et Villepin, n° 161.

35. Emphytéote. — Son droit est analogue à celui de l'usufruitier; comme celui-ci, il a le droit de chasse.

Berriat, p. 129; Dalloz, n° 59; Dupin jeune, t. 2, p. 2; Duranton, t. 4, n° 285; Gillon et Villepin, n° 14; Houël, n° 22; Lavallée et Bertrand, p. 41; Perrève, p. 176; Toullier, t. 4, n° 19; Troplong, *Louage*, t. 1ᵉʳ, n° 38.

36. Usager. — Il n'a qu'un droit limité, et la chasse n'en fait point partie.

Metz, 26 fév., 1850, cité ci-dessous.
En ce sens : Berriat, p. 129; Chardon, p. 125; Dalloz, n° 61; Gillon et Villepin, n° 23; Petit, t. 1ᵉʳ, p. 300; Rogron, p. 22.

37. — Nous croyons avec MM. Gillon et Villepin, p. 53, et Dalloz, n° 61, que l'usager aurait pourtant le droit de chasse, s'il s'agissait d'un droit d'habitation sur une maison entière et l'enclos qui y est attenant; mais le droit de l'usager étant personnel, il ne pourrait céder ou affermer la chasse.

38. — Nous supposons que la convention est muette sur la question du droit de chasse, car autrement il faudrait y recourir.

Jugé que le droit de jouir d'une forêt et de l'exploiter n'emporte pas le droit de chasse lorsque la convention remonte à une époque où le droit de chasse ne pouvait, comme féodal, être exercé par l'usager.

Metz, 26 fév. 1850. — D. 50.2.124. — P. 51.1.5. — S. 51.2.257.

39. Usufruitier. — Il a le droit de chasser (*à l'exclusion même du nu-propriétaire*), car la loi lui donne le droit de jouir comme le propriétaire. Les auteurs sont unanime sur ce point. — Le nu-propriétaire ne peut rien faire sur l'héritage qui soit de nature à nuire à l'usufruitier; il doit respecter les baux faits par celui-ci dans les limites de son droit, et ne pourrait pas détruire les bois ou taillis, non plus que les fourrés qui servent d'abri au gibier (Ancenis, 7 mars 1867, *Moniteur* 1867, 562).

Ont aussi le droit de chasse ceux qui jouissent, par d'anciens actes de partage, de *biens communaux*, depuis longues années; surtout lorsque le partage, quoique déclaré révocable dans l'acte de concession, assigne au possesseur, aussi longtemps que dure sa possession, tous les droits qui compétent au propriétaire ordinaire; arrêt de Colmar, du 11 février 1862, cité par M. de Neyremand, p. 19.

40. Renvoi. — Les propriétaires, fermiers, nu-propriétaires, etc., qui chassent malgré la loi ou les conventions passées, commettent-ils des délits de chasse, ou sont-ils seulement responsables civilement?

Voir ces questions sous l'art. 11. — Sous l'art. 26, nous traiterons de ceux qui peuvent poursuivre les délits de chasse.

§ III.

FAITS QUI CONSTITUENT OU NE CONSTITUENT PAS LA CHASSE. — COMPLICITÉ.

41. Faits de chasse. — Généralités. — Il y a fait de chasse dès qu'on se livre à la recherche ou à la poursuite de tout animal sauvage ou de tout oiseau, et quels que soient les moyens et procédés employés : armes, fusils de toute espèce, pistolets, arbalètes, frondes, bâtons, piéges, filets, etc.

La loi ne définissant pas ce qui constitue le gibier, il en résulte qu'il est indifférent, pour savoir s'il y a fait de chasse, de rechercher si l'animal ou l'oiseau poursuivi est ou n'est pas un gibier, ni si cet animal ou cet oiseau est ou non susceptible de servir à l'alimentation. Il y a fait de chasse dans tous les cas. Quand il s'agit de colportage il faut au contraire distinguer, comme nous allons le voir art. 4.

En ce sens : Les auteurs qui ont écrit sur la chasse et spécialement: Gillon et Villepin, n. 3, Petit, t. 1ᵉʳ, p. 1 et suiv.

42. *Mais il faut que l'animal soit sauvage,* autrement dit à l'état libre. Le fait de poursuivre des animaux domestiques ou des volailles constituerait un vol peut-être, mais non un fait de chasse. Il faut raisonner de même à l'égard des animaux sauvages ou des oiseaux qui auraient été apprivoisés; de même encore à l'égard des pigeons, des abeilles, etc.

Championnière, p. 6; Dalloz, n° 15; Houël, n° 9. *Voir plus loin* ce qui concerne les lapins, les pigeons, les poissons, etc., etc.

43. *Peu importe l'intention.* — Jugé avec raison qu'il y a fait de chasse de la part de celui qui prend du gibier, alors même que cette capture et le mode employé ont pour but non la destruction du gibier, mais sa reproduction et notamment le *repeuplement* d'un parc. — Un but scientifique ne ferait pas absoudre davantage.

Dijon, 28 nov. 1845. — D. 46.2.5. — P. » » ».

44. *Fait spontané.* — La Cour de Bordeaux a décidé que le fait, par quelqu'un appelé par des voisins, de tirer *occasionnellement* un lièvre, au moment où il passait au-devant de sa porte, ne constituait pas un fait de chasse.

Bord., 20 mars 1844. — D. 45.4.67. — P. » » » — S. 45.5.228.

45. Mais cette décision ne saurait être adoptée, et nous approuvons les critiques élevées contre elle. Où s'arrêterait en effet la spontanéité? — Consulter encore Gillon et Villepin, n° 3; Petit, t. 1ᵉʳ, p. 1. — Il y aurait pareillement fait de chasse à tirer sur un gibier d'une voiture.

46. Aussi a-t-il été jugé qu'il y avait fait de chasse à tuer avec une canne un lièvre qui traversait la route, poursuivi par des chasseurs.

Tribunal d'Épinal du 3 oct. 1862. *G. des Trib.* du 11 oct. 62 qui cite plusieurs espèces curieuses.

47. Décidé de même qu'il y a encore fait de chasse de la part de celui qui tue un oiseau (fût-il étranger au pays), dans l'*intérieur d'une ville*. Les juges ne pouvaient prendre en considération le lieu où le fait avait été accompli, ni la circonstance que le prévenu n'aurait pas eu l'intention de commettre un délit de chasse.

Cass., 6 mars 1857. — D. 57.1.179. — P. 58.133. — S. 57.1.710.

48. Actes préparatoires. — Ils ne sont pas en général suffisants pour constituer le délit, car si le défaut d'intention n'est pas une excuse du délit commis, la seule intention par contre ne saurait entraîner la culpabilité et motiver des poursuites. Pour nous donc il faut un *fait réel* de chasse.

Ainsi l'individu, non muni d'un permis, trouvé porteur d'engins pour la chasse aux oiseaux de passage, et se rendant au lieu où ils doivent être employés, ne saurait être condamné comme chassant sans permis; il faudrait constater contre lui l'emploi des engins.

Championnière, p. 84; Dalloz, n° 34.

49. Il y aurait fait de chasse si l'individu avait été trouvé préparant l'emplacement destiné à recevoir des filets, ou les tendant, ou les relevant, alors même qu'il n'aurait rien pris; il est dans la situation plus critique du chasseur surpris par un garde au moment où il vient de manquer un lièvre.

Cass., 8 mai 1824. — Auteurs cités au numéro précédent.

50. De même commettrait un délit celui qui serait rencontré dans un champ porteur d'un *filet* et épiant l'occasion de le tendre.

Trib. de Béthune, 19 oct. 1840, cité par Dalloz, n° 35, et Houël, n° 12.

51. Mais la Cour de Toulouse a jugé qu'il n'y a qu'un acte préparatoire, insuffisant pour constituer un élément légal du délit, dans le fait d'avoir *planté des piquets* destinés à supporter les nappes ou filets pour la chasse aux oiseaux. Cette décision nous paraît très-juridique; c'est un fait analogue à celui de s'armer ou de charger son fusil.

Toul., 14 janv. 1864. — D. 64.5.40. — P. 54.553. — S. 64.2.62.

52. M. Championnières, p. 86, considère qu'il y a délit de chasse de la part de celui, porteur de *furets* ou de *bourses à lapins*, qui est surpris dans la garenne ou dans le champ qui la contient (tout en reconnaissant que s'il était trouvé sur la route, il ne serait pas en délit, malgré que l'intention de chasser soit difficile à nier). Nous ne pouvons être de son opinion, que semble approuver Dalloz, nᵒ 35. — L'intention de chasser est un peu plus difficile à nier dans le premier cas que dans le second, mais c'est là tout; il manque toujours un fait véritable de chasse.

53. Jugé avec raison que placer des *banderolles* la nuit, pour une chasse qui doit avoir lieu de jour, ne constitue pas un fait de chasse.

Paris, 31 mars 1865. — D. 06.2 81. — P. 65.853. — S. 65.2.209.
Cass., 16 juin 1866. — D. 66.1.565. — P. 66.1103. — S. 66.1.414.

54. Sans arme. — Chiens. — *Poursuite du gibier*. On peut commettre un fait de chasse sans être armé. Ainsi, se livre à la chasse l'individu non armé qui fait poursuivre le gibier par son chien; et la circonstance que le chien aurait pris ou non, fait lever ou non le gibier, est insignifiante.

Cass., 6 juil. 1854. — D. 54.1.305. — P. 56.1.39. — S. 54.1.656.
Colm., 26 avril 1864, cité par M. de Neyremand, p. 52.

55. A plus forte raison celui qui conduit ses chiens dans la plaine, les excite à la poursuite du gibier, et qui essaierait, en se plaçant à la rencontre d'un lièvre, d'en faciliter la capture à l'un de ses chiens.

Rouen, 10 avril 1845. — D. 45.4.73.

56. Ou celui qui bat la campagne avec des chiens, quand ceux-ci sont accoutumés à poursuivre le gibier et à l'atteindre, et notoirement connus pour tels.

Dijon, 4 juillet 1858. — D. 59.2.83.

57. *Pierres. — Bâton.* — Il y aurait aussi fait de chasse de la part de celui qui poursuivrait du gibier avec un bâton ou des pierres.

Un jugement du tribunal civil de Valenciennes (cité par le *Journal des Débats* du 9 octobre 1844 et rappelé par Dalloz, nᵒ 37) décide en ce sens que le fait de poursuivre des faisans avec des pierres constitue le fait de la chasse. Il faut dire que l'espèce était très-favorable; il s'agissait d'un braconnier fort adroit à qui réussissait ce mode de chasse.

58. *Appréciation des faits.* — Nous pensons qu'il ne faut pas appliquer d'une façon absolue ce que nous avons dit au numéro précédent; car si nous croyons qu'il peut y avoir fait de chasse dans l'emploi d'un bâton ou dans l'action de poursuivre du gibier avec des pierres, il nous paraît impossible d'appliquer dans tous les cas cette sévère doctrine, et, par exemple, au fait spontané et très-inefficace de lancer une pierre à un oiseau, ou même de jeter spontanément un bâton ou une canne, en voyant un gibier. Nous ne pouvons donc nous ranger à l'avis de M. Chardon, suivant lequel, p. 13, il y aurait fait de chasse lorsqu'on cherche à faire lever le gibier en jetant des pierres sur les haies ou de la terre dans les vignes. Il faut qu'à la recherche du gibier se joigne l'intention ou du moins la possibilité de l'atteindre. C'est aux juges à apprécier les faits, les habitudes de la personne inculpée et toutes les autres circonstances.

59. Attitude de chasse. — Ce qui constitue l'attitude de chasse est laissé à l'appréciation des tribunaux. Mais comme il faut un fait constant et non de simples présomptions, les juges ne doivent condamner qu'autant qu'il y a un fait positif de chasse.

60. *Fusil abattu dans la main gauche.* — La Cour de cassation a jugé, en confirmant un arrêt de Douai du 5 novembre 1839, que la circonstance, relevée dans un procès-verbal, qu'un garde avait été aperçu tenant un fusil abattu dans la main gauche, le long d'un champ, n'était pas suffisante pour établir la contravention. La Cour de Douai ajoutait que le prévenu, en sa qualité de garde-champêtre, était dans l'usage de porter un fusil,

que sa présence au lieu du prétendu délit s'expliquait par la nature de ses fonctions et que son attitude devait s'interpréter comme un temps de repos. Nous approuvons ces arrêts, avec la généralité des auteurs.

Cass., 5 déc. 1839. — D. 40.1.388. — P. 43.1.650.

61. *Fusil armé.* — Nous croyons, avec MM. Gillon et Villepin, nᵒ 238, que le fait de tenir à la main son fusil armé sera une grande présomption; néanmoins elle n'est pas suffisante, non plus que la gibecière, les provisions, le gibier tué déjà, etc. La loi sur la chasse ne punit point l'action de porter un fusil armé; elle ne réprime que les faits de chasse sans permis.

Chardon, p. 13; Dalloz, nᵒ 19; Perrève, p. 259; Petit, t. 1ᵉʳ, p. 9, 13.

62. Mais nous croyons avec la Cour de cassation qu'il y avait réellement fait de chasse dans l'action d'un individu trouvé la nuit le long d'un chemin de bornage d'une forêt, marchant tout doucement, en regardant de chaque côté de lui, et porteur d'un fusil à deux coups, armé des deux côtés.

Cass., 23 janv. 1829. — D. 29.1.117. — P. à sa date. — S. 29.1.171.

Dé même celui-là était en action de chasse qui, accompagné d'un domestique menant un chien en laisse, portait de la main droite un fusil appuyé sur l'avant-bras gauche et suivait les traces récentes d'un lièvre.

Douai, 16 juil. 1841, cité par M. Petit, p. 16.

63. Chasse à courre. — Cette chasse a souvent lieu sans armes, et il ne sera pas toujours aisé de distinguer les véritables chasseurs des simples spectateurs. Les tribunaux n'oublieront pas que le doute s'interprète en faveur de l'accusé. Il faudra donc pour motiver une condamnation, même pour complicité, des faits significatifs, tels que la recherche de l'animal avec des chiens ou des armes, l'appui donné à la meute, etc.

Gillon et Villepin, nᵒ 176; Lavallée et Bertrand, p. 36.

64. *Le valet de chiens*, s'il se borne à soigner les chiens, ou à les coupler ou découpler, sur les ordres qu'il reçoit, ne fait pas acte de chasse. Nous sommes d'accord, sur ce point, avec MM. Lavallée et Bertrand, page 36.

65. Nous croyons encore, comme eux, que le *piqueur*, qui va faire le bois avec des chiens en liberté, est en action de chasse; mais nous ne pouvons admettre, avec ces auteurs, que l'action par le piqueur de ramasser des fumées ou des laissées, d'être rencontré les portant dans son chapeau, puisse valablement donner lieu à un procès-verbal. Ce n'est, à nos yeux, qu'un acte préparatoire de chasse.

66. *Course.* — Il y a aussi bien fait de chasse à poursuivre soi-même, dans le but de s'en emparer, le gibier à la course, qu'à le faire poursuivre par des chiens. Ainsi jugé à l'égard d'un chasseur qui poursuivait des perdreaux à la course sur le terrain d'autrui.

Aix, 26 août 1819, cité par Perrève, p. 259.

67. Chiens. — Quête. — *Fait volontaire*. — Commet évidemment un fait de chasse l'individu qui, armé d'un fusil qu'il tient dans l'attitude d'un chasseur, laisse son chien chasser ou le fait chasser, et, si le fait a lieu sur une pièce de terre dont il n'a pas la chasse, il y a délit de chasse sur le terrain d'autrui sans autorisation.

Cass., 26 janvier 1826; 10 octobre 1828.
Rouen, 17 juin 1831. — D. 40.2.193. — P. 43.1.650.
Cass., 25 sept. 1840. — D. 40.1.343. — P. 41.1.31. — S. 41.1.256.
Rouen, 12 janv. 1843. — D. 43.4.67. — P. 43.1.650.
Cass., 18 mars 1853. — D. » » » — P. 53.2.429. — S. 53.1.427.

68. *Fait involontaire.* — Mais celui dont le chien a été trouvé poursuivant le gibier en temps prohibé ne commet pas par cela seul un fait de chasse; il faut évidemment, suivant nous, qu'il ait concouru à cette poursuite du gibier, soit en mettant son chien en chasse, soit en le suivant ou faisant suivre pour s'approprier la capture qu'il pourrait faire. (Sauf, bien entendu, la responsabilité civile des dommages, s'il en était causé.) L'arrêt ci-dessous de la Cour de cassation est formel à cet égard.

Cass., 21 juil. 1855.—D. 55.1.563.—P. 56.1.523.—S. 55.1.846.
Et arrêts ci-dessous, et aussi Colmar, cité n° 54.
En ce sens : Dalloz, n° 52; de Neyremand, p. 53; Sorel, n° 23.

69. Nous ne saurions donc approuver un arrêt de Douai, qui a décidé le contraire, en se basant sur ce « qu'il importait peu que le chien ait ou non chassé à l'insu de son maître. » M. Perrève dit de même, à tort suivant nous : « Il y a délit lorsqu'un chien, même séparé de son maître, qui poursuit la chasse d'un autre côté avec d'autres chiens, est trouvé chassant sur le terrain d'autrui. » — Voir encore M. Viel, p. 88.

Douai, 11 fév. 1843.— D. 43.4.67.—P. 43.1.523.—S. 43.2.153.

70. M. Petit, p. 24, fait une distinction que nous n'approuvons pas davantage : « Si, dit-il, ce sont des *chiens courants* ou des *chiens d'arrêt* qui ont recherché ou poursuivi le gibier, il y a fait de chasse dont leur maître doit répondre quand il ne l'aurait *ni provoqué ni toléré; c'était à lui de le prévenir.* »

M. Petit ajoute que, « si c'étaient des *chiens de garde* ou *de fantaisie,* les maîtres ne devraient pas être recherchés, s'ils n'avaient pas coopéré à la poursuite du gibier par les chiens. »

71. *Lévrier.* — Jugé que le fait par un chien lévrier de parcourir la campagne, guidé par son seul instinct et hors de la présence de son maître, peut bien donner lieu à la responsabilité civile dont nous venons de parler, mais ne constitue pas le maître en délit de chasse.

Cass., 20 nov. 1845. — D. 46.1.26. — P. 45.2.
Nancy, 11 fév. 1846. — D. 46.2.52.

72. Jugé de même à l'égard d'un chien de *race croisée* qui suivait d'abord la voiture de son maître, mais qui la quitta pour battre la plaine où il s'empara d'un levraut. Le tribunal correctionnel de Melun avait condamné en décidant « que le prévenu devait tenir son chien en laisse ou le surveiller tellement qu'il ne pût s'échapper et courir après le gibier, » mais la Cour de Paris annula le jugement en considérant qu'il ne résultait point des débats que le propriétaire, en laissant courir son chien dans la plaine, eût eu l'intention de chasser. Nous adhérons pleinement à son arrêt.

Paris, 22 mars 1861, cité par M. Sorel, n° 23.

73. Le lévrier est réputé s'abandonner à son seul instinct et n'établit point son maître en délit, lorsque, accompagnant la voiture de celui-ci sur la grande route, il s'écarte par intervalles, de 30 à 50 pas, dans la plaine et guette le gibier, mais revient aussitôt près de la voiture.

Nancy, 28 janv. 1846. — D. 46.2.69.

74. La même cour de Nancy a jugé *au contraire* que le propriétaire qui voyage en calèche et dont le lévrier est *trouvé parcourant* la plaine, commet un délit de chasse par ce fait de n'avoir pas empêché son chien. C'est rentrer dans l'opinion de MM. Perrève et Petit, nos 69 et 70.

La Cour considère le laisser faire du maître comme une sorte de participation, mais c'est aller trop loin et nous pensons qu'à moins de circonstances particulières (par exemple si de la voiture le maître avait excité ou encouragé son chien) il n'y a pas de délit.

Nancy, 4 déc. 1844. — D. 45.2.5. — P. 45.2.416.
M. Dalloz, n° 33, paraît approuver cet arrêt.

75. *Quête.* — *Chiens d'arrêt.* — Jugé qu'il y a fait de chasse de la part de celui qui fait quêter un chien d'arrêt dans un champ couvert de récoltes, en temps prohibé, alors même que ce fût pour exercer le chien et non pour poursuivre et capturer le gibier; les restrictions apportées par la loi ayant, dit la Cour de cassation, un double objet : veiller à la protection des récoltes et pourvoir à la conservation du gibier. Il faudrait, en tout cas, pour qu'un pareil acte ne constituât pas un fait de chasse, des circonstances exceptionnelles positivement établies.

Cass. 17 fév. 1853. —D. 53.5.74.— P. 54.1.423.— S. 53.1.669.
Colmar, 31 déc. 1858. — Cité par M. de Neyremand, p. 53.
En ce sens : Gillon et Villepin, n° 3.

76. Jugé *au contraire* que la recherche du gibier ne constitue pas par elle-même un délit de chasse, si l'on n'en fait pas un moyen de capture ou de destruction, et que, par exemple, on ne saurait, à moins de circonstances exceptionnelles, considérer comme chassant le simple promeneur qui prend plaisir à faire quêter son chien (un chien d'arrêt) dans un champ de trèfle; ce fait n'étant, dans l'usage, qu'une manœuvre uniquement destinée à exercer le chien, et les chiens d'arrêt (ou même les chiens courants) ne devant d'ailleurs être considérés que comme un procédé d'auxiliaire de la chasse à tir, insuffisant par lui-même pour atteindre le but de la chasse.

Nancy, 7 déc. 1844.—Cité par la *Gaz. des Trib.* du 30 janv. 1845.
Douai, 20 oct. 1852.— D. » » » — P. » » » — S. 53.2.315.
Douai, 28 déc. 1852.— D. 53.2.245.—P. 53.1.186.—S. 53.2.315.
Nota : Un arrêt de la Cour de Douai, du 28 décembre 1852, rendu dans des circonstances analogues, a été cassé par l'arrêt de Cass. rapporté au n° précédent.
En ce sens : de Neyremand, p. 54 et 55.

77. On le voit, la Cour de cassation décide que celui qui fait quêter son chien, doit être, à moins de cironstances exceptionnelles, considéré comme se livrant à la chasse tandis que, d'après la Cour de Douai, le même acte ne constituerait pas un fait de chasse, à moins de circonstances particulières. Nous nous rangeons à la doctrine de la Cour suprême et nous croyons que le fait matériel du chien chassant sous les yeux de son maître étant établi, c'est au chasseur à faire la preuve des circonstances exceptionnelles qui pourraient faire tomber la poursuite.

78. Aussi, nous ne pouvons approuver un arrêt de la Cour de Pau qui a jugé qu'il n'y avait pas délit de chasse dans le fait d'un individu n'ayant ni armes, ni engins, d'avoir, en temps prohibé, *laissé son chien quêter* dans un champ dépouillé de sa récolte, de l'y avoir même suivi, encore bien que ce fût sans l'exciter et sans chercher à s'emparer du gibier découvert par le chien.

Pau, 28 août 1857. — D. 57.2.218.

79. Mais nous croyons, avec la Cour de Dijon, qu'il n'y avait pas fait de chasse de la part de celui qui, sans arme, tenant en laisse un *chien limier* cherchait à reconnaître l'existence du gibier dans un bois.

Dijon, 19 nov. 1862. — D. 63.2.173. —P. 63.677.— S. 63.2.86.

80. Défense personnelle. — On ne chasse pas quand on tire sur un animal dangereux pour la défense des personnes ou des choses. (Dalloz, n° 39; — voir art. 9 pour la destruction des animaux nuisibles et des bêtes fauves.)

81. Gibier tué ou pris. — Mon chien se met, à mon insu, à la poursuite d'un chevreuil et le fait se précipiter dans une mare d'eau, où quelqu'un le saisit et s'en empare. Si j'apprends le fait et que je me fasse rendre le chevreuil, commettrai-je un délit de chasse ? — Oui, suivant un jugement rendu dans ces circonstances, — du moins le compte rendu était ainsi, — par le tribunal de Nevers, en octobre 1867.

82. Non, suivant nous, car il n'y avait pas fait de chasse par cela seul que le chien poursuivait de lui-même un chevreuil (n° 68), et il n'y avait pas davantage action de chasse à se faire rendre une pièce de gibier.

83. Nous croyons en effet que le gibier pris fait immédiatement cesser la chasse. L'animal pris, ou tué, ou mortellement blessé, n'est plus à proprement parler du gibier, ou, du moins, quand on considère comme fait de chasse la recherche de tout animal ou de tout oiseau, on ne peut avoir en vue que le gibier qui jouit de sa liberté. Autrement on irait à dire qu'il faut arracher au chien et jeter dans la rue la perdrix qu'il apporte et dont il s'est emparé, en courant à la campagne, à l'insu et contre la volonté de son maître. Autant dire aussi qu'il y a fait de chasse à vendre du gibier sur le marché !

84. Et cependant M. de Neyremand a écrit, p. 43, qu'il y aurait évidemment fait de chasse à enlever une pièce de gibier tuée qu'aurait abandonnée ou perdue un chasseur, et même fait de chasse sur autrui si l'on n'avait pas le consentement du propriétaire. Il nous est impossible d'admettre cette opinion.

85. Lapins. *Fureter.* — Constitue un fait de chasse et non un vol le fait de fureter des lapins dans un bois, sans la permission du propriétaire, lorsque ces lapins ne vivent pas en garenne fermée. (Voir IV, 3°, *responsabilité,* ce qui est dit quant aux garennes.)

Cass., 13 août 1840. — D. 40.1.444. — P. 40.2.443. — S. 40.1.732.

86. Si les lapins étaient établis en garenne fermée, l'action de fureter pourrait être appréciée, suivant les circonstances, tantôt comme un fait de chasse, tantôt comme un vol, mais par la raison qu'il y aurait toujours, même alors que l'intention frauduleuse apparaîtrait manifeste, l'exercice de la chasse comme moyen du vol, nous croyons que le prévenu pourrait, dans tous les cas, être poursuivi pour délit de chasse.

87. MM. Gillon et Villepin, p. 234, pensent qu'il y a toujours vol dès l'instant qu'il s'agit de lapins de garennes fermées ou de clapiers. Nous partageons leur avis relativement aux lapins de clapiers, mais pour ceux de garennes, même fermées, nous persistons à croire que la question de savoir s'il y a chasse ou vol dépend des circonstances.

88. Maison, *Cabane.* — Jugé qu'il y a fait de chasse à tuer des oiseaux de l'intérieur d'une cabane élevée pour servir d'abri ou de poste au chasseur. (Cassation, 7 mars et 20 juin 1823.)

89. MM. Lavallée et Bertrand, p. 29 et 30, en rapportant ces arrêts, paraissent penser qu'il aurait été jugé autrement si le coup avait été tiré de l'intérieur d'une *maison habitée;* mais nous pensons que cette circonstance n'empêcherait point le délit, à moins que le gibier n'eût été tiré dans un enclos. Voir art. 2.

90. Oiseaux de mer. — Est-ce chasser, dans le sens de la loi du 3 mai 1844, que de rechercher et poursuivre les oiseaux ou, si l'on veut, le gibier de mer, les alouettes par exemple ? — Oui, suivant la Cour de cassation, qui a jugé que la chasse, sur la grève ou en bateau le long des côtes, du gibier de mer (des allouettes) était interdite dans les départements maritimes après la fermeture de la chasse.

Cass., 20 janv. 1860. — D. 60.1.296. — P. 61.600. — S. 60.1.915.
Angers, 5 mars 1860, sur renvoi, cité par S. 60.1.915.

91. Nous n'adoptons pas cette manière d'interpréter la loi. La Cour suprême cassait un arrêt de la Cour de Rennes, du 15 novembre 1859, qui confirmait par défaut un jugement du tribunal correctionnel de Saint-Brieuc, du 4 octobre 1859, lequel avait décidé que la loi de 1844 ne s'appliquait point aux oiseaux de mer. Il est à noter que la Cour de cassation n'a discuté aucun des motifs des premiers juges. Pour nous, sans hésiter, nous nous rangeons à l'opinion si remarquablement exprimée dans les premières décisions : 1° dans l'ancien droit, la chasse du gibier de mer n'était soumise à aucune réglementation préventive; 2° cette chasse ne compromet aucun des intérêts qu'a voulu sauvegarder la loi de 1844 : protection des récoltes, conservation du gibier; 3° le n° 2, § 2, art. 9 de la loi de 1844, spécial au gibier d'eau, ne parle que des marais, étangs, fleuves et rivières; on n'eût pas négligé de mentionner le gibier de mer si l'on eût entendu en réglementer la chasse; 4° les art. 22 et 23, qui dénomment les agents chargés de constater les délits de chasse, n'auraient pas omis de confier aux employés des douanes, aux gardes côtes et aux agents de la marine, la surveillance des délits à l'occasion de la chasse des oiseaux de mer, si cette chasse

eût été soumise à loi; 5° à quelle distance des côtes pourrait-on d'ailleurs déclarer procès-verbal ?

Ajoutons que, dans l'usage et la pratique, on interprète généralement la loi comme nous le faisons nous-mêmes, et que les agents de l'autorité laissent d'ordinaire chasser en tout temps, sans permis, le long des côtes et sur les marais salants.

92. *Embarcation, chasse et pêche.* — La Cour d'Aix, en confirmant un jugement du tribunal correctionnel d'Aix, du 15 janvier 1856, a jugé dans un sens trop restreint encore, mais qui pourtant approche de ce nous croyons être le vrai sens de la loi. Elle a décidé « que la loi du 3 mai 1844, sur la chasse, ne saurait être appliquée à ceux qui chassent sur la mer au moyen d'embarcations ; que la capture des canards et des macreuses, à l'aide de filets calés, dans les eaux d'un étang salé, constitue un mode de pêche plutôt qu'un mode de chasse. » La cour termine en formulant ce principe qui domine si justement tout le droit pénal : « S'il pouvait exister le moindre doute à ce sujet, s'agissant ici de l'application d'une loi pénale, le doute devrait se résoudre de droit en faveur des prévenus. »

Aix, 12 mars 1856. — D. 56.2.10. — P. 56.2.583. — S. 56.2.528.

93. Oiseaux de passage. — Ils sont évidemment compris dans la loi puisqu'elle a donné aux préfets le droit de déterminer l'époque et les modes et procédés de leur chasse. — Il faut en dire autant du *gibier d'eau.* Nul doute encore que le fait de tirer un *oiseau de proie* ne constitue un acte de chasse (Cass., 13 novembre 1818); voir cependant art. 9.

94. Petits oiseaux. — Il faut reconnaître aujourd'hui que prendre ou poursuivre des oiseaux c'est chasser, mais la question a été longtemps et vivement controversée. Ainsi un jugement du tribunal correctionnel de Moulins, qui décidait que la loi n'avait pas réglementé la chasse aux oiseaux, ayant été déféré à la Cour suprême, celle-ci en prononça la cassation le 30 mai 1845 et renvoya l'affaire devant la Cour de Riom, laquelle, malgré l'arrêt, maintint l'opinion du tribunal de Moulins. — La question, soumise une seconde fois à la Cour de cassation, fut jugée, toutes chambres réunies, dans le sens de l'affirmative. La jurisprudence s'est ainsi établie.

Cass. 25 mars, 4 av. et 2 oct. 1840; 23 av. 1847, et arr. ci-dessous.
En ce sens : Petit, t. 1er, p. 394, et la généralité des auteurs.

95. Tirer, du seuil d'une boutique, sur de petits oiseaux, voltigeant sur la place publique, constitue donc un fait de chasse.

Cass. 24 sept. 1847. — D. 47.4.70. — P. 48.1.447.

96. De même le fait de les prendre à la *glu.*

Angers, 17 sept. 1845. — D. 46.2.40. — P. 48.2.413.
Motifs de la loi. — D. 44.3.61, note 37.

97. *Trébuchet.* — Il faut même aller jusqu'à dire qu'il y a fait de chasse et même emploi d'un engin prohibé dans le fait de l'enfant qui tend un trébuchet dans son jardin.

98. MM. Gillon et Villepin, n° 180, raisonnent pareillement à l'endroit du *pot-à-moineau,* qu'ils considèrent de plus comme un engin prohibé. Ce n'est pas notre avis. Sans doute si l'on s'en servait pour prendre les couveuses, ce serait un mode de chasse prohibé (et non un engin prohibé, voir art. 12), mais si on ne le place que pour avoir les couvées, il n'y a point fait de chasse, sauf le cas où les préfets ont défendu la destruction des œufs et couvées d'oiseaux, et l'accusation devrait établir clairement que c'est pour prendre les couveuses que les pots à moineaux ont été posés.

Quand aux *œufs et couvées,* voir art. 4, § 4.

99. Oisellerie. — L'oiseleur qui s'occupe de la capture des oiseaux de chant ou de plaisir, autrement dits de *volière,* ne peut exercer sa profession sans permis. Cette application de la loi est rigoureuse, mais on ne saurait ne la point faire; aussi M. Berriat, après l'avoir contestée, p. 11, l'a reconnue exacte dans le cours de son ouvrage, p. 125.

100. Parc. —Enclos. — La Cour de cassation a jugé que le fait par un propriétaire d'établir dans la clôture de son parc des *trappes à bascule* donnant accès au gibier, mais ne lui permettant plus de sortir pour revenir sur les propriétés contiguës, n'est que l'exercice légitime d'un droit dont les voisins ne peuvent se plaindre ; qu'on ne saurait davantage y voir des engins de chasse prohibés, pas plus qu'on ne saurait considérer comme un acte de chasse l'usage auquel ces trappes sont destinées. En effet, le gibier entré dans un parc ainsi clos ne devient point pour cela la possession immédiate et matérielle du propriétaire.

Cass., 22 juil. 1861. — D. 61.1.475. — P. 62.96. — S. 61.1.825.

101. *Parc enclos de murs, mais non attenant à une habitation.* — Ce parc, qui forme de la sorte une garenne fermée, mais qui néanmoins ne jouit pas de l'immunité accordée par l'art. 2, n'étant pas attenant à une habitation, donne-t-il au propriétaire le droit de poursuivre *sans permis* le gibier, les lapins, par exemple, qui s'y trouvent ? — Oui, à notre avis, s'il s'agissait d'un enclos d'une étendue très-restreinte, parce qu'on pourrait soutenir alors que le gibier est là dans une sorte de clapier en plein air formant réserve.

Si l'enclos avait de l'étendue, nous pensons que le propriétaire ne pourrait poursuivre sans permis le gibier qui s'y trouverait si les murs n'étaient pas assez élevés ou la clôture assez solide et serrée pour former un obstacle absolu à la sortie du gibier, mais qu'il aurait ce droit si ce gibier était retenu chez lui sans pouvoir s'échapper : il serait alors captif et la propriété certaine du maître de l'enclos.

102. Il a pourtant été jugé, dans une affaire où il s'agissait d'un terrain clos de murs d'une manière continue, mais non attenant à une habitation, que l'on ne pouvait y chasser sans permis. — Il faut remarquer toutefois qu'il ne s'agissait que d'un mur dont la hauteur en certaines parties n'excédait pas 80 centimètres; or un tel mur ne serait point un obstacle absolu à la sortie du gibier.

Cass., 29 avril 1858.— D. 58.5.59.—P. 58.1047.—S. » » ».
Voir encore : Cass., 21 mars 1823; cass., 22 juil. 1861, cité n° 100.

103. Pigeons. — *Volailles.* — L'article 2 du décret de l'Assemblée nationale du 4 août 1789 et jours suivants (décret non abrogé quant à cet article), porte: « Le droit exclusif des fuies et des colombiers est aboli: les pigeons seront enfermés aux époques fixées par les communautés; et, durant ce temps, ils seront regardés comme gibier, et chacun aura le droit de les tuer sur son terrain. »

On peut prévoir deux principales hypothèses que cet article de loi va nous permettre d'apprécier.

104. 1re *hypothèse.* — *Pigeons tués dans le temps où les propriétaires ne sont pas tenus de les enfermer, et où par conséquent ils ne sont pas considérés comme gibier.* (Nous raisonnons en supposant qu'ils sont tués hors du terrain de celui qui les a tirés, car si c'était sur ce terrain, le propriétaire serait protégé par l'article du droit rural cité ci-dessous).

Si l'on ne s'en empare pas, nous pensons qu'il y a lieu d'appliquer les peines de simple police, portées par l'art. 479 du Code pénal, contre ceux qui causent volontairement du dommage aux propriétés mobilières d'autrui (en ce sens: un arrêt de cassation du 17 août 1822). La Cour de Paris, par un arrêt du 15 juillet 1827 (*Gazette des Tribunaux*), cité par M. Rogron et qu'il semble approuver, appendice, sect. 1, p. 342, avait considéré ce fait comme un fait de chasse, mais c'est à notre sens une erreur. Hors le cas prévu par l'article 2 du décret précité du 4 août 1789, les pigeons ne sont pas gibier, et dès lors rentrent dans la catégorie des animaux domestiques, et il ne saurait pas plus y avoir fait de chasse que si l'on tirait sur une volaille.

105. *Si l'on s'en empare,* les tribunaux pourraient considérer ce fait comme un vol, au cas où ils admettraient qu'il y a eu intention frauduleuse de s'emparer de la chose d'autrui.

Cass., 20 sept. 1823; Rennes, 29 oct. 1847.
En ce sens : Gillon et Villepin, p. 195; Toullier, n° 500, et la généralité des auteurs.

106. 2e *hypothèse.* — *Pigeons tués ou tirés dans le temps où ils doivent être enfermés et où par suite ils sont considérés comme gibier.* — Si c'est sur le terrain de celui qui les a tués et que ce terrain soit de nature à être endommagé par les pigeons (cette dernière circonstance nous paraît essentielle, à moins que les pigeons n'aient été classés parmi les animaux malfaisants ou nuisibles), le fait est licite, alors même qu'il aurait eu lieu de la part d'un individu non muni d'un permis de chasse: il est autorisé par l'art. 2 du décret mentionné au numéro précédent, et par l'art. 12 du titre II de la loi rurale du 28 septembre 1791, dont la dernière disposition est ainsi conçue : « Si ce sont des volailles de quelque espèce que ce soit, qui causent le dommage, le propriétaire, le détenteur ou le fermier qui l'éprouvera pourra les tuer, mais seulement sur le lieu, au moment du dégat. »

Disons en passant que ce droit ne peut être exercé que sur les exploitations rurales et non dans les jardins, à l'intérieur des villes . (Cass., 28 juillet 1855, aff. Germaine.) — Quand le propriétaire exerce sur des volailles ordinaires le droit que lui accorde cet article, il doit laisser sur place, ou déposer sur le terrain du voisin la volaille qu'il vient de tuer, mais, dans l'hypothèse qui nous occupe, il ne s'agit plus, à proprement parler, d'une volaille, puisque l'art. 2 du décret du 4 août 1789 dit que dans ce cas les pigeons seront regardés comme gibier. Aussi le propriétaire , disons plutôt le chasseur, pourra s'en emparer. M. Rogron (*Append.*, sect. 1, p. 342) est de cet avis, en se basant, il est vrai, sur un motif qui nous semble erroné; il dit qu'il a ce droit puisque c'est en quelque sorte l'indemnité du dommage que les pigeons lui causent.

Jugé, dans le sens de notre opinion, qu'il n'y a pas fait de chasse de la part du propriétaire ou possesseur qui, sans permis de chasse, détruit avec une arme à feu, sur le lieu et au moment du dégat, les pigeons qui dévastent ses récoltes.

Rouen, 14 fév. 45. — D. 45.2.57. — P. 45.2.122.

107. Si les pigeons ont été tués ou tirés sur le terrain d'autrui, il y a là un véritable fait de chasse. Les pigeons deviennent du gibier ordinaire et on ne peut les tuer ou les tirer sans se soumettre aux prescriptions de la loi sur la chasse. Ils sont si bien réputés gibier que la Cour de cassation a jugé, le 22 avril 1831, que le fait d'avoir tué des pigeons sur le terrain d'autrui ne saurait être réprimé et puni sans une plainte préalable du propriétaire lésé.

La Cour de Paris a cependant décidé que le fait de tuer des pigeons, même dans le temps où ils devraient être enfermés, et de se les approprier frauduleusement, constitue un vol et non un fait de chassee; les pigeons ne devant être réputés gibier, suivant la Cour, qu'autant qu'ils causent dommage et qu'ils sont tués par le propriétaire, ou d'après ses ordres, sur son terrain.

Paris, 10 nov. 1857.— D. 59.5.416. — P. 58.628.— S. 58.2.175.

108. *Que décider si l'administration municipale n'avait pris aucun arrêté pour ordonner la clôture des colombiers?* — La Cour de Rouen, dans l'arrêt cité à l'avant-dernier numéro, a jugé avec raison que ce défaut d'arrêté ne pouvait nuire aux propriétaires. — Mais, s'il s'agit d'un pigeon tué sur le terrain d'autrui, en l'absence de tout arrêté municipal prescrivant la clôture des fuies, le fait sera-t-il, quelle que soit l'époque, considéré comme un fait de chasse? — Nous croyons que c'est aux tribunaux à apprécier; suivant les circonstances particulières, ils pourront décider s'il y a fait de chasse, ou soustraction frauduleuse, ou destruction de la propriété mobilière d'autrui.

109. *Volailles et animaux domestiques.* — Il y a lieu de faire à l'égard des volailles l'application de nos observations nᵒˢ 104 et 105. Quant aux animaux domestiques, le fait de les tuer ou de les blesser donnerait lieu aussi à une poursuite en simple police ou en police correctionnelle ; sauf le cas de légitime défense on n'a jamais le droit de les tuer, quand même ils causeraient dommage ; mais le propriétaire est responsable civilement.

110. Poissons. — Encore bien, comme nous l'avons vu, nᵒ 41, que la chasse, au point de vue légal, comprenne la recherche de tout animal sauvage, il ne faut, toutefois, appliquer ces mots qu'aux animaux vivant sur la terre. Par suite, le fait de tirer sur des poissons, même avec un fusil, sera un acte de pêche et non de chasse ; il en serait de même s'il s'agissait d'un amphibie. — Voir cependant Championnière, p. 7.

111. Recherche du gibier. — Elle peut constituer un fait de chasse, mais il faut qu'il s'y joigne soit l'intention par le chasseur de s'emparer du gibier, soit au moins la possibilité par son chien de l'atteindre. Pour nous donc, la seule recherche du gibier, sans l'une ou l'autre des circonstances ci-dessus, ne sera pas un acte de chasse ; autrement il faudrait dire que l'on ne peut, en se promenant et avant l'ouverture de la chasse, rechercher par soi-même les endroits giboyeux.

112. Aussi nous regrettons que M. Petit, p. 10, paraisse approuver un jugement qu'il cite du tribunal de Tours, du 6 juin 1845, lequel a vu un fait de chasse dans l'action d'un individu trouvé en plaine avec un échalas à la main, suivant les traces d'un lièvre, sur la terre couverte de neige, « bien que, suivant le jugement, les gendarmes ne l'eussent pas vu chercher du gibier et qu'ils eussent même déclaré qu'il se promenait bien tranquillement ayant son bâton à la main. »

Il pouvait y avoir là une présomption, mais nous maintenons que le fait de chasse n'était pas établi.

113. Complicité. — *Droit commun.* — On applique avec raison aux affaires de chasse les règles du droit pénal sur la complicité, art. 59 et suivants du Code pénal. En conséquence, l'*aide* et l'*assistance,* sciemment données à l'auteur d'un délit de chasse, constituent la complicité et rendent passible des mêmes peines que l'auteur principal.

Cass., 6 déc. 1839. — D. 40.1.388. — P. 40.1.545.—S. 40.1.77.
En ce sens : Tous les auteurs et les arrêts ci-dessous.

114. Nous approuvons l'arrêt qui a décidé que celui-là est complice qui, porteur d'un sac, accompagne un chasseur armé, bat avec lui une pièce de terre et l'aide à chercher la piste d'un lièvre. (Le même fait ne serait pas délictueux si le chasseur principal avait un permis. Voir art. 5, 2ᵒ.)

Lyon, 28 mars 1865. — D. 66.2.34.— P. 66.811.—S. 66.2.195.

115. Il a pourtant été jugé que celui-là ne commet pas un délit de chasse qui permet de chasser sur ses terres en temps prohibé, qui prête ses équipages de chasse et qui même assiste à la chasse, mais seulement en curieux.

Dijon, 28 nov. 1845. — D. 46.2.5. — P. 48.2.413.

116. Cet arrêt est contraire aux vrais principes ; il y avait, sans aucun doute, à notre avis, aide et assistance fournies à l'auteur principal du délit.

117. Celui qui prêterait son chien devrait être considéré comme complice du fait de chasse commis par l'emprunteur, s'il savait que celui-ci emploierait son chien à un fait de chasse prohibé.

Voir IV, 1ᵒ, *Responsabilité.*

118. *Traqueurs, tendeurs, etc.* — Les auxiliaires des chasseurs sont en général autorisés (voir art. 5, 2ᵒ), mais c'est à la condition que les chasseurs aient des permis ; autrement il y a délit de la part des chasseurs, et comme conséquence complicité des auxiliaires.

119. Renvois. — Voir au § suivant, nᵒ 3, divers faits de chasse sur le terrain d'autrui, et les effets de cessions successives du droit de chasse ; — à l'article 4, pour les questions de complicité des délits de vente et de colportage de gibier en temps prohibé ; — à l'article 5, ce qui a trait à la personnalité du permis et aux auxiliaires des chasseurs ; — à l'article 9, celles qui se rattachent à la destruction des animaux malfaisants et nuisibles et des bêtes fauves ; — et enfin à l'article 11, ce qui se rapporte aux adjudicataires ou fermiers de droits de chasse et aux personnes qui les accompagnent.

§ IV.

CONDITIONS POUR L'EXERCICE DU DROIT DE CHASSE.

1ᵒ IL FAUT QUE LA CHASSE SOIT OUVERTE.

120. Renvoi. — Nous traiterons sous l'article 3 toutes les questions relatives à l'ouverture et à la clôture de la chasse.

2ᵒ ON DOIT AVOIR UN PERMIS DE CHASSE.

121. Nécessité du permis *pour toute personne et pour toute chasse.* — Le permis est nécessaire pour toute espèce de chasse et quels que soient les moyens et procédés qu'on emploie, qu'il s'agisse de la chasse à tir ou à courre, ou même de la chasse des oiseaux de passage et du gibier d'eau que les préfets ont le droit de réglementer. Ce point est indiscutable ; M. le ministre de l'intérieur le rappelait dans sa circulaire du 20 mai 1844. Tous ceux qui se livrent à la chasse ont besoin d'un permis, sauf ce qui a trait aux enclos, art. 2, aux animaux malfaisants et nuisibles et aux bêtes fauves, art. 9 ; aucune fonction n'en dispense. Les *femmes* y sont soumises aussi, et nous nous étonnons que des tribunaux aient eu besoin de juger cette question contre elles. (Nevers, 15 janv. 1830 ; Pontoise, 16 nov. 1842, cités par Perrève, p. 36.)

122. Sous l'empire de l'ancienne législation, le permis, dans beaucoup de cas, n'était exigé que pour la chasse avec armes ; de là le nom autrefois usité de *permis de port d'armes.*

123. Arrêtés des préfets. — *Oiseaux de passage. Dispense.* — Les préfets, qui peuvent bien modifier les conditions de l'exercice de la chasse des oiseaux de passage, ne sauraient dispenser d'avoir un permis pour cette chasse, pas plus qu'ils ne sont en droit de dispenser d'obtenir l'autorisation du propriétaire, si l'on chasse sur autrui. Ce point est également constant.

Cass., 18 avril 1845.—D. 45.1.260.—P. 45.2.124.—S. 45.1.388.

124. Il y a donc délit de la part d'un chasseur d'alouettes qui n'a pas de permis, alors même qu'il soutiendrait qu'on lui aurait dit à la préfecture que, pour cette chasse, le permis n'est pas nécessaire. La bonne foi ne peut servir d'excuse, voir art. 11.

Bord., 28 fév. 1850.—D. 54.2.180. — P. 54.1.209.—S. 54.2.661.
Bord., 21 mars 1850. — D. 54.2.180.—P. 54.1.209.—S. 54.2.661.

125. *Rien ne supplée le permis,* — ni le certificat attestant qu'une demande d'un permis de port d'arme a été faite à l'autorité (cass. 16 mars 1844), ni la quittance du percepteur constatant le paiement des droits (cass., 24 déc. 1819, 11 fév. 1820, 7 mars 1823 ; Gren., 26 nov. 1823 ; cass., 7 mars 1832, 3 mars 1836, 20 avril 1837).

126. Représentation du permis. — On avait, sous l'empire du décret du 4 mai 1812, abrogé par la présente loi, élevé la question de savoir si le chasseur se trouvait en délit par le seul fait de n'être pas muni de son permis au moment où il était en exercice de chasse, et, malgré les termes du décret qui semblaient favorables à la solution affirmative de la question, on décidait déjà, du moins généralement (Petit, t. 1ᵉʳ, p. 482), que le chasseur n'était pas obligé d'être porteur de son permis.

La loi actuelle se bornant à dire que nul ne pourra chasser s'il ne lui a pas été délivré un permis, il est évident que tout chasseur poursuivi doit être relaxé des poursuites, s'il justifie qu'au jour du procès-verbal le permis avait été délivré.

Cass., 19 juin 1813 : Metz, 28 octobre 1820 ; Colmar, 13 nov.; Douai, 25 nov. 1844; Caen, 5 mai 1845; Orléans, 10 mars 1846. Montp., 12 oct. 1846. — D. 47.4.73. — P. 47.2.679. — S. 47.2.346. Et arrêts cités aux numéros suivants.
En ce sens : Berriat, p. 127 ; Camusat, p. 35 ; Championnière, p. 86; Gillon et Villepin, n° 264 ; Rogron, art. 11, p. 144.

127. Mais c'est au prévenu à établir qu'il avait obtenu un permis, et non au ministère public à prouver le contraire. Le prévenu est tenu d'en justifier lors même qu'aucune sommation ne lui aurait été faite de le produire, car il n'est pas nécessaire que le défaut de permis résulte des termes du procès-verbal ; il suffit qu'il ne puisse être exhibé devant le tribunal.

Cass., 26 mars 1825, 5 mai 1836.
Nîmes, 26 nov. 1840. — D. » » » — P. 41.1.19. — S. » » ».

128. Il pourrait arriver qu'un individu pris à chasser le matin obtint le soir un permis ; si le ministère public établissait le fait, il y aurait lieu à condamnation. (Berriat, p. 127 ; Perrève, p. 30.)

129. *Représentation tardive, frais.* — Celui qui chasse sans être muni de son permis (mais alors que le permis est délivré), et qui donne par ce fait lieu à des poursuites, doit-il, en étant acquitté quant à la peine, demeurer néanmoins passible des frais ? — Jugé dans le sens de l'affirmative.

Metz, 28 oct. 1820. — D. » » » — P. à sa date. — S. 6.2.322.
Colmar, 13 nov. 1844. — D. » » » — P. 45.2.259.
Caen, 8 mai 1845. — D. 45.4.73.
En ce sens : Berriat, p. 127 et 128 ; Houël, n° 107; Lavallée et Bertrand, p. 37 ; Perrève, p. 31. (M. Houël cite des arrêts de cass. du 24 déc. 1819, 11 fév. 1820 et 26 nov. 1823, mais ils sont muets sur la question.)

130. Il a été jugé au contraire qu'il suffit que le chasseur fasse à l'audience la justification que le permis lui avait été délivré avant l'époque du prétendu délit, et que, dans ce cas, il ne saurait être condamné aux dépens. (Dans l'espèce, le prévenu avait répondu qu'il n'avait pas reçu son permis.)

Montp., 12 oct. 1846. — D. 47.4.73. — P. 47.2 679. — S. 47.2.546.
Rouen, 1er fév. 1850. — D. 50.2.119. — P. 50.2.234.

131. Cette opinion nous paraît incontestablement la bonne. D'après l'art. 162 du Code d'instruction criminelle, les juges doivent condamner aux dépens la partie qui succombe ; or, dans le cas qui nous occupe, le chasseur ne succombe pas puisqu'il justifie avoir chassé avec droit, et il ne saurait y avoir de peine accessoire quand la peine principale n'existe pas. L'article 368 du Code d'instruction criminelle, qui permet aux juges de condamner aux dépens la personne poursuivie en Cour d'assises et acquittée, est étranger aux matières correctionnelles.

Nous pouvons citer, dans le sens de notre opinion, en outre des arrêts cités au numéro qui précède :

Gren., 3 janv. 1827; Cass., 7 janv. 1830 et 16 nov. 1832; consulter encore Cass., 3 mars 1854, et aussi Cass. 6 mars 1846, cités n° 142 et 145.
Bord., 17 janv. 1839. — D. 39.2.72. — P. 45.2.671. — S. » » ».
Et cass. belge, 20 mai 1836, et Gand, 16 mars 1836 (Palais).
De même : Championnière, p. 88 ; Camusat-Busserolles, p. 35 ; Dalloz, n° 129; Gillon et Villepin, n° 205 ; Morin n° 24; Répert. du Palais, n° 147 ; Rogron, art. 11, p. 146; Sirey, 47.2.546.

132. Jugé dans un sens analogue que le refus par le chasseur d'exhiber le permis de chasse à l'agent de l'autorité qui le réclame n'est pas compris au nombre des délits prévus par la présente loi, et « qu'un pareil fait ne saurait fournir matière à condamnation, en eût-il été décidé autrement par un arrêté préfectoral. »

Cass., 15 déc. 1855. — D., 56.1.95. — P. 56.2.404. — S. 55.1.469.

133. Il en serait de même si le chasseur avait refusé de répondre ou pris la fuite.

134. Nous considérons que le prévenu devrait être pareillement acquitté, alors même qu'il n'aurait pas encore reçu son permis de l'administration, au moment du fait de chasse, s'il était établi par la date du permis que le délit prétendu est antérieur à cette date. (Voir toutefois n° 128.)

3° IL FAUT LE CONSENTEMENT DU PROPRIÉTAIRE SI L'ON CHASSE SUR AUTRUI.

135. Consentement du propriétaire. — Nécessité du consentement. — Le consentement est nécessaire *quelque exigu que soit le terrain* sur lequel le fait a lieu (Cass., 25 avril ou août 1828).

136. *Propriété inondée.* — Jugé avec raison que l'inondation d'une île n'enlevant pas le droit de propriété, il en résulte que l'État ne possède toujours que le lit de la rivière, et le tiers, voisin de la propriété inondée, ne peut avoir acquis le droit d'y chasser par le fait de l'inondation.

Cass., 1er fév. 1866. G. des Trib. du 8 fév.

137. *Autorisation insuffisante.* — L'autorisation, émanée de toute autre personne que de celle qui a le droit de chasse, est sans valeur, et celui qui chasse ainsi commet un délit. Jugé en ce sens à l'égard de quelqu'un qui n'avait que l'autorisation du fermier.

Cass., 12 juin 1828. — D. 28.1.282. — P. à sa date. — S. 28.1.351.

138. *Biens de mineurs, d'interdits, de femmes, etc.* — Si la propriété appartient à un mineur ou à un interdit, l'autorisation de chasser ou le bail de chasse doivent être consentis par le tuteur. Si c'est une femme non séparée de biens qui possède, son mari agit pour elle ; elle agirait elle-même s'il y avait eu séparation de biens.

Voir au § suivant pour les biens de l'État, des communes et des établissements publics. Se reporter aux numéros 28 et suivants pour savoir à qui le droit de chasse appartient.

139. *Propriété indivise.* — Tout le monde est d'accord pour reconnaître qu'un seul des propriétaires indivis ou des communistes a le droit de chasser sur la totalité des biens indivis.

140. Mais il y a désaccord lorsqu'il s'agit de décider si un seul des copropriétaires peut donner valablement l'autorisation de chasser sur toute la propriété.

La Cour de Rouen a jugé qu'il y avait délit, susceptible d'être poursuivi par les autres intéressés, pour celui qui chassait avec la seule permission de l'un des communistes.

Rouen, 21 fév. 1862. — D. 62.5.55. — P. 63.400. — S. 62.2.468.
En ce sens : Gillon et Villepin, n° 12 ;

141. Nous ne pouvons admettre ce système ; tant qu'il y a indivision, chaque copropriétaire est censé posséder le tout, ou du moins on ne saurait dire laquelle portion n'est pas la sienne. C'est l'opinion de MM. Championnière, p. 19; Dalloz, n° 166; Petit, t. 1er, p. 300.

142 Tout moyen de preuve admissible. — La loi n'a point déterminé la forme du consentement ; les juges peuvent donc admettre toute espèce de preuve, soit écrite, soit testimoniale. Il n'est pas nécessaire, pour être en règle vis-à-vis de l'autorité, d'être porteur d'une permission écrite du propriétaire ; il suffit d'avoir ce consentement, et le chasseur peut, en cas de poursuites du ministère public, justifier de l'existence du consentement par tous les moyens de preuve.

Cass., 3 mars 1854. — D. 54.1.162. — P. 56.1.168. — S. 54.1.399.

143. C'est donc à tort que M. Houël, n° 141, argumentant de Fournel, p. 97, prétend que la permission doit être délivrée par écrit et exhibée par le chasseur, faute de quoi les frais seraient à sa charge.

Mais nous pensons comme lui, n° 142, que le *serment*, sur le fait de savoir si la permission avait été donnée par le propriétaire, peut être déféré par le prévenu au plaignant ; celui-ci pourrait déférer le même serment au prévenu (Paris, 14 mai 1828).

144. *Appréciation des faits. — Cassation.* — L'appréciation des faits qui constituent le consentement du propriétaire et la preuve de ce consentement appartient aux tribunaux, et échappe à la censure de la Cour de cassation.

Cass., 12 juin 1846.—D. 46.4.64.— P. 49.1.553.— S. 46.1.855.

145. *La justification du consentement anéantit les poursuites,* et cela à quelque époque de la procédure qu'elle soit fournie et sans distinguer si la justification est orale ou écrite.

Col., 13 nov., Rouen, 25 oct., Douai, 25 nov., Paris, 7 déc. 1844. Cass., 6 mars 1846.—D. 46.1.168.— P. 46.2.155.—S. 46.1.509.

146. De même les poursuites commencées contre celui qui a chassé sur le terrain d'autrui, encore couvert de ses récoltes, doivent cesser par la production du certificat attestant le consentement du propriétaire (premier arrêt).

Mais lors même qu'on aurait l'autorisation générale du propriétaire, et qu'on pourrait ainsi chasser sans délit sur les terres non dépouillées de leurs fruits, on pourrait néanmoins, si l'on passait, sans le consentement du fermier, sur des terrains préparés ou ensemencés, être passible de l'amende de 1 à 5 fr., prévue par l'art. 471, 13°, C. p. ; on commettrait, dans ce cas, une contravention de police (deuxième arrêt).

Cass., 4 juill. 1843.— D. 45.1.351.— P. 45.2.297.— S. 45.1.774. *Ajouter :* Poitiers, 16 nov. 1844, et Cass., 24 avril 1852.

147. *Le consentement doit s'appliquer à tout.* — Il faut, en effet, que le consentement du propriétaire s'applique d'une manière précise à toutes les pièces de terre sur lesquelles on veut chasser. Il est aussi nécessaire pour les champs dépouillés de leurs récoltes ou incultes que pour les terres ensemencées. Naturellement si l'autorisation du propriétaire est générale, le chasseur peut aller partout sans délit ; mais si elle était restreinte à certaines pièces de terre spécialement désignées ou aux champs dépouillés de leurs récoltes, par exemple, le chasseur violerait la loi, s'il chassait sur d'autres propriétés.

Paris, 7 déc. 1844. — D. 45.4.81. *En ce sens :* Dalloz, n° 236.

148. *Le consentement doit être antérieur au fait.* — Il est clair, en effet, qu'un consentement, qui ne serait obtenu du propriétaire que postérieurement au fait incriminé, ne saurait en faire disparaître le caractère délictueux. Il serait toujours indiscutable qu'au moment où il chassait, l'individu n'avait pas le consentement du propriétaire, et c'est précisément ce que prévoit et punit la loi.

Cass., 2 janv. 1862. — D. 62.1.400. — P. 62.647.

149. **Consentement tacite.** — Par son arrêt du 12 juin 1846, cité n° 144, la Cour de cassation a décidé « que la loi, qui ne punit la chasse sur le terrain d'autrui, qu'en tant qu'elle a lieu sans le consentement du propriétaire, n'exige point que ce consentement soit *exprès*. » Il s'ensuit que le consentement tacite est suffisant ; les discussions à la Chambre des députés, lors de la loi, sont formelles à cet égard et les auteurs l'admettent aussi. Si donc un propriétaire laissait chasser quelqu'un sur ses terres, à son vu et su, il ne serait pas recevable à poursuivre pour un nouveau fait de chasse qui se produirait, tant qu'il n'aurait pas manifesté au chasseur son intention de lui interdire dorénavant la chasse.

Berriat, p. 12 ; Championnière, p. 95 et 100 ; Dalloz, n°ˢ 163 et 165 ; Gillon et Villepin, n°ˢ 8 et 9.

150. **Consentement présumé.** — Mais faut-il admettre avec M. Championnière, p. 93, que « toutes les fois qu'il n'existe pas de motif fondé de supposer un refus, le consentement doit être présumé, et que le chasseur ne commet pas de délit quand il a de justes raisons de croire que le propriétaire ne se refuserait pas à le laisser chasser sur son terrain ? » — Non, suivant nous : nous considérons le consentement tacite comme suffisant, parce que c'est en réalité un consentement, mais il est impossible de faire dériver ce consentement du silence seul du propriétaire, ou de ce qu'il n'aurait pas fait gar-

der ses terres ou publier la défense qu'on y chassât, ou de cet autre fait que ses terres seraient improductives ou dépouillées de leurs récoltes. — En exigeant un consentement antérieur au fait (voir n° 148), la Cour de cassation nous paraît avoir condamné le système de M. Championnière.

Dalloz, n° 164. *Dans le sens de M. Championnière :* Berriat, p. 12 ; Gillon et Villepin, n°ˢ 8 et 9.

151. *Ministère public.* — Le consentement qui, à notre avis, ne doit pas être présumé vis-à-vis du propriétaire du terrain, doit l'être au contraire vis-à-vis du ministère public ; nous verrons en effet, sous l'art. 26, que, sauf le cas où il s'agit d'un terrain clos ou non dépouillé de ses fruits, le ministère public ne peut poursuivre le délit de chasse sur le terrain d'autrui, sans une plainte de la partie lésée.

152. **Cession du droit de chasse, permission.** — *Renvoi.* — Se reporter au n° 17 pour la distinction qu'il convient d'établir entre la cession du droit de chasse et la simple permission de chasser.

153. **Cessions successives.** — Que décider si le propriétaire, après avoir cédé à quelqu'un sans réserve le droit de chasse sur ses terres, en faisait à un autre une seconde cession, au mépris de la première? Le second cessionnaire ou fermier de la chasse commettrait-il un délit, s'il chassait ? — Tout dépend, suivant nous, du fait de savoir si la première cession a été enregistrée. Cette formalité a-t-elle été remplie, le premier cessionnaire est en possession inattaquable du droit exclusif de chasse à l'égard de tous, et le cessionnaire ultérieur, en chassant, commet un délit, alors même qu'il serait de bonne foi, puisqu'elle n'est pas une excuse. — Si le premier bail n'est pas enregistré et que le second soit revêtu de cette formalité, le premier cessionnaire serait sans droit à chasser. — Si les deux baux n'avaient point été enregistrés, il n'y aurait délit d'aucune part. (Voir sur des questions analogues l'art. 11, 5°, et l'art. 26.)

154. Jugé dans le sens de notre opinion « que le droit de chasse dont quelqu'un est investi par l'effet d'un bail enregistré, n'a pu être amoindri par une permission que le propriétaire aurait donnée verbalement à des tiers dont l'existence n'avait pas de date certaine au jour de la location enregistrée, et que le bailleur avait laissé ignorer au preneur. » (Arrêt de cassation.) — Que par suite ceux qui chassent en s'appuyant sur cette autorisation sont en délit, malgré leur bonne foi.

Cass., 21 juill. 1865. — D. 65.1.497.—P. 66.319— S. 66.1.135. Rouen, 23 mars 66.—D. 67.2.120. — P. 67.593. — S. 67.2.150. Voir encore n° 137 ci-dessus, et Metz, arrêt ci-dessous.

155. C'est donc à tort qu'il a été jugé que le prévenu peut exciper de sa bonne foi et de l'ignorance où il était de la concession faite par le propriétaire.

Colmar, 29 déc. 1821. — D. 21 2.455. — P. à sa date. Championnière, p. 18, approuve cette décision, en la faisant émaner à tort de la Cour de cassation. Partagent encore l'opinion de la Cour de Colmar : Dalloz, n° 167 et note de l'arrêt ; Gillon et Villepin, n° 27 ; Lavallée et Bertrand, p. 43.

156. — Des derniers mots de la citation que nous avons faite au n° 154, il ne faut pas conclure que le cessionnaire verbal antérieur pourrait opposer, dans tous les cas, son droit au locataire ultérieur par bail enregistré, au cas où il aurait connu la cession verbale. Sans doute si le second cessionnaire la reconnaît volontairement, elle aura sa valeur, mais s'il la conteste, on ne pourrait en faire la preuve contre lui. — C'est ce que la Cour de Metz a jugé en déclarant un prévenu non recevable à prouver par témoins que, lors du bail écrit, il avait été convenu qu'il continuerait néanmoins à chasser sur les terres dont la chasse était affermée.

Metz, 10 fév. 1864. — D. » » » P. 67.441. — S. 67.2.184.

157. **Faits de chasse sur autrui.** — Il va de soi que tout ce qui constitue un fait de chasse, tel que nous l'avons expliqué n°ˢ 41 et suivants, constituera aussi un délit de chasse sur le terrain d'autrui, si l'on agit sans l'autorisation du propriétaire. — Il y a donc délit à tendre sur la propriété d'un tiers des engins, filets ou collets (Cassation , 8 mai 1824, 5 nov. 1829, 3 nov. 1831), — à regarder ses chiens chasser sur le terrain d'autrui sans chercher à les rappeler ou à les rompre, voir nᵒˢ 67, etc. — Celui qui emploie des rabatteurs est en délit s'ils font le rabat sur le terrain d'autrui, lors même qu'ils en auraient eu la défense (Arrêt de Paris, du 8 mars 1866, cité par la *Gazette des Tribunaux* du 21.)

158. L'introduction sur le terrain n'est pas nécessaire. — Le délit n'est pas subordonné à l'introduction du chasseur sur le terrain d'autrui. Il existe toutes les fois qu'on recherche ou qu'on poursuit le gibier sur ce terrain, quels que soient les moyens employés. Peut donc être poursuivi celui qui tire un gibier placé sur la propriété d'autrui, alors même qu'il eût été levé sur son terrain. — De même il y a délit de la part de ceux qui, tout en étant sur un terrain où ils ont le droit de chasse, cherchent, en faisant du bruit et des battues, à faire lever et à pousser vers les affûts le gibier qui peut se trouver sur la propriété voisine (2ᵉ arrêt).

Cass., 11 avril 1840. — D. 40.1 411.
Cass., 18 mars 53 — D. 53 1.175. — P. 53.2.429. — S. 53 1.457.
En ce sens : Tous les auteurs et notamment Dalloz, nᵒˢ 29 et suiv.; Rogron, art. 1ᵉʳ, p. 50.

159. Par contre nous n'admettons pas qu'il puisse y avoir délit quand le chasseur se borne à se placer sur le terrain d'autrui pour de là tirer plus à l'aise une pièce de gibier qui se trouverait sur son terrain. En effet, si l'on décide, ce que nous croyons nous-mêmes, que c'est le fait de tirer ou poursuivre le gibier sur le terrain d'autrui, et non pas d'y marcher, qui forme le délit, il faut nécessairement concéder en échange qu'il n'y a pas délit dans le seul fait de marcher ou d'être un instant sur le champ du voisin, pour de là tirer un gibier placé hors ce champ.

En ce sens : De Neyremand , p. 69. Voir aussi un arrêt de Colmar du 21 nov. 1827, cité par Perrève, p. 202.

160. Décidé *en sens contraire* « qu'on ne peut admettre qu'on se mette en attitude de chasse sur le terrain d'autrui pour chasser sur son propre terrain ; que le fait de chasse résulte de ce fait seul qu'on est en attitude de chasse sur le terrain d'autrui, alors même qu'on n'aurait pas l'intention de tirer le gibier parcourant ce terrain. »

Paris , 26 janv. et 5 fév. 1866. Voir *Droit* et *Gazette des Tribunaux* du 14 fév. 1866.
En ce sens : Perrève, p. 202, qui cite par erreur comme ayant adopté la même doctrine un arrêt de cassation du 25 avril 1828. — Nous persistons dans l'opinion émise au nᵒ précédent, et nous préférons les décisions émanées des tribunaux de Nogent-sur Seine (8 déc. 1865) et de Nogent le-Rotrou (20 oct. 1865), dont les arrêts de Paris ont prononcé l'annulation.

161. Simple passage. — Dans tous les cas, le seul fait par un chasseur, même armé et suivi de ses chiens non muselés et non couplés, de passer sur le terrain d'autrui et de s'exposer ainsi à ce qu'ils chassent, ne saurait constituer un délit ; l'arrêt ci-dessous l'a formellement jugé. — Nous conseillons néanmoins aux chasseurs, lorsqu'ils traversent le terrain d'autrui, de désarmer leur fusil ou mieux de le mettre en bandoulière, et de tenir leurs chiens couplés ou près d'eux.

Cass., 28 juil. 1860. — D. 60.1.562. — P. 61.255. — S. 61.1.468.
En ce sens : Dalloz, nᵒ 28 ; Houël, nᵒ 14 ; Petit, p. 8.

162. Gibier tué ou mortellement blessé. — Nous avons dit, nᵒˢ 81 et suivants, que la chasse finit par la prise ou la mort du gibier. On reconnaît de même qu'il n'y a point délit de chasse sur le terrain d'autrui lorsqu'on va sur ce terrain pour y relever une pièce de gibier qui est allé y tomber, soit tuée, soit mortellement blessée, alors surtout que le chasseur a déposé ses armes avant d'entrer sur la propriété du voisin.

Amiens, 17 janv. 1842. — D. » » » — P. 45.2 709. — S. 42.2.104.
Limoges, 5 fév. 1848. — D. » » » — P. 48.1.382. — S. 48.2.152t
En ce sens : Berriat, p. 19 et 134 ; Duvergier, p. 105 ; Gillon et Vil., nᵒ 275 ; Petit, t. 1ᵉʳ, nᵒ 26 ; Sorel, nᵒ 29 ; Villequez, p. 38 et 41.

163. A plus forte raison pas de délit si c'est le chien qui va saisir sur le terrain d'autrui le gibier tué ou mortellement blessé.

Paris, 2 déc. 54. — D. 55.2.140. — P. 55.1 587. — S. 54.2 680.

164. Mais il y aurait évidemment délit si le gibier n'était que légèrement blessé (Rouen, 20 oct. 1825.)

165. Gibier sur ses fins. — Que décider si le gibier, sans être blessé, est sur ses fins? — Malgré que la question soit plus délicate, nous croyons qu'il faut assimiler cette espèce à celle où le gibier est mortellement blessé, et décider que le chasseur qui entre avec ses chiens sur le terrain d'autrui, pour s'approprier l'animal que la fatigue a mis en réalité en son pouvoir, ne commet pas un délit de chasse. En ce sens, M. Villequez, p. 39.

166. Gibier tiré au vol. — Et si le chasseur, après avoir levé des perdrix, les tire alors qu'elles volent au-dessus d'un champ où il n'a pas le droit de chasse, y a-t-il délit ? — Nous ne le croyons pas. Dès l'instant où le gibier ne repose ni sur le sol, ni sur les arbres, haies ou broussailles du voisin, celui-ci ne saurait dire qu'il est sur son terrain.

167. Renvois. — Voir pour le *passage des chiens courants*, art. 11, 2° ; — pour les cas d'*excuse*, les observations qui précèdent l'art. 11 ; — pour les questions de *compétence* entre les tribunaux correctionnels, civils et administratifs, les notes précédant l'art. 19 ; — pour les délits que peuvent commettre les *fermiers des droits de chasse* et leurs invités, art. 11, 5° ; — pour la *poursuite* des délits, l'art. 26.

§ V.

CHASSE DANS LES PROPRIÉTÉS DE L'ÉTAT, DES COMMUNES ET DES ÉTABLISSEMENTS PUBLICS.

1° PROPRIÉTÉS DE L'ÉTAT.

168. Domaine public, domaine privé. — *Distinction.* — Il est indispensable de bien distinguer le domaine public du domaine privé de l'État, car s'il faut une autorisation administrative pour chasser sur le domaine privé, nous croyons qu'elle n'est pas nécessaire s'il s'agit du domaine public et qu'il suffit alors d'avoir un permis de chasse et d'être en temps non prohibé.

Le domaine public comprend particulièrement les routes et chemins, et les rivières navigables et flottables.

Le domaine privé consiste principalement dans les forêts.

169. Routes et chemins publics. — Il ne nous paraît pas douteux que toute personne munie d'un permis puisse, en règle générale, chasser après l'ouverture sur les routes et chemins, sans avoir besoin d'aucune autorisation. L'usage des routes appartient à tous indistinctement dans les limites du droit commun.

170. *Chemins de hallage le long des fleuves et rivières.* — Pour ceux-ci, qui n'appartiennent point à l'État, mais demeurent la propriété privée des riverains, à la charge d'une simple servitude de passage, il est indispensable d'avoir, quand on y chasse, l'autorisation des particuliers ; l'administration serait sans droit pour la donner ou pour se plaindre des faits de chasse qui seraient commis sur ces chemins.

171. Routes et chemins traversant ou longeant les bois et forêts. — Ce point présente des difficultés sérieuses, lorsque des faits de chasse s'y produisent. On se demande si le chasseur qui tire un gibier dans un de ces chemins commet un délit s'il n'a pas d'autorisation. Pour préciser les principales difficultés qui peuvent se présenter, nous croyons utile de poser trois questions que nous allons résoudre successivement.

172. 1° *L'État peut-il affermer le droit de chasse sur les routes et chemins publics qui traversent ou bordent ses bois et forêts ?* — lui M. Rogron refuse ce droit, p. 29, sans distinguer entre ces chemins et les voies ordinaires ; il s'appuie sur l'art. 538 du Code Napoléon, et soutient que les routes et chemins ne sont pas susceptibles d'une propriété privée. — Tout en reconnaissant que, dans la pratique, des locations de ce genre n'existeront presque jamais, nous croyons cependant avec M. Villequez, p. 210, que l'État pourrait affermer la chasse de ces routes et chemins. En effet, le public n'en souffrirait pas, car le fait de la location ne gênerait en rien la circulation, l'administration pouvant prendre d'ailleurs toutes les mesures de précaution qu'elle jugerait utiles.

173. 2° *Le chasseur devrait-il être réputé connaître la location que l'État aurait pu faire d'un pareil droit de chasse ?* — Non, à notre avis, car il s'agit là d'une location exceptionnelle. La présomption sera donc que le droit de chasse n'est pas affermé sur les routes des forêts, et par suite les adjudicataires, à qui la concession en aurait été faite, devraient établir, en poursuivant un chasseur pour avoir tiré un gibier à la traverse d'une forêt, qu'il connaissait la clause particulière.

174. 3° *Dans le silence du bail d'un droit de chasse dans une forêt de l'État, le droit de chasse comprend-il les routes et chemins qui traversent la forêt ?* — Nous répondons négativement, tout en regrettant d'être en désaccord sur ce point avec M. Villequez, l'auteur du si excellent traité du *Droit du chasseur sur le gibier.* M. Villequez, p. 208 et suiv., maintient que les routes et chemins qui traversent les forêts en font partie intégrante, ayant été percés dedans. M. de Neyremand, p. 61, est du même sentiment. — Nous ne pouvons être de cet avis. Par l'établissement d'une route, même prise dans la forêt, le sol de la route sort du domaine particulier de l'État pour entrer dans le domaine public. L'opinion que nous combattons devrait revendiquer, comme une conséquence de son système, tous les chemins qui ont été conquis sur le sol forestier et qui se trouvent maintenant plus ou moins éloignés des bois et forêts par suite des défrichements successifs. Où s'arrêterait-on alors, et comment reconnaître même les voies prises dans les forêts?

175. Nous indiquerons cependant dans le sens de M. Villequez un arrêt de la Cour de Dijon, du 29 janvier 1862, cité par lui, p. 13, et par M. de Neyremand, p. 61, lequel a jugé que le fait de tirer un lièvre sur le chemin qui traverse un bois constitue un fait de chasse *commis dans le bois.* Il nous est impossible d'approuver cette décision, car elle conduirait à voir un fait de chasse sur le terrain d'autrui dans le seul fait, très-licite pourtant, d'attendre, pour le tirer, qu'un lièvre parti de son terrain et entré sur celui du voisin, ait fait sa randonnée et soit revenu à son gîte. Nous croyons donc parfaitement rendu le jugement du tribunal de Charolles, du 4 janvier 1862, réformé par l'arrêt de Dijon et si vivement critiqué par MM. Villequez et de Neyremand; le premier le cite p. 9, et le second, p. 68.

176. Ce qui prouve que notre opinion est la bonne, c'est l'impossibilité pour les partisans du système contraire de trouver une solution satisfaisante pour les diverses difficultés que présente la question envisagée à leur point de vue. M. Villequez en arrive à se demander, p. 216, si, quand le chemin sépare deux bois appartenant à des propriétaires différents, chacun peut tirer sur toute la largeur du chemin, ou s'il ne le peut que sur la moitié qui l'avoisine; il adopte cette dernière idée. Il en vient à dire aussi, p. 217, que nul ne peut tirer sans délit sur un chemin que ceux qui ont droit de chasse dans les *plaines* ou bois séparés par ce chemin; c'est-à-dire qu'on ne pourrait pas tirer un gibier sur un chemin traversant une plaine si l'on n'avait pas le droit de chasse sur les terres voisines !

177. *Pour les routes qui longent ou bordent les bois et forêts,* M. Villequez paraît enseigner, p. 216 et suivantes, que les fermiers de la chasse ont seuls le droit d'y chasser.

178. M. de Neyremand, qui accorde le droit quand la route traverse, semble le refuser, p. 60, quand elle longe seulement la forêt. La Cour de Colmar l'a refusé aussi, en jugeant, le 24 avril 1866, « que le fait de s'être arrêté sur un chemin ouvert à la circulation publique est licite et ne peut être assimilé à un acte de chasse sur le terrain d'autrui. » Dans l'espèce de l'arrêt (de Neyremand, p. 60; *Mon. des Trib.* 1866, 571), le chemin longeait une forêt et le prévenu y était en attitude de chasse.

179. Pour nous, il y a plus raison encore, lorsque le chemin ne fait que border la forêt, de refuser aux adjudicataires le droit exclusif d'y chasser. De cette façon, notre système est simple et ne prête point à des distinctions toujours fâcheuses.

180. Mais si nous refusons un droit de préférence aux fermiers de la chasse dans les forêts, sur les routes et chemins qui les traversent ou les longent, ce n'est qu'autant que les routes et chemins sont la suite de voies publiques qui existent avant et après les forêts. *Quant aux chemins particuliers, lignes, voies charretières* et autres, qui n'ont été créés que pour le besoin et l'exploitation des bois, ils sont bien réellement partie intégrante du sol forestier, et nul ne peut y chasser sans délit s'il n'a l'autorisation des adjudicataires.

181. Pour les routes et chemins qui traversent ou bordent les bois et forêts des communes, des établissements publics et des particuliers, voici notre opinion : si les chemins leur appartiennent, nul ne peut y chasser sans autorisation, sauf le cas où le chemin serait public, ce qui conduirait à appliquer ce que nous avons dit plus haut; si les chemins sont à l'État ou au département, chacun peut y chasser sans avoir besoin d'autorisation, sauf encore le cas particulier où la commune se serait entendue avec le département ou l'État pour faire concéder à ses adjudicataires le droit de chasse sur les routes et chemins.

182. *Droit sur le gibier.* — Tout ce que nous venons d'écrire ne nous empêche en rien de croire que les fermiers de la chasse dans les bois et forêts, à la poursuite d'un chevreuil ou d'un cerf, n'aient parfaitement le droit d'actionner en dommages-intérêts l'individu qui se serait embusqué sur la route pour le tirer au passage. Autre chose est la question du délit de chasse et la question du droit sur le gibier poursuivi. Voir sur celle-ci : III, *Propriété du gibier et droit sur le gibier.*

183. Rivières navigables et flottables. — Nous rappelons ici ce que nous avons dit au sujet des routes et chemins publics. Nous croyons donc que l'on peut, en règle générale, y chasser sans autorisation (Championnière, p. 61; Perrève, p. 274; Rogron, art. 1er, p. 29, et art. 11, p. 151).

184. Mais la Cour de Metz, par son arrêt du 5 mars 1843, cité par le *Droit* du 25 mars, a jugé *en sens contraire* qu'il y avait délit de la part d'un individu trouvé chassant sur une rivière navigable sans la permission de l'administration. En ce sens, Paris, 24 oct. 1844 (*Droit* du 25). — MM. Dalloz, n° 191; Gillon et Villepin, n° 195 et 1er supp., p. 15, et M. Petit, t. 1er, p. 300, ont approuvé ces décisions.

185. Il a encore été décidé par un arrêt de cassation que « la recherche, la poursuite et la capture du gibier d'eau sur une rivière, constituent une atteinte au droit du propriétaire du cours d'eau. »
Cass., 20 mars 1858. — D. 58.1.191. — P. 58.633. — S. 58.1.564.

186. Il faut noter que dans l'affaire soumise à la Cour de cassation, il y avait un fermier de la pêche à qui le cahier de charges donnait aussi le droit de chasse. Il semble en outre résulter des faits que le prévenu connaissait la location. Nous comprenons dès lors la condamnation du chasseur, et notre opinion exprimée nos 172 et suivants ne nous paraît point contredite par l'arrêt de la Cour suprême.

187. Rivières non navigables ni flottables. — C'est aux riverains qu'appartient la chasse; il faut leur consentement pour s'y livrer.

Art. 2. Le propriétaire ou possesseur peut | chasser ou faire chasser en tout temps, sans

188. Forêts. — Avant la loi du 21 avril 1832, la chasse n'était pas affermée dans les forêts de l'État; on ne délivrait que des permissions gratuites d'y chasser. La loi précitée vint modifier cet état de choses; elle portait, art. 5 : « A partir du 1ᵉʳ septembre 1832, le droit » de chasse dans les forêts de l'État *sera affermé* et mis » en adjudication. » — L'ordonnance du 24 juillet 1832 fut prise en conformité de la loi ci-dessus et expliqua les formes de la location. — On le voit, la disposition de la loi du 21 avril 1832 ordonnait impérativemeut la mise en ferme, mais l'administration fit observer que souvent la location était faite (en 1832) à des prix minimes, insuffisants pour couvrir les dommages que la chasse cause aux forêts, et le 24 avril 1833 il intervint une loi nouvelle ainsi conçue : « A partir du 1ᵉʳ septembre 1833, le droit » de chasse dans les forêts *pourra être affermé* et mis » en adjudication. »

Une dernière ordonnance, qui régit encore la matière aujourd'hui, fut prise à la date des 20 juin-12 juillet 1845, portant notamment que, à l'avenir, le droit de chasse dans les forêts domaniales serait affermé, soit par adjudication aux enchères, soit par adjudication au rabais, soit enfin sur soumissions cachetées; — que les baux pourraient être consentis pour une durée de neuf années, — et qu'un cahier de charges, approuvé par le ministre des finances, réglerait les conditions auxquelles les fermiers seraient assujétis.

L'adjudication du droit de chasse dans les forêts domaniales est faite par le préfet, à la diligence du conservateur des forêts.

Nous renvoyons nos lecteurs aux *Formules ;* ils y trouveront le cahier de charges et diverses observations le concernant.

189. Le domaine des forêts s'étend non-seulement au sol boisé, mais à toutes les dépendances, jusqu'aux bornes qui les séparent des propriétés voisines. (Dalloz, nᵒ 170.)

190. Personne ne peut donc chasser dans les forêts que les adjudicataires de la chasse; les agents forestiers n'ont pas plus de droits que les particuliers. Voir cependant, à l'article *Louveterie,* ce qui est dit quant aux battues.

2ᵉ PROPRIÉTÉS DES COMMUNES.

191. Mise en ferme. — Formes. — Les communes ont, comme l'État et les particuliers, le droit d'affermer la chasse dans leurs propriétés. Certains auteurs (Perréve, p. 257; Rogron, *Append.,* sect. 8) avaient pensé d'abord que la mise en ferme devait continuer de s'effectuer conformément à l'art. 1ᵉʳ du décret du 25 prairial an XIII, c'est-à-dire que les maires à la charge d'obtenir l'approbation du préfet et du ministre de l'intérieur, mais il a été jugé avec raison « que ce décret a été virtuellement abrogé par les articles 10, 11 et 17 de la loi du 18 juillet 1837, qui, en réglant les attributions respectives des maires et des conseils municipaux, ont, en ce qui concerne les baux à ferme des propriétés communales, introduit un droit nouveau. »

Cass., 5 fév. 1848. — D. 48.1.79.— P. 48.1.673. — S. 48.1.408.

192. Par suite, les conseils municipaux règlent, dans leurs délibérations, les conditions des baux de chasse (art. 17, 1ᵉ et 2ᵉ de la loi précitée), et le maire passe ensuite les baux (art. 10 de la même loi). — On dresse d'ordinaire un cahier de charges préalable et l'on fait ensuite, par devant notaire, l'adjudication aux enchères publiques.

193. Il s'ensuit, ainsi que l'a jugé la Cour de cassation, par son arrêt du 5 février 1848 ci-dessus, que le *maire ne peut seul accorder des autorisations* de chasser dans une forêt communale, et qu'il y a par conséqnent délit pour ceux qui sont trouvés chassant avec cette seule autorisation.

194. *Usage, tolérance.* — Il y aurait également délit si les prévenus se bornaient à alléguer un ancien usage suivi par leur commune qui laissait depuis longtemps ses habitants chasser dans ses bois. Ce serait là une tolérance abusive, sans effet légal; les habitants n'ont point chacun en particulier, *ut singuli,* le droit de chasse.

Cass., 4 mai 1855. — D. 56.1.80. — P. 56.1.59. — S. 56.1.468.
Cass., 5 avril 1866.— D. 66.1.411.— P. 66.1099.— S. 66.1.412.

195. *Délibération approuvée.* — Mais la Cour de cassation a décidé qu'il n'y avait pas violation de la loi dans un jugement correctionnel qui s'était fondé, pour acquitter un prévenu, sur l'existence d'une délibération du conseil municipal de la commune, approuvée par le préfet, qui autorisait à titre gratuit tous les habitants de cette commune à chasser dans une forêt communale; — qu'il n'aurait pas appartenu, et nous le croyons aussi, au tribunal correctionnel de ne pas faire produire effet à cette autorisation; la régularité d'un acte administratif n'étant pas laissée à l'appréciation des juges ordinaires.

Cass., 13 sept. 1850. — D. 51.5.75.

196. Propriétés boisées et non boisées. — Suivant M. Perrève, p. 254, le maire, qui n'a pas le droit de permettre la chasse dans les bois de la commune, peut accorder au contraire des permissions de chasser sur les terrains communaux. — Nous ne voyons point qu'il soit possible de distinguer, et nous pensons que le maire ne peut jamais accorder seul des autorisations.

197. Produit de la location. — Il entre dans les recettes ordinaires de la commune et vient ainsi en compensation des dépenses obligatoires pour le traitement des gardes des bois de la commune et des gardes champêtres. (Art. 30, 7ᵉ, et 31, 1ᵉ, de la loi du 18 juillet 1837.)

198. Renvoi. — Voir ci-dessus, 1ᵉ, ce que nous avons dit quant aux routes et chemins publics, et l'art. 26 pour la poursuite des délits.

3ᵉ PROPRIÉTÉS DES ÉTABLISSSEMENTS PUBLICS.

199. Mise en ferme. — *Renvoi.* — Les établissements publics ont, ainsi que les communes, la faculté de louer la chasse sur leurs propriétés. Ils le font par l'intermédiaire de leurs administrateurs (qui personnellement n'ont pas le droit de chasser) et dans la forme ordinaire aux autres baux et locations. — Nous ne pouvons que renvoyer aux annotations précédentes et à l'art. 26.

Art. 2.

CHASSE DANS LES TERRAINS CLOS ET ATTENANT
A UNE HABITATION.

200. Observation. — L'art. 2 est la seule exception au principe presque absolu de l'art. 1ᵉʳ. Ainsi, 1ᵉ la loi actuelle ne permet plus, comme l'art. 1ᵉʳ de la loi du 30 avril 1790, la chasse en tout temps sur les lacs et étangs, sauf pourtant le pouvoir accordé aux préfets, art 9, § II, 2ᵉ; — 2ᵉ la loi nouvelle écarte encore par son silence la faculté qu'avaient, aux termes de l'art. 14 de la loi de 1790, les propriétaires ou possesseurs de chasser ou faire chasser aux chiens courants, dans leurs bois et forêts, même en temps prohibé.

201. *Réunion des conditions.* — Pour bénéficier du droit exceptionnel que confère l'art. 2, il faut réunir toutes les conditions que prévoit cet article : être propriétaire, possesseur ou ayant droit, et avoir ses possessions attenant à une habitation et entourées d'une clôture continue faisant obstacle à toute communication. Si l'une des conditions manque le droit ne peut s'exercer. — *Sous l'ancienne loi,* il en était autrement : il suffisait que le terrain fût clos pour qu'on pût chasser en tout temps; il fallait néanmoins qu'il fût dépendant d'une habitation pour être dispensé du permis de port d'armes

permis de chasse, dans ses possessions attenant | à une habitation, et entourées d'une clôture

(Petit, t. 1er, p. 356); c'était là du moins l'opinion générale.

202. Qui peut exercer le droit? — Notre article dit : *Le propriétaire ou possesseur.* Pas de difficulté sur le sens du mot *propriétaire;* quant au mot *possesseur,* il résulte des débats à la Chambre qu'il doit être pris dans le sens le plus étendu et s'appliquer aux usufruitiers, emphytéotes, antichrésites, etc. (Dalloz, n° 80; Rogron, p. 36.)

203. *Ce droit est-il attaché à l'habitation?* — En d'autres termes, le droit de chasser en tout temps sans permis peut-il appartenir à celui qui, sans être propriétaire ou possesseur de l'enclos, aurait seulement acquis le droit de chasse dans cet enclos? — Nous le croyons, avec MM. Dalloz, n° 81; Gillon et Villepin, p. 75; Rogron, p. 37! En effet, la loi, en donnant au propriétaire ou possesseur le droit de *chasser ou faire chasser,* leur concède implicitement le droit de céder ou de louer la chasse; la chasse d'ailleurs, quoiqu'inhérente au fonds, peut toujours en être démembrée, à moins d'une exception formelle, et l'art. 2 n'en contient pas. Nous nous appuyons enfin sur les travaux préparatoires de la loi, notamment sur les déclarations de M. Franck-Carré à la Chambre que « c'était à l'enclos et non au propriétaire que, dans la pensée du législateur, l'immunité était accordée. »

204. *Permission, cession, location.* — Le propriétaire ou possesseur peut donc céder et affermer la chasse dans son enclos, ou donner de simples permissions d'y chasser, et ceux qui tiendront de lui l'un ou l'autre de ces droits seront également dispensés de l'obligation d'avoir un permis et pourront chasser en tout temps.

205. Mais le droit exceptionnel de l'art. 2 est néanmoins une *dépendance de l'habitation,* en ce sens que celui-là seul peut l'exercer ou le faire exercer qui habite l'enclos; nous rentrons ainsi dans l'opinion de M. Petit, t. 1er, p. 367, qui refuse à juste titre au bailleur le droit de venir chasser dans l'enclos qu'il aurait affermé.

206. *Propriétaire, fermier.* — La majorité des auteurs, même de ceux qui refusent au fermier le droit de chasse dans les locations ordinaires, lui reconnaissent au contraire, à l'exclusion du propriétaire, lorsqu'il s'agit d'un enclos, le droit exceptionnel conféré par l'art. 2. — Cette question n'a pas encore été résolue par la Cour de cassation, mais nous croyons qu'elle la déciderait en ce sens. La cour de Rouen a même jugé ainsi, implicitement du moins, les 16 et 23 février 1865. *Gazette des Tribunaux* du 9 mars. — Suivant le *Droit* du 19 août 1846, la Cour de Paris aurait formellement statué dans le même sens, le 17 août 1846, P. 46.2.556.

Chardon, p. 128; Dalloz, n°s 51 et 82, et les autorités citées n° 30. — Voir aussi Caen, 12 janvier 1860, *Mon.,* table 1861.
Voir encore Champ., p. 25, et ce que nous avons dit, n° 32. M. Rogron, p. 37, accorde le droit lorsque l'enclos est peu important, et le refuse s'il est considérable, mais cette distinction nous semble inadmissible.
M. Bauchart, *Catéchisme des Chasseurs,* cité par M. Petit, t. 1er, p. 367, refuserait dans tous les cas le droit de chasse au fermier de l'enclos, à moins que son bail ne le lui concédât. Son opinion est en désaccord avec celle de la majorité des auteurs.

207. Suivant nous, la chasse dans l'enclos appartiendrait au fermier, lors même que le bail contiendrait la réserve de la chasse au profit du propriétaire, parce que l'on pourrait dire que les parties n'ont entendu parler que de la chasse sur les terrains ordinaires.

Si le bail portait défense pour le fermier de chasser même dans l'enclos, il en résulterait que celui-ci devrait s'abstenir; mais alors la chasse n'appartiendrait à personne et les agents de la force publique ne pourraient pas, par respect pour le domicile du possesseur, venir verbaliser dans l'enclos sans l'accomplissement des formalités légales, sauf le cas où ils seraient appelés par le possesseur lui-même (Duvergier, sur l'art. 2).

208. Modes de chasse autorisés. — Chasse de

nuit. — *Renvoi.* — On reconnaît généralement au propriétaire ou possesseur d'un enclos le droit de chasser même avec les modes et procédés que la loi défend dans les terrains ordinaires, chasse à l'appeau par exemple, mais on lui refuse le droit d'employer et de détenir les engins prohibés qui prennent par eux-mêmes le gibier, tels que filets, lacets, etc. — Voir l'examen de ces questions sous l'art. 12, 2°.
Suivant l'opinion générale il peut chasser de jour et de nuit. Voir aussi l'art. 12, 2°, sur ce point.

209. *Le permis n'est pas nécessaire,* mais le propriétaire ou possesseur reste soumis aux règlements généraux de police concernant l'emploi des armes à feu. (Dalloz, n° 102). — Rappelons ici qu'il est défendu de porter des *pistolets de poche;* la Cour de Nancy, — arrêt du 16 octobre 1867, cité *Moniteur des Tribunaux,* 1867, p. 852, — a décidé qu'on ne saurait reconnaître le caractère de pistolets de poche à un *revolver* ayant 34 centimètres de longueur.

210. Possessions attenant à une habitation. — Pour jouir du bénéfice de l'art. 2, il faut que les possessions, terres, parcs, jardins, soient attenant à une habitation. Le projet primitif portait : *dépendant d'une habitation,* mais on craignit de donner trop d'extension au droit qui résulte de notre article et l'on substitua le mot attenant, dont le sens est beaucoup plus limité et qui exige la *contiguïté des possessions et de l'habitation* (Gillon et Villepin, n°s 35 et suivants).

Consulter les arrêts de cassation des 13 avril 1833 et 26 avril 1839, quoique rendus sous l'empire de l'ancienne loi.

211. Jugé qu'on doit considérer comme distinct de l'habitation et par conséquent n'y étant pas attenant, un *herbage* séparé par des murs, haies et barrières, de la cour de la ferme. Cette cour seule formant un tout à part doit constituer le domicile, alors surtout que l'herbage a une grande étendue (4 hectares) et que le propriétaire s'est expressément réservé le droit de chasse.

Rouen, 16 et 23 fév. 1865. *Gazette des Tribunaux* du 9 mars.
Il résultait de là, suivant la Cour de Rouen, que le propriétaire pouvait chasser dans l'herbage, à l'exclusion de son fermier.

212. Il a aussi été jugé qu'il n'est pas permis de chasser en tout temps dans l'*île d'un fleuve,* malgré qu'on ait la permission du fermier de cette île, lorsque ceux qui en jouissent n'y possèdent ni leur habitation, ni leur domicile, et qu'il ne se trouve sur l'île d'autre maison que celle du garde préposé à sa surveillance. L'île ne peut être en ce cas considérée comme attenant à une habitation; ajoutons encore que dans l'espèce il existait une servitude de hallage.

Rennes, 17 août 1863. — D. 63.2.201. — P. 64.166. — S. 63.2.233.

213. *Chemins publics.* — Si les possessions étaient séparées de l'habitation par un chemin public, on ne pourrait plus les considérer comme attenant sans discontinuité à cette habitation, et la chasse n'y pourrait être exercée dans les conditions de l'art. 2. Il en serait de même si une partie de l'enclos était séparée de l'autre par une route ou un chemin public; on ne pourrait alors chasser en tout temps sans permis que dans la portion qui ferait une suite continue à l'habitation. (Dalloz, n° 99.)

214. *Chemins d'exploitation.* — Quant aux chemins d'exploitation qui peuvent être créés dans l'enclos par le propriétaire, ils n'empêchent point l'exercice du droit résultant de l'art. 2 dès l'instant que ces voies ou ces chemins ne sont pas publics et qu'une clôture continue fait le tour de la propriété, surtout si le maître de l'enclos a ménagé des passages d'une subdivision à l'autre.

Bourges, 2 nov. 1844, cité par Dalloz, n° 94.
En ce sens : Dalloz, n° 94; Petit, t. 1er, p. 559 et 305; Rogron, p. 47.

215. Nous croyons que le propriétaire pourrait re-

continue faisant obstacle à toute communication | avec les héritages voisins.

vendiquer le bénéfice de l'art. 2 lors même que des voisins auraient acquis, par prescription ou autrement, le droit de passage sur les chemins intérieurs dont nous venons de parler. Cette *servitude* ne rend pas publics les chemins de l'enclos.

216. La Cour de Douai, le 9 novembre 1847 (voir *Fossé*), a jugé dans un sens analogue qu'un chemin d'exploitation servant, *par tolérance*, de passage au public, était toujours en réalité un chemin privé et n'empêchait point d'exercer la faculté conférée par l'art. 2.

217. *Enclos et habitation possédés par le même.* — En voulant que l'enclos soit attenant à une habitation, le législateur indique clairement que l'enclos et l'habitation doivent être possédés par la même personne. Si donc il y avait deux propriétaires ou deux locataires, l'un de l'habitation, l'autre de l'enclos, on ne serait plus dans les conditions de notre article et le possesseur de l'enclos, lequel se trouverait ainsi non attenant à une habitation, ne pourrait pas concéder au possesseur de la maison le droit de chasse dans son enclos, tel que le permet l'art. 2.

Camusat-Busserolles, p. 45 ; Dalloz, n° 92 ; Gillon et Villepin, p. 60 ; Rogron, p. 48.

218. Habitation, caractères. — L'art. 2 n'est applicable qu'autant que les possessions sont attenantes à une *habitation*. Il est évident que notre article doit s'entendre aussi bien de l'habitation du fermier ou locataire que de l'habitation occupée par le propriétaire, mais il faut que la maison soit occupée ou soit destinée à être occupée par le propriétaire ou le fermier. Une maison qui serait seulement habitée par un *garde* et sa famille et qui n'aurait que cette destination, ne remplirait donc pas le but de la loi. La Cour de Rennes, dont nous avons cité l'arrêt, n° 212, l'a ainsi jugé, le 17 août 1863.

M. Berriat, p. 21, a écrit cependant qu'il suffirait que l'habitation fût occupée par le garde du propriétaire.

219. La loi n'a pas défini ce qui constitue un bâtiment d'habitation ; ce point est laissé à l'appréciation des tribunaux. L'art. 390 du Code pénal n'est pas applicable en matière de chasse (Cass., 7 mars 1823).

On ne devrait pas, suivant MM. Championnière, p. 26, et Gillon et Villepin, n° 41, à l'opinion desquels nous nous rangeons, considérer comme des habitations les hangars, baraques, loges, maisonnettes, etc., qui ne sont réellement destinés qu'à servir d'abri aux instruments d'agriculture ou de jardinage, soit à toute autre chose, soit exceptionnellement aux chasseurs. Il faut aussi refuser ce caractère aux étables à bestiaux, alors même qu'elles serviraient occasionnellement de refuge aux pâtres.

220. La Cour de cassation a formellement décidé qu'il ne suffit pas qu'il existe dans la propriété un bâtiment *pouvant servir à l'habitation;* qu'il faut que la construction, si elle n'est pas actuellement habitée, soit au moins *destinée à l'habitation.* Autrement il n'y aurait pas de domicile; et le jugement qui se borne à dire, pour baser l'acquittement du prévenu, « qu'au milieu du terrain clos se trouve une maison pouvant servir à l'habitation, » est insuffisamment motivé, donne ouverture à cassation et doit être annulé.

Cass., 3 mai 1845.— D. 45.1.502.— P.45.2.125.— S. 45.1.471.
Cass., 29 av. 1858.— D. 58.5.59. — P. 58.1047 — S. » » ».

221. Il avait de même été jugé sous l'ancienne loi, mais les décisions devraient être identiques aujourd'hui, qu'une *cabane en feuillage* ou en pierres sèches, qui servait d'abri et de *poste au chasseur* pour épier et tirer le gibier de l'intérieur, ne pouvait être considérée comme une maison habitée, ajoutons : ou destinée à l'habitation. (Cass., 20 janv., 7 mars et 20 juin 1823, 13 avril 1833.)

222. Il faudrait au contraire attribuer le caractère d'habitation à une *maison de campagne* servant de ré-

sidence d'été, quand même elle ne serait occupée que momentanément ou à de rares intervalles. C'est évidemment un domicile. (Gillon et Villepin, n° 43.)

223. MM. Gillon et Villepin, p. 61, refusent de considérer comme une habitation dans le sens de l'art. 2 les diverses constructions, telles que fours à chaux ou à plâtre, briqueteries, tuileries, etc., qui ne serviraient pas en même temps d'asile à la famille du propriétaire ou fermier. Le Répertoire du Palais, n° 63, est de cet avis. — Le tribunal de Carpentras a jugé dans un sens analogue, qu'on ne devait pas regarder comme une habitation un bâtiment que le propriétaire n'occupe qu'accidentellement et à titre précaire, et où il lui serait absolument impossible de s'établir « avec sa famille. »

Tribunal de Carpentras, 27 déc. 1866. — D. 67.5.22.

224. M. Dalloz dit, n° 90, qu'il hésite à admettre l'opinion ci-dessus. Pour nous, nous n'hésitons pas à la déclarer inacceptable. Le mot habitation a un sens plus étendu et il importe peu que le chef de la famille y habite seul, n'y ait même que son bureau. C'est toujours là une habitation et un domicile.

Nous croyons avec M. Dalloz, n° 90, qu'il en serait ainsi, quoique la maison ne fût habitée que le jour et non la nuit.

225. Clôture. — Modes de clôture. — Il ne suffit pas que les possessions soient attenantes à une habitation, il faut encore qu'elles soient entourées d'une clôture continue faisant obstacle à toute communication avec les héritages voisins.

Les modes de clôture étant très-variés, la loi n'a pas cru devoir spécifier quelles clôtures pourraient donner lieu à l'application de l'art. 2. Nous croyons que M. le garde des sceaux a très-sainement interprété la pensée du législateur en disant que la clôture doit être continue et assez parfaite pour qu'il soit impossible de s'introduire par un moyen ordinaire dans la propriété qui en est entourée. Il ne faut, en effet, ni une clôture insurmontable, ni une clôture facile à franchir; c'est entre ces deux extrêmes qu'il faut se placer.

Circulaire minist. du 9 mai 1844. — D. 44.5.98.
Petit, t. 1ᵉʳ, p. 562.

226. *La clôture doit faire obstacle à toute communication.* — *Est-ce des hommes ou du gibier?* — En un mot la clôture doit-elle être assez parfaite, non-seulement pour empêcher les hommes de pénétrer dans l'enclos, mais encore pour forcer le gibier de rester dans cet enclos? — M. Rogron, p. 43, paraît exiger cette double condition en approuvant l'ancienne jurisprudence qui proscrivait les clôtures à claire-voie parce qu'elles auraient laissé passer le gibier poursuivi par le propriétaire de l'enclos. Voir encore Camusat-Busserolles, p. 49.

Nous ne pouvons partager cette opinion. Des travaux préparatoires de la loi et du texte lui-même il nous semble évident que le législateur ne s'est occupé que d'une clôture devant empêcher le public de s'introduire dans l'enclos (du reste, à part les murs élevés, aucune clôture ne saurait retenir le gibier). — En ce sens, un jugement du tribunal de Rouen, du 19 février 1867, cité par le *Moniteur des Tribunaux,* 1867, p. 828, lequel a jugé en conséquence qu'il importait peu que la haie servant de clôture « offrît, dans quelques endroits, des trous assez grands pour le passage du gibier et des chiens. »

227. *Violation du domicile.* — La Cour de Rennes a jugé que le terrain doit être clos de manière à ce qu'on ne puisse y pénétrer du dehors sans violer le domicile du maître ou possesseur. Nous pensons, en effet, qu'il en doit être toujours ainsi, mais que cela ne suffirait pas dans tous les cas, par la raison que cette clôture peut n'avoir pas les caractères exigés par l'art. 2 et être suffisante cependant pour constituer en délit la personne qui en commettrait la violation.

Rennes, 17 août 63. — D. 65.2.201. — P. 64.466. — S. 62.2.234.

228. *Propriété de la clôture.* — Il est tout-à-fait insignifiant, suivant nous, que le mur, le fossé ou la haie qui forme la clôture appartienne au propriétaire de l'enclos ou à son voisin, ou soit mitoyen; la clôture n'en existe pas moins, et cette condition de l'art. 2 est remplie.

229. Clôtures diverses. — Nous allons examiner successivement quelles sont les clôtures qui remplissent le vœu de la loi, art. 2, en traitant les questions qui se sont élevées à l'occasion de chacune d'elles.

230. *Berges de route.* — Nous approuvons avec Dalloz, n° 99, un jugement du tribunal de Marseille, du 17 septembre 1844, qui a considéré comme suffisamment close une propriété bornée par une route dont les berges avaient sur ce point 4 mètres d'élévation.

231. *Eau, rivière, ruisseau.* — Pour que l'eau puisse établir une clôture dans le sens de l'art. 2, il faut à notre avis deux conditions : 1° qu'elle soit suffisamment large et profonde pour former un obstacle; — 2° qu'elle soit une propriété privée ou qu'elle soit en fait non navigable ni flottable. — Si l'eau est propriété privée (canal fait de main d'homme, étang, etc.), il est inutile de se préoccuper si elle est navigable et flottable, puisque, le fût-elle, ce ne serait que dans l'intérêt du propriétaire. (Duvergier, sur l'art. 2; Gillon et Villepin, n° 55; Petit, t. 1ᵉʳ, p. 363).

232. Mais si le cours d'eau est public, il faut alors qu'il soit *non navigable ni flottable*, car autrement il serait assimilé à une grande route (Berriat, p. 20; Perrève, p 274; Petit, t. 1ᵉʳ, p. 363 ; Rogron, p. 44).

La Cour de cassation a décidé en ce sens qu'une rivière navigable ou flottable, — à plus forte raison faudrait-il en dire autant de la mer, — étant assimilée par la loi du 29 floréal, an X, à une grande route, ne saurait constituer une clôture.

Cass., 12 fév. 50. — D. 50.1.125. — P. à sa date. — S. 50.1.256.
Rennes, 17 août 65. — D. 65.2.201. — P. 64.166. — S. 65.2.233.

233. Il existe deux opinions extrêmes que nous ne pouvons admettre. Suivant l'une (Duvergier, sur l'article 2), l'eau formerait toujours clôture, qu'il s'agisse d'une rivière navigable ou non. — Suivant l'autre (de Neyremand, p. 137), un cours d'eau ne saurait jamais clore. — Voir une dissertation au *Moniteur des Tribunaux*, 1863, p. 456.

234. En résumé, l'eau ne doit être regardée comme clôture que lorsqu'elle empêche la communication avec les héritages voisins. Aussi nous joignons-nous à Dalloz, n° 98, pour critiquer un arrêt de la cour de Metz, cité par le même auteur, du 22 mai 1845, qui a décidé qu'on devait réputer close une propriété entourée d'un canal, malgré qu'il existât sur ce canal un *pont* pour communiquer à d'autres dépendances, non closes, de la même propriété.

235. Dès l'instant où l'eau est, en temps ordinaire, dans des conditions à former clôture, nous croyons qu'elle ne perdrait point ce caractère par ce fait qu'il s'y produirait accidentellement de la *glace* ou qu'une *sécheresse* la mettrait momentanément presque à sec.

Nous croyons aussi qu'un étang, par exemple, servirait de clôture, lors même qu'il serait commun entre divers propriétaires; voir n° 228.

236. *Fossé.* — Il a été jugé qu'une propriété, entourée d'un fossé dont la largeur varie de 1 mètre 20 à 6 mètres, est réputée close dans le sens de l'art 2.

Douai, 9 nov. 1847. — D. 47.4.75. — P. 48.2.584. — S. 48.2.719.

237. Jugé au contraire, — il est vrai sous la loi ancienne, — qu'un fossé, quelles que soient sa largeur et sa profondeur, n'établit point une clôture; une séparation de ce genre n'empêchant, dit l'arrêt, ni les chasseurs d'atteindre le gibier, ni les chiens d'aller le saisir.

Douai, 28 nov. 1842. — D. 43.4.68. — P. 43.2.634. — S. 43.2.82.

En ce sens : Busserolles et Franck-Carré, p. 48; Chardon, p. 40; Duvergier, sur l'art. 2; de Neyremand, p. 137 ; Perrève, p. 194; Rogron, p. 43.

238. Aucune de ces décisions ne doit être, suivant nous, approuvée. Sans doute un fossé qui n'a par endroit qu'une largeur de 1 mètre 20 ne saurait former clôture; mais il est impossible qu'un fossé, si large et si profond qu'il soit, ne puisse jamais avoir ce caractère. Dès lors que, d'une part, un fossé est rempli d'eau ou assez profond pour empêcher qu'on y descende aisément, et que, d'autre part, il est assez large pour présenter de la difficulté à le franchir, il y a clôture. Nous pensons que l'on exigerait trop en demandant, comme le fait M. Berriat, p. 19, que le fossé se trouvât dans les conditions de ceux communément nommés *sauts de loup.*

Dans le sens de notre opinion : Championnière, p. 28; Cival, n° 22; Dalloz, n°ˢ 96 et 97; Gillon et Villepin, n°ˢ 53, 54; Répertoire du Palais, n° 74; Petit, t. 1ᵉʳ, p. 562.

239. Nous croyons avec la Cour de cassation qu'un fossé de deux pieds de profondeur sur quatre de largeur ne peut être considéré comme clôture (1ᵉʳ arrêt), pas plus qu'un ancien fossé dont il reste seulement des traces (2ᵉ arrêt).

Cass., 14 mai 1856. — D. 56.1.550. — P. à sa date. — S. 56.1.778.
Cass., 28 mai 1856. — D. » » » — P. à sa date. — S. 56.1.778.

240. *Haies vives ou sèches.* — Les haies vives, suffisantes sous l'ancienne loi pour établir la clôture, le sont encore aujourd'hui si elles offrent par leur hauteur et leur épaisseur un obstacle sérieux à qui voudrait les traverser.

Quant aux *haies sèches*, nous les croyons également susceptibles de clore lorsqu'elles sont faites solidement et suffisamment élevées.

La Cour de Limoges a jugé que des haies étaient suffisantes pour la clôture, sans même distinguer entre les diverses espèces de haies.

Limoges, 5 fév. 1848. — P. 48.1.582. — S. 48.2.152.
En ce sens : Berriat, p. 19.

241. *Mur.* — Le mur est naturellement la meilleure clôture (nous ne distinguons pas entre le mur ordinaire et le mur en pierres sèches). Quand sera-t-il assez élevé pour remplir le vœu de la loi, c'est un point laissé à l'appréciation des tribunaux. Nous croyons qu'un mur d'un mètre de hauteur serait suffisant.

Par son arrêt du 29 avril 1858, cité n° 220, la Cour de cassation, confirmatif d'un arrêt de Metz, a même admis comme clôture continue formant obstacle, un mur dont la hauteur, en certaine partie, n'excédait pas 80 centimètres.

242. *Pieux, palissades, lices, claires-voies, etc.* — Le législateur n'ayant pas déterminé quels genres de clôture seraient nécessaires pour procurer l'exercice du droit exceptionnel de chasse, il s'ensuit que tous les modes peuvent être admis par les tribunaux. Nous considérons donc que des clôtures en pieux ou palissades sont très-suffisantes, pour peu qu'elles aient une certaine hauteur et une certaine solidité, et qu'on ne puisse aisément s'introduire au travers. Une claire-voie formerait aussi clôture, si elle était faite dans les conditions ci-dessus. Sans doute on pourrait sans trop d'efforts passer par-dessus une palissade, mais ce serait violer le domicile et employer un moyen qui n'est pas ordinaire. Voir n° 225 ci-dessus.

243. Nous approuvons toutefois la Cour de Rouen d'avoir jugé que des pieux en bois, placés de distance en distance et reliés entre eux par de gros fils de fer écartés les uns des autres, ne pouvaient constituer une clôture.

Rouen, 24 nov. 1859. — D. 60.2.219. —

244. Nous approuvons également le tribunal de Carpentras qui a refusé, par son jugement du 27 décembre 1866, cité n° 223, de considérer comme clôture, dans le sens de notre article, des roseaux, les uns plantés dans le sens vertical, à une hauteur d'environ 1 mètre 40, les autres placés horizontalement, à 40 centimètres de distance ; une telle clôture, suivant les constatations matérielles appréciées par le tribunal, pouvant être facilement franchie sur plusieurs points, soit en enjambant les roseaux, soit en les écartant avec la main, sans effort et sans détérioration.

245. Brèches, — Échaliers, — Barrières, — Claies. — Jugé par la Cour de Rennes, sous l'empire de l'ancienne loi, qu'un terrain qui, par des brèches, des échaliers ou des barrières ouvrant à volonté, offrait un libre accès au public, ne pouvait être considéré comme un terrain clos.

La Cour de Nîmes a jugé dans le même sens à l'occasion d'une brèche de 4 mètres, ouverte dans un mur.

Rennes, 11 nov. 1853.—D. 54.2.212.—P. à sa date.—S. 35.2.26.
Nîmes, 28 mars 1867. — D. 67.1.75. — P. 67.556.— S. 67.2.220.
Ont adopté sans distinction les principes de l'arrêt de Rennes : Dalloz, n° 100 ; Rép. du Palais, n° 70 ; voir encore la Note du Palais sur l'arrêt de Nîmes et la Table de Sirey, n° 57. M. Petit, p. 363, est du même avis quant aux brèches.

246. Il a été jugé, *dans le sens contraire,* par la Cour de Paris, que des *brèches* ne pouvaient pas changer la nature du terrain, et qu'ainsi on devait réputer close une propriété, malgré qu'il existât des brèches permettant de s'y introduire.

Paris, 6 nov. 1828.— D. 29.2.97. — P. à sa date. — S. 28.2.345.

247. Jugé de même que les *ouvertures,* pratiquées pour l'entrée et la sortie, dans la haie qui entoure un enclos, n'empêchent point que cette haie ne puisse être regardée comme continue.

Bourges, 2 nov. 1844, cité et critiqué par Dalloz, n° 94.

248. Nous n'admettons, d'une manière absolue, ni l'opinion des Cours de Rennes et de Nîmes, ni celle des cours de Paris et de Bourges. Nous croyons qu'il est indispensable de distinguer entre les brèches ou trouées anciennes et celles qui sont récentes, de même qu'entre les diverses espèces de barrières.

249. Ainsi, quant aux *brèches* ou *trouées* existant dans le mur ou la haie fermant l'enclos, si elles sont *anciennes,* c'est-à-dire si le public a pris l'habitude de passer à ces endroits par suite de la négligence du propriétaire, nous nous rangeons pleinement à l'opinion émise n° 245.

250. Mais si elles sont *récentes,* si l'on ne peut imputer aucune faute au propriétaire qui ignorait peut-être l'existence de ces brèches, nous maintenons que la clôture n'a pas cessé d'être dans les conditions de l'article 2. Qu'on ne dise pas qu'il n'y a pas là une clôture formant obstacle *à toute communication,* car nous répondrions qu'un mur de plusieurs pieds peut se franchir aisément.

Le tribunal de Bourges, dans un jugement du 9 novembre 1844, rapporté par la *Gazette des Tribunaux* du 15 novembre suivant, a jugé ainsi et décidé que des trouées, existant momentanément dans un mur, ne feraient perdre à la propriété son caractère de clôture qu'autant qu'il y aurait eu négligence du propriétaire à les réparer et qu'elles seraient anciennes.

251. Néanmoins, nous n'approuvons pas les décisions n°s 246 et 247 ; nous pensons, en effet, que pour baser l'acquittement d'un prévenu, les juges doivent énoncer qu'en fait les brèches ou trouées sont récentes, et que décider d'une manière générale que les trouées ou les brèches n'empêchent point la clôture serait s'exposer à la cassation par la Cour suprême.

252. *Barrières, portes.* — L'opinion de la Cour de Rennes que des barrières ouvrant à volonté empêchent la clôture, ne saurait être accueillie, surtout au point de vue de la loi actuelle. Pour nous, comme pour la majorité des auteurs, une barrière, même ouvrante, remplace une porte, et de même que celle-ci ne fait pas perdre au mur son caractère de mur de clôture, de même la barrière doit laisser à la haie ou au fossé le même caractère.

Championnière, p. 28 ; Petit, t. Ier, p. 364 ; Rogron, p. 45.

253. Mais si nous croyons que la barrière peut continuer la clôture, ce n'est qu'autant qu'elle a une certaine hauteur, de telle sorte qu'elle puisse, en indiquant qu'il s'agit là d'un enclos, former un obstacle au moins moral, et se distinguer des petites barrières ou claies qu'on voit souvent dans la campagne, hautes de 70 à 80 centimètres à peine, servant de clôture au champ. Pour celles-ci nul ne se fait scrupule de les franchir, et elles n'empêchent ni matériellement ni moralement la communication avec les héritages voisins. — Il faut en dire autant des *échaliers.*

254. *L'intention de vouloir se clore ne suffit pas* pour établir la clôture. — Un propriétaire, dont l'enclos était fermé par ailleurs, avait négligé de faire poser une barrière à l'entrée latérale de son parc, où étaient élevés d'avance deux poteaux en maçonnerie, signe évident d'une propriété réservée. Il nous consulta pour savoir s'il avait, dans ces conditions, le droit de chasser en tout temps. Notre réponse fut négative, et le propriétaire fit placer un portail.

255. Obstacle à la communication avec les héritages voisins. — C'est l'expression dont se sert l'article 2 en parlant de la clôture ; elle n'est pas exacte, car elle ne paraît s'appliquer qu'aux propriétés des tiers, tandis que la clôture doit faire obstacle à toute communication, même avec les terres non closes appartenant au même propriétaire (Championnière, p. 28).

256. *Deux enclos. — Permission de chasser. — Brèche.* — Que décider si la brèche, l'ouverture ou le passage existant dans une clôture donnait sur une propriété voisine, close de toutes parts, sur laquelle le maître du premier enclos aurait la permission de chasser ? — La cour de Nîmes a jugé, dans une hypothèse semblable, qu'il y avait délit de la part du premier propriétaire, qui avait chassé en temps de neige dans son enclos, parce que, suivant l'arrêt, le fait de l'existence d'une brèche, établissait la distinction de deux héritages non clôturés, « la Cour n'ayant pas à s'occuper du cas où les deux propriétaires auraient mis la chasse en commun, ce fait n'étant pas allégué. »

Nîmes, 28 mars 1867.—D. 67.1.75.—P. 67.556. — S. 67.2.220.

257. Nous ne pouvons être de cet avis. Il est clair d'abord que deux propriétaires de terrains clos se joignant, pourraient mettre leurs droits de chasse en commun et établir un passage entre les deux héritages ; l'arrêt de Nîmes semble bien admettre un pareil arrangement. Mais lors même qu'il n'existerait pas, que l'un des propriétaires seulement aurait, comme dans l'espèce, le droit de chasser sur la totalité des deux enclos, nous maintenons qu'à son égard on ne saurait dire qu'il y a deux héritages distincts non clôturés. La conséquence de la permission obtenue était de réunir fictivement les deux héritages en un, et comme ils étaient clos dans leur ensemble, le premier propriétaire pouvait, sans délit, y chasser en tout temps. (Les notes des recueils du Palais et de Sirey, sans trancher nettement le débat, se rapprochent néanmoins de notre opinion).

258. Étendue du droit. — Enclos. — Étang. — Clôture. — Le droit qui résulte de l'article 2 peut être exercé dans toute l'étendue de l'enclos, sans qu'il faille se préoccuper, comme nous l'avons vu plus haut, des divisions intérieures faites par le propriétaire. Il peut l'être jusqu'à la limite extrême de la clôture, fût-elle mitoyenne. Si donc le propriétaire possède, soit seul, soit en commun avec son voisin, le mur, les haies ou les fossés formant la clôture, il pourra tirer le gibier qui se trouverait sur les murs ou dans les haies et fossés (Bourges, 8 mai 1845, cité par Dalloz, n° 94). — Si c'est un cours d'eau ou un étang qui forme la clôture, le propriétaire aura le droit d'y chasser en tout temps sans permis. Il pourrait par conséquent chasser aussi sur l'île qui se trouverait au milieu d'une pièce d'eau formant clôture.

Art. 3. Les préfets détermineront, par des | arrêtés publiés au moins dix jours à l'avance,

259. *Entier accomplissement dans l'enclos.* — Le fait de chasse doit avoir nécessairement son entier accomplissement dans l'enceinte de l'enclos, jusques et y compris la clôture ; il faut que non-seulement le chasseur y soit, mais que le gibier tiré s'y trouve aussi. — Jugé par suite que le propriétaire qui tire de son enclos un oiseau, posé en dehors du mur de clôture, commet un délit.

Cass., 14 août 1847.—D. 47.1.280.—P. 47.2.586.—S. 47.1.876.
En ce sens : Berrial, p. 19.

260. Jugé de même qu'il y a délit si le propriétaire, après avoir tiré sur un gibier dans son enclos, sort dudit enclos avec ses chiens et se met à la recherche du même gibier dans la plaine, arrêt de Paris. — (Il en serait autrement si le gibier avait été mortellement blessé dans l'enclos ; tribunal de Rouen, du 19 février 1867, *Moniteur des Tribunaux*, 1867, p. 826 ; voir encore n°s 83 et 162).

Paris, 11 juil. 1866.—D. 67.2.139.—P. 67.562.— S. 67.2.131.

261. Constatation des délits. — L'enclos constituant la continuation du domicile, il est interdit aux agents de la police judiciaire d'y pénétrer sans mandat du juge, et toute infraction à ce principe de l'inviolabilité du domicile entraînerait la nullité des poursuites exercées. Ces points nous paraissent hors de controverse.

Metz, 5 mars 1845, cité par Dalloz, n° 103.
Limoges (motifs), 5 mars 1857, cité ci-dessous.
Cass., 21 avril 1864.— D. » » » —P. » » » » —S. 64.1.427.

262. Mais les procès-verbaux seraient valables s'ils établissaient que les délits ont été constatés de l'*extérieur* et indépendamment de toute introduction, non autorisée, dans l'enclos.

Limoges, 5 mars 1857—D. 57.2.124.—P. 58.1012.—S. 57.2.282.
Tribunal de Lyon, 16 déc. 1858. — D. 59.5.60.
Montpel., 28 janv. 1867.—D. 67.2.139.—P. 67.562.—S.67.2.130.

263. *Tiers. — Étrangers. — Renvoi.* — Si le possesseur de l'enclos, après avoir cédé sa chasse, autorisait néanmoins des tiers à chasser, il y aurait délit de la part de ces derniers, mais si le possesseur s'opposait à l'entrée des agents dans son domicile, il faudrait une ordonnance du juge (Dalloz, n° 84) ; voir n° 207. — *Voir encore article 11, 2°.*

Art. 3.

OUVERTURE ET CLOTURE DE LA CHASSE.

PUBLICATION DES ARRÊTÉS.

264. Ordre public. — Les lois d'ordre public et les règlements de police et de sûreté ne peuvent être modifiés par des conventions privées. Il en résulte que l'adjudicataire d'un droit de chasse, dans des bois communaux, commet un délit s'il y chasse après la clôture fixée par arrêté préfectoral, malgré que le cahier de charges, approuvé par le préfet, eût concédé à l'adjudicataire le droit de chasser pendant une période déterminée qui pouvait être plus longue que celle des arrêtés préfectoraux. En approuvant le cahier des charges, le préfet n'est pas censé avoir dérogé à la loi générale sur la chasse.

Cass., 7 oct. 1842.—D. 42.1.418.—P. 43.1.57.—S. 43.1.147.
En ce sens : Gillon et Villepin, n° 76 ; Petit, t. Ier, p. 352.

265. *Maire. — Vendanges.* — Mais les arrêtés préfectoraux concernant l'ouverture et la clôture de la chasse n'empêchent point les maires de prendre légalement, dans les limites de leurs attributions, des arrêtés qui peuvent modifier ou restreindre indirectement les décisions préfectorales. Ainsi, il a été jugé avec raison qu'un maire, dans l'intérêt de la sûreté des campagnes, pouvait, conformément à l'article 9, titre II de la loi du 28 septembre 1791, interdire de chasser à une certaine distance des vignes (100 mètres) jusqu'à la fin du ban de vendange ou grapillage.

Toutefois l'infraction à l'arrêté du maire ne constitue pas un délit de chasse, mais une simple contravention de police.

Cass., 5 mai 1837. — D. » » » — P. à sa date. — S. 34.1.587.
Cass., 4 sept. 1847.—D. 47.4.32. — P. 48.2.47. — S. 48.1.409.

266. Jugé qu'un maire pourrait de même, dans l'intérêt des personnes qui travaillent dans les vignes environnant une ville, défendre de chasser sur le finage de cette ville avant la clôture des vendanges.

Cass., 27 nov. 1853.—D. *Chasse*, n° 67. — P. à sa date.
Cass., 6 fév. 1858. — D. 58.1.342. — P. 58.896. — S. 58.1.333.
Cass., 2 juill. 1858. — D. 58.1.342. — P. 59.99. — S. 58.1.701.

267. Jugé encore que l'autorité municipale peut, pour la sûreté des personnes, interdire de chasser à tir sur les chemins qui traversent les propriétés rurales de la commune (Cass., 12 juillet 1855, affaire Duval). — Jugé aussi qu'un maire a pu légalement défendre la *divagation des chiens,* dans les récoltes (Cass., 16 décembre 1826) ; — et qu'un autre a pu ordonner qu'un bâton serait attaché au cou de ces animaux pendant l'époque des vendanges (Cass. 10 janv. 1834). — M. Berriat, p. 27, approuve ces décisions, et nous croyons que c'est à bon droit.

268. Il est clair que les préfets ne sauraient déléguer aux maires le droit de déterminer l'ouverture et la clôture de la chasse ; cela se pratiquait avant la loi dans plusieurs départements.

Il va de soi que les maires ne pourraient apporter aucune modification aux arrêtés préfectoraux (Cass., 23 avril 1835).

269. Ouverture de la chasse. — *Zones.* — D'après le texte de notre article, chaque préfet a le droit de déterminer, comme il lui convient, l'époque de l'ouverture de la chasse pour son département. Aucune loi n'est venue modifier cette faculté conférée aux préfets ; mais, par une circulaire du 4 juillet 1863, M. le Ministre de l'intérieur, dans le but de rendre plus uniforme la date de l'ouverture, a classé tous les départements en trois groupes ou zones (nord, centre, midi), suivant les analogies de culture et de climat, et a décidé que la chasse serait ouverte à une date unique pour tous les départements de la même zone. Cette circulaire n'a point évidemment force de loi, mais MM. les Préfets l'exécutent volontairement, et depuis lors, ils se sont toujours entendus dans chaque zone pour avoir une date unique d'ouverture. La circulaire ne concerne que l'ouverture. — La composition des zones peut être modifiée chaque année.

La chasse ouvre d'ordinaire le 1er septembre.

270. *Ancien mode d'ouverture et de clôture.* — Comme la circulaire du 4 juillet 1863 pourrait être retirée, il nous semble utile de parler ici de ce qui se pratiquait antérieurement.

On reconnaissait généralement aux préfets le droit de fixer, pour l'ouverture et la clôture de la chasse, des époques différentes pour chaque arrondissement, si les différences du sol et de la culture l'exigeaient ; ils ne devaient cependant user de cette faculté qu'avec réserve et en vue d'une nécessité réelle.

Circulaire du Ministre de l'Intér., du 20 mai 1844.
Berriat, p. 24 ; Championnière, p. 29 : Chardon, p. 47 ; Dalloz, n° 70 ; Duvergier, p. 97 ; Gillon et Villepin, n° 75 ; Perrève, p. 7 ; Petit, t. Ier, p. 353 ; Rogron, p. 57.

271. MM. Lavallée et Bertrand, p. 61, sont d'un *avis contraire* et pensent, en s'appuyant sur les termes de l'article 3 et sur ceux de l'article 4, qu'il ne doit y avoir qu'une ouverture par département.

272. *Différence d'ouverture à raison des cultures.* — La chasse ouverte, l'est pour toutes les terres, sans distinction de culture.

l'époque de l'ouverture et celle de la clôture de | la chasse, dans chaque département.

Les préfets n'ont pas le droit de différencier l'époque de l'ouverture, d'après la nature des cultures des terres; et l'arrêté qui, en ouvrant la chasse, en prohibe l'exercice dans des propriétés d'une certaine nature (vignes encore chargées de fruits, terres non dépouillées des récoltes, etc.) est illégal, et si le chasseur a le consentement du propriétaire, il n'y a pas délit (tous les arrêts ci-dessous l'ont décidé).

Par suite, le chasseur qui, dans les conditions précédentes, ne justifie pas du consentement du propriétaire, doit être puni simplement des peines de l'article 11 et non de celles de l'article 12, ces dernières s'appliquant au fait de chasse en temps prohibé (Cass. du 18 janvier 1845).

Rouen, 25 oct., Poitiers, 16 nov., Douai, 25 nov. 1844.
Paris, 7 déc. 1844. — D. 45.4.82. — *Droit,* du 8 déc. 1844.
Cass., 18 juill. 1845.—D. 46.1.19.—P. 45.2.505.—S. 45.1.857.
Cass., 18 déc. 1845.—D. 46.1.19.—P. 45.2.505.—S. 45.1.858.
Nîmes, 8 janv. 1846.—D. 46.2.71.—P. 46.2.18.—S. 46.2.156.
Orléans, 10 mars 1846.—D. 46.2.71.—P. 48.2.460.—S. » » ».
En ce sens que nous approuvons : Lettre du minist. de l'intér. au préfet de Loire-et-Cher, du 9 octobre 1844, citée par Dalloz; Chardon, p. 49; Dalloz, n° 72; Lavallée et Bertrand, p. 65; *Mon. des Trib.,* du 23 janv. 1863, qui admettrait pourtant le pouvoir des préfets s'il s'agissait seulement de vignes (distinction inadmissible); de Neyremand, p. 14; Petit, t. 1ᵉʳ, p. 348; Rogron, p. 56.

273. Il a été jugé dans un sens contraire aux principes énoncés au numéro précédent par les Cours d'appel de Paris et d'Orléans qui ont rendu des décisions dans le sens opposé.

Trib. de Blois, du 27 sept. 1844, le *Droit* du 6 octobre.
Orl., 22 oct. 1844. — D. 45.4.80. — P. 45.1.11. — S. 45.2.255.
Paris, 9 janv. 1846. — D. 46.2.50. — P. 46.1.125. — S. 46.2.36.
Paris, 26 nov. 1846. — D. » » » — P. 46.2.661. — S. 46.2.634.
En ce sens : Berriat, p. 25 et 527; Perrève, p. 215. — Consulter encore des arrêts rendus sous la loi de 1790 : Lyon, 15 déc. 1826; Angers, 12 janv 1829; Cass., 16 janv. 1829, 4 fév. 1830.

274. *Restrictions à l'ouverture.* — Le préfet pourrait-il, en déclarant la chasse ouverte, établir certaines restrictions, et défendre, par exemple, l'un ou l'autre des moyens de chasse autorisés par loi? — Non, suivant nous; cette question est, du reste, analogue à celle traitée aux deux numéros précédents. Le Répertoire du Palais, n° 100, semble pourtant admettre l'affirmative; il cite à l'appui l'arrêt de Grenoble du 22 février 1827, indiqué n° 274, mais cet arrêt n'a point décidé la question.

275. *Ouverture sans publication suffisante.* — Supposons qu'un préfet prenne un arrêté le 25 août, publié le 26, annonçant l'ouverture de la chasse pour le 1ᵉʳ septembre; évidemment la publication qui doit avoir lieu dix jours à l'avance n'existera pas le 1ᵉʳ septembre. Ceux qui chasseront néanmoins le jour de l'ouverture seront-ils en délit? — Nous ne le croyons pas, parce que la publication a été ordonnée dans l'intérêt des justiciables, et qu'on ne saurait dès lors leur faire un grief d'une publication irrégulière (Rogron, p. 54).

276. *Deuxième arrêté d'ouverture.* — Les préfets peuvent après avoir fixé, par un premier arrêté, l'ouverture de la chasse, rapporter cet arrêté et reculer l'ouverture (Petit, t. 1ᵉʳ, p. 412; Rogron, p. 52).

277. Mais ils n'ont ce droit, sauf ce qui est dit, article 9, concernant le temps de neige, qu'autant que le premier arrêté n'a pas encore reçu son exécution, c'est-à-dire dans les dix jours seulement de sa publication, car s'ils ont le droit de clore la chasse, ils n'ont nullement le droit de l'ouvrir et fermer à diverses reprises. Il ne doit, en un mot, y avoir qu'une seule ouverture et une seule clôture, sauf le temps de neige. Nous ne pouvons davantage nous ranger à l'opinion de M. Camusat-Busserolles, p. 52, suivant lequel le second arrêté, reculant l'ouverture, pourrait être considéré comme un arrêté de clôture et se trouver ainsi obligatoire.

278. Le second arrêté, qui recule la date de l'ouverture, a-t-il son effet du jour où il est publié, ou doit-il n'avoir effet que dix jours après sa publication? —

Nous pensons que les seconds arrêtés intervenant toujours d'urgence et par suite de motifs graves, ils doivent être assimilés aux arrêtés pris en temps de neige et suspendre immédiatement, à dater de leur publication, l'effet des premiers. Jugé en conséquence qu'il suffit que le dernier arrêté soit publié avant que le premier ait reçu son exécution, pour que cette exécution soit suspendue jusqu'à l'époque d'ouverture nouvellement déterminée.

Cass., 14 déc. 1860. — D. 61.1.402. — P. 61.251. — S. 61.1.469.
Orléans, sur renvoi, 4 fév. 1861. — P. 61.251.
En ce sens : Camusat-Busserolles, p. 52; Rép. du Palais, n° 108; Rogron, p. 53; Viel, p. 15.

279. Pensent, *au contraire,* que le second arrêté qui recule l'ouverture ne peut produire effet que dix jours après sa publication : Berriat, p. 25 et 26; Petit, t. 1ᵉʳ, p. 412, et la Cour de Bourges, dont l'arrêt du 15 novembre 1860, cité par le Palais, 1861, p. 251, a été cassé par l'arrêt de cassation rapporté au n° précédent.

280. Dans tous les cas, il n'y a pas de délit de la part de celui qui chasse le jour fixé pour l'ouverture par un premier arrêté régulièrement publié, quoiqu'un second arrêté ait reporté l'ouverture à une date postérieure, si ce second arrêté n'a pas encore reçu de publicité.

Cass., 4 janv. 1849. — D. 49.5.41. — P. 51.1.526. —

281. Clôture de la chasse. — C'est aussi dix jours à l'avance que l'arrêté qui fixe la clôture doit être publié. La clôture a lieu, en général, le 1ᵉʳ mars. Nous pensons que les préfets doivent prendre deux arrêtés (et c'est ainsi qu'ils procèdent dans l'usage), l'un pour l'ouverture, l'autre pour la clôture, et que l'arrêté d'ouverture qui contiendrait l'indication de la clôture serait nul et non obligatoire quant à cette dernière disposition. Le texte indique implicitement qu'il faut deux arrêtés, et la raison veut aussi que l'époque de clôture ne soit pas annoncée plusieurs mois à l'avance, ce qui aurait pour résultat d'en faire perdre le souvenir. La bonne foi n'étant pas une excuse, il faut au moins interpréter la loi dans son sens le plus favorable. Il convient d'autant plus de décider ainsi dans l'espèce qu'un premier projet qui portait *un arrêté* a été abandonné.

En ce sens : Berriat, p. 24; Petit, t. 1ᵉʳ, p. 333.
En sens contraire : Rogron, p. 51.

282. *Date unique de clôture.* — M. Championnière pense, p. 34, qu'il ne doit y avoir dans chaque département qu'une date pour la clôture et que les préfets ne pourraient pas fractionner leur territoire. Il nous paraît difficile, le texte étant le même, de leur refuser ici le droit qu'on leur reconnaît en ce qui concerne l'ouverture. M. Petit, p. 350, dit formellement que « le préfet peut déterminer des jours différents pour l'ouverture *ou la clôture* de la chasse dans les différentes parties de son département. »

283. *Clôture sans publication suffisante.* — C'est dans l'intérêt des chasseurs que la clôture doit être annoncée dix jours à l'avance; ils ne sont censés connaître cette clôture qu'autant que la publication de l'arrêté a été faite conformément à la loi. Ils peuvent donc chasser valablement pendant dix jours après la publication de la clôture, malgré l'arrêté préfectoral qui aurait clos la chasse moins de dix jours avant sa publication. (Petit, t. 1ᵉʳ, p. 413; Rogron, p. 54.)

284. Temps de neige. — *Renvoi.* — Les arrêtés préfectoraux qui prohibent la chasse en temps de neige, ne sont pas assujétis, pour être exécutoires, au délai de dix jours de publication préalable. (Voir les notes sous l'art. 9.)

285. Département de la Seine. — Les arrêtés d'ouverture et de clôture y sont pris par le préfet de police pour toute sa circonscription, c'est-à-dire pour le département de la Seine et pour les communes de Saint-Cloud,

Art. 4. Dans chaque département il est interdit de mettre en vente, de vendre, d'acheter, de transporter et de colporter du gibier pendant le temps où la chasse n'y est pas permise.

Sèvres et Meudon du département de Seine-et-Oise. Le projet de loi le disait formellement, mais on supprima la disposition comme inutile.

286. Des arrêtés préfectoraux. — Publication. — Les arrêtés préfectoraux, en matière de chasse comme en toute autre matière où l'infraction à ces arrêtés emporte une pénalité, ne sont obligatoires qu'autant qu'ils ont été publiés dans les formes en usage dans chaque localité, affiches, son de trompe ou de tambour, etc. — L'insertion de ces arrêtés au bulletin administratif est insuffisante pour en donner aux administrés une connaissance légale. En conséquence les contraventions à ces arrêtés, avant leur publication dans les formes usitées, ne sauraient donner lieu à condamnation.

Nancy, 27 mars 1843.—D. 44.2.138.—P. 44.2.248.— S. 45.1.776.
Cass., 5 juillet 1845.—D. 45.1.377.—P. 45.2.707.—S. 45.1.776.
Cass., 28 nov. 1845.— D. 46.4.62.— P. 47.1.627.—S. 46.1.270.
En ce sens : Berriat, p. 24; Dalloz, nᵒ 73; Gillon et Villepin, nᵒ 78. — Voir cependant M. Petit, t. 1ᵉʳ, p. 416, qui paraît admettre que l'insertion au bulletin remplit rigoureusement le vœu de la loi.

287. Et la *connaissance personnelle* d'un arrêté ne supplée point à la publication ou à la notification, qui seule peut constituer la connaissance légale nécessaire pour que les arrêtés deviennent obligatoires.

Cass., 26 nov. 1849.— D. 49.5.358.
Nous croyons avec M. Berriat, p. 26, que la *notification* qui serait faite aux chasseurs individuellement serait suffisante.

288. Il a été jugé cependant que l'insertion au *Mémorial Administratif* du département du Doubs constituait un mode de publication suffisant; nous ne saurions adopter cette décision que critique aussi Chardon, p. 43. (Besançon, 24 juin 1845. P. 45.2.768).

Il a été jugé aussi par la cour d'Amiens que l'impression en placards d'un arrêté préfectoral, son envoi aux sous-préfectures pour être transmis aux maires et son insertion au *Mémorial Administratif* constituent la publicité légale, lors même qu'il n'aurait pas été affiché. Il s'agit là d'un arrêt d'espèce qui ne peut détruire les principes admis par les arrêts cités aux nᵒˢ 286 et 287; l'arrêt établit en fait que l'arrêté préfectoral était de 1831 (la contravention était de 1837) et qu'il avait reçu une publicité suffisante.

Amiens, 7 avril 1838.— D. 39.2.46. — P. 43.1.590.

289. Dans tous les cas, nous croyons que c'est à bon droit qu'il a été jugé par la Cour de cassation « qu'aucune disposition législative n'a tracé des règles précises pour le mode de publication des arrêts émanés des autorités administratives; — qu'il suffit dès lors que le fait de la publication soit établi par l'autorité administrative chargée de porter ces règlements à la connaissance des citoyens. »

Cass., 18 sept. 1847. — D. 47.1.291. — P. 47.1.622.

290. *Preuve de la publication.* — Un individu est poursuivi pour avoir chassé après la clôture de la chasse. Il maintient que l'arrêté de clôture n'a pas été publié. Est-ce à lui de prouver le défaut de publication ou au ministère public d'établir qu'elle a eu lieu. MM. Gillon et Villepin pensent que c'est au prévenu qui allègue cette omission, comme une excuse, à en administrer la preuve, et ils mentionnent, sans en donner la date, un arrêt en matière de pêche qui leur semble devoir être appliqué par analogie.

291. Il nous est impossible d'admettre cette opinion. Une fois la chasse ouverte, chacun peut s'y livrer; la clôture peut arrêter l'exercice du droit, mais à la condition d'être publiée dix jours à l'avance. L'arrêté seul n'établit donc pas en contravention, et le ministère public, qui doit fournir la preuve de l'arrêté de clôture, doit nécessairement fournir la preuve de la publication.

292. Jours francs. — La loi ne dit point si les dix jours de publication pour l'ouverture ou la clôture doivent être francs; il en résulte que les uns soutiennent (Petit, t. 1ᵉʳ, p. 411; Rogron, p. 52) qu'il n'est pas nécessaire que la publication soit faite dix jours francs à l'avance, et qu'il suffit par exemple que la clôture soit publiée le 31 mars pour le 10 avril, — tandis que les autres sont d'un avis opposé et disent que les dix jours doivent être pleins. Suivant ceux-ci (nous nous rangeons à leur opinion par suite des principes généraux en matière de délais), la clôture publiée le 31 mars ne pourrait avoir effet que le 11 avril. — Berriat, p. 24; Dalloz, nᵒ 73.

293. Interprétation des arrêtés. — Quand un préfet dit que la chasse sera ouverte dans son département à compter de *tel jour*, ce jour est compris dans l'autorisation et l'on peut chasser; — mais nous pensons aussi que l'arrêté qui ferme la chasse à compter de *tel jour*, entend comprendre ce jour dans la prohibition et qu'on ne saurait chasser pendant sa durée. Cette interprétation est celle de la Cour de cassation.

Cass., 7 sept. 33. — D. 33.1.362. — P. à sa date. — S. 23.1.882.
En ce sens : Berriat, p. 24; Championnière, p. 29; Dalloz, nᵒ 76; Gillon et Villepin, nᵒ 81; Petit, t. 1ᵉʳ, p. 411; Rép. du Palais, nᵒ 109; Rogron, p. 59.

294. Exécution des arrêtés. — Les arrêtés préfectoraux doivent recevoir leur exécution, *lorsqu'ils rentrent dans les attributions de l'autorité administrative,* tant qu'ils n'ont pas été réformés ou rapportés. Par suite les tribunaux ne pourraient pas remettre à statuer sur la contravention à un arrêté qui défend la chasse, jusqu'à ce qu'il ait été prononcé sur le pourvoi formé contre cet arrêté devant l'autorité supérieure.

Grenoble, 22 fév. 1827. — D. 27.2.137. — P. à sa date.
En ce sens : Berriat, p. 26. Consulter encore Cass., 26 déc. 1826.

295. Renvoi. — Voir sous l'art. 6 nos observations générales, où nous avons traité la question du recours contre les arrêtés préfectoraux.

Art. 4.

SOMMAIRE.

§ 1ᵉʳ. VENTE ET COLPORTAGE DU GIBIER en temps prohibé.
§§ 2 ET 3. SAISIE ET RECHERCHE DU MÊME GIBIER.
§ 4. ŒUFS ET COUVÉES DE FAISANS, PERDRIX, ETC.

§ Iᵉʳ.

VENTE ET COLPORTAGE DU GIBIER EN TEMPS PROHIBÉ.

296. Objet de la loi. — *Vente.— Achat. — Transport.— Colportage.—* Notre article punit la mise en vente, la vente, l'achat, le transport et le colportage du gibier dans le temps où la chasse est prohibée. — Le colportage s'entend ordinairement du transport avec intention de vendre; le transport ne suppose pas toujours cette intention et pourrait s'entendre d'un objet que l'on porte pour le donner. Colportage et transport sont prohibés, de quelque manière et quelque secrètement qu'ils aient lieu (Petit, t. Iᵉʳ, p. 505, et tous les auteurs).

297. Mise en vente. — Il faut que le gibier ait été mis en vente : par conséquent il n'y aurait pas délit si le gibier n'était pas exposé aux regards des acheteurs sur une place, dans un magasin ou dans une boutique. L'intention de l'offrir en vente doit être établie clairement. Le restaurateur qui a du gibier dans son appartement privé ou même dans un magasin de réserve où le public n'est pas admis, ne commet point une contravention à l'article 4; vainement dirait-on qu'il n'est pas supposable que ce gibier soit pour être consommé personnellement par le restaurateur, sa famille ou ses

En cas d'infraction à cette disposition, le gibier sera saisi, et immédiatement livré à l'éta- | blissement de bienfaisance le plus voisin, en vertu soit d'une ordonnance du juge de paix, si

amis, car une présomption n'est pas une preuve, et la loi exige que le gibier soit mis, c'est-à-dire exposé en vente. *En ce sens :* Petit, t. Iᵉʳ, p. 501 ; Rogron, p. 65.

298. Vente et achat. — La loi les prohibe, sans qu'il puisse s'établir de distinction entre les marchés faits à l'intérieur des maisons et boutiques et ceux qui se font dans les lieux publics. — La seule mise en vente constitue un délit lors même qu'elle n'aurait pas été suivie de vente ; mais pour la vente et l'achat, il n'y a délit qu'autant qu'ils sont consommés. Par suite, celui qui *marchande,* dans la rue, du gibier, en temps prohibé, ne commet point de délit si le gibier ne lui est pas vendu et livré ; le marchand seul est punissable.

299. Et l'on ne saurait considérer le consommateur comme complice, car, dès l'instant que le marché ne se réalise pas, on ne peut dire qu'il a aidé ou assisté le marchand dans la consommation du délit.

300. *Marchés à livrer.* — Un restaurateur achète d'un marchand, en temps prohibé, une certaine quantité de gibier *à livrer* dans un mois. Le marché se fait dans la rue, est entendu, et peut par suite être prouvé en justice. Y a-t-il délit ? Nous ne le croyons pas. La loi n'a entendu punir que la vente suivie de la livraison immédiate ; cela résulte clairement de la saisie qu'elle prescrit à l'égard du gibier, en cas d'infraction à l'article 4. Or, dans le cas qui nous occupe, on ne peut rien saisir actuellement. Le délit n'existera donc que lors de la livraison, si elle a lieu et si la preuve en est faite.

301. Colportage. — *Bonne foi, défaut de volonté.* — Si la bonne foi n'est pas une excuse des délits en matière de chasse, il en est autrement du défaut de volonté relativement aux faits délictueux ; voir nos observations précédant l'article 11.

302. Ainsi, doit être acquitté le *facteur d'une entreprise de messageries,* trouvé transportant une bourriche contenant du gibier, lorsqu'il est établi qu'il n'a pu ni dû connaître ce que renfermait le panier ; car, ajoute la Cour de cassation, « s'il est de règle, en semblable matière, que la volonté est présumée contre celui qui est surpris, sur la voie publique, transportant du gibier en temps prohibé, il est également de règle que cette présomption disparaît devant la preuve qu'il y a eu, de la part du prévenu, absence entière de volonté. » Cass., 9 déc. 1859. — D. 60.1.144. — P. 60.823. — S. 60.1.189.

303. Un *directeur de messageries,* un *conducteur de diligences,* sont-ils dans tous les cas responsables quand ils transportent du gibier en temps prohibé ? — De l'arrêt précité, l'affirmative semblerait résulter, car la Cour suprême paraît faire peser sur l'entrepreneur la responsabilité du transport, mais nous pensons qu'il faut distinguer : si le gibier est renfermé dans des bourriches ou des paniers, l'entrepreneur doit vérifier, sinon il répond de sa négligence ou de sa confiance ; si au contraire le gibier se trouvait dans des caisses clouées ou fermées à clef, et si par ailleurs, soit dans la qualité ou profession de l'expéditeur, soit dans celle du destinataire, rien n'indiquait que le colis fermé pût contenir du gibier, nous ne pouvons admettre la responsabilité de l'entrepreneur. Voir pourtant Seine, 22 juin 1844, cité par Perrève, p. 327.

304. MM. Gillon et Villepin pensent même, nᵒ 322, que les conducteurs de diligences devraient être à l'abri de poursuites dès lors que leur *bonne foi* serait évidente, comme ils, disent-ils, un panier rempli au-dessus de fruits et de légumes contenait, au fond, du gibier prohibé, ou si un panier de volailles renfermait en même temps des cailles ou des perdrix. — Nous ne verrions pas là une excuse suffisante, parce que le conducteur de diligences, lorsqu'il s'agit de bourriches ou paniers, doit savoir ce qu'ils contiennent, à moins que les voya-

geurs ne les aient avec eux, ou s'opposent à toute visite, ou répondent négativement à une demande du conducteur qui s'enquiert de savoir s'ils n'ont pas de gibier prohibé.

305. Gibier donné. — Est-il permis de donner ou de recevoir, à titre de présent, du gibier en temps prohibé ? — Nous le croyons, par la raison que tout ce qui n'est pas défendu est permis, et que la loi n'a point défendu de donner ou recevoir du gibier en temps prohibé (Petit, t. Iᵉʳ, p. 501 et 506 ; Rogron, p. 69).

306. Échange. — Mais l'échange serait punissable, car c'est toujours acheter du gibier que de le payer avec un objet quelconque (mêmes auteurs).

307. Quand commence la prohibition. — Elle commence dans chaque département à l'instant où la chasse y est close ; vainement on alléguerait la bonne foi ou l'ignorance. Ce point est hors de controverse. Il s'ensuit, il est vrai, que ce qui est licite dans un département pourra constituer un délit dans un autre, mais c'est la conséquence du manque d'uniformité dans les époques d'ouverture et de clôture. Angers, 1ᵉʳ av. 1851. — D. 51.2.63. — P. 51.2.77. — S. 52.2.16.

308. Si un préfet, usant de la faculté que lui reconnaît l'opinion générale, nᵒ 270, de fixer des époques d'ouverture différentes pour les diverses parties de son département, avait d'abord ouvert la chasse dans un seul arrondissement, par exemple, l'art. 4 ne s'appliquerait qu'aux autres arrondissements. (Berriat, p. 39 ; Petit, t. 1ᵉʳ, p. 506.)
Voir toutefois MM. Lavallée et Bertrand, p. 61.

309. Que décider à l'égard du *gibier existant chez le marchand lors de là clôture de la chasse ?* — Une interprétation judaïque de la loi voudrait la saisie, mais une pratique justement inspirée par la raison accorde au marchand un certain délai pour l'écoulement de son gibier. (De Neyremand, p. 139 ; Rogron, p. 78.)

310. Nous croyons avec M. Rogron, p. 71, que le chasseur qui tire sur la limite d'un département une pièce de gibier, peut aller la chercher, sans violer l'art. 4, sur le département voisin où elle est tombée, quoique la chasse soit close dans ce département. Le fait principal étant légitime, le fait accessoire d'aller chercher le gibier tué, ne peut être délictueux.
M. Petit, t. 1ᵉʳ, p. 503, est d'un avis contraire.

311. Temps de neige. — La prohibition de vendre et de transporter le gibier n'existe que pour le temps où la chasse n'est pas encore ouverte et non pendant les jours où elle est momentanément interdite, comme en temps de neige. Il ne saurait en être autrement ; aussi, le ministre de l'intérieur, à l'occasion d'une pétition relative à cette question, disait : « Nous avons toujours pensé qu'il n'était pas possible d'empêcher le transport du gibier en temps de neige, et les instructions que nous avons données aux préfets, ont été dans ce sens. »
Les arrêtés préfectoraux qui décideraient le contraire seraient nuls. — Les auteurs sont d'accord.
Cass., 22 mars 45. — D. 45.1.144. — P. 45.2.49. — S. 45.1.284.
Cass., 18 avril 45. — D. 45.4.72. — P. 45.2.281. — S. 45.1.470.
Cass., 18 avril 45. — D. 45.1.209. — P. 45.2.49. — S. 45.1.471.
Rennes, 6 mars 50. — D. 51.5.75. — P. 50.2.478.

312. A quoi s'applique la prohibition. — Elle s'applique seulement au *gibier dont la chair est bonne à manger,* et non aux animaux nuisibles et aux oiseaux qui ne servent pas d'ordinaire à l'alimentation. Il y a donc une différence entre la prohibition de notre article qui ne regarde que le gibier *mangeable* et la prohibition de chasser sans permis qui comprend la recherche et la poursuite de toute espèce d'oiseau et d'animal sauvage. (Berriat, p. 40 ; Championnière, p. 34).

la saisie a eu lieu au chef-lieu de canton, soit d'une autorisation du maire, si le juge de paix est absent, ou si la saisie a été faite dans une commune autre que celle du chef-lieu. Cette

313. *Gibier.* — On entend généralement par gibier (ce point, du reste, dépend de l'appréciation des tribunaux; consulter Berriat, p. 40; Championnière, p. 34; Dalloz, n° 213, Merlin, *Gibier;* Petit, t. Iᵉʳ, p. 33; Rogron, p. 71, et les dictionnaires, notamment *Dictionnaire des Sciences* de Privat-Deschanel et Foullon) :

Parmi les oiseaux :

L'alouette,	Le héron,
La barge,	La huppe,
La bécasse,	Le loriot,
Le bécasseau ou cul-blanc,	La mauviette,
La bécassine,	Le mauvis,
Le becfigue,	Le merle,
Le bruant,	Le motteux,
La caille,	L'oie sauvage,
Le canard sauvage,	L'ortolan,
Le chevalier,	L'outarde,
Le coq de bruyère,	La perdrix,
Le courlis,	Le pigeon ramier ou palombe
L'échasse,	Le pigeon biset ou sauvage,
L'engoulement,	Le pilet,
Le faisan,	Le pluvier,
Le flammant,	La poule d'eau,
La foulque ou morelle,	Le râle,
Le ganga,	La sarcelle,
La gélinotte,	Le torcol,
Le grèbe,	La tourterelle,
La grive,	Le vanneau, etc.
La grue,	

Parmi les quadrupèdes :

Le bouquetin,	L'écureuil,
Le cerf,	L'isard,
Le chamois,	Le lapin,
Le chevreuil,	Le lièvre,
Le daim,	Le sanglier.

314. M. Berriat, p. 40, fait figurer la cigogne et le geai parmi le gibier à plumes; nous croyons que c'est à tort. Nous en dirions autant du cygne, de l'étourneau et du cormoran. — M. Petit, t. Iᵉʳ, p. 82, comprend le rouge-gorge dans la catégorie du gibier; d'autres y font entrer, parmi les moineaux, l'espèce des gros-becs. Nous pensons que ce ne peut être qu'exceptionnellement.

315. *Animaux ou oiseaux non considérés comme gibier.* — La prohibition ne frappe que le gibier proprement dit et ne s'applique, ainsi que nous l'avons dit plus haut, ni aux oiseaux ni aux animaux qui ne sont pas généralement considérés comme gibier.

316. Les préfets, en autorisant et en réglementant la destruction des animaux malfaisants et nuisibles, pourraient-ils défendre le colportage et la vente de ceux de ces animaux qui ne sont pas considérés comme gibier? — Nous ne le pensons pas. Le pouvoir des préfets doit se restreindre à ce qui est dit, à leur égard, dans l'art. 9, et cet article est complétement étranger à la vente ou au colportage du gibier en temps prohibé.

317. Il est évident, dans tous les cas, que les préfets n'ont point le droit de défendre le colportage des *bétes fauves* qui ne sont pas du gibier, pas plus qu'ils n'ont le droit de réglementer leur destruction. Voir art. 9. — La Cour de cassation a formellement décidé la question en confirmant deux arrêts de la Cour de Riom: elle a jugé que le fait de vendre ou de colporter une *fouine* et un *putois* qui avaient été tués au moment où ils causaient du dommage, n'était pas punissable, malgré les termes d'un arrêté préfectoral. — Les termes de l'arrêt sont même conçus en termes généraux, et on pourrait soutenir que la Cour n'a pas distingué entre les bétes fauves, mais ce serait aller trop loin.

Riom, 19 mai 1758. — D. » » » — P. 58.1170. — S. 58.2.429.
Cass., 25 juill. 1858. — D. 58.1.377. — P. 59.448. — S. 58.1.855.

318. *Gibier-volaille ou de basse-cour.* — Jugé que le mot gibier ne doit s'appliquer qu'aux animaux pris à la chasse; donc, si le faisan, par exemple, est un animal sauvage de sa nature, et par suite un gibier, il perd essentiellement cette qualité quand il est nourri et élevé dans une volière ou basse-cour. Il rentre alors dans la catégorie des animaux domestiques comme le lapin de clapier. Donc la vente, le colportage en sont permis, pourvu, bien entendu, que l'origine des oiseaux vendus ou transportés soit établie.

Tribunal de Fontainebleau du 30 sept. 1859; *Gaz. des Trib.* du 9 oct. 1859, qui cite en ce sens un arrêt de Bordeaux du 12 fév. 1845.

319. Nous approuvons pleinement ces décisions. M. Championnière dit de même, p. 34 : « Les faisans de basse-cour, quoique sauvages de leur nature, ne sont pas du gibier et ne tombent pas sous l'application de la loi. » — M. Berriat, p. 38, est d'un avis contraire.

320. *Gibier d'agrément ou de volière.* — Peut-on transporter des alouettes en cage, des merles, des tourterelles, des faisans ? Non, suivant MM. Gillon et Villepin, n° 92, qui citent en ce sens un jugement du tribunal de Lille, du 20 juillet 1844. M. Berriat distingue, p. 41, entre les oiseaux qui ne sont pas gibier et ceux qui ont ce caractère tout en étant des oiseaux d'agrément.

321. Pour nous, nous maintenons qu'il est inutile de distinguer, et qu'en aucun cas il ne saurait y avoir délit. Le système de MM. Gillon et Villepin conduirait à empêcher le locataire qui déménage d'emporter avec lui sa volière ou sa faisanderie.

322. La prohibition est absolue. — En dehors de ce que nous avons dit plus haut et de ce qui va suivre, n° 338, au sujet des animaux domestiques, la prohibition de vendre et colporter est générale et absolue. Elle s'applique même au gibier dont la provenance, quoique en temps prohibé, serait légitime, ainsi qu'au gibier tué dans les *propriétés closes,* où l'article 2 permet de chasser en tout temps sans permis.

Angers, 25 juill. 1853. — D. 54.2.233. — P. 54.2.472. — S. 54.2.119. Circul. du garde des sceaux, du 9 mai 1844.
En ce sens : Duvergier, p. 109; Gillon et Villepin, n° 89; Perrève, p. 8; Petit, t. Iᵉʳ, p. 497; Répert. du Palais, *suppl.,* n° 315. — Nous croyons cependant que le propriétaire d'un enclos pourrait sans délit aller chercher dans la campagne un gibier qu'il aurait mortellement blessé dans son enclos; voir par analogie, n° 310; M. Chardon, p. 16, est d'une opinion contraire.

323. *Bétes fauves.* — *Animaux malfaisants et nuisibles.* — Elle s'applique également à ceux-ci (pourvu toutefois qu'ils constituent du gibier), encore bien que le propriétaire ou le fermier les aient tués en vertu du droit de légitime défense ou en conformité d'arrêtés préfectoraux. Le droit de détruire n'emporte pas celui de colporter. (Voir cependant n° 327).

Douai, 8 mai 1848. — D. 58.2.205.
Douai, 6 juill. 1852. — D. 58.2.205.
Cass., 27 mai 1853. — D. 58.1.377. — P. 58.1.853. — S. 58.1.853.
Ang., 25 juill. 1853. — D. 54.2.233. — P. 54.2.472. — S. 54.2.119.
Amiens, 27 juin 1857. — D. 58.2.205. — P. 58.38. — S. 57.2.509.
En ce sens : Circulaire du garde des sceaux, citée au numéro précédent; Championnière, p. 37; Gillon et Villepin, n°° 95, 96; Répert. du Palais, n° 517; Petit, t. Iᵉʳ, p. 509; Rogron, p. 69.

324. Cependant l'opinion contraire a ses défenseurs. M. Petit s'était prononcé pour la non-culpabilité, dans la première édition de son ouvrage. M. Chardon, p. 53, est du même sentiment. Voir aussi les *Annales forestières,* 1858, p. 273 et 388. Le projet de Code rural est, dit-on, en ce sens, du moins en ce qui concerne les lapins de garenne.

325. *Battues.* — La défense de colporter s'applique même aux bêtes fauves et aux animaux malfaisants et nuisibles, considérés comme gibier, qui seraient détruits dans une battue régulièrement ordonnée par un arrêté préfectoral.

ordonnance ou cette autorisation sera délivrée | sur la requête des agents ou gardes qui auront

326. *Il faut consommer sur place.* — C'est là, en effet, la seule ressource qui reste aux chasseurs dans les battues, aux propriétaires des terrains clos et à ceux qui ont détruit des animaux malfaisants et nuisibles. Ils ne pourraient pas, sans violer la loi, faire transporter ces animaux de leur maison de campagne à leur maison de ville.

327. *Bêtes fauves.* — Cependant il a été jugé, et avec raison, que l'obligation de consommer sur place ne peut entraîner pour conséquence l'obligation d'abandonner les animaux à l'endroit où ils ont été tués, et qu'ainsi on ne saurait considérer comme constituant le colportage proprement dit, le fait de l'apport du gibier (une bête fauve) dans la maison de celui qui l'a tuée licitement, alors que cette maison est située dans la commune et à peu de distance de l'endroit où l'animal aurait été tué, quand même il en aurait été distribué des morceaux aux personnes présentes sur les lieux.

Rouen, 16 et 22 juin 1865 ; *Gaz. des Tribun.* du 9 juill. 1865, et arrêts des Cours de Caen et Rouen ; R., 1865, p. 187. — Duvergier, art. 4.

328. Ajoutons que jamais, dans la pratique administrative, on n'a empêché les personnes ayant pris part à la battue de transporter les animaux tués à leur domicile. Dans sa circulaire du 25 février 1862, M. le Ministre des finances le reconnaissait en termes exprès et invitait les préfets à introduire dans les arrêtés ordonnant une battue, une disposition spéciale relative à la manière dont pourront être utilisés les animaux détruits (voir encore circulaire du 25 avril 1862; D. 63.3.63).

329. *Gibier étranger.* — La prohibition frappe également le gibier venant de l'étranger, à l'exception des *grouses* (gibier venant d'Ecosse); du moins la solution ministérielle du 25 avril 1862 a établi formellement une exception en leur faveur. Il ne nous paraît pas possible d'étendre cette exception aux autres espèces non acclimatées.

330. *Gibier vivant ou mort.* — Point de distinction entre le fait du braconnier et l'action du propriétaire qui veut peupler un parc ; les juges peuvent seulement modérer la peine, suivant les circonstances.

Paris, 25 juill. 1863, *Gazette des Trib.* du 16 août 1863. *En ce sens :* Berriat, p. 39; Championnière, p. 35; Chardon, p. 55; Duvergier, sur l'art. 4; Gillon et Villepin, n° 91; Petit, t. 1ᵉʳ, p. 493 ; Rogron, p. 72.—Voir, en sens contraire, René, p. 15.

331. Cependant l'administration accorde, depuis un certain temps, l'autorisation de transporter du *gibier vivant lorsqu'il est destiné à la reproduction.* Quand le transport doit avoir lieu sans sortir du département, il faut s'adresser au préfet de ce département (à Paris, au préfet de police); si le transport est d'un département pour un autre, la demande doit être adressée au ministre de l'intérieur, circulaire du min. de l'int. du 22 juillet 1851. Ces demandes peuvent être formulées par simple lettre.

332. *Gibier cuit ou non.* — Il ne faut pas distinguer davantage, lors même qu'il ne s'agirait que d'un quartier de chevreuil, et nous approuvons, pour l'honneur des principes, le jugement, singulier pourtant, que rapportent MM. Gillon et Villepin, n° 93, qui se basa sur l'article 4, et prononça une condamnation au sujet de quelques pièces de gibier préparées pour un repas de noce, et saisies dans la rue, entre les mains d'un traiteur, qui les faisait transporter dans la maison des époux.

Berriat, p. 39; Camusat-Busserolles, p. 61 ; Championnière, p. 35; Chardon, p. 55; Duvergier, 1844, p. 112; Gillon et Villepin, n° 93; Lavallée et Bertrand, p. 69; Rogron, p. 72.

333. Que décider à l'égard du *consommateur* qui serait surpris mangeant du gibier chez un aubergiste? — Suivant les uns, il est incontestable qu'il n'y a pas de délit, parce que, disent-ils, ce n'est pas du gibier à proprement parler qu'achète le consommateur, mais un plat quelconque qui entre dans la composition de son repas (de Neyremand, p. 139; Rogron, p. 78). — Suivant les autres, il y a délit dans tous les cas, même de la part de celui qui mange du gibier à un dîner de table d'hôte (Petit, t. Iᵉʳ, p. 502).

334. Ces deux opinions sont trop absolues. Il y aura délit, suivant nous, à *commander* chez un restaurateur, un plat de gibier, en temps prohibé, et il n'y en aura point quand, à *table d'hôte,* dans un dîner qu'on ne compose pas soi-même, on mangera du gibier. A moins d'arriver à l'absurde, on ne saurait, en effet, obliger le consommateur, dans ce dernier cas, à surveiller les apprêts de son dîner et à distinguer les mets qui le composent.

335. *Gibier en pâté.* — Nous pensons que son transport, sa vente ou son achat, en temps prohibé, constitue un délit. C'est toujours du gibier, et, comme le fait très-justement observer M. Petit, une partie de la pièce du gibier révèle le délit aussi bien que la totalité (Gillon et Villepin, n° 93 ; Petit, t. Iᵉʳ, p. 493). Nous croyons toutefois qu'il en serait autrement si le pâté ne contenait que quelques bribes de gibier (Chardon, p. 55).

336. M. Rogron est d'un avis contraire, p. 72, ainsi que MM. Berriat, p. 39, et Championnière, p. 35. Suivant ces auteurs, il y aurait une véritable vexation à ouvrir les pâtés chez les traiteurs et il serait injuste de condamner un acheteur qui ignorait peut-être ce que contenait son pâté. Nous répondons à la première objection que la rigueur de la loi peut la faire réformer, mais ne doit pas empêcher de l'observer, tant qu'elle existe ; quant à la seconde objection, nous croyons qu'il y a lieu de faire, vis-à-vis l'acheteur, la distinction que nous avons établie, n° 185, au sujet du consommateur.

337. *Conserves. — Salaisons.* — Mais nous croyons avec la Cour de cassation que les conserves et autres préparations de ce genre, qui ne sont point destinées à une consommation prochaine, et dont il est difficile de connaître exactement l'époque de fabrication, ne donnent point lieu à l'application de notre article ; nous pensons, avec la Cour suprême, qu'il doit en être surtout ainsi quand il est établi que les conserves ont été faites longtemps avant l'époque où la vente et le colportage du gibier sont défendus.

Cass., 21 déc. 1844.—D.45.1.113.—P.45.1.594.—S.45.1.107. *En ce sens :* Berriat, p. 39; Championnière, p. 55; Gillon et Villepin, n° 93; Morin, n° 17; Rogron, p. 72. *En sens contraire :* M. Petit, t. Iᵉʳ, p. 494, et Trib. du Havre, 25 sept. 1844; Rouen, 25 oct. 1844.

338. *Animaux domestiques.* — Naturellement les animaux domestiques ne sont point compris dans l'interdiction portée par l'article 4. Il est donc permis de vendre, d'acheter et de transporter des lapins domestiques (Bordeaux, 12 fév. 1845; tous les auteurs sont d'accord), des pigeons, etc.

339. Mais l'interdiction frappe les *lapins de garenne,* qu'ils soient ou non classés parmi les animaux malfaisants ou nuisibles. Il ne saurait s'élever de différends sérieux sur ce point.

Paris, 12 nov. 1845. — D. 45.4.75. Douai, Amiens et Cassation, cités nᵒˢ 178.

340. Toutefois, ainsi qu'il résulte d'une circulaire de M. le Ministre des finances du 25 avril 1862, M. le Ministre des finances et M. le Garde des Sceaux ont décidé que le colportage et la vente des lapins de garenne pourraient être exceptionnellement autorisés dans les départements où cette mesure paraîtrait nécessaire. Dans ce cas, le préfet qui veut user de cette faculté doit, après avoir pris l'avis du Conseil général, adresser au ministre des finances des propositions motivées.

341. *Gibier d'eau. — Oiseaux de passage.* — La prohibition de l'article 4 ne s'étend point au gibier d'eau et aux oiseaux de passage, dans le temps où la chasse en est permise, alors même que la chasse ordi-

opéré la saisie, et sur la présentation du procès- | verbal régulièrement dressé.

naire serait close. Pour eux, en effet, le chasseur n'est pas en temps prohibé. L'article 4 reprend son empire quand cette chasse exceptionnelle est close.

Amiens, 15 juil. 1844, cité par M. Petit, t. 1er, n° 495.
Circ. du Garde des Sceaux du 9 mai 1844 ; tous les auteurs.

342. Gibier pris avec des engins prohibés. — La prohibition de chasser avec des engins prohibés n'emporte pas la prohibition de vendre et de transporter, pendant le temps où la chasse est permise, le gibier pris à l'aide de ces engins (arrêts ci-dessous, Gren. et Metz).

L'acheteur ne pourrait être déclaré complice par recel qu'autant qu'il serait établi contre lui qu'il savait que le gibier avait été tué en délit ; sa bonne foi doit être présumée (Metz et Paris).

Gren., 26 déc. 1844. — D. 45.2.43.— P. 45.2.120.— S. 45.2.105.
; Metz, 29 déc. 1864. — D. 65.2.24. — P. 65.1264. — S. 65.2.344.
Paris, 8 fév. 1862. — D. » » » — P. 65.1264. — S. 65.2.344.
En ce sens : La majorité des auteurs , notamment M. Petit, t. 1er, p. 505 et 509, et les circulaires ministérielles.

343. Et comme conséquence nous approuvons la Cour de Grenoble qui, dans son arrêt cité ci-dessus, a décidé que les préfets auxquels a été conférée par l'art. 9 la faculté de prendre des arrêtés pour prévenir la destruction des oiseaux, n'ont pas le droit de porter des peines contre ceux qui vendraient ou transporteraient le gibier tué avec les moyens interdits par leurs arrêtés, et que, sous ce rapport, les arrêtés ne sont point obligatoires (Besançon, 24 juillet 1845. P. 45.2.702; Petit, t. 1er, p. 505).

344. Œufs et couvées. — La vente, le transport et le colportage n'en est pas défendu par l'art. 4 ; des amendements en sens contraire furent présentés lors de la discussion de la loi sur la chasse, mais ils furent rejetés. Les auteurs sont unanimes sur cette question.

345. Les préfets qui peuvent bien prendre des arrêtés pour prévenir la destruction des oiseaux (art. 9), excéderaient-ils leurs pouvoirs s'ils défendaient la vente et le colportage des couvées et des œufs? — Non, suivant M. Chardon, p. 58. Nous le croyons aussi ; qui veut la fin , veut les moyens.

346. Transit. — La prohibition du transport du gibier en temps prohibé ne souffre pas que le transit puisse s'en faire sur un point où la chasse n'est pas ouverte, alors même qu'elle le serait au lieu d'expédition ou de départ et au lieu de destination ou d'arrivée. La Cour de Paris, dans l'arrêt ci-dessous, a formellement jugé en ce sens. Du reste, dans la séance du 22 février 1845 (*Moniteur* du 23), la Chambre des députés a écarté par l'ordre du jour une pétition qui lui était adressée dans un but analogue.

Paris, 22 nov. 1844.— D. 45.2.36.— P. 45.2.258.— S. 45.2.104.
En ce sens : Berriat, p. 58 ; Championnière, p. 55 ; Petit, t. 1er, p. 504.

347. Importation et exportation du gibier. — Cette matière est encore régie par la circulaire de l'administration des douanes, du 30 juin 1844, dont voici les dispositions utiles : L'article 4 a eu pour effet de modifier le tarif des douanes et de constituer une prohibition périodique et temporaire de l'importation du gibier étranger en France. Le gibier devra suivre, à l'entrée en France et à la circulation dans le rayon frontière, le régime du prohibé, pendant tout le temps où la chasse ne sera pas permise. Lorsqu'il aura été déclaré au premier bureau d'entrée, la douane se bornera à en refuser l'admission et à en assurer la réexportation immédiate. Ceux qui enfreindraient ou tenteraient d'enfreindre la prohibition seraient passibles des pénalités ordinaires. Le même principe de prohibition dont le gibier se trouvera frappé à l'entrée, lui sera pareillement applicable à la sortie; s'il en était présenté à un bureau de sortie, en temps prohibé, sous sa véritable dénomination, pour l'exportation, les employés devraient ne pas en opérer la saisie en vertu de la loi générale des douanes, mais faire

immédiatement conduire le déclarant devant le maire, lequel ferait procéder , s'il y avait lieu , contre celui-là, conformément à la loi de 1844. Toutes les fois que du gibier est saisi par application de la loi des douanes , la confiscation en est poursuivie et doit être prononcée à la requête de l'administration, et la vente doit s'en effectuer à charge de réexportation. S'il y a lieu à dépérissement de l'objet, on procède ainsi qu'il est réglé par le décret du 18 septembre 1811 (vente immédiate).

348. Complicité. — Les principes généraux sur la complicité, art. 59 et suiv. du Code pénal, cités n°s 113 et suiv., s'appliquent également en cette matière. Il y aurait donc complicité de la part du maître qui enverrait son domestique acheter ou vendre du gibier en temps prohibé, de l'expéditeur de gibier en temps prohibé, du destinataire s'il avait demandé l'envoi du gibier. (Gillon et Villepin, n°s 245, 246 et 323.)

349. Jugé que celui qui aide le chasseur à charger sur ses épaules le gibier tué en délit, et qui se charge du fusil de ce chasseur, peut être considéré comme complice du chasseur, en ayant préparé et facilité le transport du gibier en temps prohibé.

Cass., 10 nov. 1864. *Trib.* du 30 nov. 1864. — S. 65.1.197.

§§ II ET III.

SAISIE ET RECHERCHE DU GIBIER EN TEMPS PROHIBÉ.

350. Saisie du gibier. — (*Voir aux formules*). — Comme conséquence du délit, en cas de contravention à l'article 4, le gibier doit être saisi, et, la loi étant impérative, la force peut être employée pour vaincre la résistance. On n'a pas du reste à craindre les scènes violentes qui pourraient avoir lieu dans l'hypothèse prévue par l'article 25, puisque, dans la nôtre, les contrevenants seront sans arme, le plus souvent du moins. (Voir l'art. 25).

351. *Ce qu'on fait du gibier saisi.* — D'ordinaire la saisie est une mesure conservatoire qui met simplement l'objet sous la main de la justice, et, si la poursuite n'amène pas une condamnation, la restitution doit être faite à la personne poursuivie. Notre article en a disposé autrement, tant pour éviter que l'objet ne se perde, si on le conservait, que pour empêcher le prévenu de commettre un nouveau délit, si le gibier lui était laissé. L'ordonnance n'est pas susceptible d'opposition (Perrève, p. 331).

352. *Si la poursuite était ensuite annulée,* y aurait-il un recours pour le prévenu, à raison du gibier qui ne peut plus être restitué? — MM. Gillon et Villepin, n° 106, disent qu'il ne pourrait avoir de recours contre le bureau de bienfaisance, ce qui est évident, mais qu'il pourrait en exercer un contre l'auteur de la saisie ou le magistrat qui l'aurait sanctionnée. — Nous croyons, avec MM. Dalloz, n° 224, Duvergier, sur l'art. 4, Perrève, p. 331 et le Répertoire du Palais, n° 331, que le recours ne sera point en général possible, à moins qu'il n'y ait eu forfaiture caractérisée de la part du fonctionnaire.

353. *Le gibier doit être consommé* dans l'établissement de bienfaisance où il a été livré; s'il en sortait, il y aurait délit (Berriat, p. 41).

354. *S'il n'existe pas d'établissement de bienfaisance* dans la commune où le gibier a été saisi, et que le gibier doive être envoyé à distance, les frais de transport sont supportés par l'établissement destinataire, lorsqu'il consent à recevoir. — *S'il existait plusieurs établissements* de bienfaisance dans la commune, nous partageons l'avis de M. Berriat, p. 41; ils devraient être favorisés à tour de rôle. — *Si l'établissement était éloigné* et que l'on craignît de voir le gibier se corrompre, nous pensons avec le même auteur, que le juge

La recherche du gibier ne pourra être faite à domicile que chez les aubergistes, chez les marchands de comestibles, et dans les lieux ouverts au public.

Il est interdit de prendre ou de détruire, sur

de paix ou le maire pourrait le faire distribuer aux pauvres de la localité. L'ordonnance devrait rendre compte des motifs de cette distribution exceptionnelle, si elle avait lieu.

355. *Gibier vivant.* — Il doit être saisi comme le gibier mort, mais évidemment l'établissement de bienfaisance pourrait le rendre à la liberté, ce qui devrait avoir lieu toutefois du sein même de l'établissement (Berriat, p. 42).

356. Saisie irrégulière. — M. Berriat a écrit, p. 41, que le juge de paix ou le maire doit délivrer, *dans tous les cas,* l'ordonnance, lors même que l'opération lui paraîtrait irrégulière. Le judicieux auteur nous semble ici méconnaître le texte et le sens de notre article, qui porte que l'ordonnance sera délivrée *sur la présentation du procès-verbal régulièrement dressé;* c'est dire très-clairement, suivant nous, que si le procès-verbal est irrégulier, l'ordonnance peut être refusée. Il est évident, cependant, que le juge de paix ou le maire ne devra prendre ce parti qu'autant que l'opération sera manifestement irrégulière.

357. Recherche du gibier. — **1° Aubergistes, etc.** — La recherche ne peut avoir lieu, d'après l'art. 4, que chez les aubergistes et les marchands de comestibles et dans les lieux ouverts au public. Nulle part ailleurs elle n'est permise. Le domicile privé des citoyens eut été, sans cette restriction, exposé à des vexations intolérables. On ne pourrait donc pas faire des perquisitions dans des maisons particulières, sous prétexte qu'un aubergiste ou un traiteur y aurait déposé du gibier. — En ce sens, Gillon et Villepin, n° 101, qui critiquent avec raison un article de M. Duvergier, *Collection de lois,* 1844, p. 109, dans lequel cet auteur est d'un avis opposé. M. Chardon, p. 54, partage le sentiment de M. Duvergier.

358. Mais la recherche pourra être faite chez les aubergistes, etc., dans toutes les parties de leur domicile et les dépendances, et non pas seulement dans ceux de leurs appartements qui sont spécialement ouverts au public. L'article 4 se sert du mot domicile, et le mot domicile comprend tout (Berriat, p. 42; Rogron, p. 77), même un local qu'on n'habiterait pas soi-même, si on l'avait loué pour y faire des dépôts (Dalloz, n° 226).

359. *La seule détention est-elle un délit?* — En d'autres termes, le seul fait que un aubergiste de détenir chez lui un gibier, le constitue-t-il en contravention? M. Rogron, p. 78, le pense; il se base sur les déclarations à la Chambre, par le rapporteur de la loi : « A l'égard des personnes, dit-il, auxquelles sont applicables les prohibitions portées dans le paragraphe Iᵉʳ de l'article 4, il faut reconnaître que, dans aucun cas, il ne pourra y avoir d'acquittement. »

En ce sens : Berriat, p. 43; Camusat-Busserolles, p. 65; Rép. du Palais, n° 311.

360. Malgré ces paroles, il nous est impossible de nous ranger à cette opinion. La loi pose au début de l'article 4, les conditions du délit; il faut la mise en vente, ou la vente, ou l'achat, ou le transport, ou le colportage du gibier. Le surplus de l'article ne parle que de la saisie du gibier et de sa recherche chez les aubergistes. Il ne dit point que la seule détention constituera un délit. Par suite, si l'on n'établit pas l'existence de l'une des circonstances ci-dessus, mise en vente, vente, etc., qu'il s'agisse d'un marchand ou d'un consommateur, il n'y a pas délit. Les déclarations du rapporteur ne peuvent rien contre le texte de la loi qui est clair et précis. L'aubergiste peut d'ailleurs avoir chez lui du gibier sans contravention, pourvu qu'il le consomme dans sa famille. Le système contraire l'obligerait à jeter à sa porte, le soir de la clôture de la chasse, le gibier qu'il n'aurait pas vendu (Petit, t. Iᵉʳ, p. 507).

361. *Renvoi.* — En ce qui concerne les recherches qui peuvent être faites chez les aubergistes par les employés des contributions indirectes et des octrois, voir les annotations sous l'article 23.

362. 2° Particuliers. — Le texte dit assez que la recherche du gibier, en temps prohibé, ne peut se faire, sous aucun motif, au domicile des particuliers; mais elle peut avoir lieu partout ailleurs à leur égard: ainsi les perquisitions se feraient à bon droit dans les halles et marchés, dans les voitures publiques et particulières, dans les rues, etc.

363. *Fouille.* — Les perquisitions pourraient-elles se faire, en dehors du domicile, sur la personne même des particuliers ou dans des objets, paniers par exemple, dont ils seraient porteurs? Pourrait-on user de la force pour y arriver? — Nous répondrons affirmativement à ces questions. Le transport et le colportage sont des délits, puisque la loi ne fait d'exception que pour la recherche *à domicile* chez les particuliers, il s'ensuit que la recherche partout ailleurs est permise et que force doit rester à la loi, mais on comprend, comme le fait observer très-justement M. Berriat, p. 42, qu'il faudra, pour motiver ces visites, de graves présomptions de fraude.

Berriat, p. 42; Gillon et Villepin, n° 100, qui citent par analogie un arrêt de la Cour de Nancy, du 17 janvier 1844; Rogron, p. 77.

364. Qui peut saisir et rechercher le gibier. — Dès que la loi n'a point restreint à certains agents de l'autorité le droit, pendant le temps prohibé, de saisir et de faire les perquisitions concernant le gibier, il en résulte que ces mesures peuvent être prises par toutes les personnes désignées aux art. 22 et 23 de la présente loi, dans les limites de leurs attributions respectives. Nous renvoyons donc à ces articles. (Berriat, p. 42).

§ IV.

ŒUFS ET COUVÉES.

365. Prohibition; à quoi elle s'applique. — Aux œufs et couvées de *faisans, perdrix* et *cailles* seulement. Les œufs et couvées des autres oiseaux sont donc en dehors de la prohibition; mais qu'il y ait ou non délit de la part de celui qui prend ou détruit des œufs et couvées sur le terrain d'autrui, l'action civile en réparation du dommage appartient dans tous les cas au propriétaire.

366. Le texte dit des œufs et couvées; il faut comprendre des œufs ou des couvées, et il y aurait évidemment délit lors même qu'on ne prendrait que quelques œufs dans un nid ou quelques petits dans la couvée. Il ne faut pas distinguer non plus entre le fait de détruire et le fait d'emporter les couvées pour les conserver et les élever.

367. *Ignorance, bonne foi.* — Il va de soi, malgré que la bonne foi et l'ignorance ne soient pas, en matière de chasse, une excuse des délits, que la dernière partie de l'art. 4 est inapplicable au chasseur qui, en courant, écraserait un nid, au faucheur qui en détruirait un dans le cours de son travail, etc.

368. *Nids à découvert ou abandonnés.* — Les moissonneurs qui, en coupant les récoltes, mettent un nid à découvert, ont-ils le droit d'emporter les œufs? — Nous le croyons, car en parlant d'œufs et couvées, la loi n'a pu entendre que les œufs et couvées pouvant produire le gibier. Or, le nid mis à découvert n'est plus à proprement parler un nid, puisque jamais la couveuse n'y revient et que les œufs sont de la sorte inévitablement perdus, s'ils sont laissés à cet endroit.

le terrain d'autrui, des œufs et des couvées de faisans, de perdrix et de cailles.

Art. 5. Les permis de chasse seront délivrés, sur l'avis du maire et du sous-préfet, par le

---

369. Nous raisonnerions de même au cas où les moissonneurs auraient tué par mégarde la couveuse sur son nid ; ils pourraient alors emporter les œufs ou la couvée, car la couveuse morte, les œufs seraient forcément improductifs et les petits ne sauraient s'élever. Mais dans cette hypothèse et dans celle qui précède, la preuve que le nid était abandonné, la mère tuée ou morte, etc., incombera toujours à la personne qui aura pris les œufs ou la couvée.

370. *Pouvoir des préfets.* — Notre article 4 ne s'occupe que des œufs et des couvées de faisans, de perdrix et de cailles, cependant les préfets ont droit, suivant l'art. 9, § IV, 1°, d'étendre aux œufs et couvées des oiseaux de tous genres la prohibition de l'art. 4, s'ils croient cette mesure nécessaire pour empêcher la destruction des oiseaux.

371. Durée de la prohibition. — Suivant MM. Gillon et Villepin, n° 108, quelque généraux qu'en soient les termes, la prohibition ne s'applique, comme le premier alinéa, qu'au temps où la chasse n'est pas permise.

En ce sens : Répertoire du Palais, n° 343.

372. Nous ne pouvons être de cet avis. Le paragraphe de l'art. 4 relatif aux œufs et couvées est tout-à-fait isolé du reste de l'article, et aurait plutôt dû former un article spécial ; l'interdiction est absolue, et rien, ni dans le texte, ni dans l'objet en lui-même, ne nous semble justifier l'opinion que nous combattons. La question n'est pas traitée par les autres auteurs.

373. Droits du propriétaire. — Le texte dit clairement que l'interdiction de prendre et de détruire les œufs et couvées ne s'applique point au propriétaire du terrain où ils se trouvent. Pour lui, il est libre de les détruire ou de les conserver comme il le juge convenable.

374. *Fermier, usufruitier.* — Malgré que la loi parle seulement du propriétaire, on reconnaît généralement que le même droit appartient aux fermiers et usufruitiers qui sont les représentants du propriétaire.

375. *Arrêté préfectoral.* — Son droit peut-il être, à cet égard, restreint et même supprimé, au cas où le préfet du département porterait un arrêté pour proscrire d'une manière absolue la destruction des œufs et couvées de tous oiseaux, dans le but d'en empêcher la destruction ? — Les termes généraux de l'art. 9 nous font répondre affirmativement (Rogron, p. 80).

376. *Le droit n'est pas personnel.* — Le propriétaire qui veut prendre ou détruire des œufs ou couvées, n'est pas tenu de le faire en personne ; il a la faculté de charger de ce soin ses enfants, ou des domestiques ou journaliers, car, ainsi que le fait observer M. Petit, t. 1er, p. 516, le droit de faire une chose emporte celui de la faire faire.

377. Le propriétaire ou le fermier pourrait-il *céder son droit* à un étranger et permettre à un voisin, par exemple, d'aller prendre ou détruire les œufs et couvées ? — M. Petit, t. 1er, p. 515, ne le croit pas et soutient que le droit est personnel, en se basant sur ce que la loi défend de détruire les œufs et couvées sur le terrain d'autrui, sans ajouter, comme dans l'art. 1er, *sans le consentement* du propriétaire. (En ce sens, Rogron, p. 80).

378. Nous ne saurions partager cet avis. Dès l'instant où l'on reconnaît que la défense ne s'applique ni aux domestiques et ouvriers agissant d'après les ordres du propriétaire, ni au fermier et à l'usufruitier, on reconnaît par là que l'article ne peut avoir le sens restreint que les termes sembleraient indiquer, et si le propriétaire peut céder son droit en louant sa ferme, pourquoi ne pourrait-il le céder en restant lui-même en jouissance ? Tous les droits sont cessibles d'ailleurs à moins d'une exception formelle. Si la rédaction de l'ar-

ticle est trop concise, cela tient à l'importance secondaire de la prescription. Une rédaction semblable existe au n° 6 de l'article 12.

379. Faits de chasse. — Nids et couvées. — Y a-t-il fait de chasse à prendre des nids ou des couvées lorsqu'il n'existe aucun arrêté préfectoral, pris en vertu de l'article 9, le défendant ? — Oui, suivant le Répertoire du Palais, n° 340 ; M. Duvergier, sous l'article 4, paraît l'admettre aussi, et Dalloz, n° 227, se range à son opinion.

380. Nous croyons, *au contraire*, avec M. Championnière, p. 37, que les couvées des oiseaux, autres que les perdrix, faisans et cailles, ne sont pas du gibier. Les petits des oiseaux, tant qu'ils sont à l'état de couvées, n'ont pas leur liberté naturelle ; ils sont captifs et nous raisonnons à leur égard, comme nous l'avons fait, n° 81, pour le gibier tué ou pris. Il ne faut pas assimiler les petits des oiseaux aux petits des animaux, car ceux-ci ont presque en naissant la faculté de s'enfuir, et nous comprenons très-bien que M. Duvergier considère comme un acte de chasse le fait de les prendre ou détruire.

Art. 5.

DU PERMIS DE CHASSE.

1° DEMANDE DU PERMIS ET FORMALITÉS.

381. Demande du permis. — (*Voir aux formules*). — La demande, formulée sur une feuille de papier timbré de 0 fr. 50 c., et faite au préfet, si l'on habite le chef-lieu du département, ou au sous-préfet si l'on habite un chef-lieu d'arrondissement, est remise ou adressée, avec la quittance des 25 fr., au maire de son domicile ou de sa résidence, qui la transmet à qui de droit. — La demande du permis et les formalités qui l'accompagnent, doivent être renouvelées chaque année, et personne n'est exempté de remplir les prescriptions de notre article. — Nul ne peut demander un permis pour un autre ; si quelqu'un ne sait pas écrire, il doit faire rédiger sa demande, et l'on mentionne que l'impétrant ne sait ni écrire ni signer.

382. Nous venons de dire que c'est au maire que la demande doit être remise pour qu'il la transmette avec son avis ; c'est évidemment la marche la plus simple, mais nous pensons, comme M. Petit, t. Ier, p. 477, que la demande ne devrait pas être repoussée si elle était adressée directement au préfet ou sous-préfet, sauf à ceux-ci à demander l'avis du maire.

383. Nous disons de même que c'est sur *timbre* que la demande doit être faite. Notre article ne le dit pas, et pendant un certain temps on se contentait de papier ordinaire ; on prit même des instructions en ce sens ; mais, plus tard, le timbre fut exigé. Il est de règle, du reste, que toutes les demandes à l'administration se rédigent sur papier timbré, surtout quand l'intérêt de la demande est supérieur à 10 fr.

384. *Nulle justification à produire.* — Le droit de chasser étant le droit commun, et l'incapacité l'exception, il s'ensuit que les impétrants n'ont aucune justification à faire en formant leur demande, si ce n'est de fournir la preuve que les droits ont été payés ; c'est à l'autorité à s'enquérir si les impétrants sont dans l'un des cas exceptionnels où le permis peut ou doit être refusé. — Voir observations, art. 6.

préfet (1) du département dans lequel celui qui en fera la demande aura sa résidence ou son domicile.

La délivrance des permis de chasse donnera

385. Dans les arrêtés qui fixent l'ouverture de la chasse, certains préfets disposent que les personnes qui voudront avoir un permis devront joindre à leur demande l'ancien permis, si elles en avaient un ; d'autres préfets réclament que les impétrants joignent à la demande de permis leur signalement. Les chasseurs doivent entendre cela comme une invitation et non comme une injonction, car il est évident que les préfets ne sauraient ajouter aux prescriptions de la loi.

386. *Domicile. — Résidence.* — Notre article dit que l'on peut faire sa demande dans le lieu où l'on a son domicile ou sa résidence. Ces mots sont pris dans le sens légal qu'ils ont ordinairement. Le domicile est donc le lieu où l'on a son principal établissement, où l'on exerce sa profession, où l'on jouit de ses droits de citoyen ; la résidence est une sorte de domicile provisoire, établi pour quelque temps ; c'est, par exemple, la campagne que l'on habite, chaque année, quelques mois ou du moins quelques semaines.

387. Demeurer quelques jours seulement dans un endroit, où l'on ne vient qu'en passant, ne serait pas suffisant pour constituer une résidence dans le sens de la loi (Rogron, p. 82) ; il en serait ainsi surtout si les circonstances démontraient que l'impétrant n'a quitté provisoirement son domicile et sa famille, et ne s'est installé pour quelques jours ailleurs, qu'afin d'enlever à sa commune (le fait n'est pas aussi rare qu'on le supposerait) la part des droits qui lui revient. — M. Championnière, p. 41, admet cependant que la résidence suffit, quelque temporaire qu'elle soit ; c'est une erreur, suivant nous.

388. M. Camusat-Busserolles, p. 70, dit qu'il ne faut pas donner le nom de résidence à un séjour passager et précaire, mais seulement à un établissement assez stable pour qu'il permette à l'autorité de connaître les antécédents et les habitudes de celui qui réclame. Dalloz s'exprime dans des termes analogues, nᵒ 115 ; voir aussi Berriat, p. 48. Nous croyons que c'est trop restreindre le sens du mot résidence, et que l'administration doit se renseigner, si elle ne connaît pas encore la personne qui demande un permis.

389. Il résulte clairement du texte et de l'esprit de la loi qu'on ne pourrait pas faire sa demande de permis au sous-préfet de l'arrondissement de son domicile et la remettre au maire de sa résidence ; si l'on demande le permis dans l'arrondissement où l'on a son domicile, c'est au maire de ce domicile que la pièce doit être remise.

390. Avis du maire. — Le maire ne peut pas se borner à dire vaguement qu'il y a ou qu'il n'y a pas lieu de délivrer le permis ; il doit motiver son avis en indiquant, s'il est favorable, qu'il n'est pas à sa connaissance que l'impétrant se trouve dans aucune catégorie d'exceptions ; — s'il est défavorable, que c'est pour telle ou telle raison ; mais le maire n'a point à s'occuper, dans l'avis qu'il donne, de savoir si l'impétrant est ou n'est pas propriétaire, ou s'il a ou non l'autorisation de chasser sur le terrain d'autrui.

Ces prescriptions sont tirées presque textuellement d'une circulaire du ministre de l'intérieur, du 20 mai 1844.

391. *Si le maire refusait de donner son avis,* l'article 15 de la loi du 18 juillet 1837, sur l'administration communale, deviendrait applicable. Le préfet pourrait en conséquence procéder d'office par lui-même ou par un délégué spécial (Circulaire du 22 juil. 1851, § IIᵉ). Le maire s'exposerait en outre à des dommages-intérêts.

392. Décision des préfets et sous-préfets. — D'après le texte, les préfets seuls pouvaient délivrer les permis de chasse, mais le nombre des chasseurs augmentant chaque année, et l'envoi des pièces aux préfectures entraînant des retards regrettables, une circulaire du ministre de l'intérieur, du 10 juillet 1860 (rapportée dans Dalloz, 1860, 3.71), autorisa les sous-préfets à délivrer, pour les préfets, des permis de chasse aux habitants de leur arrondissement. Ils devaient signer : « Pour le préfet et par autorisation, » et rendre compte au préfet des permis délivrés. Aux termes de cette circulaire, les cas où le permis peut être refusé devaient continuer à rester soumis à l'appréciation des préfets.

Aujourd'hui, et en vertu de l'article 6 du décret du 1ᵉʳ avril 1861 sur la décentralisation administrative, les sous-préfets délivrent les permis de chasse dans leur arrondissement et ont les mêmes pouvoirs que les préfets pour apprécier les circonstances où le permis peut ou doit être refusé.

La date du permis doit être celle du jour où il est signé, ou mieux encore du jour de son envoi (Circ. du 22 juillet 1851, § II).

393. Il est incontestable que les permis ne sauraient être délivrés par d'autres personnes que les préfets et sous-préfets, et que notamment un maire est sans qualité pour accorder légalement l'autorisation de chasser, lors même qu'il s'agirait d'une forêt communale (Voir arrêts cités nᵒˢ 193 et 194).

394. Naturellement les préfets et sous-préfets ne sont point liés par l'avis des maires accompagnant les demandes, de même que les communes ont toujours droit à 10 fr. pour chacun des permis, alors même qu'il serait délivré contrairement à l'avis du maire. — Si le permis est accordé, il n'est plus remis, comme autrefois, aux receveurs généraux, mais il est adressé directement au maire de la commune de l'impétrant, avec recommandation pour ce fonctionnaire de faire parvenir le permis à son adresse dans le plus bref délai. — Si le permis est refusé, le rejet de la demande est notifié au receveur général, en même temps qu'au maire de la commune, et le receveur donne ordre au percepteur de rembourser immédiatement les droits. Tout cela résulte de la circulaire du ministre de l'intérieur du 30 juillet 1849.

Voir sous l'article 6 le *recours* à exercer contre les refus de permis.

395. La décision d'un préfet ou sous-préfet n'est point obligatoire pour ses collègues ; par suite, le sous-préfet du domicile pourra accorder un permis de chasse très-légalement, malgré que le sous-préfet de la résidence l'ait refusé.

396. Seine. — Nous répétons ce que nous avons dit, art. 3, que pour les personnes qui habitent le département de la Seine, elles doivent s'adresser au préfet de police pour obtenir le permis de chasse, et, ajoutent MM. Gillon et Villepin, nᵒ 132, les maires n'exerçant à Paris aucune attribution de police, c'est aux commissaires de police qu'il faut remettre les demandes pour qu'ils les fassent parvenir au préfet de police avec leur avis. — Les arrondissements de Sceaux et de Saint-Denis, qui font partie du département de la Seine, restent soumis à la règle générale ; la demande doit donc être remise aux maires.

397. Paiement des droits. — Les 25 fr. à payer sont fixes et ne sauraient être soumis à l'augmentation du décime. Dans les premiers temps qui suivirent la présente loi, le paiement des droits se faisait, ainsi qu'aujourd'hui, par anticipation, mais comme il arrivait que beaucoup de chasseurs se croyaient en règle par le seul fait du paiement, il fut décidé que dorénavant les droits ne seraient pas payés d'avance (Circ. du 18 juillet 1844). De plus grands inconvénients s'étant produits, la circulaire fut rapportée et l'on revint à la pratique primitive.

---

(1) Par suite du décret sur la décentralisation administrative du 13 avril 1861, les sous-préfets délivrent aujourd'hui les permis, voir nᵒ 392.

lieu au paiement d'un droit de quinze francs au profit de l'État et de dix francs au profit de la commune dont le maire aura donné l'avis énoncé au paragraphe précédent.

En conséquence, les personnes qui veulent obtenir un permis de chasse doivent consigner d'avance les droits à la caisse du percepteur, et aucune demande ne peut être admise si elle n'est accompagnée de la quittance. La circulaire du 30 juillet 1849 le décide ainsi. — Le paiement des droits est obligatoire pour tous les citoyens sans exception.

398. Si le permis était délivré par erreur avant le paiement des droits, l'impétrant pourrait être actionné en acquittement des 25 fr., et le délai d'un an courrait néanmoins du jour de la délivrance du permis.

Cass., 24 sept. 1847.—D.47.4.73.— P.48.1.446.—S.48.1.408.

399. Nous avons vu, n° 125, que le paiement des droits ne supplée point le permis. — Les quittances des percepteurs ne sont valables, pour l'obtention du permis, qu'autant qu'elles sont produites dans le mois de leur date (même circulaire du 30 juillet 1849).

400. Restitution des droits. — Cette circulaire dit que les sommes versées aux percepteurs ne seront remboursées qu'autant que, dans les 3 mois du versement, il sera produit au préfet un certificat du maire constatant que c'est par suite d'empêchements réels qu'il n'a pas été donné suite à la demande, — et que le délai de trois mois expiré, les sommes demeurent acquises à l'État.

401. Nous croyons que l'administration excéderait ses pouvoirs si elle voulait suivre et exécuter la circulaire, en ce que nous venons d'en rapporter. Nulle loi, que nous sachions, ne donne à l'État le droit de prescrire ainsi par trois mois des sommes versées; la prescription est de cinq ans d'ordinaire et nous ne voyons aucun motif de déroger à la règle générale; dans la pratique, du reste, la circulaire n'est point adoptée sur ce point et nous avons même vu, non sans plaisir, des préfets proclamer dans leurs arrêtés d'ouverture qu'aucune prescription ne serait opposée à ceux qui auraient fait le versement de 25 fr. — Nous pensons aussi qu'il est toujours loisible à l'impétrant de se désister de sa demande, tant que le permis n'a pas été signé, et de réclamer la restitution des droits; mais une fois le permis délivré, les 25 fr. sont acquis à l'État, le permis n'eût-il servi qu'un jour.

402. Permis détruit ou perdu. — Si un chasseur perd son permis, devra-t-il, pour en obtenir un second, avoir également l'avis du maire? — MM. Gillon et Villepin, n° 123, croient que ce serait trop de rigueur de la part de l'administration, et cependant si le permis perdu doit se remplacer et être considéré comme n'ayant jamais existé, on peut dire que légalement les mêmes formalités sont à remplir. Nous croyons, quant à nous, que la question doit se résoudre suivant la solution qui sera donnée à la suivante.

403. *Les droits de 25 fr. doivent-ils être payés une seconde fois?* Autrement dit, est-il impossible de pouvoir obtenir un duplicata du permis? — Oui, disent MM. Gillon et Villepin, n° 123, et ils ne paraissent admettre aucune distinction. Les circulaires ministérielles sont formelles à cet égard, notamment celle du 22 juillet 1851, § 1ᵉʳ, qui engage les préfets à ne délivrer jamais ni duplicata ni certificat.

En ce sens : Rogron, p. 524, qui paraît approuver les décisions ministérielles; Viel, p. 15. — Dalloz, n° 127, dit seulement qu'il a peine à admettre l'opinion de MM. Gillon et Villepin.

404. Nous distinguerons. Si le permis a été simplement égaré ou perdu par le chasseur, nous comprenons que l'administration refuse un second permis tant que de nouveaux droits n'ont pas été payés; autrement, peut-on soutenir, il pourrait arriver que quelqu'un, trouvant le permis, cherchât à en imposer aux agents qui surveillent la chasse, de façon que si le chasseur primitif obtenait un duplicata du premier permis, il y aurait, si l'hypothèse ci-dessus se réalisait, deux personnes à chasser sur le même permis. — Et cependant nous croyons que l'administration, même au simple cas de perte du permis, n'est pas fondée à exiger le versement de nouveaux droits, par la raison que la loi n'exige qu'une condition, à savoir qu'un permis ait été délivré et non qu'on en soit porteur. Voir n⁰ˢ 126 et suiv.

405. Dans tous les cas, nous tenons l'administration pour obligée à délivrer un duplicata du permis, sans paiement de nouveaux droits, toutes les fois que le chasseur établira que son permis a été détruit par un événement de force majeure ou même par quelque événement que ce soit. Aucune raison sérieuse ne justifierait, selon nous, l'opinion contraire qui, pour se soutenir, est forcée d'ajouter à la loi. L'argument tiré de ce qui se pratique pour les passe-ports ne nous paraît pas concluant.

406. Nous déciderions dans le même sens si le permis se trouvait, par une cause quelconque, hors d'usage; les préfets ou sous-préfets devraient délivrer un nouveau permis ou un duplicata. On peut, d'ailleurs, se prévaloir ici d'une décision du ministre des finances, du 7 décembre 1826, rappelée dans la circulaire du 22 juillet 1851, et autorisant les préfets à remplacer les passe-ports et ports d'armes hors d'usage.

407. Il est évident pour tous qu'un second permis devrait être délivré s'il était établi, par un certificat du maire ou autrement, que le permis primitif, sorti des bureaux, ne serait pas arrivé à destination. (Circ. du 22 juillet 1851, § Iᵉʳ.) — L'administration devrait alors signaler à la gendarmerie le fait du permis adiré. Même circulaire.

2° PERSONNALITÉ DU PERMIS.

408. Les permis sont personnels; on ne peut donc, sous aucun prétexte, se servir du permis d'un autre pour chasser. — *La femme mariée* ne pourrait pas davantage user du permis de son mari. (Trib. de Cambrai, *Gazette des Tribunaux* du 21 novembre 1859). — L'art. 154 du c. p. punit d'un emprisonnement de trois mois à un an celui qui aura fait usage d'un permis de chasse délivré sous un autre nom que le sien. Celui qui le prêterait pourrait être poursuivi comme complice. — Voir n° 433, *fabrication de faux permis.*

409. Auxiliaires des chasseurs. — Mais la loi n'a pas entendu proscrire les auxiliaires qu'on peut dire indispensables pour certaines chasses, telles que les *tendues aux petits oiseaux.* L'aide apportée par des gens, salariés ou non, ne saurait être alors considérée comme un moyen particulier de chasse; les auxiliaires ne forment en quelque sorte qu'une seule et même personne avec le chasseur.

Cass., 8 mars 1845.—D.45.1.172.—P.45.2.129.—S.45.1.515.
Cass., 29 nov. 1845.—D.46.1.21.—P.45.2.713.—S.46.1.145, et les arrêts cités aux n⁰ˢ suivants.

En ce sens : Berriat, p. 88; Dalloz, n⁰ˢ 124, 182; Petit, t. 1ᵉʳ, p. 469; circ. du min. de l'int. du 22 juill. 1851, § 1ᵉʳ. — Voir n° 118.

410. *Petite chasse aux oiseaux, tendue.* — Jugé en conséquence que l'obligation d'avoir un permis, imposée à tout individu qui procède à un fait de chasse, ne saurait s'étendre au cas où ce fait est de telle nature que le concours de plusieurs personnes est indispensable à son accomplissement, ainsi, par exemple, au cas de chasse aux petits oiseaux avec pièges, raquettes et sauterelles, où le chasseur a des auxiliaires, payés ou non, pour l'aider à faire fonctionner ces pièges dans son intérêt.

Nancy, 7 nov. 44.— D. 45.4.75.— P. 45.2.129.— S. 45.2.105.
Nancy, 11 déc. 44.— D. 45.2.4.
Cass., 8 mars 1845.—D.45.1.172.— P.45.2.129.—S.45.1.515.

411. De même pour la *chasse aux alouettes*, qui

Les permis de chasse seront personnels; ils seront valables pour tout le royaume, et pour un an seulement. (Ils sont valables pour l'Algérie, voir n° 425).

donne lieu à une multiplicité de soins nécessitant le concours de plusieurs personnes.

Agen, 3 fév. 1847. — D. 47.4.71. — P. 47.1.754. — S. 47.2.284.

412. De même encore les *traques ou battues* qui forment, non pas un moyen de chasse distinct de ceux que la loi autorise, mais un accessoire de la chasse à tir ou à courre, les traques ou battues équivalant à l'aide que les chiens d'arrêt donnent au chasseur; — il s'ensuit que les personnes munies d'un permis de chasse peuvent se faire aider et assister de traqueurs, sans que ceux-ci puissent être poursuivis. Voir n° 423.

Nancy, 11 déc. 44. — D. 45.2.4.
Dijon, 24 déc. 44. — D. 45.2.40. — P. » » » — S. 45.2.97.
Cass., 29 nov. 1845. — D. 46.1.21. — P. 45.2.713. — S. 46.1.143.
Paris, 26 avril 45. — D. 45.2.153. — P. 45.2.129. — S. 45.2.359.

413. Il a pourtant été jugé que, dans une *chasse aux lapins* pouvant, dit l'arrêt, se faire sans battue et sans traqueurs, — celui-là se rend coupable d'un délit de chasse qui bat des cépées avec un bâton afin d'en faire sortir le gibier et de permettre à un chasseur de le tirer.

Rouen, 10 déc. 1846. — D. 47.4.72. — P. 49.1.127.

414. Cette décision nous paraît contraire à la loi. La Cour de Rouen s'appuie sur ce fait que la chasse aux lapins ne nécessite pas l'emploi de traqueurs; mais nous ne pouvons admettre cette restriction.

415. Il est évident que le maître peut se faire accompagner à la chasse d'un *domestique* qui porte son carnier ou ses armes, quand même ce domestique aurait mission de les charger et de les tenir toujours prêtes (Dalloz, n° 123).

416. Conditions de l'emploi des auxiliaires. — Tout en admettant l'emploi des auxiliaires, la jurisprudence de la Cour de cassation et des cours de Nancy, Dijon, etc., exige formellement que le chasseur soit réellement l'agent qui dirige, et les traqueurs ou tendeurs de simples auxiliaires agissant sous ses ordres directs. — La circulaire du 22 juillet 1851, § Ier, dit de même que les auxiliaires doivent se conformer rigoureusement dans les conditions de ce concours.

Aussi a-t-il été jugé, et nous adhérons à ces décisions, qu'il y a délit de chasse de la part de celui qui ne se borne pas à aider et à soigner la chasse d'un autre (chasse aux alouettes), mais chasse lui-même, en l'absence du prétendu maître, dirige et emploie les moyens usités.

Toul., 8 janv. 1846. — D. 47.4.71. — P. 47.1.477. — S. 47.2.235.
Bord., 20 déc. 1865. — D. 66.2.52.

417. Également jugé qu'il y a délit pour l'homme à gages qui soigne et organise une tendue aux oiseaux de passage, laquelle n'est visitée qu'accidentellement par la personne munie d'un permis (le chasseur avait son domicile à 19 kilomètres de distance).

Nancy, 25 nov. 1844. — D. 45.4.76. — P. 45.2.150. — S. 45.2.104.

418. La circonstance que celui qui possède un permis devrait recueillir seul les produits de la chasse, a été justement considérée par la Cour de Nancy, dans l'arrêt cité au numéro précédent, comme sans importance et n'empêchant point le délit.

419. *Piqueur.* — Jugé avec raison que le piqueur, quoique sans arme et muni seulement d'un fouet ou d'un cor, fait acte de chasse et doit avoir un permis. On ne saurait, en effet, le considérer comme un traqueur ou un auxiliaire ordinaire. (Il en est autrement du simple *valet de chiens,* voir n° 64.)

Orléans, 12 mai 1846; *Gazette des Tribunaux* du 12 juin 1846.
Cass., 18 juin 1846; *Gaz. des Trib.* du 19 juillet 1846.
Trib. de Bordeaux du 4 fév. 1848, le *Droit* du 10 fév.
En ce sens : Gillon et Villepin, qui citent ces décisions, 2e suppl., p. 10. — Voir n° 65.

420. La circulaire du 22 juillet 1851, § Ier, dit, et les préfets répètent après elle, que les auxiliaires ne devront pas être *porteurs d'armes à feu;* c'est là un conseil que nous leur donnons aussi, mais il n'y aurait cependant pas délit par ce seul fait qu'ils seraient porteurs de fusils (Voir n° 61).

421. *Pouvoirs des préfets.* — La Cour de Nancy, par son arrêt du 11 décembre 1844, cité plus haut, admettait que si l'emploi des traqueurs était permis, il appartenait néanmoins aux préfets, si des abus résultaient de cette chasse, d'y obvier, soit en imposant aux tendeurs des conditions et des limites fixées par les arrêtés annuels, soit même en l'interdisant tout à fait.

422. Il faut restreindre cette faculté pour les préfets de réglementer le concours des auxiliaires à l'espèce de l'arrêt de Nancy ou à des espèces semblables. Il s'agissait d'une tendue aux petits oiseaux et nous comprenons alors que les préfets prennent tous les arrêtés qui leur semblent convenables pour prévenir la destruction des oiseaux ; ils exercent le droit que leur confère l'article 9, § IV, 1er. — S'il s'agissait du gibier ordinaire, les préfets n'auraient aucun droit de régler, en ce cas, l'emploi des auxiliaires, traqueurs ou autres, pas plus qu'ils ne pourraient limiter le nombre des chiens.

423. *Permis de chasse. — Renvoi. —* Dans tous les arrêts ci-dessus, le chasseur, aidé d'auxiliaires ou de personnes se disant telles, avait un permis ; autrement il n'y aurait plus en question, et les auxiliaires se seraient vus condamnés comme complices ou coauteurs de délits de chasse (Voir n° 113).

3° DURÉE DU PERMIS.

424. Observation préalable. — Où les permis sont valables. — Les permis de chasse sont valables pour tout l'Empire, sans être soumis à aucun visa d'un département à l'autre ; le texte est formel.

425. *Algérie.* — Et il faut prendre le mot Empire dans le sens le plus étendu et non le restreindre à la France continentale. Les permis sont donc valables en Corse, en Algérie, etc.

Mais, par contre, il faut, pour y chasser, être muni d'un permis, car cette condition est aussi nécessaire en Algérie qu'en France. Du reste, la loi dont nous nous occupons y est en tous points applicable ; les époques d'ouverture et de clôture sont à peu près les mêmes.

426. Nous ne croyons donc pas qu'il faille s'arrêter à un arrêt de la Cour de cassation qui a décidé, en 1849, que la loi sur la chasse ne s'appliquait pas à l'Algérie.

Cass., 17 nov. 1849. — D. 50.5.19. — P. 50.1.34. — S. 51.2.11.
Voir dans le sens de l'arrêt, Cival, p. 31.

427. Durée du permis. — *Point de départ. —* Les permis sont valables pour une année. Il est manifeste aujourd'hui, — surtout depuis la circulaire du ministre de l'intérieur du 30 juillet 1849, citée n° 397, prescrivant le paiement préalable des droits, — que le point de départ du permis est la date mise par le préfet ou sous-préfet, et non la date du jour où les droits seraient payés ou celle du jour où le permis parviendrait à l'impétrant.

428. Jugé en ce sens, c'est-à-dire que le délai court à partir de la date mise sur le permis par le préfet ou sous-préfet, et non à compter du jour où il est délivré au chasseur par le maire ou le percepteur.

Limoges, 8 déc. 1849. — D. 54.2.179. — P. 51.1.209.
Rennes, 14 oct. 1853, *Recueil de la Cour,* 1853, p. 195, et aussi les arrêts et autorités cités à la première partie du numéro suivant.
En sens contraire : le supplément au Répertoire du Palais, n° 166 bis, 5°, d'après lequel le délai ne doit courir que du jour où le permis est réellement remis à l'impétrant, parce que, dit-on, le permis peut rester dans les bureaux, être oublié, etc.

Art. 6. Le préfet pourra refuser le permis de chasse :

1° A tout individu majeur qui ne sera point personnellement inscrit, ou dont le père ou la

429. *Avant la circulaire du 30 juillet* 1849, la question pouvait paraître délicate parce que les droits n'étaient payés qu'après la délivrance du permis.

Les uns, — et c'était le plus grand nombre, — décidaient que l'année courait à compter du jour de l'autorisation, c'est-à-dire de la date apposée sur le permis, et non pas seulement à partir du paiement des droits ou de la remise du permis.

Toulouse, 3 mars 1846; Bourges, 23 décembre 1847.
Limoges, 19 janvier 1848; Angers, 8 janvier 1849.
Cass., 24 sept. 1847.— D. 47.4.73.— P. 48.1.446.—S. 48.1.408.
Cass., 4 mars 1848.— D. 48.5.46.— P. 49.1.622.— P. 48.1.407.
Cass., 24 sept. 1818. — D. 48.5.46. — P. » » ».— S. 48.1.406.
Cass., 7 juill. 1849.— D. 49.5.41.— P. 50.1.167.— S. 50.1.240.
En ce sens : Championnière, p. 45; Dalloz, nᵒ 352; Petit, t. Iᵉʳ, p. 580.

Les autres soutenaient que la loi ayant exigé le paiement d'une somme pour l'obtention du permis, le droit de chasse ne pouvait exister et le permis être complet et prendre date qu'à partir du jour où cette condition était remplie.

Grenoble, 10 fév. 1848. — D. 51.5.76. — P. 50.1.167.

La Cour de Bordeaux jugeait même que le permis ne devait dater que du jour où il était remis à l'impétrant par le percepteur.

Bord., 4 fév. 1846.— D. 46.4.60.— P. 46.1.741.—S. 46.2.240.
En ce sens : Trib. de Corbeil du 2 oct. 1846 et dissertation de M. Lataillhède, *Sirey*, 1846, 2.632.

430. *Quand expire le permis.* — Le jour de la délivrance, 1ᵉʳ septembre par exemple, compte-t-il dans le calcul de l'année, et par suite le permis expire-t-il le 31 août de l'année suivante, au soir, ou bien le jour où le permis est délivré n'est-il pas compris dans l'année qui ne finirait alors que le soir du jour anniversaire de l'année suivante, 1ᵉʳ septembre au soir?

Avant la loi de 1844 et sous l'empire du décret du 11 juillet 1810, la question pouvait présenter quelque difficulté (voir M. Petit, t. Iᵉʳ, p. 472), le décret portant que les permis n'étaient valables que « pour une année à dater du jour de leur délivrance; » — aussi quelques cours d'appel et même certains arrêts de la Cour de cassation (Cass., 17 mai 1828; Douai, 14 déc. 1836; Gren., 11 nov. 1841) décidaient que le jour de la délivrance devait compter dans le délai d'un an et que dès lors le permis ne pouvait pas servir le jour anniversaire de l'année qui suivait.

Aujourd'hui, on décide généralement et avec raison, suivant nous, que le jour de la délivrance par le préfet ou sous-préfet ne doit pas figurer dans le délai d'un an. Si donc le permis est daté du 31 août 1867, il sera valable jusques et y compris le 31 août 1868. Comme le font très-justement observer les arrêts qui vont suivre, et en outre qu'il est d'usage que le jour *à quo* (à compter duquel) ne doit pas entrer dans le calcul des délais, — il serait injuste de comprendre le jour de la délivrance puisque jamais le chasseur n'aura la possibilité d'utiliser tout ce jour et que souvent même le permis ne parviendra à l'impétrant qu'à une heure avancée de la journée ou même le lendemain. Il faut remarquer en outre que la loi de 1844 n'a pas reproduit les expressions du décret précité.

Orl., 14 nov. 1844.
Cass. 22 mars 1850. — D. 50.5.60. — P. 51.2.423.
Orl., 14 oct. 1851 — D. 53.5.74. — P. » » ».
Aix, 16 janv. 1856.— D. 57.5.50. — P. 56.1.406. — S. 56.2.70.
Pau, 15 déc. 1859. — D. 61.5.67. — P. 61.111. — S. 60.1.195.
Nîm., 30 janv. 1862. — D.» » » — P. 62.272. — S. 62.2.63.
Toul., 21 janv. 1864. — D. 64.5.42. — P. 64.553.—S. 64.2.62.
Nîm., 1ᵉʳ déc., 1864 —D. 65.2.163.—P.65.813.— S. 65.2.176.
Montp., 24 janv. 1865.—D. 65.2.165.—P. 65.813.—S. 65.2.177.
Consulter encore par analogie :
Rouen, 12 déc. 1862 —D. 63.2.183.—P. 63.1006.—S. 63.2.147.
Cass., 20 janv. 1863. — D. 63.1.12.—P. 63.118. — S. 63.1.11.
Nancy, 20 mai 1863.—D 63.2.183 —P. 63.1007.—S. 63.2.147.
En ce sens : Circul. du Min. de l'int. du 22 juillet 1851, § 2°; Berriat, p. 49 et 50; Dalloz, nᵒ 127, et la majorité des auteurs qui ont écrit sur la procédure ou sur les matières s'y rattachent, Brillon, Carré, Fréminville, Grenier, Pigeau, Souquet, Thomine, Toullier, Troplong, Zachariæ. — *Voir aussi* de Villepin, *Chass. illustrée,* p. 55.

431. M. Petit et d'éminents auteurs professent pourtant une opinion contraire et maintiennent que le jour de la délivrance par le préfet doit être compté dans le délai. Ils invoquent les arrêts cités à la première partie du nᵒ 429, et aussi Paris, 10 janvier 1846.

En ce sens : Championnière, p. 45; Gillon et Villepin, nᵒ 131; Houël, nᵒ 102; Lavallée et Bertrand, p. 73; Morin, nᵒ 10; Répert. du Palais, nᵒ 166: Perrève, p. 29; Petit, t. 1ᵉʳ, p. 472; Rogron, p. 89. — *Ajouter :* Duvergier sur l'art. 5.

432. **Jour de la délivrance.** — Encore bien que nous pensions, avec la majorité des arrêts, que le jour de la délivrance ne doit pas être compté dans le délai d'un an, nous croyons néanmoins qu'on peut très-valablement chasser ce jour-là. (Arrêt de Rouen.) — On pourrait même chasser avant d'avoir reçu le permis, pourvu qu'il ait été signé (trib. d'Issoudun); voir nᵒˢ 128 et 134.

Rouen, 18 déc. 1845. — D. 46.4.60.
Tribunal d'Issoudun du 13 nov. 1861. *Gazette des Trib.* du 1ᵉʳ mars 1862.

433. **Fabrication, altération d'un permis.** —L'art. 153 du Code pénal, modifié par la loi du 13 mai 1863, punit d'un emprisonnement de six mois à trois ans quiconque fabriquera un faux permis de chasse, ou falsifiera un permis de chasse originairement véritable, ou fera usage d'un permis fabriqué ou falsifié. Voir encore nᵒ 408.

434. **Renvois.** — Se reporter aux nᵒˢ 121 et suiv. pour ce qui touche la nécessité du permis et sa représentation, et à l'art. 18 pour ce qui concerne la privation du droit d'obtenir un permis et ses conséquences.

Article 6.

PERSONNES A QUI LE PERMIS PEUT ÊTRE REFUSÉ.

SOMMAIRE.

§ 1ᵉʳ. OBSERVATIONS GÉNÉRALES.
§ 2. ENUMÉRATION DES CAS PRÉVUS PAR LA LOI : 1° Défaut d'inscription au rôle des contributions; — 2°, 3°, 4°, 5°, Condamnations.
§ 3. DURÉE DE LA FACULTÉ DE REFUSER LE PERMIS.

§ Iᵉʳ.

OBSERVATIONS GÉNÉRALES.

435. **Droit commun.** — L'obtention du permis de chasse est pour tous les citoyens le droit commun; des exceptions sont faites à ce droit dans un intérêt d'ordre public, mais l'administration doit le prouver, quand elle veut en faire l'application. M. le Ministre de l'intérieur l'a déclaré lui-même dans sa circulaire du 20 mai 1844.

436. C'est donc à l'autorité qui refuse un permis sous prétexte, par exemple, de condamnations subies par l'impétrant, à faire la preuve de ces condamnations, ce qui lui est facile avec le casier judiciaire. — Toutefois, suivant M. Dalloz, nᵒ 157, la preuve étant faite d'une condamnation, la personne qui réclame un permis devrait prouver qu'elle a subi sa peine. Nous ne le pensons pas. Nous préférons l'opinion de M. Petit, t. 1ᵉʳ, p. 452 et suiv., d'après lequel il incombe, dans tous les cas, à l'administration de s'éclairer sur la situation des impétrants. Voir aussi nᵒ 384.

437. M. le Ministre de l'intérieur, dans sa circulaire du 20 mai 1844, recommandait aux préfets de prendre en considération, pour accorder ou refuser les permis demandés, la moralité des individus et les circonstances des condamnations par eux subies.

438. **Recours contre les refus de permis.** — *Ministre de l'intérieur.*— Le pouvoir que l'art. 6 confère aux préfets et sous-préfets est d'une certaine façon ar-

mère ne serait pas inscrit au rôle des contributions ;

2° A tout individu qui, par une condamnation judiciaire, a été privé de l'un ou de plusieurs des droits énumérés dans l'art. 42 du code pénal, autres que le droit de port d'armes ;

3° A tout condamné à un emprisonnement de plus de six mois pour rébellion ou violence envers les agents de l'autorité publique ;

4° A tout condamné pour délit d'association illicite, de fabrication, débit, distribution de poudre, armes ou autres munitions de guerre ;

bitraire puisque, dans les hypothèses que prévoit cet article, ils peuvent accorder ou refuser les permis. Il reste aux impétrants la faculté de recourir, par simple lettre, au ministre de l'intérieur (ce recours était écrit dans le projet et on ne l'a supprimé que par la raison qu'il est de droit commun) ; si le refus émanait d'un sous-préfet, il faudrait s'adresser d'abord au préfet du département.

439. *Conseil d'État.* — Mais si le ministre de l'intérieur confirme la décision du préfet, pourra-t-on se pourvoir devant le conseil d'État ? — M. Rogron dit, p. 91, que cette voie de recours ne lui paraît pas possible, parce qu'il ne s'agit pas là d'une affaire contentieuse ; M. Petit dit aussi, t. 1ᵉʳ, p. 451, que le pourvoi au ministre est le *seul recours possible*.

440. Ce n'est pas notre avis, ou du moins il est essentiel de distinguer. Prenons des exemples : Si, ne figurant ni par lui ni par ses père et mère au rôle des contributions, un chasseur voit le préfet lui refuser un permis, il est vrai de dire alors qu'il ne s'agit point là d'une affaire contentieuse et que le recours gracieux au ministre est la seule voie possible ; mais supposons que le chasseur soutienne, d'un côté, qu'il figure au rôle des contributions pour des prestations en nature et que cela est suffisant pour qu'il ait droit au permis, tandis que le préfet prétend, de son côté, que des prestations en nature ne sont pas susceptibles d'être prises en considéraration. Est-ce que, dans cette hypothèse et dans d'autres du même genre, les préfets ou sous-préfets sont les juges et les seuls juges ? — Non, assurément ; ce sont là des affaires essentiellement contentieuses qu'il appartient aux tribunaux seuls d'apprécier, car c'est à eux d'interpréter la loi et de dire si le préfet qui veut user d'un droit d'appréciation se trouve dans l'hypothèse où la loi lui a conféré ce pouvoir.

441. Retrait du permis. — L'autorité pourrait-elle retirer un permis précédemment donné, sous prétexte que le chasseur se trouvait dans l'un des cas prévus par l'art. 6 ? — MM. Gillon et Villepin le croient, nᵒ 170 dernier paragraphe, et l'affirmative paraît résulter aussi de la circulaire du 20 mai 4844.

442. Mais nous ne pouvons lui reconnaître cette faculté ; une fois le permis accordé, la personne qui l'a obtenu se trouve dans le droit commun ; il faudrait un texte formel pour que l'administration puisse revenir sur sa décision et retirer, à son gré, arbitrairement, les permis de chasse.

En ce sens : Berriat, p. 75 ; Dalloz, nᵒ 160 ; Répert. du Palais, nᵒ 266 ; Petit, t. 1ᵉʳ, p. 467 ; Rogron, art. 8, p. 102.
Nous décidons autrement dans les cas prévus par les articles 7 et 8.

443. Condamnations définitives. — On est généralement d'accord pour reconnaître que le permis ne peut être refusé, à raison des condamnations mentionnées aux nᵒˢ 2, 3, 4, 5 et 6 de notre article, qu'autant que ces condamnations sont *définitives*, c'est-à-dire non frappées d'opposition, d'appel, de pourvoi en cassation, et que les délais sont expirés (Dalloz, nᵒ 139 ; Gillon et Villepin, nᵒ 142 ; Petit, t. 1ᵉʳ, p. 456).

444. Réhabilitation. — La réhabilitation, faisant rentrer le condamné dans tous ses droits, aurait pour conséquence aussi de ne plus permettre aux préfets et sous-préfets de lui refuser un permis (Gillon et Villepin, nᵒ 169, art. 619 et suivants du Code d'instr. crim.).

445. En serait-il de même de la *grâce ou de la*

remise de la peine accordée par le souverain ? — Nous le croyons, par cette raison qu'il faut toujours prendre la loi pénale dans son sens le plus favorable (Circul. du Min. de l'int. ; Rogron, art. 8, p. 100).

446. Condamnations antérieures à la loi. — La privation du droit de chasse étant considérée par la loi plutôt comme une mesure de police que comme une peine ou une aggravation de peine, il s'ensuit que l'article 6, et pareillement l'article 8, sont applicables aux individus ayant été l'objet de condamnations, bien que prononcées antérieurement à la présente loi. Les textes le décident, au reste, implicitement. Les auteurs sont en ce sens (Voir cependant art. 8, 2°).

§ II.

ÉNUMÉRATION DES CAS PRÉVUS PAR L'ARTICLE 6.

1° DÉFAUT D'INSCRIPTION AU RÔLE DES CONTRIBUTIONS.

447. Obligation générale. — L'obligation, pour ne pas être soumis au pouvoir discrétionnaire de l'autorité, de figurer par soi ou ses père et mère au rôle des contributions, est générale et s'applique à tous sans distinction, par conséquent aux fonctionnaires, aux officiers de terre et de mer, etc. Ce point est constant et reconnu par tous les auteurs ; le législateur n'a voulu faire aucune exception.

448. Preuve de l'inscription au rôle. — M. le Ministre de l'intérieur dit, dans sa circulaire du 20 mai 1844, que les préfets ou les sous-préfets ne doivent pas assujettir les impétrants à joindre à leur demande un extrait ou certificat du rôle des contributions ; qu'ils doivent se borner à exiger cette production de ceux-là seulement à l'égard desquels ils auraient des doutes sur la question de l'inscription au rôle. — Nous pensons que, même dans ce dernier cas, c'est intervertir les situations, et que l'impétrant n'a point de justifications à faire.

449. L'inscription suffit. — La loi ne demande que l'inscription au rôle des contributions, sans exiger que l'on y figure pour telles contributions déterminées. La pensée du législateur, clairement révélée par les débats à la Chambre, a été de considérer toutes les contributions comme suffisantes ; peu importe donc qu'elles soient foncières, personnelles ou mobilières ; les prestations en nature suffiront, les redevances sur les mines, la taxe des chiens aussi, etc., etc. (Dalloz, nᵒ 134 ; Duvergier, p. 117).

450. *Le paiement effectif n'est pas exigé.* — Le vœu de la loi est rempli lorsque l'inscription existe, lors même que le contribuable serait en retard ou ne paierait pas ses impôts, lors même qu'il ne figurerait sur le rôle que pour mémoire, au cas par exemple où la contribution personnelle a été rachetée par voie d'octroi et où cependant on conserve pour mémoire les noms des contribuables.

451. Aussi M. le Ministre de l'intérieur, — lorsque, par sa circulaire précitée, il engageait les préfets à se décider, surtout d'après la moralité des impétrants dans les villes où la contribution personnelle était remplacée par un prélèvement sur les produits de l'impôt, — ne devait vouloir parler que des villes où les contribuables, ainsi rachetés, auraient été effacés du rôle, car pour les autres, dont l'inscription subsiste, ils doivent forcément obtenir le permis.

de menaces écrites ou de menaces verbales avec ordre ou sous condition; d'entraves à la circulation des grains; de dévastations d'arbres ou de récoltes sur pied, de plants venus naturellement ou faits de mains d'homme;

5° A ceux qui auront été condamnés pour

vagabondage, mendicité, vol, escroquerie ou abus de confiance.

La faculté de refuser le permis de chasse aux condamnés dont il est question aux paragraphes 3, 4 et 5, cessera cinq ans après l'expiration de la peine.

---

452. A qui profite l'inscription. — Tout le monde reconnaît que c'est *aux enfants du premier degré seulement;* un jeune homme ne pourrait par suite invoquer l'inscription de son grand-père au rôle des contributions. — A plus forte raison le pupille ne pourrait pas se prévaloir de l'inscription de son tuteur.

453. *Habitation commune.* — Mais la loi n'exige point que les enfants habitent avec leurs père et mère pour avoir droit au permis; la circonstance que les habitations ne seraient pas les mêmes, est donc insignifiante.

2° CONDAMNATIONS EMPORTANT PRIVATION DE DROITS CIVILS ET AUTRES.

454. Droits civils, civiques et autres. — Les droits dont les tribunaux correctionnels peuvent priver, pour un temps plus ou moins long, — 2, 5, 10, 20 ans, — ceux qui auront subi certaines condamnations (vols, abus de blanc-seing, escroqueries, banqueroutes, etc.) sont, aux termes de l'article 42 du Code pénal, les droits suivants: 1° de vote et d'élection; 2° d'éligibilité; 3° d'être appelé ou nommé aux fonctions de juré ou autres fonctions publiques, ou aux emplois de l'administration, ou d'exercer ces fonctions ou emplois; (4° *du port d'armes, ce cas est prévu par l'article 8, 1°*); 5° de vote et de suffrage dans les délibérations de famille; 6° d'être tuteur, curateur, si ce n'est de ses enfants, et sur l'avis seulement de la famille; 7° d'être expert ou employé comme témoin dans les actes; 8° de témoignage en justice, autrement que pour y faire de simples déclarations.

Aux termes de notre article, les préfets ou sous-préfets pourront refuser les permis de chasse à ceux qui auront été privés de l'un ou de l'autre des droits ci-dessus. — Nous traitons, n°s 462 et suivants, la question de savoir quand expire, en ce cas, la faculté de refuser le permis.

3°, 4°, 5° CONDAMNATIONS POUR RÉBELLION, FABRICATION D'ARMES, VAGABONDAGE, VOL, ETC.

455. Condamnations diverses. — Les n°s 3, 4 et 5 de notre article indiquent, assez clairement pour que nous soyons dispensés d'expliquer, quelles sont les condamnations qui permettent à l'autorité de refuser le permis. Il est utile de remarquer que les condamnations mentionnées aux numéros ci-dessus sont moins graves que celles qui donnent lieu à la privation de l'un ou de plusieurs des droits civils et civiques. Il faut, en effet, des circonstances exceptionnelles pour que les tribunaux fassent l'application de l'article 42. Cette observation peut aider à la solution de la question posée n° 462.

456. 3° *Emprisonnement pour rébellion.* — Dans l'hypothèse que prévoit le n° 3, le pouvoir de l'autorité n'existe qu'autant que la condamnation emporte un emprisonnement de plus de six mois. — Dans les cas suivants, n°s 4 et 5, la seule condamnation suffit, n'eût-elle été que d'un franc d'amende. Le texte est formel. — M. Berriat, p. 63, donne aux mots *rébellion, violence, agents de l'autorité,* un sens général. C'est aussi notre avis.

457. 5° *Abus de confiance.* — Que faut-il entendre par là? — Sous cette dénomination, la loi, titre II, § II° du Code pénal, comprend l'abus des besoins ou passions des mineurs, l'abus de blanc-seing, l'abus de confiance par détournement ou dissipation d'objets remis à titre de dépôt, etc., et la *soustraction de pièces ou mémoires dans un procès.* Ce dernier fait n'est puni que d'une amende de 25 à 300 fr.; nous ne croyons pas qu'une condamnation, pour une cause de cette nature,

donne la faculté de refuser le permis. Ce n'est pas là ce qu'on appelle dans l'usage un abus de confiance (le Répertoire du Palais, n° 186, est en ce sens).

§ III.

DURÉE DE LA FACULTÉ DE REFUSER LE PERMIS.

458. Point de départ des cinq années. — *Emprisonnement.* — La faculté de refuser le permis cessera cinq ans après l'expiration de la peine; si la peine a été l'emprisonnement, pas de difficulté: les cinq ans commenceront à courir du jour de la sortie de prison.

459. *Amende.* — Mais s'il n'a été prononcé qu'une amende, la difficulté surgit, le point de départ manquant. Nous pensons avec M. Petit, t. I°r, p. 457, et Rogron, p. 94, qu'il convient alors de faire partir le délai du moment où la condamnation est devenue définitive.

460. Suivant MM. Berriat, p. 65, et Dalloz, n° 143, le délai courrait du jour du paiement de l'amende, si ce paiement avait lieu à une époque voisine du jugement, et au contraire du jour où la condamnation deviendrait définitive, si le condamné différait à payer l'amende. — Cette distinction ne nous semble pas possible.

461. *Surveillance de la haute police.* — L'individu condamné à l'emprisonnement et à la surveillance tombe sous l'application de l'article 8, 3°, quand il a subi sa première peine.

462. Expiration de la faculté. — *A quoi elle s'applique.* — *Privation de droits civils ou autres.* — La fin de l'article 6 ne parlant que des condamnés dont il est question aux n°s 3, 4 et 5, il résulte manifestement de là, suivant nous, que la faculté ne cesse point à l'égard des personnes qui font l'objet du n° 2, c'est-à-dire de celles qui ont été privées de droits civils ou autres. Les conséquences de cette disposition sont bizarres peut-être, injustes même dans certains cas, si l'on veut, mais en présence des termes si clairs et si précis de la loi, nous croyons que la discussion devrait cesser.

En ce sens: Chardon, p. 64; Dalloz, n° 143; et Gillon et Villepin, n°s 144 et 145; ces derniers auteurs ont longuement et parfaitement traité la question.

463. D'excellents auteurs sont cependant d'un *avis contraire* et deux manières d'interpréter la loi ont été par eux proposées:

464. 1er *système.* — C'est par *oubli* que le n° 2 de l'article 6, n'a pas été joint aux n°s 3, 4 et 5. La faculté cessera donc pour ce cas, comme pour les autres, cinq ans après la fixation de la peine.

Camusat-Busserolles, p. 76.

465. 2° *système.* — L'article 6 contient une *erreur de rédaction.* Il ne faut pas lire: « Le préfet pourra refuser à tout individu qui... *a été privé...,* » mais bien « *qui est privé...* » — Par suite, le pouvoir des préfets et sous-préfets ne s'étend pas au delà de la durée des condamnations mentionnées au n° 2. Si donc un individu a été privé pendant deux ans, par exemple, des droits mentionnés en l'article 42 du Code pénal, la faculté de lui refuser le permis cessera à l'expiration des deux années.

Berriat, p. 62; Championnière, p. 49; Duvergier, 1844, p. 119; Rép. du Palais, n° 195.

Art. **7.** Le permis de chasse ne sera pas délivré :
1° Aux mineurs qui n'auront pas seize ans accomplis ;
 2° Aux mineurs de seize à vingt-et-un ans, à moins que le permis ne soit demandé pour eux par leur père, mère, tuteur ou curateur, porté au rôle des contributions ;
 3° Aux interdits ;
 4° Aux gardes champêtres ou forestiers des communes et établissements publics, ainsi qu'aux

Art. 7 & 8.

PERSONNES A QUI LE PERMIS DOIT ÊTRE REFUSÉ.

SOMMAIRE.

OBSERVATIONS GÉNÉRALES.
§ 1ᵉʳ, ART. 7. — MINEURS, INTERDITS, GARDES.
§ 2, ART. 8. — CONDAMNATIONS DIVERSES.

OBSERVATIONS GÉNÉRALES.

466. Nous renvoyons aux observations générales qui précèdent l'art. 6, pour ce qui regarde les voies de recours contre les décisions des préfets et sous-préfets.

Il n'est pas besoin de faire remarquer que par les art. 7 et 8, la loi défend impérativement que des permis soient délivrés aux personnes qui s'y trouvent désignées. Il ne faut pas distinguer, sous ce rapport, entre l'art. 7 et l'art. 8; la défense est la même.

467. Le permis obtenu en violation de la loi peut être retiré. — Nous avons dit, sous l'art. 6, que dans les cas prévus par cet art., le permis ne peut plus, après avoir été accordé, être retiré au chasseur. Nous croyons qu'il en doit être autrement, dans les diverses hypothèses des art. 7 et 8, à l'égard des personnes frappées d'incapacité au moment où elles ont demandé et obtenu le permis. Ici, ce permis ne devait pas être délivré; s'il l'a été, ce n'est qu'en violation de la loi. Il doit donc être possible, obligatoire même, de rendre à la loi son empire. L'administration devra par suite demander la remise du permis et, en cas de refus du chasseur, lui faire donner intimation d'avoir à le restituer, sinon qu'il serait considéré comme n'ayant pas de permis et poursuivi. Après une pareille déclaration, tout nouveau fait de chasse est punissable.

En ce sens : Circulaire du 20 mai 1844; Dalloz, n° 160; Gillon et Villepin, n° 170; Rogron, p. 102, art. 8.

468. M. Petit, t. 1ᵉʳ, p. 467, croit au contraire que le permis ne saurait jamais être retiré.

469. *Faits postérieurs. — Interdiction, Condamnations subséquentes.* — Que décider si une personne, capable à l'époque où elle demande et obtient un permis, se trouve dans le cours de l'année frappée d'interdiction? Devra-t-on la forcer de rendre son permis à l'autorité? Non, suivant nous, et nous adoptons entièrement sur ce point l'opinion de M. Petit. Il faudrait un texte spécial pour accorder ce droit à l'administration; or la loi défend seulement d'accorder un permis aux personnes interdites, sans prononcer l'annulation du permis qu'elles auraient pu obtenir avant l'interdiction. Si cependant l'état d'aliénation d'une personne munie d'un permis était de nature à compromettre la sûreté publique, il appartiendrait au préfet de requérir sa détention, conformément à la loi du 30 juin 1838 sur les aliénés.

470. *Quant aux condamnations* qui seraient prononcées postérieurement à la délivrance des permis, nous croyons que ce serait encore ajouter à la loi que d'en déduire l'annulation des permis antérieurs. Voir cependant l'art. 18.

471. *Dans une opinion contraire,* on admet sans distinction que le permis prend fin du jour où l'une des incapacités des art. 7 et 8 vient à se produire.

Camusat-Busserolles, p. 83; Duvergier, p. 122; Rép. du Palais, n° 222, qui veut toutefois que le permis ne finisse que du jour de la notification du retrait. — Voir encore Berriat, p. 51.

472. Permis non retiré. Faits de chasse. — Nous avons dit plus haut que le permis obtenu à tort pouvait, devait même être retiré. Qu'arrivera-t-il si l'autorité, sans avoir demandé la remise du permis, fait poursuivre, pour avoir chassé, celui à qui il a été délivré, un garde champêtre, par exemple? — Nous n'hésitons pas à dire que le prévenu devra être acquitté, car on ne saurait prétendre qu'il y a eu chasse sans permis, et la loi ne punit que ce fait et non celui d'avoir obtenu le permis contrairement à ses prescriptions. — La Cour de cassation a formellement consacré cette opinion en déclarant qu'il n'y avait pas délit de la part d'un garde champêtre communal trouvé chassant, mais auquel un permis avait été délivré.

Amiens, 24 déc. 1857, confirmé par l'arrêt de cass. qui suit. Cass., 28 janv. 1858. — D. 58.1.232. — P. 58.388. — S. 58.1.485. *En ce sens :* Berriat, p. 75; Dalloz, n° 161; Petit, t. 1ᵉʳ, p. 466; Rogron, art. 8, p. 101.

473. Ont admis l'opinion contraire les arrêts et les auteurs ci-après :

Rouen, 2 nov. 1844. — D. 45.2.41. — P. 44.2.663. — S. 45.2.104. Douai, 7 mars 1853, cité par M. Petit, t. 1ᵉʳ, p. 468. Angers, 19 fév. 1862. — D. 62.2.70. — P. 63.400. — S. 62.2.400. *En ce sens :* Camusat-Busserolles, p. 83; Championnière, p. 90; Gillon et Villepin, n° 170; Morin, n° 12; Rép. du Palais, n⁰ˢ 213 et 224.

474. Le prévenu devrait être acquitté lors même, suivant nous, qu'il n'aurait obtenu le permis qu'à l'aide de mensonge ou de manœuvres frauduleuses, sauf à être poursuivi pour ces manœuvres, si elles constituaient un délit suivant le droit commun.

475. Renvois. — Sur le point de savoir si les femmes, les étrangers, les ecclésiastiques, peuvent chasser, se reporter aux n⁰ˢ 23 et suivants, — sur les effets de la réhabilitation, de la remise de la peine, etc., voir les observations qui précèdent l'art. 6.

§ 1ᵉʳ, ART. 7.

MINEURS, INTERDITS, GARDES.

1° MINEURS AGÉS DE MOINS DE SEIZE ANS ACCOMPLIS.

476. Défense absolue. — Sous aucun prétexte le permis ne peut être délivré aux enfants qui n'ont pas seize ans accomplis. Le texte est formel (voir observations générales, n° 466, et le n° 477 ci-après).

2° MINEURS DE SEIZE A VINGT-ET-UN ANS.

477. Mineur émancipé. — Il est compris dans la dénomination générale de mineurs; il ne peut donc obtenir un permis de chasse sur sa seule demande. La loi le sous-entend du reste, puisqu'elle parle de curateur (Berriat, p. 71). — *Voir aux formules pour la demande.*

478. Production de pièces. — *Acte de naissance.* Les préfets et sous-préfets ne doivent demander aucune justification aux impétrants, mais bien se renseigner directement. Dans tous les cas, il devront suivre la circulaire de M. le Ministre de l'intérieur, du 20 mai 1844, qui les invitait à ne demander la production de l'acte de naissance, que lorsqu'il était présumable que l'impétrant avait moins de seize ou de vingt-et-un ans.

479. Pères, mères, tuteurs. — Les personnes désignées au n° 2 de notre art. n'ont qualité pour demander le permis, au nom des mineurs, que l'une à défaut de l'autre. — Nous pensons toutefois qu'il suffirait que le père fût interdit ou en état de démence, ou absent (à la condition cependant, qu'il ne s'agisse point, dans

gardes forestiers de l'État et aux gardes-pêche.

Art. 8. Le permis de chasse ne sera pas accordé :

1° A ceux qui, par suite de condamnations, sont privés du droit de port d'armes ;

2° A ceux qui n'auront pas exécuté les condamnations prononcées contre eux pour l'un des délits prévus par la présente loi ;

3° A tout condamné placé sous la surveillance de la haute police.

---

ce dernier cas, d'un simple éloignement momentané), pour que la mère eût le droit de demander le permis au nom de son fils.

480. *Tuteur étranger.* — Nous pensons que le père ou la mère devraient seuls demander le permis pour leur enfant, encore bien que la tutelle fût déférée à un étranger. Il s'agit là d'un attribut de la puissance paternelle. — Nous croyons par suite avec M. Petit, t. 1ᵉʳ, p. 459, qu'après la mort ou l'interdiction du père, c'est à la mère seule, si elle existe, à demander le permis, qu'elle soit ou non tutrice.

481. L'administration nous paraît en droit, lorsqu'une demande est présentée au nom d'un mineur, d'obliger l'impétrant, si elle a des doutes, à justifier de sa qualité.

482. *Inscription au rôle.* — Les auteurs sont d'accord pour décider que si le mineur figure au rôle des contributions en son nom personnel, on ne pourrait lui refuser un permis sous prétexte que son père ou sa mère n'y serait pas porté (Berriat, Duvergier, Gillon et Villepin, Loiseau et Vergé).

3° INTERDITS.

483. Interdits. — La défense est formelle; ils ne peuvent obtenir de permis ni personnellement, ni par l'intermédiaire de leurs tuteurs. — L'interdiction ayant son effet du jour du jugement qui la prononce, art. 502 du Code Napoléon, c'est à partir du jugement même que le permis doit, à notre avis, être refusé, et non à compter du jour où le jugement devient définitif et irrévocable (Berriat, p. 71; Dalloz, nᵒ 149).

484. Conseil judiciaire. — Démence. — L'effet de la nomination d'un conseil judiciaire est loin d'être aussi grave que celui produit par l'interdiction ; il n'empêche point d'obtenir un permis. La loi ne parle que des interdits, et cette expression ne comprend pas ceux qui sont pourvus de conseils judiciaires.

Pour les personnes notoirement en démence, quoique non interdites, le permis ne saurait non plus leur être refusé. Il reste aux préfets, si la sûreté publique était compromise, à faire application de la loi de 1838 sur les aliénés, ainsi que nous l'avons dit au nᵒ 469. (Dalloz, nᵒ 148; Gillon et Villepin, nᵒˢ 143 et 144).

4° GARDES.

485. Article limitatif. — *Gardes particuliers.* — Notre article ne doit s'appliquer qu'aux gardes qu'il désigne d'une manière expresse ; il ne peut s'étendre à d'autres par voie d'analogie ou autrement.

On ne pourra donc refuser le permis aux gardes champêtres ou forestiers des particuliers ; aucun doute ne peut s'élever à cet égard. On ne pourrait pas davantage exiger d'eux, ainsi que semble l'admettre cependant M. Viel, p. 20, le consentement des propriétaires qui les commissionnent.

486. *Ni aux gardes-pêche* des communes ou des particuliers, le texte ne pouvant s'entendre que des gardes-pêche de l'État (Gillon et Villepin, nᵒ 158; Petit, t. 1ᵉʳ, p. 461).

487. *Ni aux brigadiers gardes,* gardes à cheval et autres agents forestiers. La prohibition ne s'applique qu'aux simples gardes non gradés. (Circul. du ministre de l'intérieur; Berriat, Camusat-Busserolles, Dalloz, Duvergier, Gillon et Villepin, Petit, Rogron, etc.) — La circulaire du min. de l'int. du 22 juillet 1851 dit pourtant, § III, que la prohibition concerne les brigadiers et gardes à cheval. — Les *gardes-coupe* doivent être considérés comme de simples gardes particuliers (même circulaire).

488. *Ni aux gardes des domaines de la couronne* (Berriat, p. 71; Rogron, p. 97).

489. *Ni aux agents des douanes,* préposés, sous-brigadiers et brigadiers (Gillon et Villepin, nᵒ 162; Petit, t. Iᵉʳ, p. 462; Rogron, p. 98).

490. *Ni aux gendarmes,* gradés ou non, mais les instructions ministérielles leur défendent, dans l'intérêt du service, de se livrer à la chasse sans autorisation spéciale (Cival, p. 41 ; Perrève, p. 343).

491. Gardes champêtres communaux. — Pour eux, ils sont tous compris dans le nᵒ 4, alors même qu'ils seraient en même temps gardes particuliers; les *gardes messiers,* les *gardes vigne,* ne peuvent en conséquence obtenir de permis (Discussion à la Chambre, Camusat-Busserolles).

492. Prohibition absolue. — L'exercice de la chasse est interdit aux gardes dénommés à l'article 7 d'une manière complète, c'est-à-dire aussi bien hors du territoire soumis à leur surveillance que sur ce territoire.

493. Cette interdiction est d'ailleurs tout à fait indépendante du droit de port d'armes qui peut appartenir aux gardes communaux et autres, d'après des règlements particuliers ou des décisions préfectorales.

§ II, ART. 8.

CONDAMNATIONS DIVERSES.

1° PRIVATION DU DROIT DE PORT D'ARMES.

494. Durée de la défense. — La défense cesse quand expire le temps pendant lequel le condamné était privé du droit de port d'armes; elle n'est que temporaire si la privation du port d'armes n'est que temporaire aussi. Les termes de la loi nous paraissent s'opposer à toute autre interprétation (Championnière, p. 53 ; Dalloz, nᵒ 155; Gillon et Villepin, nᵒ 165).

2° CONDAMNATIONS POUR DÉLITS DE CHASSE NON EXÉCUTÉES.

495. Condamnations pénales. — Nous croyons avec MM. Dalloz, nᵒ 157; Gillon et Villepin, nᵒˢ 167 et 351, et la majorité des auteurs, que notre article n'a entendu parler que des condamnations pénales et non des condamnations à titre de dommages-intérêts, prononcées au profit des tiers; la non-exécution de celles-ci ne donnera donc pas lieu à l'application de l'article 8, 2°.

496. *Emprisonnement. — Amende. — Indigence.* — Mais la loi exige l'exécution de toutes les condamnations pénales, aussi bien de celles prononçant de simples amendes, que de celles emportant l'emprisonnement. — Le défaut de poursuites, obtenu par le condamné à l'aide de certificats d'indigence, ne peut remplacer l'exécution effective des condamnations.

497. Que décider si le condamné avait prescrit sa peine, emprisonnement ou amende ? — Nous pensons que la prescription équivaudrait à l'exécution. Il serait impossible, au reste, d'admettre cette situation d'un condamné auquel on refuserait un permis tant qu'il n'aurait pas subi sa peine, et qui, par l'effet de la prescription, ne pourrait plus la subir, alors même qu'il le voudrait.

498. Pour faciliter aux préfets et sous-préfets la connaissance des individus poursuivis pour délits de chasse qui n'ont pas exécuté leurs condamnations, il leur est

Art. 9. Dans le temps où la chasse est ouverte, le permis donne, à celui qui l'a obtenu, le droit de chasser de jour, à tir et à courre, sur ses propres terres, et sur les terres d'autrui avec le

remis des états, au mois d'août de chaque année, par les directeurs d'Enregistrement (Circul. de l'Enregistrement du 11 février 1849).

499. Condamnations antérieures à la loi. — Nous nous rangeons à l'opinion de M. Petit, t. Iᵉʳ, p. 465, qui, — tout en admettant l'application des n°ˢ 1 et 3 de notre article aux condamnations antérieures à la loi, — refuse d'appliquer le n° 2 de cet article aux individus condamnés pour des délits de chasse en vertu des lois antérieures. Il nous paraît évident que, dans ce dernier cas, le législateur n'a voulu disposer que pour l'avenir.

500. M. Dalloz, n° 159, dit au contraire, d'une manière générale, que les condamnations antérieures donnent toujours aux préfets le droit d'appliquer l'article 8.

3° CONDAMNATIONS A LA SURVEILLANCE
DE LA HAUTE POLICE.

501. Renvoi. — L'effet de ces condamnations est analogue à celui des condamnations qui emportent privation du droit de port d'armes, voir 1°. (Petit, t. Iᵉʳ, p. 464).

Art. 9.

SOMMAIRE.

§ 1ᵉʳ. MODES DE CHASSE autorisés et défendus.
§ 2. ATTRIBUTIONS DES PRÉFETS :
Observations générales.
1° Oiseaux de passage.
2° Gibier d'eau.
3° Animaux malfaisants et nuisibles.
§ 3. DROIT NATUREL DE REPOUSSER LES BÊTES FAUVES.
§ 4. AUTRES ATTRIBUTIONS DES PRÉFETS:
Observations générales.
1° Destruction des oiseaux.
2° Chiens lévriers.
3° Temps de neige.

§ Iᵉʳ.

MODES DE CHASSE AUTORISÉS ET DÉFENDUS.

502. Ancienne loi. — Il était généralement décidé, avant la loi nouvelle, qu'en matière de chasse, l'autorité administrative n'avait d'autre droit pour la réglementer, que celui d'en fixer l'ouverture et la clôture. On admettait tous les modes de chasse sans distinction, même la chasse de nuit. — Il en est autrement sous la présente loi.

503. Loi actuelle. — Modes autorisés et défendus. — L'article 9 ne permet plus que deux modes de chasse : la *chasse à tir* et la *chasse à courre*, sauf l'emploi des bourses et furets pour la chasse aux lapins et sauf encore les procédés que les préfets peuvent autoriser exceptionnellement en vertu des paragraphes suivants, et ce qui va être dit relativement aux animaux nuisibles et aux bêtes fauves.
Examinons les principales espèces de chasses.

504. *Chasse à l'affût.* - Cette chasse qui n'est qu'une variété de la chasse à tir, est licite, ou du moins n'est pas punissable, si elle a lieu de jour ; il en est autrement si elle se fait la nuit (Voir plus loin, *jour et nuit*).

Championnière, p. 55; Chardon, p. 87; Duvergier, 1844, p. 124; Gillon et Villepin, n° 174.

505. *Chasse avec bourses et furets. — Renards, blaireaux.* — Des termes de la loi, il résulte clairement que l'emploi des bourses et furets n'est autorisé que pour la chasse aux lapins ; l'emploi serait illicite s'il s'appliquait à d'autres animaux, tels que renards, blaireaux, etc. (Rogron, p. 107.)

506. *Chasse avec chiens lévriers.* — On ne peut employer sans délit les chiens lévriers à la chasse, sauf le cas d'autorisation préfectorale, § IV, 2° ; cette défense ressort de la loi et de ses motifs. — Celui qui chasserait avec un chien lévrier commettrait une contravention à l'article 12, 2°, et non à l'article 11.

Cass., 19 fév. 1846. — D. 46.1.107. — P. 46.2.72. — S. 46.1.429.
Et arrêts ci-dessous, et aussi arrêt de Nancy, cité n° 74.

507. Et la prohibition s'applique aussi bien aux *lévriers croisés* ou *dérivés lévriers*, qu'aux lévriers proprement dits. (Il ne faudrait pas l'appliquer aux races dégénérées. Chardon, p. 109; Petit, t. Iᵉʳ, p. 39).

Nancy, 18 déc. 1844; *Gaz. des Trib.*, du 30 janv. 1845.
Douai, 19 janv. 1846. — D. 46.2.60. — P. 46.1.179. — S. 46.2.84.
En ce sens : Berriat, p. 326; Gillon et Villepin, n°ˢ 225 et 226.

508. Mais de ce que la loi interdit la chasse au lévrier, c'est-à-dire la poursuite du gibier par le lévrier, s'ensuit-il que l'usage du lévrier soit absolument défendu? — M. Petit, t. Iᵉʳ, p. 47, ne le pense pas, et maintient qu'il n'y a point fait de chasse prohibé quand on emploie seulement *le lévrier comme chien d'arrêt*, par exemple; il critique sous ce rapport l'arrêt de Douai ci-dessus. — Nous adoptons son sentiment.

509. *Chasse à courre.* — La chasse à courre consiste à faire poursuivre le gibier par les chiens. Est-elle permise pour toute sorte de gibier? — MM. Gillon et Villepin, n° 189 (voir aussi Dalloz, n° 187), disent que la chasse à courre ne peut avoir lieu pour le gibier à plumes et notamment pour les cailles. — Nous ne pouvons admettre cette restriction apportée à l'exercice de la chasse. Rien n'empêche, à notre avis, d'employer cumulativement et à sa guise tous les moyens légaux (Berriat, p. 87; Rép. du Palais, n° 238).

510. *Chasse avec engins prohibés, appeaux, appâts, etc. — Renvoi.* — Cette chasse est défendue; nous renvoyons à l'article 12, 2°. Le lecteur verra les distinctions qu'il convient d'établir entre les engins prohibés et les moyens de chasse prohibés; là est traitée aussi la question des droits du propriétaire d'un enclos.

511. *Chasse au faucon.* — L'ancien art de la fauconnerie ne pourrait pas s'exercer aujourd'hui sans délit. La discussion de la loi ne laisse aucun doute sur ce point (Dalloz, n° 183; Gillon et Villepin, n° 177).

512. *Chasse au feu.* — Il en est de même de la chasse au feu qui se fait avec des torches ou des flambeaux allumés. Elle est défendue puisqu'elle ne pourrait avoir lieu que la nuit. Les auteurs sont d'accord (Perrève, p. 321; Petit, t. Iᵉʳ, p. 50).

513. *Chasse aux oiseaux sédentaires ou de pays.* — La chasse à ces oiseaux ne peut être pratiquée qu'avec les moyens ordinaires, chasse à tir par exemple. Malgré la force de certains usages, il ne serait pas licite d'employer des filets ou des gluaux, et les préfets ne sauraient valablement autoriser, pour la chasse aux oiseaux de pays, les engins qu'ils peuvent permettre quand il s'agit des oiseaux de passage (voir article 12, 2°).

514. *Chasse à tir. — Fusil à vent. — Fer en grenaille, etc.* — On peut chasser avec les armes que l'on juge convenable, sans qu'il y ait délit de chasse. Mais si l'on se servait de fusils à vent ou de pistolets, on pourrait se trouver en contravention avec des lois et arrêtés particuliers. — L'usage et le port des fusils et pistolets à vent est interdit, décret du 2 nivôse an XIV. L'ordonnance du 23 février 1837 a prohibé les pistolets de poche (voir n° 209, *revolver*). — Voir Berriat, p. 88.

515. Un arrêt du Conseil, du 4 septembre 1731, interdisait l'usage du *fer en grenaille*, et MM. Baudrillat et de Quingery, p. 543; Houël, n° 194, et Perrève, p. 36, admettent encore, sous la présente loi, l'application de cet arrêt du Conseil.

516. Nous croyons au contraire, — avec MM. Berriat, p. 89; Championnière, p. 56; Dalloz, n° 179; Lavallée,

consentement de celui à qui le droit de chasse appartient.

Tous autres moyens de chasse, à l'exception des furets et des bourses destinés à prendre le

p. 88, et le Répertoire du Palais, nᵒ 241, — que l'arrêt du Conseil précité a été abrogé, et que les chasseurs sont libres de choisir à leur gré la nature des projectiles. Les préfets n'auraient point qualité pour interdire, par leurs arrêtés, l'usage du fer en grenaille (Berriat, p. 89).

517. Auxiliaires. — *Moyens accessoires.* — L'art. 9 ne défend pas les auxiliaires des chasseurs, les traqueurs, tendeurs, par exemple (voir art. 5), — ni les moyens qui ne sont qu'accessoires, comme le miroir, les banderolles, etc. (voir art. 12, 2ᵉ).

518. Mais la défense, portée dans un cahier de charges, relatif à la location de la chasse dans une forêt, de faire des battues sans autorisation, est licite et emporte interdiction de chasser à l'aide de la traque ou battue.

Cass., 20 fév. 1847.—D. 47.1.86.— P. 47.1.733.— S. 47.1.387. Voir pourtant trib. de Comp. du 13 fév. 1850. — D. 50.3.21.

519. *Arrêtés préfectoraux.* — Les préfets sont sans droit pour réglementer soit la chasse à tir soit la chasse à courre, au moyen d'auxiliaires qui ne rentrent pas dans la catégorie des engins prohibés. Un préfet ne saurait donc défendre l'usage du miroir.

Bes. 12 janv. 1866. — D. 66.2.189.— P. 67.347.— S. 67.2.84.

520. Ils auraient cependant indirectement ce pouvoir dans les limites de l'art. 9, § 2ᵉ, 1ᵉ. Étant chargés en effet de régler les conditions de la chasse aux oiseaux de passage, ils peuvent en autorisant cette chasse astreindre les chasseurs à ne la faire qu'à l'aide de tels ou tels moyens. Aussi le principe de l'arrêt de Besançon ci-dessus, vrai en règle générale, est peu applicable à l'espèce que la Cour avait à juger; il s'agissait d'oiseaux de passage. (*En ce sens :* Note de l'arrêt dans Dalloz.)

521. Chasse de jour. — **Nuit.** — La loi, art. 9, ne permet que la chasse de jour, et punit, art. 12, 2ᵉ, ceux qui auront chassé la nuit. Il reste à savoir quand le fait de chasse devra être jugé fait de nuit.

Il a été décidé par la Cour de Dijon que le jour doit s'entendre du temps qui s'écoule entre le lever et le coucher du soleil, et que la nuit comprend par suite tout le temps qui va du coucher du soleil à son lever; que le fait de chasse accompli le 30 août, à quatre heures du matin, est donc de nuit (le 30 août, le soleil est censé se lever à 5 heures 15 minutes). — La Cour de Dijon s'appuie sur d'anciens arrêts de cassation que nous allons citer, rendus en matière criminelle (vols de nuit).

Dijon, 11 nov. 1846. — D. 47.4.69. — P. 43.2.39. — Dij. 47.23. Cass., 12 fév., 23 juil. 1813, 4 juil. 1823. MM. Gillon et Villepin, nᵒ 175, en rappelant les arrêts de cass., ajoutent : « La question doit se décider par analogie en matière de chasse. » Ils accordent cependant une certaine latitude aux tribunaux. — M. Gournay, p. 7, dit de son côté, qu'il prend le temps de nuit, du 1ᵉʳ octobre au 31 mars, de 6 heures du soir à 6 heures du matin, et, du 1ᵉʳ avril au 30 septembre, de 9 heures du soir à 4 heures du matin. Quelques préfets indiquent le temps de nuit de la même façon dans leurs arrêtés. C'est appliquer à la loi sur la chasse, l'art. 1037 du Code de proc. relatif à la signification des actes par les huissiers. — Notons encore des arrêts de cassation, rendus en matière de roulage, les 2 juin 1848, 29 nov. 1860 et 2 fév. 1861, qui ont interprété le mot *jour* dans le sens de l'arrêt de Dijon. Il est vrai que la Cour de cassation avait, en semblable matière (roulage), jugé le contraire les 7 fév. 1857 et 7 juin 1866.

522. Nous ne pouvons admettre cette manière mathématique de savoir s'il y a ou non chasse de nuit. Nous pensons que le mot *jour* doit s'entendre même du temps où le jour n'est pas entier, mais où la nuit proprement dite n'existe pas encore; en un mot, que le jour part de l'instant où l'aurore commence à poindre et ne finit qu'aux dernières lueurs du crépuscule. — C'est aux tribunaux à apprécier les faits et les circonstances de chaque affaire.

En ce sens : Dalloz, nᵒ 177. Consulter encore Berriat, p. 87; Championnière, 55; Chardon, p. 83; Lavallée et Bertrand, p. 85; Perrève, p. 301; Petit, t. 1ᵉʳ, p. 34.

523. La Cour de Douai a jugé dans le sens de notre opinion, par appréciation des faits, que la personne trouvée chassant le 6 octobre, à 6 heures 1/2 du soir, ne doit pas être réputée chasser la nuit (le 6 octobre le soleil est *censé* couché à 5 heures 28 minutes). — La Cour de Paris a décidé de même qu'il ne fallait pas s'attacher aux heures fixées par l'art. 1037 du Code de proc. pour la signification des actes d'huissiers; voir la dernière partie du nᵒ 521.

Douai, 9 nov. 1847.— D. 47.4.70.— P. 48.2.384.— S. 48.2.719. Paris, 27 nov. 1856, *Gaz. des Trib.* du 28 nov.

524. Jugé aussi par la Cour de Lyon que le commencement de la nuit est marqué seulement par la fin du crépuscule vrai, c'est-à-dire de l'espace de temps pendant lequel le soleil, placé à moins de 18 degrés au-dessous de notre horizon, l'éclaire encore plus ou moins de ses rayons réfractés, *crépuscule qui dure jusqu'à la nuit noire;* — que par suite un fait de chasse accompli le 2 décembre, à 5 heures du soir, ne peut être réputé commis la nuit, parce que, à l'heure du coucher du soleil, — 4 heures 20 minutes, — il faut ajouter 1 heure 35 minutes pour le crépuscule vrai, ce qui ne fait commencer la nuit qu'à 5 heures 39 minutes. — (Nous approuvons cet arrêt en tant qu'il élargit le sens du mot *jour,* mais le principe qui en est la base nous paraît trop absolu et trop mathématique. C'est aussi l'avis de l'annotateur de l'arrêt de Lyon, dans le recueil du Palais.)

Lyon, 24 janv. 1861.— D. 61.2.214.—P. 61.140.—S. 61.2.286. Nîmes, 17 mars 1829. — D. 29.2.253. — P. à sa date.— S. 29.2.308. L'arrêt de Nîmes est très-soigneusement motivé.

525. *Enclos.* — *Animaux nuisibles.* — *Renvoi.* — Le propriétaire d'un enclos peut-il chasser la nuit ? — Ne peut-on détruire que de jour les animaux nuisibles ? Quel est à cet égard le pouvoir des préfets?—Voir sur la 1ʳᵉ question l'art. 12, 2ᵉ, et sur les autres, nᵒ 552.

§ II.

ATTRIBUTIONS DES PRÉFETS.

OBSERVATIONS GÉNÉRALES.

526. Nécessité du permis. — *Oiseaux de passage.* — *Gibier d'eau.* — Il est incontestable qu'il faut un permis pour se livrer aux chasses exceptionnelles que les préfets peuvent autoriser. (Il en est autrement quand il s'agit de détruire les animaux malfaisants et de repousser les bêtes fauves.) — Les préfets ne sauraient pas plus dispenser du permis de chasse que du consentement des propriétaires sur le terrain desquels les faits de chasse peuvent s'accomplir.

Cass., 18 avril 1845.—D. 45.1.266.—P. 45.2.124.—S. 45.1.388. La Cour suprême cassait un arrêt de Bourges, du 27 février 1845; — Dans le sens de l'arrêt de cass., Bordeaux, 28 février et 21 mars 1850.

527. Celui qui, avant l'arrêté préfectoral autorisant un moyen de chasse ordinairement prohibé, emploierait ce moyen, commettrait un délit de chasse avec engins ou instruments prohibés et non un simple délit par contravention aux arrêtés préfectoraux; il serait donc passible des peines de l'art. 12, 2ᵉ, et non de celles de l'art. 11, 3ᵉ.

Cass., 27 fév. 1845.—D. 45.1.169.—P. 45.2.123.— S. 45.1.387. Cass., 4 mai 1848.— D. 48.5.45.— P. 48.2.551.— S. 48.1.653. Agen, 13 janv. 1864.— D. » » » — P. 64.156. — S. 68.2.8. Les auteurs sont d'accord.

528. Arrêtés préfectoraux. — *Conseils généraux.* — *Recours.* — Les préfets, quant aux arrêtés concernant les nᵒˢ 1, 2 et 3, qui vont suivre, doivent prendre l'avis des Conseils généraux, mais ils ne sont pas tenus de s'y conformer. Ces arrêtés ne sont pas soumis à l'approbation ministérielle: les préfets sont invités néanmoins à adresser au ministre de l'intérieur un double des arrêtés par eux pris, afin qu'il puisse examiner si ces actes

lapin, sont formellement prohibés.

Néanmoins les préfets des départements, sur l'avis des conseils généraux, prendront des arrêtés pour déterminer :

sont conformes à l'ensemble de la législation et faire au besoin des observations (circulaire du 20 mai 1844). — Les particuliers n'ont aucun recours contre les arrêtés préfectoraux rendus en cette matière ; ils peuvent seulement s'adresser officieusement au ministre.

529. *Publication des arrêtés. — Délai.* — La publication est obligatoire ici comme en toute autre matière ; nous renvoyons le lecteur à nos annotations, n°ˢ 286 et suivants. Les arrêtés ne seront-ils exécutoires que dix jours après la publication ? — Nous ne le pensons pas. Le délai de dix jours n'est prescrit que pour les arrêtés d'ouverture et de clôture. Les arrêtés, pris en vertu de l'art. 9, devront donc être exécutés aussitôt leur publication.

En ce sens : Berriat, p. 92 ; Chardon, p. 109 ; Lavallée et Bertrand, p. 105 ; Petit, t. Iᵉʳ, p. 370 ; Rogron, p. 107.

530. D'après une autre opinion, on applique par analogie l'art. 3, en argumentant de ce qu'il est essentiel de connaître les époques d'ouverture et de clôture de ces chasses exceptionnelles.

Dalloz, n° 185 ; Gillou et Villepin, n° 185.

531. Comme conséquence du système que nous avons adopté à la fin de l'avant-dernier n°, nous croyons que les préfets, astreints pour l'ouverture et la clôture de la chasse à deux arrêtés spéciaux, — voir n° 281, — ne sont point tenus d'agir ainsi, art. 9, et qu'ils peuvent par le même arrêté indiquer quand commencent les chasses exceptionnelles et quand elles doivent prendre fin. — Les *arrêtés* pris en vertu de l'art. 9 *sont permanents,* et n'ont pas besoin d'être renouvelés chaque année (circ. du 22 juil. 1851, § VIII ; Petit, t. Iᵉʳ, p. 375).

532. *Arrêtés obligatoires.* — Dans les hypothèses qui nous occupent, le texte indique suffisamment que les préfets *sont tenus* de prendre des arrêtés, contrairement à ce qui a lieu, § IV, où les arrêtés sont facultatifs.

533. *Si le préfet d'un département refusait de prendre un arrêté* dans l'un des cas où ils sont obligatoires, on pourrait s'adresser au ministre pour vaincre sa résistance, mais nous croyons avec M. Berriat, p. 94, que l'on devrait, *dans l'absence d'un arrêté,* s'abstenir de se livrer aux chasses exceptionnelles (oiseaux de passage, gibier d'eau). — Consulter par analogie un arrêt d'Amiens, du 15 juillet 1844, cité par M. Berriat, et publié par *le Droit* du 25 juillet.

534. *Arrêtés irréguliers.* — Les arrêtés pris par les préfets ne sont obligatoires pour les tribunaux qu'autant qu'ils ont été rendus sur des matières soumises à l'autorité préfectorale (arrêts ci-dessous) ; et nous considérons comme très-exacte la conséquence, tirée de ce principe par M. Berriat, p. 92, que les tribunaux ont le droit d'examiner si ces arrêtés sont conformes à la loi.

Cass., 22 juin 1815 ; Gren., 22 fév. 1827 ; Bourges, 11 mars 1841. Cass., 12 mai 1842. — D. 42.1.295. — P. 42.2.354. — S. 42.1.750. Voir aussi n°ˢ 294 et 440.

535. Rappelons, en passant, que l'autorité administrative est seule compétente pour *interpréter* le sens des actes administratifs, lorsqu'il est contesté (cass., 7 février 1854, 24 avril 1856, 7 décembre 1858) ; — que l'interprétation doit être fournie par l'administration d'où émane l'arrêté, par le préfet s'il s'agit d'un arrêté préfectoral ; — que les tribunaux, qui n'ont pas le droit d'interpréter, peuvent *appliquer* les arrêtés s'ils sont clairs, ou si le sens et la portée n'en sont pas contestés (Jurisprudence constante, notamment cass., 25 avril 1860, 12 fév. 1862, 15 nov. 1864, 9 janv. 1866).

536. Si les arrêtés irréguliers ou illégaux ne sont pas obligatoires pour les juges, quand ils sont contestés par les prévenus, ils sont cependant de nature, tant qu'ils existent, à couvrir la responsabilité des chasseurs qui suivent leurs prescriptions.

Consulter Berriat, p. 95 ; Rogron, p. 108.

537. Pouvoir des préfets. — Ce pouvoir est indiqué par notre article et ne peut être étendu au delà. Les préfets doivent donc seulement : 1° fixer l'époque de la chasse des oiseaux de passage, et 2° désigner les modes et procédés de cette chasse.

Par suite, ils n'ont pas qualité pour déterminer quels sont les oiseaux de passage ; leurs arrêtés à cet égard suffiront pour mettre à l'abri de toute action les chasseurs qui s'y conformeront (voir numéro précédent), mais ne pourront être invoqués contre eux sur ce point.

538. Il est clair que les préfets n'ont point droit, quand la chasse ordinaire est ouverte, de la fermer pour les oiseaux de passage ou le gibier d'eau, non plus que de proscrire les moyens de chasse légaux : leur pouvoir n'est absolu que lorsque la chasse ordinaire est close ; si elle est ouverte, ils peuvent étendre, mais non restreindre les procédés de chasse (Berriat, p. 93 ; Camusat-Busserolles, p. 94 ; Chardon, p. 93 ; Rép. du Palais, n° 264).

539. Les préfets pourraient-ils interdire, après la fermeture de la chasse, l'emploi du *fusil* pour la chasse des oiseaux de passage ? — Nous le croyons, parce que leur pouvoir est, suivant nous, absolu quand il s'agit de régler les modes et procédés de cette chasse.

MM. Dalloz, n° 187, et Gillou et Villepin, n° 188, sont d'un avis contraire par la raison, disent-ils, que le fusil est un mode légal. Voir aussi Championnière, p. 61.

540. Il est incontestable que les préfets peuvent autoriser, pour les chasses exceptionnelles dont nous nous occupons, les engins et moyens prohibés.

Cass., 16 juin 1848. — D. 48.1.156. — P. 48.2.491. — S. 48.1.656.

541. Oiseaux de passage. — On cite généralement comme tels :

L'alouette,	L'étourneau,	Le motteux,
La bécasse,	La grive,	L'ortolan,
La bécassine,	L'hirondelle,	L'outarde,
Le bec-figue,	La huppe,	Le pigeon biset,
La cigogne,	Le mauvis,	Le pigeon ramier.

Et en outre les oiseaux voyageurs, voir *gibier d'eau. La caille est exceptée par la loi ;* on ne peut donc la chasser que par les moyens ordinaires.

Consulter : Berriat, p. 95 ; Dalloz, n° 188 ; René et Liersel, p. 125 ; Rogron, art. 9.

542. La Cour de Nancy a jugé, et nous nous rangeons à son opinion, que, par *oiseaux de passage,* il ne faut entendre que ceux qui, « à des époques déterminées, se transportent par troupes dans des pays lointains ; — que l'on ne peut regarder comme oiseaux de passage ceux qui vont d'un département à l'autre et restent toujours, en plus ou moins grand nombre, sous le ciel de la France. »

D'après l'arrêt ci-dessous, on ne pourrait considérer comme oiseaux de passage les *linottes,* les *pinsons,* les *verdiers* et les *bergeronnettes.*

Nîmes, 5 janv. 1860. — D. 60.5.50. — P. 60.285. — S. 60.2.47.

543. Gibier d'eau. — Pouvoir des préfets. — Les préfets n'ont ici que le droit de déterminer le temps pendant lequel la chasse au gibier d'eau sera permise. La loi ne leur donne point, comme au n° 1ᵉʳ, le droit de régler les modes et procédés de cette chasse ; ils ne l'ont donc pas, et toutes les prescriptions de leurs arrêtés à cet égard seraient nulles (sauf le cas où le gibier d'eau serait en même temps oiseau de passage).

Circulaires du min. de l'int. du 22 juillet 1851, § 6, et du 9 juil. 1861 ; Berriat, p. 94 ; Chardon, p. 92 ; Dalloz, 41.1.92 ; Duvergier, sur l'art. 9 ; Gillou et Villepin, n° 196 ; Rép. du Palais, n° 260 ; Rogron, p. 112.

1° L'époque de la chasse des oiseaux de passage, autres que la caille, et les modes et

procédés de cette chasse;
2° Le temps pendant lequel il sera permis de

Sont d'un avis contraire :
Championniére, p. 61 ; Lavallée et Bertrand, p. 90.

544. *Désignation.* — Il n'appartient point aux préfets de déterminer quels sont les oiseaux qui forment la classe du gibier d'eau (Circul. du minist. de l'int. du 9 juillet 1861 ; voir ce que nous avons dit au n° 1, ci-dessus). — Si donc un préfet autorisait la chasse au gibier d'eau après la clôture de la chasse ordinaire, et spécifiait le gibier d'eau, l'arrêt vaudrait pour ouvrir cette chasse exceptionnelle, mais ne serait pas obligatoire pour le surplus: néanmoins le chasseur qui s'y serait conformé ne pourrait être poursuivi (voir nos observations générales; voir aussi n° 537).

On considère généralement comme gibier d'eau :

La barge,	Le grèbe,
Le bécasseau ou cul-blanc,	La grue,
La bécassine,	Le héron,
Le bécasson,	Le macareux,
Le butor,	Le martin-pêcheur,
Le canard sauvage,	L'oie sauvage,
Le chevalier,	L'outarde,
La cigogne,	Le plongeon,
Le coure-vite,	Le pluvier,
Le courlis,	La poule-d'eau,
Le cygne,	Le râle,
L'échasse,	La sarcelle,
Le flammant,	Le vanneau.
La foulque,	

Consulter MM. Berriat, p. 94; Chardon, p. 95; Gillon et Villepin, n° 197, René et Liersel, p. 125.

La *bécasse* n'est pas un gibier d'eau, mais un oiseau de passage (Gillon et Villepin, n° 198). — La loutre ne saurait être non plus regardée comme gibier d'eau (de Neyremand, p. 112).

545. Où s'exerce la chasse. — La loi dit : *dans les marais, sur les étangs, fleuves et rivières.* — Souvent les préfets indiquent qu'elle se fera seulement en bateau ; d'autres tolèrent qu'elle ait lieu sur une bande de terrain, le long des bords. Nous croyons que les préfets n'ont point qualité pour régler ces points, et que les chasseurs doivent suivre les prescriptions de notre article et ne pas s'écarter des rives (Chardon, p. 92; de Neyremand, p. 112; Petit, t. Ier, p. 372).

Aussi adhérons-nous à l'arrêt de la Cour de Colmar, du 22 mai 1866, rapporté par M. de Neyremand, p. 119, qui a refusé, contrairement à ce qu'avaient fait les premiers juges, d'acquitter un prévenu trouvé en attitude de chasse,— du moins telle était la constatation du procès-verbal, — dans un endroit éloigné des sources, flaques, fossés et cours d'eau fréquentés par le gibier d'eau.

546. Il est clair que l'on ne pourrait, même dans les marais et sur les étangs, etc., chasser le gibier ordinaire après la clôture ; on n'y peut chasser que le gibier d'eau. — Que décider si l'on tuait par erreur un autre gibier ? Voir nos observations précédant l'article 11.

547. Les arrêtés préfectoraux peuvent ne pas être généraux pour tout le département, et dire, par exemple, que telle espèce de gibier d'eau pourra se chasser dans tel marais, de telle époque à telle autre (Dalloz, n° 190; Gillon et Villepin, n° 194 ; Rép. du Palais, n° 258).

3° ANIMAUX MALFAISANTS ET NUISIBLES.

548. Droit de destruction. — Arrêtés préfectoraux. — *Permis inutile.* — La destruction des animaux malfaisants et nuisibles ne constitue pas un fait de chasse ; c'est un acte en quelque sorte de légitime défense. Il n'est donc point nécessaire d'avoir un permis (Orléans et Paris), — et tout arrêté qui obligerait au permis serait nul en ce point (Rouen, arrêt cité n° 106; circulaire du min. de l'int., du 20 mai 1844 et du 22 juillet 1851, § VII ; Chardon, p. 104). — Les préfets

peuvent même, aux termes d'une circulaire ministérielle, encourager, par la promesse de *primes,* la destruction des animaux nuisibles (circ. du 20 mai 1862).
Orl., 15 mai 1851. — D 52.2.192. — P. 51.1.156. — S. 53.2.12. Paris , 14 fév. 1866; *Gazette des Tribunaux* du 16 mars.

549. *Mais il faut se conformer aux arrêtés préfectoraux,* puisque, suivant notre article, c'est aux préfets qu'il appartient de régler les conditions de l'exercice du droit de destruction; il faut, en outre, qu'il s'agisse d'un animal expressément déclaré malfaisant et nuisible par un arrêté, les préfets ayant seuls qualité pour faire cette désignation, chacun dans son département. — Si les préfets peuvent déterminer les modes et procédés de la destruction, ce n'est que vis-à-vis des propriétaires ou fermiers; ils n'ont point ce droit à l'égard des chasseurs munis de permis, lorsque la chasse est ouverte. Ceux-ci ont alors la faculté de chasser les animaux nuisibles, comme ils l'entendent et sans se préoccuper des arrêtés préfectoraux.

550. *Absence d'arrêté.* — Si aucun arrêté n'avait été pris, on ne pourrait détruire les animaux malfaisants et nuisibles, sauf ce qui va être dit plus loin et sauf le recours au ministre.

551. *Fusil, usage permanent.* — *Lapins.* — Dans ses circulaires des 1er mars et 11 avril 1865, adressées aux préfets, M. le Ministre de l'intérieur leur recommandait de rapporter ceux de leurs arrêtés qui auraient autorisé d'une manière permanente la destruction des lapins à l'aide du fusil, et de ne permettre la chasse aux lapins pendant plusieurs jours successifs qu'à la condition que cette faculté aurait lieu sous la surveillance d'un agent de l'autorité.

Les circulaires ci-dessus ne peuvent valoir que comme conseils aux préfets, car M. le Ministre de l'intérieur ne saurait leur enlever les droits qu'ils tiennent de la loi.

552. *Le droit de destruction peut-il être limité quant au temps ?* Les préfets pourraient-ils, par exemple, suspendre la destruction des animaux nuisibles pendant le *temps de neige?* — Non, pas plus qu'ils ne pourraient défendre cette destruction pendant la *nuit.* M. Championniére est de cet avis en ces termes : « Le temps n'entrera pas dans ces conditions que le préfet doit fixer; la loi dit : *en tout temps,* ainsi, sous ce rapport, l'exercice du droit ne saurait être restreint ou modifié. » D'ailleurs le dernier numéro de notre article, qui parle de la neige, ne parle aussi que de la *chasse,* et, répétons-le, ce n'est pas ici un fait de chasse que la loi autorise, c'est un droit de légitime défense (Chardon, p. 109). — Mais, à l'égard des chasseurs, les animaux, nuisibles sont du gibier, et les préfets peuvent interdire la destruction de ces animaux, en temps de neige, pour ceux qui ne seraient pas propriétaires, possesseurs ou fermiers (Cass., 30 juillet 1852, voir § IV, 3°).

553. Animaux malfaisants. — Bêtes fauves. — *Distinction.* — Il est essentiel de ne pas confondre les animaux simplement malfaisants et nuisibles avec les bêtes fauves, car s'il n'appartient pas aux préfets de déterminer quelles sont les bêtes fauves (voir paragraphe suivant), ils ont certainement ce droit à l'égard des animaux malfaisants et nuisibles. (Les auteurs sont d'accord). — Il est regrettable que quelques auteurs n'aient pas toujours évité la confusion en cette matière. C'est ainsi que M. de Neyremand commet, suivant nous, une erreur matérielle quand, — s'appuyant sur un des motifs d'un jugement du tribunal correctionnel de Colmar, du 5 juin 1860, qu'il rapporte, p. 86, — il écrit, p. 13 : « Peu importe, du reste, pour qu'un animal soit réputé malfaisant ou nuisible, qu'il figure ou non dans la nomenclature de l'arrêté préfectoral, cette nomenclature n'étant qu'énonciative et les tribunaux ayant toujours le pouvoir de déterminer le caractère de l'animal. » — Ce

chasser le gibier d'eau, dans les marais, sur les étangs, fleuves et rivières;

3° Les espèces d'animaux malfaisants ou nuisibles que le propriétaire, possesseur ou fermier

principe, appliqué aux bêtes fauves, serait parfait; à l'égard des animaux simplement malfaisants et nuisibles, il est la violation manifeste de l'article 9, n° 3.

554. *Désignation.* — Si d'ordinaire les bêtes fauves sont des animaux malfaisants et nuisibles, la réciproque n'est pas vraie et les animaux nuisibles sortent fréquemment de la catégorie des bêtes fauves. — Nous croyons que pour arriver à indiquer aussi exactement que possible quels sont les animaux nuisibles, les préfets feront bien de suivre la définition qu'en donne M. La Vallée, p. 18 : « Ce sont ceux, dit-il, qui causent dommage lorsqu'ils se multiplient outre mesure, qui portent préjudice à la longue et dont la destruction peut être remise à quelques jours sans inconvénient grave. »

Voici les animaux que les arrêtés préfectoraux désignent fréquemment comme malfaisants et nuisibles.

Parmi les oiseaux (1) :

L'aigle,	Le circaète,	Le milan,
L'autour,	Le corbeau,	La phène,
Le balbuzard,	La corneille,	La pie,
Le bec-croisé,	Le duc,	La pie-grièche,
La bondrée,	L'épervier,	Le pigeon,
Le busard,	Le faucon,	Le pygargue,
La buse,	Le geai,	Le saint-martin,
Le chat-huant,	Le gypaète,	La soubuse,
Le choucas,	Le hibou,	Le vautour.
La chouette,	Le jean-le-blanc,	

Parmi les quadrupèdes :

La belette,	L'hermine,	La marte,
Le blaireau,	Le lapin,	Le putois,
Le chat sauvage,	Le loir,	Le renard,
La fouine,	Le loup,	Le sanglier.
Le furet,	La loutre,	

Consulter MM. Berriat, p. 95; Gillon et Villepin, n° 209; Viel, p. 49; Villequez, p. 57 et suivantes.

555. *Fouine, putois, etc. — Souris et rats, etc. — Faits de chasse.* — M. Villequez élève, p. 45, cette question de savoir si la fouine ou le putois peuvent faire l'objet d'une chasse proprement dite, et si l'on peut leur donner la qualification de gibier. Il répond négativement en disant, p. 46, que le mot *chasse,* si on le leur appliquait, conviendrait aussi bien à la chasse qui serait faite aux rats et aux souris. — La conséquence de son opinion est que la poursuite d'un putois ou d'une fouine, en quelque endroit et par quelque personne qu'elle soit faite, ne pourra jamais donner lieu aux peines portées par la loi du 3 mai 1844 contre ceux qui chassent sans permis ou en temps prohibé.

556. Nous ne pouvons être de cet avis. Sans doute la fouine et le putois ne sont pas du gibier dans le sens de l'article 4 (voir n⁰ˢ 317 et suivants). — Sans doute aussi on pourra les détruire dans les conditions de notre article 9, mais nous maintenons qu'en dehors de ces hypothèses, et s'agissant par exemple d'un putois tiré en rase campagne par quelqu'un, sur le terrain d'autrui, il y a fait de chasse (voir n° 41).

Quant à l'objection tirée de la chasse aux *rats* par les égoutiers de Paris ou par les chats, elle n'est pas sérieuse. Le loi ne s'occupe pas de ce qui ne pourrait être qu'une plaisanterie, pas plus qu'elle ne pourrait punir le fait de tirer, avec un pistolet, un oiseau à 300 mètres.

557. Nous approuvons donc pleinement un jugement

corr. de Colmar, de mai 1860, — rapporté par M. de Neyremand, p. 85, confirmé par la Cour de Nancy, le 5 juin suivant, — qui a considéré et puni comme un acte de chasse en temps prohibé, le fait par des prévenus de s'être livrés, sur une rivière et ses bords, à la chasse d'une *loutre,* sans justifier d'aucune espèce de droit sur le lieu où le délit avait été commis. (On soutenait que la loutre n'était pas un gibier.) — Voir cependant un jugement du même trib. de Colmar, du 5 juin 1860; M. de Neyremand le rapporte, p. 86.

558. A qui le droit de destruction appartient.— *Propriétaire.* — La loi dit : *Le propriétaire, possesseur ou fermier, pourra en tout temps détruire sur ses terres....* Des motifs de la loi, il résulte bien que c'est un droit de protection qu'elle a entendu accorder. Il n'appartient par suite qu'à ceux qui ont leurs propriétés (*leurs terres*) à défendre. On pourrait presque dire que si le propriétaire a loué sa ferme, il ne peut plus user de la faculté de notre article. Cependant le propriétaire figurant au texte, il ne nous paraît pas possible de lui dénier le droit de destruction qui peut alors être exercé concurremment par le propriétaire et le fermier (Villequez, p. 95).

559. *Possesseur.* — Il faut entendre ce mot dans le sens que nous avons donné, n° 202, à la même expression. — Nous croyons avec M. Villequez, p. 79, qu'il faut aussi concéder le droit de destruction à celui qui, en fait, posséderait un bien d'une manière paisible, publique et continue, et à l'usager s'il avait la faculté d'absorber tout ou partie des fruits du fonds (Villequez, p. 78).

560. *Fermier.* — Le fermier d'un immeuble, quelle qu'en soit la nature, a incontestablement le droit de destruction, lors même que la chasse ne lui appartiendrait pas, — détruire un animal nuisible n'est pas chasser,— et même au cas où son bail lui interdirait tout recours, à raison des dégâts causés par le gibier ou les animaux nuisibles, contre le propriétaire qui s'est réservé la chasse (Paris, 21 août 1840).

561. *Locataire de la chasse.* — Nous croyons avec la circulaire de M. le Ministre de l'int. du 22 juillet 1851, § 7, « que l'intérêt agricole qui seul a motivé la disposition législative qui nous occupe, » n'existe pas pour le locataire ou adjudicataire du droit de chasse; à son égard les animaux malfaisants et nuisibles sont du gibier ordinaire et il ne peut les détruire que lorsque la chasse est ouverte. (Voir cependant n° 563).

Circulaire précitée du 22 juillet 1851, § 7, qui décide formellement la question en refusant le droit de destruction aux adjudicataires de la chasse dans les bois soumis au *régime forestier*; de Neyremand, p. 12.

562. M. Villequez, p. 80 et suivantes, accorde *au contraire* la faculté de destruction aux fermiers du droit de chasse, spécialement aux adjudicataires ou co-fermiers des chasses dans les forêts de l'État. Il cite p. 83 et 88, à l'appui de son opinion, l'avis de M. Camusat-Busserolles, p. 97, et Rogron, p. 116; il s'appuie sur un arrêt de la Cour de Colmar, du 30 août 1862, rapporté par M. de Neyremand, p. 10, — et sur l'art. 22 du cahier de charges de 22 avril 1863 (*voir aux formules*).

563. Mais si les fermiers des chasses n'ont pas directement et de par la loi le droit de destruction, ils peuvent l'obtenir par voie de délégation ou substitution, ainsi que nous allons le voir aux numéros suivants. Et nous croyons que l'art. 22 du cahier des charges précité fait cette délégation aux adjudicataires des chasses dans les forêts, et que dès lors ils ont, en vertu de leur contrat, le droit de destruction. Voir en ce sens les derniers mots du premier motif de l'arrêt de Colmar rappelé au numéro précédent.

564. *Aide, assistance.* — Le propriétaire, le possesseur, le fermier, ne sont pas tenus de détruire par

---

(1) Dans le tableau des animaux nuisibles, dressé par les professeurs du Muséum (tableau extrait de la circulaire du ministre de l'intérieur, du 28 août 1861, et rapporté par M. Viel, p. 49), — on fait figurer encore, au nombre des oiseaux nuisibles : la colombe (ramier, biset et colombin), le cormoran, le fou, le goéland, le grèbe, le harle, le pétrel et le plongeon.

M. Villequez, p. 65, y comprend aussi la fauvette, la grive, le loriot, le merle et les moineaux, mais c'est, à notre avis, aller un peu loin.

pourra en tout temps détruire sur ses terres, et les conditions de l'exercice de ce droit, *sans* *préjudice du droit* appartenant au propriétaire ou au fermier de repousser ou de détruire,

eux-mêmes les animaux nuisibles; ils peuvent incontestablement y employer leurs enfants, leurs domestiques, leurs ouvriers, ou se faire aider par leurs amis et voisins, et pour toutes ces personnes le permis n'est pas nécessaire; il s'agit de la défense de la propriété et non d'un fait de chasse.

Angers, 19 mars 1859. — D. » » » — P. 60.1010. — S. 59.2.667.
Paris, 14 fév. 1866. *Gazette des Tribunaux* du 16 mars.
Voir encore les arrêts cités nᵒˢ 581 et 582 et Brux., 27 mars 1830.
En ce sens : Circul. du ministre de l'int., du 22 juillet 1851, § 7; Championnière, p. 69; Gillon et Villepin, nᵒ 208; Gislain, nᵒ 326; Nicolin, p. 50; Petit, t. Iᵉʳ, p. 581; Villequez, p. 91.

565. Nous croyons même qu'ils pourraient *déléguer* leur droit à des tiers, soit par le bail de chasse, soit par un acte postérieur, soit verbalement, pourvu que la délégation, c'est-à-dire le consentement, soit-donnée avant le fait de destruction (voir nᵒˢ 135, et suiv. — Villequez, p. 95). — M. Petit, t. Iᵉʳ, p. 381, paraît d'une opinion contraire.

Angers, arrêt cité au nᵒ précédent.
Caen, 23 mars 1865. *Rec. de Caen et Rouen*, 1865, C., p. 205.

566. Où s'exerce le droit. — La loi répond : « *sur ses terres.* » On ne pourrait donc sans délit détruire ou tenter de détruire les animaux nuisibles sur les terres du voisin, sauf ce qui va être dit ci-après, et sauf, bien entendu, le cas où, la chasse étant ouverte, on a un permis et le consentement du propriétaire. — Nous ne croyons pas qu'on pût poursuivre sur les propriétés voisines, un animal levé sur la sienne (Villequez, p. 128).

567. Faits exceptionnels. — Dommage actuel. — L'art. 9, à notre avis, n'a entendu régir que les circonstances ordinaires, celles où le dommage de la part des animaux est possible ou même certain, *sans être toutefois actuel;* ce qui le prouve, c'est que le droit de destruction peut être exercé sans qu'on ait à justifier, ni même à alléguer aucun dommage. — Nous pensons en conséquence qu'on n'est pas astreint à se conformer aux arrêtés préfectoraux, qu'on n'a pas même à rechercher s'il en existe, quand il s'agit d'un fait immédiat, que nous pourrions appeler de légitime défense, amené par un dommage qui se produit actuellement et que l'on cherche à empêcher à l'instant même, comme si l'on tire sur un oiseau de proie qui enlève une volaille.

Dalloz, nᵒ 197 : Lavallée, p. 18; Petit, t. 1ᵉʳ, p. 391; Rogron, p. 114 ; voir nᵒ 80.

568. Aussi approuvons-nous un arrêt de la Cour d'Agen, qui n'a pas voulu voir un délit de chasse dans le fait d'un homme quittant son repas et prenant son fusil, sur l'avis que lui donnaient ses voisins qu'un *vol d'oiseaux* (des pinsons) venait de s'abattre sur un de ses champs et dévastait sa récolte.

Agen, 21 juil. 1852. — D. 53.2.10. — P. 54.1.164. — S. 52.2.442.
Consulter encore l'arrêt de Rouen, cité nᵒ 106 ; la note de l'arrêt d'Agen, dans Dalloz, dit qu'il lui paraît contestable.

569. Nous approuvons également l'arrêt de Rouen qui a jugé que, en dehors des arrêtés préfectoraux, il n'y avait pas délit dans le fait, par quelqu'un, d'être armé d'un fusil et placé dans sa cour pour surveiller des bandes de pigeons et de corbeaux qui portaient dommage à ses terres et à celles d'un voisin dont il avait la garde. Dans la journée, les pigeons et les corbeaux s'étaient abattus plusieurs fois sur le terrain du propriétaire qui avait tiré sur eux à diverses reprises.

Rouen, 7 août 1862. — D. 64.2.152. — P. » » ».
En ce sens la note de l'arrêt, dans Dalloz.

570. La même Cour de Rouen a jugé, dans un sens qui pourrait à première vue sembler opposé à l'arrêt précédent, qu'il y avait fait de chasse de la part de celui qui avait été trouvé en attitude de chasse, sur un pommier, malgré sa prétention de ne s'être aposté là que pour défendre des *lapins* des pommes placées sous l'arbre, — parce que, dit l'arrêt, le droit de défendre son bien, *en le supposant,* devrait être exercé au moment du dommage et que les lapins n'attaquaient pas les pommes quand le chasseur était sur l'arbre.

Rouen, 18 fév. 1864. — D. 64.2.154. — P. 64.367. — S. 64.2.62.
Nous ne croyons pas, quant à nous, que les lapins puissent donner lieu à un fait immédiat de défense, le dommage qu'ils occasionnent ne se produisant qu'à la longue.

571. *Preuve du fait actuel.* — Nous reconnaissons, du reste, que la preuve du fait actuel et du dommage incombe au propriétaire ou au fermier. Cette double circonstance pouvant seule les excuser, s'ils n'ont pas suivi les arrêtés préfectoraux, ils doivent l'établir.

572. Mise en garde, surveillance. — Nous croyons avec l'arrêt de Rouen énoncé au nᵒ 569 ci-dessus, et avec M. Villequez, p. 117, qu'un propriétaire ou un fermier n'est pas tenu d'attendre qu'un animal nuisible se présente à lui, pour exercer son droit de destruction et qu'il peut se mettre en garde à l'avance, s'embusquer, se tenir à l'affût, sauf aux juges à apprécier les faits. S'il en était autrement, la défense serait souvent illusoire. — Nous pensons par suite que le dernier arrêté de Rouen, du 18 février 1864, tout en nous semblant bien rendu en fait, n'est pas à l'abri de toute critique dans l'exposé de ses motifs. — Voir aussi nᵒ 591.

573. Renvoi. — Se reporter aux nᵒˢ 315 et suivants pour les questions de transport et colportage.

§ III.

DROIT NATUREL DE REPOUSSER ET DÉTRUIRE LES BÊTES FAUVES.

574. Bêtes fauves. — Permis inutile. — Modes de destruction. — Il est de la plus haute importance de comprendre exactement ce qu'il faut entendre par *bêtes fauves,* car les tribunaux et les auteurs reconnaissent unanimement que le pouvoir des préfets est nul en cette matière. Il s'agit du droit naturel de légitime défense et tout arrêté préfectoral qui tendrait à le réglementer serait nul et constituerait un excès de pouvoir (arrêts qui vont suivre et Riom, 19 mai 1858, *Gaz. des Trib.* du 2 juin; Championnière, p. 64 ; Dalloz, nᵒ 193; Gillon et Villepin, nᵒ 204; Petit, t. Iᵉʳ, p. 382).

Il est évident que le permis de chasse est inutile et que l'on peut se servir de toute espèce de moyens de destruction (voir art. 12, 2ᵒ).

Le droit peut être exercé en tout temps et de jour et de nuit; en un mot, toutes les prescriptions de la loi du 3 mai 1844 lui sont étrangères; mais il est évident aussi que les juges ont le droit de rechercher, surtout dans les hypothèses prévues aux nᵒˢ 587 et 591, si les propriétaires ou fermiers sous prétexte de repousser les bêtes fauves ne se sont pas livrés à un véritable fait de chasse.

575. *Que faut-il entendre par bêtes fauves?* — La question serait résolue dans un sens inadmissible si l'on s'en rapportait à la définition des ouvrages de vénerie ou à celle de la majorité des dictionnaires français. — En effet, *dans l'art de la vénerie,* on appelle généralement *bêtes fauves,* d'après leur couleur, les cerfs, les chevreuils, les daims, — *bêtes noires,* les sangliers, — *bêtes rousses,* les loups, renards, etc; certains rangent le sanglier, jusqu'à un an, parmi les bêtes fauves, et le font passer, après cet âge, au rang des bêtes noires. — *Les dictionnaires français* sont pour la plupart dans le même sens, notamment le Dictionnaire de l'Académie, Bescherelle, Nap. Landais, Littré, etc.; ils se bornent à cette explication : « Le mot *bêtes fauves* se dit des cerfs, biches, daims, chevreuils. »

A notre avis, ce mot a certainement dans le langage ordinaire, — et c'est le langage de la loi, — un sens plus étendu, et nous appellerons bêtes fauves tous les animaux sauvages qui vivent principalement dans les bois et qui

même avec des armes à feu, les bêtes fauves qui porteraient dommages à ses propriétés.

Ils pourront prendre également des arrêtés :

portent ou peuvent porter dommage aux personnes, ainsi qu'aux récoltes et autres propriétés.

Consulter : Berriat, p. 97, qui appelle bêtes fauves tous les animaux sauvages qui peuvent porter dommage aux récoltes; Championnière, p. 70; Dalloz, n° 197; Rogron, p. 118.

576. Nous considérons comme bêtes fauves :

la belette,
le blaireau,
le cerf, la biche (1),
le chamois,
le chat sauvage,
le chevreuil (2),
le daim,
la fouine (3),
l'hermine,
le loup (4),
la loutre (5),
la marte,
l'ours,
le putois (6),
le sanglier (7).

On peut y joindre le furet quand il est à l'état sauvage, ce qui est rare. Le loir et l'écureuil ne sauraient être, suivant nous, regardés comme bêtes fauves.

577. *Ne sont pas des bêtes fauves :* — *le lapin* (Trib. de la Seine, 9 janvier 1847, cité et approuvé par M. Petit, t. Ier, p. 393; Championnière, p. 70; *en sens contraire :* Villequez, p. 151, qui cite Lyon, arrêt de 1867, *J. des chass.*, 1867, p. 286); — *le lièvre* (cass., 29 avril 1858, cité plus loin; Championnière, p. 70), — *les oiseaux de proie,* corbeaux, etc. (Cass., 5 nov. 1842, et aussi MM. Championnière, p. 70; Dalloz, p. 197; Gillon et Villepin, n° 203).

578. C'est à tort, pensons-nous, que M. Villequez, dans son récent ouvrage, p. 150 et suivantes, soutient que l'expression « *bêtes fauves,* » doit comprendre *tous les animaux qui porteraient dommage aux propriétés,* les *lapins* (p. 151), les *volatiles* (p. 15 et 155). — Tous les arguments qu'il invoque ne sauraient nous faire admettre son avis, qui conduit à considérer comme *bêtes fauves* une bande de *pinsons* qui dévasteraient des semis! — Nous croyons que M. Villequez s'appuie à tort sur les arrêts de Rouen et d'Agen, cités au n° 3 du paragraphe précédent. Ces arrêts que nous avons approuvés nous-mêmes n'ont voulu, à notre sens, que déclarer excusables des faits exceptionnels que la loi n'a pu régir et qui constituent vraiment des actes de légitime défense. — La note de Dalloz, sur l'arrêt de Rouen, du 7 août 1862 (D. 64. 2. 162), invoquée par M. Villequez, p. 158, posait nettement la question comme nous la posons nous-mêmes, quand elle dit : « On peut se demander si le droit que la loi de 1844 reconnaît, à l'égard des bêtes fauves, n'existe pas également à l'égard de tous les autres animaux qui causeraient à sa propriété un *dommage actuel.* »

579. A qui le droit de destruction appartient. — Encore bien que la loi ne parle pas du propriétaire ou du fermier, il nous paraît évident que le droit de repousser ou détruire les bêtes fauves appartient aussi au possesseur. Pour nous, ce droit peut être exercé *concurremment* par ceux-là qui ont la faculté de détruire les animaux malfaisants et nuisibles. Nous ne pouvons donc que renvoyer à nos annotations n°s 558 et suivants (Championnière, p. 69; Villequez, p. 159).

580. Aussi ne pouvons-nous approuver M. Petit qui soutient, t. Ier, p. 383, que le droit relatif aux bêtes fauves ne peut être exercé que par l'un ou l'autre, par le propriétaire quand il exploite lui-même, par le fermier quand il jouit au lieu et place du premier. Aucune convention ne pourrait enlever aux fermiers le droit de repousser ou détruire les bêtes fauves. Des conventions contraires seraient valables s'il s'agissait de bêtes fauves qui seraient en même temps gibier.

MM. Rogron, p. 119, et Villequez, p. 159, qui accordent au fermier de la chasse (M. Rogron l'appelle possesseur) le droit de détruire les animaux nuisibles, lui refusent le droit de repousser les bêtes fauves.

581. *Aide, assistance, délégation. — Renvoi.* — La jurisprudence et les auteurs reconnaissent ici le même droit de se faire aider et assister que nous avons vu exister au profit des propriétaires, possesseurs ou fermiers, à l'égard des animaux nuisibles. — Nous renvoyons à nos observations, n° 564.

Cass., 14 avril 1848.— D. 48.1.135.— P. 48.2 150.—S. » » ».
Orl., 15 mai 1851.— D. 52.2.292.— P. 51.2.156.— S. 53.2.12.
Rouen, 10 juin 1865. *Gaz.* du 9 juillet; *Caen et Rouen,* 1865. Rép. du Palais, 187.
Voir encore les arrêts indiqués n° 564.
En ce sens : les auteurs cités au même numéro.

582. Jugé que le droit peut être cédé ou délégué à autrui, et nous approuvons cette décision, car tout droit est cessible, sauf exception.

Rouen, 16 et 22 juin 1866, *Gaz. des Trib.* du 9 juillet.

583. Où s'exerce le droit. — La loi n'a pas expliqué où pouvait avoir lieu sans délit le fait de repousser et détruire les bêtes fauves. Plusieurs arrêts ont décidé, d'une manière implicite au moins, qu'il ne pouvait se produire que sur le terrain dont on est propriétaire ou fermier. C'est ainsi que la Cour d'Orléans a jugé qu'il y avait délit à se trouver armé et en attitude de chasse dans le fossé d'une forêt, séparée de son champ par un vague ayant une largeur de 10 mètres, alors surtout « qu'on est placé d'une manière moins à protéger son champ qu'à pouvoir tirer tout gibier qui se serait présenté. »

Cass., 30 juil. 1852. — D. 52.5.85. — P. » » ».
Orl., 26 oct. 1858. — D. 59.2.9. — P. » » ».
Cass., 13 avr. 1865.— D. 65.1.196.— P. 65.999.— S. 65.1.591.

584. Nous ne pouvons accepter cette opinion absolue, et, indépendamment des cas exceptionnels dont nous allons parler, il nous paraît impossible de renfermer le droit reconnu par notre article dans des limites aussi étroites. Nous maintenons que le texte laisse aux magistrats un large pouvoir d'appréciation, et qu'il serait impossible de condamner un propriétaire ou un fermier dont un sanglier, par exemple, aurait pris l'habitude de venir ravager les récoltes, et qui, pour le tuer, se serait embusqué, son champ étant découvert, sur la propriété voisine et aurait tiré l'animal sur le terrain d'autrui, mais au moment où il allait entrer dans le champ pour y recommencer ses dégâts. — Les arrêts cités au numéro précédent ne sont, à dire vrai, que des arrêts d'espèce, et nous sommes convaincus que les Cours auraient statué autrement si les faits s'étaient présentés sous l'aspect qui sert de base à notre raisonnement.

585. Dans tous les cas, on ne pourrait contester au propriétaire le droit de se placer sur le terrain voisin pour de là tirer sur la bête fauve au moment où elle serait à dévaster la récolte de son champ. On se défend comme on peut.

586. *Cas exceptionnels. — Droit de poursuite.* — Ce que nous avons dit, n° 567, est applicable à plus forte raison à l'endroit des bêtes fauves. Si un loup emporte une brebis à travers la campagne, on ne contestera pas, apparemment, le droit pour le fermier de poursuivre ledit loup jusqu'à la frontière au besoin. — Nous ne sommes plus au temps de l'ordonnance d'Orléans, de janvier 1560, qui permettait de chasser à cris et jets de

---

(1) *Le cerf.* Cass., 14 avril 1848, cité n° 581; en sens contraire, Championnière, p. 70.
(2) *Le chevreuil.* Orléans, 25 juillet 1861, aff. Dubreuil; Rouen, arrêts cités n° 581 ci-après, et Rouen, 16 et 22 juin 1866, *Gaz. des Trib.* du 9 juil.; en sens contraire, Championnière, p. 70.
(3) *La fouine.* Riom et Cassation, cités n° 317.
(4) *Le loup.* Nous pensons avec M. Villequez, p. 91, qu'il peut être tué partout et en tout temps, puisque des primes sont accordées à qui le détruit; mais pourtant il ne faut pas faire dégénérer cette faculté en une chasse réelle.
(5) *La loutre.* Trib. de Colmar, du 5 juin 1860, cité par de Neyremand, p. 86.
(6) *Le putois.* Riom et Cass., n° 317.
(7) *Le sanglier.* Cass., 13 avril 1865, cité plus loin; Petit, t. Ier, p. 303.

1° Pour prévenir la destruction des oiseaux;
2° Pour autoriser l'emploi des chiens lévriers

pour la destruction des animaux malfaisants ou nuisibles;

---

pierres toutes bêtes rousses et noires trouvées en dommage, *mais sans les offenser !*

587. Nous pensons donc que le droit de repousser et détruire les bêtes fauves doit comprendre la faculté de les poursuivre au delà de son terrain et tant qu'on a la piste, pour éviter le renouvellement du dommage causé, sauf aux juges à rechercher si, sous cette apparence de poursuite, ne se cache pas un véritable fait de chasse.

Championnière, p. 71 ; Duvergier, sur l'art. 9 ; Rogron, p. 118.

588. Et la poursuite pourrait, à notre avis, se faire sur les terres d'un voisin, même sans son consentement et contre sa volonté, puisqu'il s'agit là d'un fait qui lui est avantageux. (Duvergier, sur l'art. 9.)

589. La Cour de cassation, en confirmant un arrêt de Metz, du 30 novembre 1864, a bien décidé, il est vrai, qu'il y avait délit de chasse à poursuivre un sanglier qui, *la veille*, avait causé dommage, prétendait-on ; mais il n'y avait point là cette poursuite instantanée et légitime, suivant nous, dont nous venons de parler (cass., 13 avril 1865, cité nᵒ 583).

590. A quel moment exercer le droit. — *Dommage accompli ou imminent*. — Pour user du droit de légitime défense est-il nécessaire que le dommage soit accompli ? — Nous ne saurions l'admettre. — Il sera suffisant, que le dommage soit *imminent*, et la seule présence d'une bête fauve près d'une ferme ou d'un troupeau remplira cette condition. Le texte, d'ailleurs, n'exige point que le préjudice soit causé, et les expressions « bêtes fauves qui *porteraient* dommage… » peuvent très-bien s'entendre dans le sens de « qui *pourraient porter* dommage. » — Enfin le droit de défendre sa propriété est si naturel, et il est si naturel aussi d'empêcher le mal plutôt que de le laisser s'accomplir, qu'il faudrait, à notre avis, un texte formel pour enlever ainsi le droit de se prémunir contre le danger.

Championnière, p. 71 ; Dalloz, nᵒ 198 ; Gislain, nᵒ 86 ; Morin, nᵒ 21 ; Rogron, p. 116 ; Villequez, p. 175.

591. Nous pensons donc que le propriétaire ou le fermier qui aurait vu ses terres ravagées serait en droit de tendre à l'avance des *piéges* sur son terrain (Morin, nᵒ 21).

Nous croyons aussi qu'il peut sans délit se mettre en embuscade ou à l'affût pour attendre les bêtes fauves (Villequez, p. 179). — Nous reconnaissons avec ce dernier auteur, p. 178, que la *preuve* du dommage actuel ou imminent incombera au propriétaire, possesseur ou fermier.

592. Il a été jugé par la Cour de cassation qu'il n'y avait pas délit dans le fait de détruire un cerf qui stationnait depuis un certain temps dans un pré, « où sa présence prolongée rendait imminente la réitération du dommage auquel était journellement exposée, par suite de l'invasion de ces animaux, cette nature spéciale de propriété (1ᵉʳ arrêt). » — Il a bien été jugé (2ᵉ arrêt), dans un sens qui peut paraître plus absolu, que « le droit dont s'agit n'est que l'exercice d'une faculté naturelle, d'une défense légitime, que les circonstances doivent rendre nécessaire actuellement et dans le moment même où l'on est obligé de repousser la force par la force ; » — mais cela revient à dire que c'est aux juges à apprécier.

Cass., 14 avril 1848. — D. 48.1.136.—P. 48.2.150.—S. » » ».
Cass., 13 avril 1865.—D. 65.1.196.—P. 65.999.—S. 65.1.531.

593. La Cour de Paris a jugé qu'il n'y a pas délit de chasse à tuer dans un jardin un chevreuil qui s'y était jeté et y portait le trouble et le dommage.

Paris, 21 juin 1866, *Gaz. des Trib.* du 30 juin.

594. Dans une opinion contraire à ce que nous avons écrit nᵒ 590, on soutient que le droit de repousser et dé-

truire les bêtes fauves ne peut être exercé que lorsqu'elles portent, au moment même, dommage aux propriétés. Les partisans de cette opinion peuvent invoquer les termes d'un arrêt de cassation qui a décidé d'une manière trop absolue, suivant nous, que le fait de repousser les bêtes fauves « n'est autorisé qu'en cas de dommage *apporté* à la propriété. »

Cass., 29 avril 1858.— D. 58.1.128. — P. 58.1047.—

595. *Dommage. — Gibier*. — MM. Championnière, p. 72 ; Dalloz, nᵒ 199 ; Rogron, p. 119, croient que le dommage causé au gibier par une bête fauve ne donnerait pas lieu à l'exercice du droit de destruction, parce que, disent-ils, la loi ne prévoit que le dommage causé au fonds. — Nous n'admettons pas cette distinction, et nous pensons que le propriétaire peut aussi bien défendre du loup les chevreuils de ses bois que les moutons de ses étables. Consulter le nᵒ 80. — M. Villequez, p. 171, refuse aussi le droit de défendre un gibier d'une bête fauve, tout en reconnaissant que l'art. 9 a entendu laisser à chacun la défense de sa propriété mobilière.

596. Renvoi. — Se reporter à l'art. 4, nᵒˢ 315, et suiv., 323 et 327, pour les questions de *transport et colportage*. — Voir encore l'art. 12, 2ᵉ et 3ᵉ, pour ce qui concerne les *engins prohibés*.

§ IV.

AUTRES ATTRIBUTIONS DES PRÉFETS.

597. Observations générales. — *Faculté*. — *Conseils généraux*. — Le texte indique très-clairement que dans les matières qui vont suivre ce n'est plus un devoir pour les préfets de prendre des arrêtés, mais seulement une faculté que la loi leur donne. — Suivant MM. Camusat-Busserolles, p. 101 ; Championnière, p. 73, les préfets seraient tenus de consulter ici, comme au paragraphe 2, leurs conseils généraux.

Mais la majorité des auteurs et les circulaires ministérielles sont d'un avis contraire et avec raison, pensons-nous, puisque la loi n'a pas reproduit au paragraphe dont nous nous occupons l'obligation de prendre l'avis des Conseils généraux. Ils sont toutefois invités à y recourir par la circulaire du ministre de l'intérieur du 20 mai 1844. (Circ. du 20 mai 1844 ; Berriat, p. 98 ; Chardon, p. 107.)

598. *Renvoi*. — Se reporter aux observations générales, § 2, pour tout ce qui concerne les *arrêtés préfectoraux*, leur *publication*, leur effet *permanent*, etc.

1° DESTRUCTION DES OISEAUX.

599. Pouvoir des préfets. — *Conservation des oiseaux*. — C'est aux préfets à apprécier les moyens à prendre pour empêcher la destruction des oiseaux. Ils peuvent notamment interdire de détruire les nids et couvées, suspendre l'exercice de certaines chasses, etc. ; ils pourraient même interdire absolument la chasse des oiseaux (Berriat, p. 99 ; Camusat-Busserolles, p. 102 ; Championnière, p. 74).

Ils peuvent aussi, par l'encouragement des primes, intéresser les cultivateurs à la protection des couvées. (Circ. min. du 20 décembre 1862).

La défense de détruire, portée par les préfets, peut s'appliquer à toute personne, même sur son terrain, sauf aux propriétaires d'enclos dans les conditions de l'art. 2. (Chardon, p. 108).

600. *Destruction des oiseaux*. — Le pouvoir des préfets ne doit s'exercer que pour la protection et la conservation des oiseaux, et tout arrêté dont l'objet serait leur destruction constituerait un excès de pouvoir et devrait être annulé.

Cass., 25 mars 1846.— D. 46.1.95.— P. 46.1.582.— S. 46.1.294.

3° Pour interdire la chasse pendant les temps de neige.

Art. 10. Des ordonnances royales détermineront la gratification qui sera accordée aux

Voir encore cass., 4 avril 1846 et 23 avril 1847 ; mais si certaines espèces devenaient nuisibles, les préfets pourraient les ranger au nombre des animaux nuisibles. (Championnière, p. 74).

2° EMPLOI DES CHIENS LÉVRIERS.

601. Chiens lévriers. — *Emploi.* — *Renvoi.* — Se reporter à ce que nous avons dit nᵒˢ 506 et suiv., au sujet des chiens lévriers. — Nous persistons à penser que la loi n'a entendu proscrire que l'emploi des lévriers *à courre* ; cependant nous reconnaissons que beaucoup d'auteurs semblent n'admettre aucune distinction dans l'emploi des lévriers, qui seraient prohibés d'une manière absolue. (Berriat, p. 100 ; Chardon, p. 108).

602. Pénalités. — Quand aucun arrêté n'autorise l'emploi des lévriers, celui qui en fait usage est passible des peines de l'art. 12, comme ayant chassé à l'aide d'un moyen prohibé. — Si au contraire l'emploi en a été permis, l'art. 11 est alors applicable contre ceux qui ne suivraient pas exactement les prescriptions préfectorales (Petit, t. 1ᵉʳ, p. 49).

3° TEMPS DE NEIGE.

603. Temps de neige. — *Absence d'arrêté.* — *Appréciation des tribunaux.* — Il est évident que si la chasse n'a pas été interdite par le préfet pendant le temps de neige, elle est très-licite durant ce temps.

C'est aux tribunaux, et non aux préfets, de reconnaître et déclarer, d'après les circonstances, si le temps dans lequel a eu lieu un fait de chasse était ou non un temps de neige et, comme l'observe judicieusement l'arrêt ci-dessous, les préfets ne sauraient spécifier à l'avance, dans leurs arrêtés, ce qui devrait être considéré comme terre couverte de neige. (Ils n'ont pas davantage le droit d'interdire la chasse d'une manière absolue *depuis* telle époque jusqu'à telle autre ; trib. d'appel de Gap, *Droit* du 8 avril 1845, voir Gillon et Villepin, 1ᵉʳ supp., p. 17).

Douai, 10 mai 53.—D. 53.2.226. — P. 53.1.538. — S. 53.2.474.

604. *Que faut-il entendre par temps de neige ?* — Le temps de neige est celui où la terre est généralement couverte de neige dans la localité où s'exerce la chasse, sans qu'il faille distinguer, relativement aux divers points de cette localité, ceux où la neige fond ou peut fondre immédiatement après être tombée (rivières, étangs, marais, etc.), de ceux où elle ne disparaît qu'après un temps plus ou moins long (arrêt de Douai ci-dessus). D'un autre côté, on ne saurait faire durer le temps de neige jusqu'à la fonte complète, car il arrive souvent que dans certains endroits, à l'appui par exemple d'un mur ou d'un fossé exposé au nord, la neige reste sur la terre, alors que partout ailleurs elle est disparue. — L'arrêté du préfet, tout en prohibant la chasse en temps de neige, peut dire que la prohibition ne s'appliquera qu'au temps où la neige permettrait de suivre la trace du gibier (Cass., 4 mai 1848).

Les tribunaux apprécieront les faits et, dans le doute, renverront l'accusé.

605. A quelles terres s'applique la défense. — *Plaine.* — *Littoral.* — Jugé que l'arrêté qui interdit la chasse en temps de neige, soit au bois, soit en plaine, comprend, dans la généralité de cette expression, toutes les terres, quelle que soit la nature de leur culture, et notamment les prairies, alors surtout qu'une autre disposition du même arrêté n'autorise la chasse par exception que sur le territoire des communes du littoral (1ᵉʳ et 2ᵉ arrêts). — Jugé que l'expression « *communes du littoral* » ne concerne que les communes situées sur le bord de la mer et non celles dont une partie du sol serait accidentellement submergée (3ᵉ arrêt).

Rouen, 6 fév. 1845. — D. 45.4.80.
Rouen, 3 avril 1845.— D. 45.4.80.—P. 45.2.697.
Rouen, 3 avril 1845.— D. 46.4.80.—P. 54.2.697.

606. Quelles chasses sont interdites. — Il est évident que les préfets peuvent défendre, en temps de neige, la chasse de certaines espèces de gibier (Berriat, p. 100). — Si la prohibition portée par un arrêté est générale, elle doit s'appliquer à tout le gibier, même aux oiseaux de passage et au gibier d'eau, que des articles antérieurs du même arrêté permettaient de chasser pendant une période de l'année pouvant comprendre l'époque des neiges (arrêt de Douai, cité nᵒ 603).

607. *Animaux malfaisants.* — Nous avons dit, aux § 2 et 3, que la destruction des animaux malfaisants et nuisibles, et à plus forte raison des bêtes fauves, ne pouvait être réglée, quant au temps, par les préfets, et qu'elle était licite en tout temps, de jour ou de nuit et en temps de neige ; mais cela n'est vrai qu'au vis-à-vis des propriétaires, possesseurs ou fermiers, et sur leurs terres, car nous croyons que les animaux nuisibles, en tant que gibier, c'est-à-dire vis-à-vis des chasseurs, sont compris dans l'arrêté que peut prendre un préfet pour défendre la chasse en temps de neige. Les arrêts ci-dessous sont formels.

Cass., 2 arrêts du 30 juillet 1852. — D. 52.5.85.

608. D'éminents auteurs professent une opinion contraire et maintiennent que la chasse des animaux nuisibles est licite en temps de neige, malgré les arrêtés préfectoraux ; ils se basent sur une déclaration faite à la Chambre, lors de la discussion de la loi, par le garde des sceaux, mais nous pensons que cette déclaration ne s'appliquait qu'aux propriétaires, possesseurs et fermiers.

Chardon, p. 109 ; Dalloz, nᵒ 205 ; Gillon et Villepin, nᵒ 228 ; Villequez, p. 124. MM. Duvergier et Berriat se bornent à rapporter la déclaration de M. le Garde des sceaux.

609. Arrêtés permanents. — Nous nous rangeons à l'opinion des arrêts ci-dessous, qui ont jugé que les arrêtés préfectoraux interdisant la chasse en temps de neige sont permanents de leur nature et n'ont point, en conséquence, besoin d'être renouvelés les années suivantes, — à moins que leur durée n'eût été limitée par une disposition expresse. (Voir nos observations, § 2).

Cass., 26 juin, 24 juil., 10 oct. 1846 ; Bes., 27 janv. 1847.
Riom, 10 fév. 1847. — D. 47.4.74.— P. 47.1.759.— S. 47.2.272.
Cass., réun., 29 nov. 47.—D. 47.1.307.—P. 48.1.74.—S. 48.4.109.
En sens contraire, un arrêt de Riom (cassé):
Riom, 25 fév. 1846. — D. 46.2.80. — P. 46.2.500.

Art. 10.

GRATIFICATIONS AUX GARDES ET GENDARMES.

610. Gratifications ou primes. — Sous l'empire de l'ordonnance du 17 juillet 1816, la gratification était de 5 fr. par chaque procès-verbal. — L'ordonnance annoncée par l'art. 10 est venue augmenter la prime ; l'art. 1ᵉʳ de cette ordonnance, en date du 5 mai 1845, fixe la gratification comme suit : 8 fr. pour les délits prévus par l'art. 11 ; 15 fr. pour les délits prévus par l'art. 12 et l'art. 13, § 1ᵉʳ, et 25 fr. pour les délits prévus, par l'art. 13, § 2.

611. *Quand elles sont dues.* — Elles sont dues par chaque amende prononcée, art. 2 de l'ordonnance ci-dessus, autrement dit par chaque condamnation. Si donc il n'est pas donné suite au procès-verbal, ou si, sur les poursuites, le prévenu est acquitté, il n'y a pas lieu à gratification. — Il n'est dû qu'une seule gratification lors même que le procès-verbal relèverait un double délit, si c'est contre le même individu ; mais, s'il était rédigé contre *plusieurs prévenus,* et si ceux-ci étaient condamnés à des amendes séparées, il devrait être payé autant de primes que le jugement porterait d'amendes distinctes (circ. du min. des fin. du 20 sept. 1823 ; Berriat, p. 102 et 103).

gardes et gendarmes rédacteurs des procès-verbaux ayant pour objet de constater les délits.

---

612. La gratification est due lors même que le délinquant serait simplement condamné aux frais *sans amende* (circ. du 22 juil. 1851, § 9). — Elle est due également dans le cas où il s'agit de poursuites exercées par l'administration forestière, et qu'il intervient une *transaction* au cours de ces poursuites ; il faut donc réserver dans la transaction la somme nécessaire au paiement de la prime (circ. du dir. gén. des forêts, du 11 janv. 1862). — La gratification est due aussi, malgré que le procès-verbal n'eût été rédigé que sur la simple déclaration de tierces personnes.

613. *A qui sont dues les gratifications.* — L'art. 10 dit : *aux gardes et gendarmes ;* l'art. 1ᵉʳ de l'ordonnance précitée est plus précis et porte : « Aux gendarmes, gardes-forestiers, gardes-champêtres, gardes-pêche et gardes assermentés des particuliers. » — Il résulte bien de ces expressions que la gratification n'est accordée qu'aux simples gardes et gendarmes. Les gardes généraux, les employés des octrois, les sous-officiers de gendarmerie n'y ont aucun droit (circ. du 22 juil. 1851 ; Berriat, p. 103 ; Championnière, p. 79 : Gillon et Villepin, n° 229) ; mais les brigadiers et gardes à cheval y ont droit (décision du min. des finances du 20 juin 1845).

614. L'art. 4 de l'ordonnance du 5 mai 1845 porte expressément : « Il ne pourra être alloué qu'une seule gratification, lors même que *plusieurs agents* auraient concouru à la *rédaction du procès-verbal.* » — En conséquence, si la contravention a été relevée par deux simples gendarmes ou deux gardes, ils partageront la prime ; s'il y avait un sous-officier de gendarmerie et un gendarme non gradé, celui-ci la toucherait seul.

615. Paiement des gratifications. — *Formalités à remplir.* — Lorsque le jugement est devenu définitif (c'est-à-dire dix jours après le prononcé, si le jugement a été contradictoire, ou dix jours après sa signification, s'il est par défaut), — le garde ou le gendarme se fait délivrer, moyennant 25 c., un extrait du jugement sur papier libre, par le greffier du tribunal où le jugement a été rendu. Il adresse cet extrait au préfet de son département, qui fait ordonnancer la gratification par le directeur des domaines et qui retourne ensuite l'ordonnancement à l'impétrant ; au moyen de cette pièce, le garde ou gendarme va toucher au bureau d'enregistrement de son canton.

Voir à l'art. 19 sur quoi se prélèvent les gratifications.

616. *Prescription des primes.* — Nous croyons avec M. Berriat, p. 103, que ces gratifications ne peuvent être assimilées aux frais de justice criminelle et être prescrites par un an ou six mois. La prescription doit être de cinq années.

Section 2ᵉ. — Des Peines.

OBSERVATIONS GÉNÉRALES.

EXCUSE, BONNE FOI, DISCERNEMENT, ETC.

617. Excuse. — Bonne foi. — On ne saurait nier, en présence des travaux préparatoires de la loi, que la bonne foi est impuissante à servir d'excuse en matière de délits de chasse. Aussi la jurisprudence est-elle bien fixée en ce sens que les infractions à la loi sur la chasse participent du caractère des contraventions et doivent être réprimées, quelle que soit la bonne foi ou l'ignorance des délinquants (on sait que le contraire existe pour les délits ordinaires où l'intention délictueuse est essentielle). — Nous regrettons cette rigueur, mais nous la croyons juridique.

Cass., 12 avril 1845.—D. 45.1.252.—P. 45.2.153.—S. 45.1.470.
Cass., 17 juil. 1857.—D. 57.1.581.—P. 58.133. — S. 57.1.709.
Cass., 21 juil. 1865.—D. 65.1.497. — P. 66.319. — S. 66.1.135.
Voir aussi : Cass., 16 juin et 14 juil. 1848 ; Limoges, 8 déc. 1849 ; Angers, 1ᵉʳ avril 1851 et 19 fév. 1862 ; Berriat, p. 107 ; Dalloz, n° 235 ; Petit, t. II, p. 259.

618. Et cependant la Cour de cassation admet, et nous sommes forcés d'admettre avec elle, que les infractions à la loi du 3 mai 1844 ont le caractère de délits et non de simples contraventions, et que, par suite, l'art. 304, qui punit de mort le meurtre ayant eu pour objet de préparer ou faciliter un crime ou un délit, s'applique au cas d'un meurtre concomitant à un délit de chasse.

Cass., 4 sept. 1856. — D. » » » — P. 57.1174. — S. 57.1.150.
Cass., 12 janv. 1860.—D. 60.5.192.—P. 60.646.— S. 61.1.206.

619. Par suite du principe posé à l'avant-dernier numéro, il y a délit pour celui qui chasse sur un département où la chasse n'est pas encore ouverte, quand même il serait établi que ce chasseur avait pris un guide en lui recommandant d'éviter de le conduire là où la chasse était encore interdite (arrêt de cass., du 12 avril 1845, cité plus haut ; Dalloz, n° 235 ; Petit, t. II, p. 259).

620. Nous avons dit, nᵒˢ 301 et suivants, que la bonne foi n'est pas à elle seule une excuse des faits de *transport et colportage* de gibier en temps prohibé. — Nous ajouterons ici que la Cour de Paris a jugé à diverses reprises (notamment les 18 avril, 11 juin, 13 et 27 août 1857, *Gaz. des Trib.* des 3 mai, 13 juin et 29 août 1857) qu'il y avait délit dans le fait par le chef d'un train de chemin de fer, de transporter, après la clôture, des paniers fermés contenant du gibier sous l'indication erronée de volailles, malgré sa bonne foi et la solvabilité de l'expéditeur. — Voir nos observations, nᵒˢ 303 et 304.

621. MM. Camusat-Busserolles, p. 113 ; Championnière, p. 143 ; Chardon, p. 209 ; Gillon et Villepin, n°268, et le Rép. du Palais, n° 351, ne veulent pas admettre les principes ci-dessus. Suivant eux, le délit n'existe qu'autant que le prévenu a eu la volonté de chasser dans les conditions déterminées par la loi. — MM. Gillon et Villepin, n° 268, soutiennent en conséquence qu'il n'y a point délit, par exemple, pour celui qui chasse sur autrui, s'il n'a pas eu conscience qu'il était sur un terrain où la chasse lui était défendue.

622. *Mais il faut la volonté.* — La Cour de cassation a en effet jugé, et avec toute raison, « que si, en matière d'infraction à la loi sur la chasse, la bonne ou la mauvaise foi n'est point à rechercher, la loi a voulu, du moins, que le fait poursuivi ait été librement et volontairement accompli » (cass., arrêt du 9 déc. 1859, cité n° 302). — En un mot, il n'est pas nécessaire que le chasseur ait su qu'il violait la loi, mais il faut qu'il ait eu la pleine volonté d'accomplir le fait qui peut être délictueux sans qu'il s'en doute. Nous ne verrions donc pas un délit de chasse dans la *méprise* du chasseur qui, à la recherche du gibier d'eau, tirerait sur un gibier de plaine, posé sur les francs-bords, croyant tirer sur un râle ou un vanneau. — Il y aurait encore moins délit si l'on prenait par hasard des oiseaux de pays dans des filets tendus pour la chasse aux oiseaux de passage (Dalloz, n° 187 ; Gillon et Villepin, n° 182).

623. *Battues. — Tir au jugé.* — La Cour de cassation a jugé, dans un sens analogue à ce que nous avons dit à la première partie du numéro précédent, qu'il n'y avait pas délit de la part de celui qui, prenant part à une battue, a tiré sur un chevreuil qu'il a tué, en croyant,

Art. 11. Seront punis d'une amende de seize à cent francs :

1° Ceux qui auront chassé sans permis de chasse ;

2° Ceux qui auront chassé sur le terrain d'autrui sans le consentement du propriétaire.

comme les autres personnes présentes qui avaient fait feu avant lui, tirer sur un loup.

Cass., 16 nov. 1866.—D.67.1.87.—P. » » »—S. 67.1.344.

624. La Cour de Nancy a de même, et à bon droit, décidé, le 11 mai 1850, qu'une battue ne constituant pas à proprement parler un fait de chasse, il n'y a pas délit pour ceux qui y concourent, s'ils franchissent, de bonne foi, les limites du département où la battue est autorisée. (Le supp. au Rép. du Palais, nᵒ 239, 4°, approuve avec raison cet arrêt.) — La Cour de cassation et la Cour d'Orléans ont également jugé que les habitants qui, dans une battue ordonnée par un arrêté préfectoral, se rendent à la convocation du maire, ne sauraient être poursuivis pour fait de chasse illicite, alors même que la convocation aurait été faite en dehors des formes légales, par exemple sans le concours de l'administration forestière.

Cass., 1ᵉʳ fev. 1850.—D.50.1.303.—P.52.1.416.—S.50.1.761.
Nancy, 11 mai 1850.—D. 52.2.268.—P. 50.2.73.— S. » » »
Orl., 12 déc. 1865. — D. 65.2.232.

625. Défaut de discernement. — Nous pensons, avec la majorité des arrêts et des auteurs, que l'excuse tirée du défaut de discernement, art. 66 du Code pénal, est applicable en matière de chasse et que, par suite, les juges doivent acquitter les enfants âgés de moins de 16 ans, quand ils reconnaissent qu'ils ont agi sans discernement. (Le mineur acquitté ainsi doit néanmoins, suivant l'opinion générale, être condamné aux dépens, cass., 7 juil. 1864.)

Cass., 20 mars 1841.—D.41.1.358.—P. 42.1.227.—S.41.1.463.
Orl., 24 janv. 1842. — D. 43.4.210. — P. 42.1.228. — S. » » ».
Cass., 5 janv. 1844.—D. 45.1.79.—P. 45.1.704.—S. 45.1.467.
Id. (anal.), 11 janv. 56.—D. 56.1.108.—P. 57.12.—S. 56.1.633.
En ce sens : Berriat, p. 243 ; Chardon, p. 313.

626. Décidé en sens contraire qu'en matière de délit de chasse, les mineurs ne peuvent être acquittés sous prétexte qu'ils ont agi sans discernement.

Gren., 12 janv. 1825.—D. 26.2.166.—P. à sa date.—S. 26.2.184.
Gren., 28 nov. 1833.—D. 34.2.160.—P. à sa date.—S. 34.2.135.
Cass., 11 août 1836.—D.37.1.129. — P.37.1.521 —S. 37.1.364.
Cass., 5 juil. 1859.— D. 59.1.409.— P.   .— S. 40.1.189.
En ce sens : Houël, nᵒ 105.— Voir aussi Petit, t. II, p. 245.

627. Abaissement de la peine. — Les mêmes principes qui font décider, nᵒ 625, que le mineur de 16 ans, ayant agi sans discernement, doit être acquitté, conduisent nécessairement à l'abaissement de la peine (réduction à moitié) quand le mineur a agi avec discernement.

Cass., 18 juin 1846.—D. 46.4.234.—P.46.2.523.—S. 46.1.655.
Cass., 3 fev. 1849. — D. 50.5.59.—P. 50.1.560.— S. 49.1.665.
Colm., 5 mai 1857. — D. 61.5.35.— P. 58.21. — S. 57.2.453.

628. Mais à quel taux faut-il réduire l'amende ? — Jugé, par annulation d'un jugement qui avait réduit l'amende à 1 fr., que l'amende doit au moins s'élever à 16 fr. (minimum en matière correctionnelle) lorsqu'il s'agit d'un délit de chasse pour lequel la loi n'admet pas les circonstances atténuantes (arrêt de Colmar ci-dessus ; Code pénal annoté de Sirey et Gilbert, art. 69, et supp.; consulter aussi l'arrêt de cass. du 11 janvier 1856 ci-dessus).

629. La Cour d'Orléans a jugé au contraire que les juges peuvent réduire la peine même à une peine de simple police, c'est-à-dire à une amende inférieure à 16 fr.

Orl., 19 oct. 1864.— D. 65.2.20. — P. 65.491.— S. 65.2.112.
La note de l'arrêt, dans Dalloz, critique la décision, et nous serions disposés à le faire nous-mêmes.

630. Renvois. — Sur les questions de complicité, voir les nᵒˢ 113 et suiv., et 342 ; — sur les questions de compétence, les observations précédant l'art. 21.

Art. 11.

AMENDE IMPÉRATIVE DE SEIZE A CENT FR.

SOMMAIRE.

1° CHASSE SANS PERMIS.
2° CHASSE SUR AUTRUI.
  A. — Amende double si le délit a eu lieu sur des terres non dépouillées de leurs fruits ou dans un enclos.
  B. — Fait excusable : passage des chiens courants.
3° CONTRAVENTIONS AUX ARRÊTÉS DES PRÉFETS.
4° DESTRUCTION D'ŒUFS ET COUVÉES.
5° CONTRAVENTIONS AUX CAHIERS DE CHARGES.

631. Peines doubles. — Emprisonnement. — Les peines de l'art. 11 sont doubles quand les délits sont commis par les gardes désignés à la fin de l'art. 12. — Les peines pourront encore être portées au double et même l'emprisonnement être prononcé dans les cas prévus par l'art. 14.

1° CHASSE SANS PERMIS.

632. Renvois. — Nous renvoyons aux nᵒˢ 121 et suiv. sur les nécessités du permis, — aux nᵒˢ 381 et suiv. sur les formalités du permis, son caractère de personnalité et sa durée. Toute violation à l'une ou à l'autre des règles qui régissent le permis constituera nécessairement le délit de chasse sans permis. — Renvoi aux nᵒˢ 472 et suivants, concernant les gardes qui ont obtenu des permis en violation de la loi.

2° CHASSE SUR AUTRUI.

633. Droit de chasse cédé. — Propriétaire. — Que décider si le propriétaire, après avoir cédé son droit de chasse, vient chasser néanmoins sur ses terres, ou si le nu-propriétaire chasse au détriment de l'usufruitier ? Commettent-ils un délit ? — Nous ne le croyons pas, car la loi ne punit que ceux qui auront chassé sur le terrain d'autrui sans le consentement du propriétaire ; or, il manque dans l'hypothèse qui nous occupe la première condition, c'est-à-dire le fait de chasse sur le terrain d'autrui. Il n'y a donc pas délit ; mais celui qui a obtenu le droit de chasse peut actionner civilement en dommages-intérêts.

En ce sens : Championnière, p. 13 et 23 ; Dalloz, nᵒˢ 58 et 83 ; Gillon et Villepin.

634. Sont d'un avis contraire : MM. Berriat, p. 129 ; Camusat-Busserolles, p. 43, et le Rép. du Palais, nᵒ 84. — Voir encore un arrêt de Nancy, du 7 nov. 1844, Gaz. des Trib. du 30 janv. 1845, qui semble favorable à cette dernière opinion.

635. Le propriétaire d'un enclos affermé, à qui n'appartient plus la chasse, voir nᵒ 206, commettrait-il un délit s'il venait chasser sans l'autorisation de son fermier ? — Oui, suivant M. Duvergier, sur l'art. 2. — Quant à nous, nous distinguerons entre les divers faits de chasse qui peuvent se produire : il n'y aura pas délit si le propriétaire se trouve seulement dans les conditions des nᵒˢ 2 et 4 de notre article ; le délit existera au contraire s'il n'a pas de permis de chasse, nᵒ 1ᵉʳ, ou s'il s'agit des faits de chasse réprimés par l'art. 12.

636. Mais si le fermier avait le droit de chasse et qu'il l'eût cédé, il commettrait un délit en chassant, car il serait réellement sur le terrain d'autrui. — Il en serait de même du locataire de la chasse qui chasserait après avoir fait à un tiers la cession de son droit.

637. Renvoi. — Se reporter aux nᵒˢ 135 et suivants concernant le consentement du propriétaire, la justification de ce consentement, etc., etc. — Il est évident qu'en disant le propriétaire, la loi entend ici parler de celui qui a le droit de chasse, soit comme propriétaire, soit comme locataire ou cessionnaire.

L'amende pourra être portée au double si le délit a été commis sur des terres non dépouillées de leurs fruits, ou s'il a été commis sur un terrain entouré d'une clôture continue faisant obstacle à toute communication avec les héritages voisins, mais non attenant à une habitation.

A.—*Amende double si le délit a lieu sur des terres non dépouillées de leurs fruits ou dans un enclos.*

638. Terres non dépouillées de leurs fruits. — *Ancienne loi. — Appréciation des tribunaux.* — La loi de 1790 se servait déjà du mot *fruits.* Aussi le projet primitif, qui portait le mot *produits* au lieu de *fruits,* fut changé, et l'on disait avec juste raison, dans l'exposé des motifs (séance du 26 mai 1843), que le mot *fruits* déjà consacré par la loi de 1790, et interprété par la jurisprudence, avait paru préférable. Les décisions rendues sur cet objet avant la loi nouvelle, ont donc la même autorité. Le projet de loi portait encore *terres ensemencées ;* on a remplacé ces mots trop vagues par la rédaction nouvelle : « L'amende pourra être portée au double si le délit a été commis sur des *terres non dépouillées de leurs fruits.* » En se servant du mot *fruits,* la loi n'a pas voulu comprendre toutes les productions du sol indistinctement ; c'est aux tribunaux qu'il appartient de statuer, d'après la nature des productions dont la terre n'est pas dépouillée, et eu égard aux variations des saisons, à la fertilité du sol et aux usages locaux.

Il faut se pénétrer, dans tous les cas, de ces paroles de M. Lenoble, rapporteur de la loi, que « si l'amende peut être portée au double, ce n'est qu'en vue du dommage qui peut résulter pour le propriétaire de la destruction de ses fruits, et que ce dommage n'est possible qu'autant qu'il y a des fruits. » De l'arrêt de la Cour de cassation cité au numéro suivant, il résulte encore que l'expression *terres non dépouillées de leurs fruits* ne doit s'entendre que des terres qui peuvent produire encore des fruits propres à être récoltés et auxquels le passage des chasseurs *pourrait* causer dommage.

Cass., 31 janv. 40. — D. 40.1.397. — P. 40.2.475. — S. 45.2.107.
Orl., 22 oct. 1844. — D. 45.4.78. — P. 44.2.425. — S. 45.2.101.
En ce sens : Berriat, p. 156 ; Gillon et Villepin, nᵒ 180 ; Poullain, nᵒ 54. — Voir aussi Perrève, p. 267, et nᵒ 643.

639. *Engrais.* — Les produits de la terre qui ne sont pas destinés à être récoltés, mais bien à être enfouis comme engrais, sur les lieux mêmes, ne peuvent être considérés comme fruits. (Voir autorités citées, *Pois lupins*).

640. *Luzerne.* — Jugé avec raison qu'on ne doit pas considérer comme *fruits* une luzerne dont la deuxième coupe avait été faite, qui n'était plus destinée à être fauchée de l'année et qui n'avait pu, par suite, éprouver aucun dommage du fait de chasse.

Cass., 4 fév. 1830 et 31 janv. 1840, cité nᵒ 638, et Orl., 22 oct. 1844. — P. 45.1.11.

641. *Osiers.* — Jugé qu'un champ planté de *jeunes osiers,* n'étant pas susceptible d'un dommage appréciable par le fait du passage des chasseurs, ne doit pas être considéré comme terre non dépouillée de ses fruits. C'est notre avis.

Gren., 19 mars 46. — D. 46.2.184. — P. 46.2.504. — S. 46.2.468.

642. *Pois lupins.* — Jugé de même, et à bon droit, croyons-nous, à l'égard de pois lupins qui étaient destinés non à être récoltés, mais à être enfouis sur les lieux mêmes pour servir d'engrais.

Gren., 11 nov. 1841. — 45.4.79. — P. 45.2 274. — S. » » »
En ce sens : Boitard, des *Prairies artif.,* p. 162 ; Gillon et Villepin, nᵒ 283.

Jugé en sens contraire :

Colm., 4 déc. 1844. — D. 45.4.79. — P. 45.2.262. — S. » » »
La Cour d'Orléans, par un arrêt du 22 oct. 1844 (P. 45.1.11, et S. 45.2.235), a décidé aussi qu'il fallait considérer comme fruits des haricots non récoltés.

643. *Pommes de terre.* — Jugé que les pommes de terre, dont les tubercules sont enfouis à une grande profondeur, ne doivent pas être reputées fruits dans le sens de la loi.

Douai, oct. 1840. *Gaz. des Trib.* du 30 oct. 1840.
Colmar, 16 nov. 1842. *Annales for.* 1842, p. 279. — P. 45.1.384.
Orléans, 22 oct. 1844. — D. 45.4.78. — P. 44.2.425. — S. 45.2.107.
Trib. de Pithiviers. 22 oct. 1844. — P. 45.1.11. — S. » • ».
En ce sens : Berriat, p. 156 ; Chardon, p. 176 ; Gillon et Villepin, nᵒ 283 ; Lavallée et Bertrand, p. 107.

644. M. Dalloz, nᵒ 258, et M. Poullain, p. 54, sont d'un avis contraire à la décision qui précède ; du moins M. Dalloz la trouve trop absolue. Nous regardons au contraire les décisions ci-dessus comme ayant sainement interprété la loi ; il nous paraît évident que notre article n'a en vue que les récoltes proprement dites, c'est-à-dire les grains et graines et les foins.

645. *Prairie artificielle. — Regain.* — Voir *luzerne.* — La Cour de cassation, dans l'arrêt de 31 janvier 1840 cité à ce mot, décidait que l'expression : *terres non dépouillées de leurs fruits,* ne devait s'entendre que des terres qui peuvent produire encore des fruits propres à être récoltés, et auxquels le passage des chasseurs pourrait causer dommage ; — que le point de savoir s'il en est ainsi d'une prairie artificielle, au moment où l'on y chasse, est un véritable point de fait, laissé à l'appréciation des tribunaux. Nous nous rangeons à ces principes.

646. *Sainfoin.* — Un champ de sainfoin coupé depuis quinze jours, doit être réputé dépouillé de sa récolte et on peut y chasser sans donner lieu à la pénalité exceptionnelle de l'art. 11.

Bourges, 23 nov. 1841. — D. 43.4.67. — P. 42.2.267.

647. *Terres ensemencées ou emblavées.* — Jugé avec raison qu'au 16 janvier (jour du délit qui avait donné lieu à la poursuite), une terre emblavée en *froment,* et chargée de fruits sinon en maturité du moins en croissance, dont la conservation est l'objet de la sollicitude de la loi. (2ᵉ et 3ᵉ arrêt.) Il en serait de même évidemment si les terres étaient ensemencées en *orge* ou en *avoine,* lorsque la récolte serait dans sa croissance.

Cass., 16 janv. 1829. — D. 29.1.110. — P. à sa date.
Cass., 16 nov. 1837. — D. 38.1.210. — P. 38.2.498. — S. 38.1.505.
Cass., 9 juin 1858. — D. 58.1.369 — P. 58.2.505. — S. 58.1.982.
Le Rép. du Palais fait observer avec raison, nᵒ 418, qu'il faudrait décider en sens contraire si l'ensemencement n'avait pas encore produit les plantes. — MM. Gillon et Villepin, nᵒ 282, citent, *en sens contraire* aux arrêts ci-dessus, deux jugements du Trib. de Laon, des 28 mars et 4 avril 1843.

648. *Trèfle.* — Jugé qu'un champ couvert de jeunes trèfles et d'espaliers n'est point dépouillé de ses fruits (il en serait autrement si le trèfle était à sa troisième coupe, voir *luzerne*), et arr. d'Orléans du 22 oct. 1844.

Gren., 10 nov. 1811. — P. 42.2.66. — S. 45.2.259.

649. *Vigne.* — Jugé de même à l'égard d'une vigne dont la récolte n'avait pas encore été levée, mais nous n'admettons pas ces décisions contestées aussi par MM. Chardon, p. 176, et Lavallée et Bertrand, p. 107.

Lyon, 13 déc. 1826. — D. » » » — P. à sa date.
Ang., 15 janv. 1829. — D. 30.2.23. — P. à sa date.

650. Contre qui s'applique la pénalité. — *Propriétaire.* — Il nous paraît évident que la loi a voulu punir seulement celui qui chasse, sans le consentement du propriétaire, sur le terrain d'autrui, alors qu'il n'est pas dépouillé de ses fruits. Sous la loi de 1790, le propriétaire même ne pouvait sans délit chasser sur des terres couvertes de récoltes ; il le peut aujourd'hui, eût-il cédé son droit de chasse, sauf, en ce cas, la responsabilité civile à raison du dommage, s'il en était causé.

651. *Fermier.* — La même pénalité exceptionnelle ne devrait pas s'appliquer davantage, suivant nous, si le fait de chasse sur des terres non dépouillées de leurs fruits était commis par le fermier du champ, à qui appar-

Pourra ne pas être considéré comme délit de chasse le fait du passage des chiens sur l'héritage d'autrui, lorsque ces chiens seront à la suite | d'un gibier lancé sur la propriété de leurs maîtres, sauf l'action civile, s'il y a lieu, en cas de dommage;

tiendrait la récolte, puisqu'il ne causerait dommage qu'à lui seul (Championnière, p. 98; Dalloz, nᵒ 246; Rép. du Palais, nᵒ 402).

652. *Locataire de la chasse.* — *Contravention.* — Le locataire du droit de chasse ou la personne munie de l'autorisation du propriétaire peuvent bien sans délit chasser sur des terres non récoltées, mais, en outre de la responsabilité civile encourue vis-à-vis du fermier, le fait constitue une contravention, punie par l'art. 417, 13ᵉ (voir nᵒ 146, § 2ᵐ).

653. Faut-il qu'il ait été causé dommage? — En un mot, la pénalité est-elle encourue par le seul fait que l'on a chassé sur le terrain d'autrui non dépouillé de sa récolte, ou bien le chasseur peut-il être excusé en justifiant qu'il n'a causé aucun dommage, qu'il s'est borné à chasser le long des sentiers, par exemple? — M. Rogron, p. 158, semble admettre la possibilité, pour les tribunaux, d'apprécier, en disant que l'amende double ou simple sera appliquée, suivant que le fait de chasse a causé aux fruits un dommage réel ou qu'il n'en a produit aucun. M. Dalloz, nᵒ 249, est du même sentiment.

654. Nous croyons, quant à nous, qu'il n'y a aucune distinction à établir, par la raison que la loi n'en a point fait et s'est bornée à punir le fait de chasse sur les terres non dépouillées de leurs fruits. *Du reste, les juges ont toujours la faculté de n'appliquer que l'amende simple.* — M. Rogron paraît finalement de notre avis, car il décide, p. 158, qu'un jugement qui aurait doublé l'amende, bien qu'aucun dommage n'eût été fait, ne serait pas susceptible de cassation. (Consulter l'arrêt du 31 janv. 1840, cité nᵒ 638.)

655. Faits de chasse dans l'enclos d'autrui. — *Clôture, bestiaux.* — *Renvoi.* — L'art. 11, 2ᵉ, permet encore aux juges de porter l'amende au double lorsque le fait de chasse a eu lieu dans un enclos; la loi porte ensuite : «*mais non attenant à une habitation.*» Quand cette dernière circonstance existe, le fait devient plus grave encore, et l'art. 13 se trouve applicable. — Pour savoir ce qui constitue un enclos dans le sens légal, se reporter à l'art. 2, nᵒˢ 225 et suiv.

M. Championnière, p. 104, à l'avis duquel se range Dalloz, nᵒ 261, pense que la pénalité de l'art. 11, 2ᵉ, ne serait pas applicable si la *clôture*, quoique continue et difficile à franchir, paraissait établie pour empêcher seulement l'entrée ou la sortie des *bestiaux*. — Nous regardons cette distinction comme peu juridique; les expressions dont se sert la loi, art. 11, 2ᵉ, étant absolument les mêmes que celles de l'art. 2, il faut leur donner le même sens.

B. — *Fait excusable. Passage de chiens courants.*

656. Droit de suite. — *Ancien droit.* — La suite, dit M. Villequez, nᵒ 7, est le fait de chiens courants qui, étant dans la voie de la bête par eux lancée, la continuent, accompagnés ou non de leur maître. Le droit de suite est donc le droit de faire suivre par des chiens, sur le terrain d'autrui, la bête qu'ils y ont conduite, en suivant ou non les chiens. Cette définition doit être prise dans le sens le plus restreint; ce ne serait plus suivre que de sonner, appuyer, relever un défaut, tirer, etc.

Le droit de suite qui existait, sans conteste, dans notre ancien droit, a été aboli par la loi du 30 avril 1790, laquelle interdisait la chasse sur le terrain d'autrui.

657. Loi actuelle. — **Simple passage.** — La loi du 3 mai 1844, en défendant la chasse sur autrui sans permission, a maintenu par là même la suppression du droit de suite. Tout le monde est d'accord sur ce point. — La question est au surplus tranchée par notre article qui porte : « *Pourra ne pas être considéré... »* La

prohibition de faire suivre le gibier par ses chiens est donc en quelque sorte absolue, puisque la seule exception qu'admet l'article 11, 2ᵉ, est soumise à l'appréciation des tribunaux qui peuvent l'admettre ou la rejeter. — L'abolition du droit de suite a rencontré des critiques auxquelles nous adhérons volontiers; mais la loi existe : il faut la respecter.

658. *Chiens courants.* — *Chiens d'arrêt.* — Il est manifeste, d'après le texte, que le bénéfice de la disposition dont nous nous occupons ne s'étend qu'aux chiens courants et non aux chiens d'arrêt; les débats à la Chambre en font également foi (Gillon et Villepin, nᵒ 291). — Il est plus qu'évident aussi que le législateur n'a voulu parler que des chiens dits « chiens courants, » et non de toute espèce de chiens qui courent.

659. Il est clair pourtant qu'il n'y aurait pas délit et qu'il faudrait excuser le propriétaire dont le chien s'engagerait à la poursuite d'un gibier, malgré la volonté de son maître et tous les efforts de celui-ci pour le retenir (Dalloz, nᵒ 263). Jugé en ce sens à l'égard d'un chien de basse-cour qui s'était mis à la poursuite d'un lièvre et restait indocile à la voix de son maître. (Metz, 8 janvier 1845, cité par MM. Gillon et Villepin, *suppl.* nᵒ 25). — *Voir au surplus nos explications nᵒˢ 67 et suivants.*

660. *Stationnement.* — Jugé avec raison qu'il n'y a pas simplement le passage excusable des chiens courants, lorsque des chiens, après avoir été mis en défaut en poursuivant un gibier, s'introduisent ensuite, quêtent et stationnent sur le terrain d'autrui, au vu et au su du chasseur qui ne cherchait point à les rappeler ou à les rompre. Dans ce cas, il y a délit.

Rouen, 10 fév. 1854. — D. 54.2.258. — P. 54.1.518.
Voir aussi Rouen, 17 juin 1851, et nᵒˢ 67, 161, etc.

661. *Passage du chasseur.* — Il semblerait résulter des travaux préparatoires de la loi que l'on entendait considérer comme délit le fait du chasseur qui courrait, à la suite de ses chiens courants, sur le terrain d'autrui, mais cette interprétation serait trop absolue; nous pensons qu'il n'y aura délit que si le chasseur fait acte de chasse, et que, par suite, le délit n'existera pas si le chasseur se borne, après avoir désarmé son fusil (ou même sans le désarmer, pourvu qu'il ne le tienne pas en attitude de chasse), à traverser le terrain d'autrui pour aller rompre ses chiens et les ramener sur les terres où il a la chasse (Sorel, nᵒ 27; Villequez, p. 32 et suivantes). — Le chasseur pourra aussi aller chercher, sans délit, le gibier tué, ou blessé, ou sur ses fins, nᵒˢ 162 et suivants.

662. Il a été jugé dans le même sens que le seul passage d'un *piqueur* sur les terres d'autrui, à la suite de sa meute, ne constituait pas un délit de chasse.

Cass., 30 nov. 1860. — D. 64.1.500. — P. 62.1001.
Et Toulouse, 22 juin 1860, confirmé par l'arrêt ci-dessus.
Mais il y aurait délit si le chasseur ou le piqueur, au lieu de suivre seulement, appuyait (Orl., 12 mai, cass. 18 juil. 1846).

663. *Le passage... pourra ne pas être considéré comme délit.* — La loi ne dit pas *devra*. C'est donc aux tribunaux à apprécier d'après les circonstances. Nous croyons que le chasseur sera facilement cru quand il dira qu'il a inutilement cherché à rompre ses chiens ou que, trop éloigné, il n'a pu les empêcher d'entrer sur les fonds voisins.

664. La Cour de cassation a jugé que le paragraphe de l'article 11 dont nous parlons « n'a eu pour objet que l'acte de chasse pratiqué par les chiens seuls, lorsque le maître a pu se trouver dans l'impossibilité de l'empêcher, et dans le cas seulement où la chasse aurait été

3° Ceux qui auront contrevenu aux arrêtés des préfets concernant les oiseaux de passage, le gibier d'eau, la chasse en temps de neige, l'emploi des chiens lévriers, ou aux arrêtés concernant la destruction des oiseaux et celle des animaux nuisibles ou malfaisants ;

4° Ceux qui auront pris ou détruit, sur le terrain d'autrui, des œufs ou couvées de faisans, de perdrix ou de cailles ;

5° Les fermiers de la chasse, soit dans les bois soumis au régime forestier, soit sur les propriétés dont la chasse est louée au profit des communes ou établissements publics, qui auront contrevenu aux clauses et conditions de leurs cahiers de charges relatives à la chasse.

---

commencée avec droit; » — que l'excuse ne peut être étendue aux faits de chasse exercés par le maître personnellement.

Cass., 15 déc. 1866.—D.67.1.141.— P. 67.786.— S. 67.1.312.

665. La Cour d'Orléans nous semble avoir interprété d'une façon bien large la disposition de l'article 11 en question, en refusant de voir un délit de chasse sur le terrain d'autrui dans le fait d'un chasseur d'attendre sur une propriété où il a le droit de chasse le retour d'un lièvre, qui avait été lancé sur cette propriété, mais que des chiens poursuivaient dans les bois de l'État.

Orléans, 10 juin 1861. — D. 61.2.173.

666. *Réparation du dommage.* — La loi réserve la responsabilité civile à raison du dommage. La réparation est subordonnée uniquement à la condition du préjudice causé et non à une faute du chasseur.

Cass., 26 mai 1852.—D.52.1.686.—P.54.2.19.—S.52.1.549.

667. Renvois. — Se reporter aux nᵒˢ 67 et suivants, pour les *faits de chasse par l'action des chiens ;* — aux nᵒˢ 135 et suivants, pour les *faits de chasse sur le terrain d'autrui ;* — aux nᵒˢ 161 et suivants, pour le *passage* sur ce terrain, — et à la IIIᵉ partie, *droits du chasseur sur le gibier.*

3° CONTRAVENTIONS AUX ARRÊTÉS PRÉFECTORAUX.

668. Renvois. — Se reporter au sommaire de l'article 9 pour connaître sur quels points les préfets peuvent prendre des arrêtés, et voir ensuite ce qui est dit sur chacune de leurs attributions.

4° DESTRUCTION D'ŒUFS ET COUVÉES DE PERDRIX, ETC.

669. Voir sous l'article 4, § IIIᵉ, nᵒˢ 365 et suivants, ce qui concerne les œufs et couvées de perdrix, faisans et cailles. Toute infraction à ce qui est défendu par le paragraphe précité de l'article 4, est un délit que prévoit et punit le nᵒ 4 de l'article 11.

5° CONTRAVENTIONS AUX CAHIERS DE CHARGES.

670. Contraventions par les fermiers des chasses. — *Contre qui elles s'appliquent.* — Notre article indique quels sont les fermiers des chasses qui peuvent être passibles des peines qu'il édicte. — Une seule observation est nécessaire : après avoir parlé des bois soumis au régime forestier, la loi ne dit pas « des propriétés des communes, » mais « des propriétés dont la chasse est louée au profit des communes...; » il arrive, en effet, dans certains départements, que des propriétaires concèdent à leurs communes le droit de louer, au profit de celles-ci, la chasse sur leurs terres; ces terres sont alors assimilées aux biens des communes.

L'article 11, nᵒ 5, n'a trait qu'aux *contraventions relatives à la chasse.*

671. *Associés limités et déclarés.* — Lorsqu'un cahier de charges porte que l'adjudicataire ne pourra avoir plus de trois associés, par exemple, avec charge pour lui de les déclarer au moment de l'adjudication, et qu'il n'a déclaré que deux associés, il y a contravention à notre article de la part de l'adjudicataire ou de ses associés, si des personnes étrangères à l'adjudication étaient conduites avec l'un ou l'autre des associés, lors même que le nombre des invités ne serait que de trois personnes. — Voir aussi nᵒ 678.

Cass., 8 nov. 1849.—D. 49.4.204.—P. 51.1.380.

672. *Invités trop nombreux.* — Jugé que l'adjudicataire d'un droit de chasse dans un bois communal est seul passible d'amende, lorsqu'il conduit avec lui un nombre de chasseurs plus grand que celui qu'il est autorisé à s'adjoindre d'après le cahier de charges.

Dijon, 24 déc. 1844. — D. 45.2.40.—P. 45.2.713.—S. 45.2.97.
Cass., 29 nov. 1845.— D. 46.1.21.— P. 45.2.713.—S. 46.1.143.
Colmar, 25 nov. 1847. — D. » » » — P. 48.1.512. — S. » » ».

673. Ces arrêts font, à notre avis, une très-saine appréciation de la loi, d'autant que si, comme l'observait la Cour de Dijon, la peine devait atteindre d'autres personnes que le fermier, on ne saurait contre qui l'appliquer, puisqu'elle devrait frapper seulement les chasseurs excédant le nombre permis, et qu'évidemment aucun ordre de numéros n'existerait entre les invités (Berriat, p. 130 ; Petit, t. Iᵉʳ, p. 154). — Voir cependant Gillon et Villepin, nᵒ 309.

674. *Personnes invitées malgré la défense.* — Quand le cahier de charges interdit à l'adjudicataire d'accorder des permissions de chasser, en lui donnant seulement le droit de se faire accompagner par un ami, il y a délit pour les personnes qui chassent en vertu de permissions. Les invités sont réputés connaître la défense. L'arrêt du 18 août 1849 a formellement jugé la question.—Le délit de la part des chasseurs serait plus évident encore si le cahier de charges portait que l'adjudicataire, autorisé seulement à avoir trois associés et tenu de les déclarer lors de l'adjudication, ne pourrait céder le bénéfice de son bail sans le consentement du maire et l'approbation du préfet (deux premiers arrêts).

Cass., 16 juin 1848.—D. 48.1.136.—P. 48.2.406.—S. 48.1.636.
Cass., 14 juil. 1848.—D. 48.1.160.—P. 48.2.407.—S. 48.1.637.
Cass., 18 août 1849.—D. 49.1.253.—P. 50.2.405.—S. 49.1.780.

675. *Invités chassant isolément.* — Jugé, et nous approuvons les décisions, que lorsqu'un cahier de charges autorise l'adjudicataire à se faire accompagner d'amis, mais en interdisant à ceux-ci la chasse isolément, il y a délit pour eux quand ils sont trouvés chassant isolément, malgré qu'il fût constaté qu'ils cherchaient à rejoindre l'adjudicataire qui chassait en même temps dans une autre partie de la forêt, et malgré leur prétention d'avoir donné rendez-vous à ce dernier dans un endroit désigné de cette forêt.

Cass., 31 juil. 1851. — D. 51.1.229. — P. 51.2.580.
Cass., 18 juil. 1867. *Gaz. des Trib.* du 19, *Droit* du 19.

676. Cependant, suivant la remarque judicieuse de l'arrêt du 18 juillet 1867 ci-dessus, on ne doit pas exiger que les chasseurs invités et l'adjudicataire soient constamment en vue les uns des autres ; il suffit qu'il y ait une action de chasse commune, commencée au même lieu et se poursuivant de façon à ne pas faire des chasses différentes.

677. *Bail expiré.* — Si le bail de l'adjudicataire avait pris fin et qu'il se fût livré à la chasse avec des invités, que faudrait-il décider ? — Qu'il y a eu violation de la loi en chassant sur autrui sans autorisation ; et, suivant nous, tous devraient être condamnés, même les invités, quoique de bonne foi, par la raison que la bonne foi n'est pas une excuse et qu'ils *devaient* connaître les termes du cahier de charges.

678. *Complicité des invités.* — Nous croyons en effet que les invités *doivent légalement* connaître les clauses et conditions des cahiers de charges. Par suite, ils devront être considérés comme complices de l'adju-

Art. 12. Seront punis d'une amende de cinquante à deux cents francs, et pourront en outre l'être d'un emprisonnement de six jours à deux mois :

dicataire, sauf l'hypothèse particulière du nᵒ 672, toutes les fois que leur présence engagera la responsabilité pénale du premier. — Suivant M. Berriat, p. 139, les invités au contraire ne seront passibles de poursuites que s'ils chassent isolément ou sans permis.

Nous pensons aussi que l'*adjudicataire* pourra être regardé comme complice des délits qu'il a laissé ses invités commettre, comme s'il les autorisait à chasser malgré la défense ou s'ils chassaient isolément.

679. Locataires des chasses des particuliers. — Suivant certains auteurs, s'ils contrevenaient aux conditions des baux de chasse, — comme si, par exemple, ils chassaient à courre quand le bail ne permet que la chasse aux chiens d'arrêt, — ils se trouveraient susceptibles de poursuites pour fait de chasse sur le terrain d'autrui sans autorisation (Championnière, p. 119; Dalloz, nᵒ 274). — Ce n'est pas notre avis ; voir Chardon, p. 186.

Art. 12.

AMENDE DE CINQUANTE A DEUX CENTS FRANCS, ET EMPRISONNEMENT FACULTATIF DE SIX JOURS A DEUX MOIS.

SOMMAIRE.

§ 1ᵉʳ. PEINES SIMPLES (indiquées ci-dessus) :
1ᵒ Chasse en temps prohibé.
2ᵒ Chasse pendant la nuit ou avec moyens prohibés.
3ᵒ Détention et port d'engins prohibés. Recherche.
4ᵒ Vente ou colportage de gibier en temps prohibé.
5ᵒ Emploi de drogues ou appâts.
6ᵒ Chasse avec appeaux, appelants ou chanterelles.
§ 2. PEINES DOUBLES FACULTATIVES :
Chasse de nuit, sur autrui, avec armes, etc.
§ 3. PEINES IMPÉRATIVES DES ART. 11 ET 12 au maximum :
Délits commis par certains gardes.

680. Observations. — *Permis.* — *Peines au double.* — Les peines de l'art. 12 sont plus élevées que celles de l'art. précédent ; la gravité plus grande des délits en est la cause. Du reste, la peine de l'emprisonnement n'est que facultative, excepté quand les délits ont été commis par les gardes désignés au § 3. — Il importe peu que le délinquant soit ou non muni d'un permis de chasse ; ce permis peut seulement engager les juges à modérer la peine.

Indépendamment de ce qui est dit aux §§ 2 et 3 ci-après, les juges ont la faculté, dans les cas prévus par l'art. 14, de porter au double les pénalités de l'art. 12.

§ Iᵉʳ.

PEINES SIMPLES.

1ᵒ CHASSE EN TEMPS PROHIBÉ.

681. Temps prohibé. — Le temps prohibé est naturellement celui qui s'écoule depuis la clôture de la chasse jusqu'à son ouverture, sauf le temps où les préfets ont pu autoriser les chasses exceptionnelles dont il est parlé, article 9. (Voir nos annotations sous les articles 3 et 9).

682. *Neige.* — Le temps prohibé comprend-il celui durant lequel la terre est couverte de *neige*, quand les préfets ont défendu la chasse en cette circonstance ? — M. Petit, t. II, p. 124, l'affirme et dit « que la contravention à l'arrêt du préfet qui défend la chasse en temps de neige, est un fait de chasse en temps prohibé et doit être punie par l'article 12. »

683. Ce n'est pas notre avis. La loi a puni ce fait, article 11, 3ᵒ ; elle ne saurait lui appliquer une autre pénalité. M. Petit cite à l'appui de son opinion plusieurs arrêts, notamment un arrêt de cassation du 3 juillet 1845, mais les derniers mots de cet arrêt, que nous retrouverons sous l'article 16, supposent expressément que la Cour de cassation résoudrait la question comme nous le faisons nous-mêmes, si elle lui était posée.

Dans le sens de notre opinion : Berriat, p. 147 ; Championnière, p. 120 ; Chardon, p. 189.

2ᵒ CHASSE PENDANT LA NUIT, OU A L'AIDE D'ENGINS OU DE MOYENS PROHIBÉS.

684. Une seule des circonstances suffit. — Il suffit, pour que le nᵒ 2 soit applicable, que l'on ait chassé, soit pendant la nuit, soit à l'aide d'engins et instruments prohibés, soit par d'autres moyens que ceux autorisés. Le texte est précis.

685. Chasse de nuit. — *Renvois.* — Sur le fait de savoir quand il y a chasse de *jour ou chasse de nuit,* se reporter aux nᵒˢ 521 et suivants ; sur la question de jour et de nuit relative au droit de *destruction des animaux nuisibles,* voir le nᵒ 552.

686. *Terrains clos.* — Le propriétaire d'un enclos, dans les conditions de l'article 2, peut-il chasser la nuit ? — Oui, suivant nous, et nous ne faisons ici que nous conformer à l'opinion générale. L'affirmative résulte aussi de l'arrêt ci-dessous d'après lequel « les prescriptions touchant *soit au temps pendant lequel on peut se livrer à la chasse,* soit aux moyens..., sont inapplicables aux héritages pour lesquels a disposé l'article 2. »

Cass., 16 juin 1866. — D. 66.1.452. — P. 67.537. — S. 67.1.226.
En ce sens : Berriat, p. 18 ; Championnière, p. 24 ; Dalloz, nᵒ 78.

687. *En sens contraire* on soutient que l'immunité attachée à la possession d'héritages enclos ne saurait prévaloir par voie d'induction sur le principe général que la chasse est défendue la nuit (Dufour, p. 14 ; Petit, t. II, p. 121). — Voir par analogie Aix, cité nᵒ 701.

688. Engins prohibés. — **Moyens prohibés.** — Distinction. — Puisque la détention seule d'un engin prohibé est un délit, voir le numéro suivant, il est important de savoir exactement ce qu'il faut entendre par là. On pourrait croire que tout ce qui sert à un moyen de chasse défendu est par là même un engin prohibé, que, par exemple, la chasse à l'appeau étant interdite, l'appeau est un engin prohibé. Il n'en est point ainsi. Suivant l'opinion de la Cour suprême et de plusieurs Cours impériales, dont nous adoptons les principes, on ne doit entendre par *engins prohibés* que ceux qui, matériellement et directement, saisissent ou tuent le gibier, qui sont des moyens complets, uniques et principaux.

Gren., 2 janv. 1845. — D. 45.2.42. — P. 45.2.67. — S. 45.2.99
Besançon, 12 janv. 1866. — D. 66.2.189. — P. 67.547. — S. 67.2.84.
Cass., 16 juin 1866. — D. 66.1.565. — P. 67.537. — S. 67.1.226.
Ce dernier arrêt confirmait un arrêt de Paris, du 26 janv. 1866.
En ce sens : Dalloz, nᵒ 182 ; Petit, t. 1ᵉʳ, p. 551.

689. *Collets.* — *Filets.* — *Lacets, etc.* — Tous ces instruments et ceux du même genre, qui prennent ou détruisent par eux-mêmes le gibier, sont des engins prohibés.

Paris, 21 déc., 26 déc. 1844 ; Grenoble, 2 janv. 1845.
Cass., 30 mai 1845. — D. 45.1.302. — P. 45.2.720. — S. 45.1.682.
Id. ch. r., 25 mars 46. — D. 46.1.95. — P. 46.1.582. — S. 46.1.294.
Cass., 4 avril 1846. — D. 46.1.95. — P. 46.1.747. — S. 46.1.297.
Lyon, 10 oct. 1846 ; Cass. 4 mai 1848.
En ce sens : Dalloz, nᵒ 181 ; Gillon et Villepin, nᵒˢ 179 et suivants.

690. Et ils sont prohibés lors même qu'ils serviraient à une chasse où l'on prendrait le gibier vivant pour repeupler un parc.

Dijon, 28 nov. 1845. — D. 45.2.5. — P. 47.1.59. — Dij. 47.23.

691. *Appeaux, appelants, chanterelles.* — Ils forment bien un mode de chasse défendu, voir nᵒ 6, ci-après, la définition, mais ils ne sont pas des engins prohibés, et par conséquent leur détention ne constitue pas un délit ; tous les arrêts ci-dessous l'ont décidé. — La Cour d'Amiens a jugé notamment que le fait par un *individu*

1° Ceux qui auront chassé en temps prohibé ;
2° Ceux qui auront chassé pendant la nuit ou à l'aide d'engins et instruments prohibés, ou par d'autres moyens que ceux qui sont autorisés

« d'être trouvé porteur d'une cage contenant une femelle de perdrix, lorsqu'il se rendait à la chasse, mais alors qu'il ne chassait pas encore, cette détention, même avouée, ne saurait être incriminée. »

Poit., 18 juill. 1846. — D. » » » — P. 46.2.568.
Trib. de Tours, du 18 nov. 1846. *Gaz. des Trib.* du 25 nov.
Paris, 3 avril 1851, *Annales forest.*, t. V, p. 295.
Amiens, 27 mai 1853. — D. 59.2.145. — P. 60.178.
Cass., 16 juin 1866. — D. 66.1.452. — P. 67.557. — S. 66.1.414.
Paris, 11 juill. 1866. — D. 67.2.159. — P. 67.562. — S. 67.2.131.
Trib. de Reims, 29 sept. 1866. — D. 66.5.96.

692. Il a été jugé *en sens contraire* que l'appelant ou la chanterelle peuvent, d'après les circonstances, être considérés comme des engins prohibés, dont la seule détention à domicile, — même chez un marchand, 1er arrêt, — constitue un délit.

Lim., 21 janv. 1858. — D. 59.2.146. — P. 60.178.
Orl., 9 mai 1859. — D. 59.2.97. — P. 60.178.
En ce sens : Cival, n° 9 ; Desjardins, *Revue crit.*, t. XIX, p. 352 ; Gillon et Villepin, n° 328. La note du recueil de Dalloz sur l'arrêt d'Amiens du numéro précédent, et celle du Palais, sur les arrêts de Limoges et d'Orléans, paraissent de cet avis.

693. *Banderolles.* — Jugé avec raison que les banderolles, — placées par un chasseur le matin ou la nuit, sur les limites de sa propriété, pour empêcher le gibier qui y est entré la nuit d'en sortir, — ne sont ni des moyens de chasse défendus, ni des engins prohibés (arrêts cités n° 53, et encore Paris, 26 janv. 1866, cité n° 688).

694. *Glu.* — La Cour d'Angers, par divers arrêts des 9 oct. et 9 déc. 1844 et 17 sept. 1845, et la Cour de Riom, par un arrêt du 16 juil. 1845, avaient jugé que l'emploi de la glu était un moyen de chasse licite ; mais la Cour de cassation réforma cette jurisprudence, et condamna l'usage de la glu par ses arrêts des 27 fév. 1845, 2 oct. 1846, et par l'arrêt rendu, toutes chambres réunies, le 23 avril 1847. (Si la glu est un moyen de chasse prohibé, nous ne croyons pas pourtant que ce soit un engin prohibé, car elle n'apporte qu'un obstacle momentané à la fuite de l'oiseau. Ce point n'a pas été jugé.)

Cass., 23 avr. 1847. — D. 47.1.100. — P. 47.1.435. — S. 47.1.528.
Les auteurs sont d'accord avec la Cour de cassation.

695. *Miroir.* — Le miroir est, comme les banderolles, un instrument licite, et ne constitue ni moyen ni engin de chasse prohibé (arrêts cités au n° 688, et notamment Grenoble et Besançon ; Cival, n° 7 ; Dalloz, n° 182 ; de Villepin, *Chasse ill.*, p. 94 ; Loiseau et Vergé, p. 28 ; de Neyremand, p. 48 ; Viel, p. 57).

696. *Poignards, couteaux, etc.* — M. Berriat dit, p. 88, que le fait de chasse à l'aide de ces instruments ou d'autres semblables tomberait sous l'application de notre article, comme chasse à l'aide d'un instrument prohibé. — Nous ne le croyons pas ; l'emploi de ces armes est le seul moyen souvent de mettre à fin la chasse à courre, et celle-ci étant permise, les moyens de s'y livrer ne sauraient être illicites. Voir seulement ce que nous avons dit n° 514.

697. *Trébuchet, pot à moineaux, maisonnette à lièvre.* — Se reporter aux n°s 97 et 98 pour ce qui regarde le trébuchet et le pot à moineau. — Quant à ces petites maisonnettes que construisent les pâtres, ayant à la base une ouverture par où le gibier s'introduit, et à l'intérieur une trappe qui se referme, elles sont bien des instruments dont l'emploi est un mode de chasse défendu ; mais nous aurions peine à y voir, ainsi que le font MM. Gillon et Villepin, n° 330, un engin prohibé. Nous croyons que la loi n'a entendu comprendre, sous le nom d'engins prohibés, que les engins mobiles.

698. *Arrêtés préfectoraux.* — Les engins prohibés en règle générale cessent de l'être quand ils ont été autorisés exceptionnellement, dans les limites de l'art. 9 ; voir encore n° 536. — Mais il a été jugé avec raison que celui qui chasse à la glu ou au lacet, avant l'époque fixée par l'arrêté préfectoral en autorisant l'emploi, ne commet pas seulement une infraction à cet arrêté, ce qui le rendrait passible seulement des peines de l'art. 11, mais se met en contravention à l'art. 9 et tombe sous l'application de notre article.

Cass., 27 fév. 1845. — D. 45.1.160. — P. 45.2.125. — S. 45.1.387.
Cass., 4 mai 1848. — D. 48.5.45. — P. 48.2.531. — S. 48.1.636.

699. *Terrains clos. — Engins prohibés.* — La simple détention d'un engin prohibé étant un délit, il en a été tiré une conséquence que nous trouvons judicieuse, à savoir que le propriétaire ou locataire d'un enclos dans les conditions de l'art. 2, qui ne pourrait chez lui posséder sans délit un engin prohibé, ne peut pas davantage chasser sans délit avec un engin pareil.

Cass., 26 avril 1845. — D. 45.1.209. — P. 45.2.700. — S. 45.1.389.
Limog., 5 mars 1857. — D. 57.2.124. — P. 58.1012. — S. 57.2.282.
Cass., 16 juin 1866. — D. 66.1.452. — P. 67.5.37. — S. 67.1.226.
Montp., 28 janv. 67. — D. 67.2.159. — P. 67.562. — S. 67.2.151.
En ce sens : Dalloz, n° 182 ; de Neyremand, p. 45 ; Villequez, p. 106 ; — voir encore Dijon, 2 juill. 1845, *Dij.*, 45, p. 146 ; trib. de Lyon, 16 déc. 1858. — D. 59.5.60, et les motifs de l'arrêt de cass., cité n° 100. — Ajouter M. Petit, t. 1er, p. 526.

700. Jugé, *au contraire*, que le propriétaire peut chasser dans ses possessions closes, avec des engins prohibés. Dans cette opinion, on s'appuie sur certains points de la discussion à la Chambre des pairs.

Bes. (cassé), 18 janv. 45. — D. 45.2.51. — P. 45.2.700. — S. 45.2.102.
Metz, 5 mars 1845. — D. » » » — P. 45.2.711. — S. 45.2.237.
Dijon, 4 avril 1866. — D. 66.2.78.
En ce sens : Berriat, p. 18 ; Championnière, p. 124.

701. Dans tous les cas, le propriétaire ou fermier peut se servir dans son enclos des moyens interdits dans les terrains ordinaires, des appeaux et appelants, par exemple, pourvu que ces moyens ne constituent pas des engins prohibés (Metz, cité au n° précédent, et n° 691). Il en serait autrement dans l'opinion rapportée n° 692, et dans celle de la Cour d'Aix (arrêt du 4 nov. 1867, D. 67.2.206) qui refuse d'une manière absolue au propriétaire le droit de se servir des engins ou moyens prohibés, d'une chanterelle, par exemple.

702. *Animaux nuisibles. — Bêtes fauves.* — Les modes de destruction des premiers sont réglés par les préfets ; quant aux moyens de détruire et repousser les bêtes fauves, le choix en appartient au propriétaire ou fermier, voir n° 574.

703. Complicité. — Les principes généraux sur la complicité dont il a été parlé déjà, n°s 113 et suiv., 342 et 348, s'appliquent aussi aux faits de chasse de nuit et à ceux de chasse à l'aide de moyens ou d'engins prohibés. — C'est ainsi que le tribunal de Nantes a condamné comme complice par recel un individu qui vendait du gibier, quoique en temps licite, alors qu'il résultait des aveux du prévenu et d'une expertise que le gibier, des perdrix, ne portant aucune trace de plomb, avait été pris à l'aide d'engins prohibés.

Trib. de Nantes, du 27 déc. 1866. *Mon. des Trib.* 1867, p. 45.

3° DÉTENTION ET PORT DE FILETS ET ENGINS PROHIBÉS. — RECHERCHE.

A. — *Détention et port.*

704. Détention, port, usage. — Il faut se reporter aux numéros qui précèdent pour la distinction à établir entre les engins prohibés et les moyens interdits. La distinction est importante, répétons-le, puisque la loi punit non-seulement l'usage d'un engin, mais encore le fait de le détenir dans son domicile, ou d'en être porteur hors de chez soi, tandis qu'elle punit seulement le fait d'user d'un mode de chasse interdit et non le fait d'être détenteur ou de porter ce qui peut aider à un fait de chasse défendu.

Quant aux engins prohibés, on est en délit par cela seul soit qu'on en détient à son domicile, soit qu'on en

par l'art. 9;
3° Ceux qui seront détenteurs ou ceux qui

seront trouvés munis ou porteurs, hors de leur domicile, de filets, engins ou autres instruments

est porteur au-dehors, et cela indépendamment de tout usage. — Le domicile doit être pris dans un sens étendu.

Paris, 26 déc. 1844. — D. 45.2.18. — P. 45.2.152. — S. 45.2.259.
Orléans, 9 fév. 1846. — D. 46.2.42. — P. 46.2.700.
Cass., 4 avril 1846. — D. 46.1.96. — P. » » » . — S. 46.1.294.

705. A quelles personnes s'applique la défense. — *Marchands et fabricants.* — L'interdiction de détenir ou porter des engins prohibés est générale et absolue. Les arrêts, cités au numéro précédent, ont jugé qu'elle s'appliquait même aux marchands et fabricants d'engins et instruments de chasse, et MM. Gillon et Villepin, n° 313, et le Répertoire du Palais, n° 445, approuvent ces décisions.

706. Nous avons peine à adopter cette opinion. Les engins prohibés peuvent être autorisés par les préfets; or, on ne saurait contraindre les chasseurs à fabriquer eux-mêmes ces engins, et comment pourront-ils en acheter si les fabricants n'habitent pas leur département et si les chasses, qui ont motivé l'emploi exceptionnel de ces engins, ne sont pas autorisées là où résident les fabricants? — Il nous semble qu'il suffirait d'astreindre ceux-ci à ne pas exposer en vente les instruments prohibés là où leur emploi est illicite.

707. *Terrains clos.* — L'interdiction relative aux engins prohibés est applicable, suivant l'opinion générale, aux propriétaires ou fermiers de terrains clos, voir n° 699.

708. Exceptions. — *Chasses spéciales.* — Quand les préfets, en vertu de l'article 9, autorisent certains engins d'ordinaire défendus, la détention ou le port de ces engins n'est plus un délit, à la condition qu'ils soient conformes à ceux désignés dans les arrêtés, et que l'on soit dans les départements où ces arrêtés sont en vigueur. (Arrêt de Paris, cité n° 461).

709. Que décider lorsque vient à expirer le temps de l'année durant lequel on pouvait sans délit, en vertu d'arrêtés préfectoraux, se servir d'engins prohibés? Faut-il les détruire immédiatement pour ne pas être recherché comme détenteur d'engins prohibés, ou a-t-on la faculté de les conserver pour l'année suivante? — MM. Gillon et Villepin, n° 320; Petit, t. Ier, 533; René et Liersel, p. 128, à l'opinion desquels se range le Répertoire du Palais, n° 447 (consulter aussi Championnière, p. 121), pensent qu'on ne saurait forcer les chasseurs à opérer la destruction de leurs filets, aussitôt la fin des passages, et que par suite ces engins, autorisés exceptionnellement, sortent de la classe des engins prohibés et peuvent être détenus sans délit.

La loi est tellement précise et absolue que nous n'avions pas d'abord cru juridique l'opinion que nous venons d'énoncer. Sans l'admettre encore entièrement, nous pensons cependant qu'elle est possible dans une circonstance: c'est celle où les arrêtés qui autorisent exceptionnellement, à certaines époques, des engins prohibés, sont *permanents.* Les chasseurs pourraient soutenir alors que les arrêtés qui sont leur excuse subsistent et ne sont que suspendus. — Mais si les arrêtés n'étaient que *temporaires,* les chasseurs ne seraient plus excusables, à notre avis, s'ils détenaient des engins prohibés. — Dans tous les cas, il y aurait délit à porter hors de son domicile les mêmes engins, après l'expiration des époques où leur emploi est autorisé.

710. *Animaux nuisibles. — Bêtes fauves.* — Il a été jugé que celui-là n'était pas en délit qui détenait à son domicile un piège ou tout autre engin, si, d'une part, ce piège ne paraissait pas, d'après son inspection, destiné à la capture du gibier, et paraissait fait au contraire pour la capture des animaux, comme fouines et belettes, qui dévastent les dépendances des habitations rurales, — et si, d'autre part, il n'existait aucun arrêté du préfet, déterminant le mode de destruction de ces

animaux. (La première condition est très-suffisante à nos yeux pour rendre excusable le propriétaire, possesseur ou fermier, lorsqu'il s'agit d'une bête fauve, voir n° 574).

Cass., 15 oct. 1844. — D. 45.1.26. — P. 45.2.119. — S. 45.1.152.
En ce sens et en celui de notre observation : Lavallée et Bertrand, p. 91; Villequez, p. 169.

711. *Fait involontaire.* — Il faut que la détention soit volontaire, et il est manifeste que les *héritiers* ne seront pas susceptibles de poursuites parce qu'à l'inventaire on aura trouvé des engins prohibés au domicile du défunt (Travaux préparatoires de la loi, rappelés par MM. Gillon et Villepin, n° 317). — Il faut en dire autant par rapport au locataire d'une maison qu'il habite depuis peu de temps et où l'on découvrirait, dans un endroit caché, des engins défendus. — Voir aussi Rogron, p. 178.

712. *Engins détériorés.* — Il nous paraît évident encore que la loi, en parlant d'engins, n'a entendu que les engins susceptibles de servir au moment où s'en fait la découverte. Le détenteur d'engins détériorés, brisés, démontés, etc., serait donc à l'abri (Gillon et Villepin, n° 318).

713. *Détenteur inconnu.* — Que décider si un engin est découvert dans une habitation commune à une maison entière? — S'il est établi que la détention est le fait de l'un des membres, celui-là sera en faute; mais si la détention ne peut être prouvée plutôt le fait de l'un que de l'autre, sur qui faire porter le délit? — MM. Berriat, p. 149; Dalloz, n° 287; Petit, t. Ier, p. 523; Rogron, p. 177, veulent que le chef de famille soit condamné, même dans le cas où il aurait ignoré l'existence de l'engin prohibé! — Cela nous paraît impossible, car il n'y a point de fait délictueux sans volonté, voir n° 622.

B. — *Recherche des filets et engins prohibés.*

714. Par qui peut se faire la recherche. — L'article 12 n'indique pas le mode de rechercher et constater à domicile le délit de détention d'engins prohibés. Il faut s'en référer au droit commun. Par suite, la perquisition doit être faite par le juge d'instruction, en vertu d'une ordonnance par lui rendue sur la réquisition du ministère public. Toute recherche faite par le procureur impérial, sauf les exceptions ci-après, est nulle et de nul effet. (La recherche ne peut avoir lieu que le jour.)

Rouen, 1er fév. 1845. — D. 45.2.55. — P. 45.2.134. — S. 45.2.106.
En ce sens : Circ. minist. du 9 mai 1844. Berriat, p. 148; Camusat-Busserolles, p. 137; Chardon, p. 195; Gillon et Villepin, n° 314; Petit, t. Ier, p. 521.

715. *Exceptions. — Département de la Seine. — Flagrant délit.* — A Paris, et par exception au principe ci-dessus, le préfet de police a le droit de faire tous les actes nécessaires pour constater les délits; il peut saisir même à l'intérieur d'une boutique et quoiqu'il n'y eût pas étalage (Arrêt de Paris, du 26 décembre 1844, cité n° 704).

Il existe une autre exception pour le cas du flagrant délit (c'est le délit qui se commet actuellement ou qui vient de se commettre). Alors, aux termes des articles 32 et 49 du Code d'instruction criminelle, le procureur impérial, les juges de paix, les officiers de gendarmerie et les commissaires généraux de police peuvent instrumenter immédiatement et faire des visites domiciliaires. Il appartient aux tribunaux d'apprécier les circonstances qui forment le flagrant délit. Voir encore n° 721.

716. L'arrêt de Rouen, indiqué au n° 714, a jugé avec raison que l'existence au domicile de l'inculpé d'engins prohibés, sans aucune *circonstance extérieure,* ne peut constituer le flagrant délit. — S'il s'agissait de marchands ou fabricants, il faudrait que les engins eussent été *exposés en vente,* de façon à être aperçus du dehors et à attirer les acheteurs.

de chasse prohibés ;
4° Ceux qui, en temps où la chasse est prohibée,

auront mis en vente, vendu, acheté, transporté ou colporté du gibier ;

---

717. La Cour de cassation décide que le flagrant délit n'est pas restreint à son objet, et que, par exemple, si la prévention d'un vol donnait lieu à une visite domiciliaire, on pourrait exercer des poursuites à raison d'engins prohibés qui seraient découverts lors de la visite. (Voir les nᵒˢ 724 et 725).

718. *Agents subalternes.* — Dans tous les cas, les agents subalternes, gendarmes, gardes, etc., ne peuvent jamais s'introduire au domicile des citoyens. — Est donc radicalement nulle la perquisition d'engins prohibés faite au domicile du détenteur par deux *gendarmes* se disant porteurs d'une réquisition du procureur impérial (et lors même que le réquisitoire existerait). Arrêt de Rouen du 1ᵉʳ février 1845 ci-dessus.

719. Est radicalement nulle aussi la visite domiciliaire faite par un *garde champêtre*, encore bien que du dehors il aurait pu voir les engins (1ᵉʳ et 3ᵉ arrêts), ou par *l'adjoint au maire et le garde champêtre* (2ᵉ arrêt).

Metz, 5 mars 1845.— D. » » » .— P. 45.2.711.— S. 45.2.237.
Douai, 4 nov. 1847 — D. 50.5.392.— P. 49.2.518.— S. » » ».
Cass., 21 avril 1864.— D. » » » .— P. » » »— S. 64.1.427.

720. *Les gardes forestiers* sont également incompétents pour procéder aux visites domiciliaires ayant pour but la recherche d'engins prohibés. Ils ont seulement compétence pour constater les délits de chasse commis en forêt.

Rouen, 13 mars 1845.— D. 45.4.70. — *Droit,* 1ᵉʳ mai 1845.
Cass. (2), 17 juillet 1858.—D. 58.1.385.—P. 59.60.—S. 59.1.654.

721. Droit de suite d'objets enlevés. — L'article 16 du Code d'instruction criminelle donne *aux gardes champêtres et aux gardes forestiers* le droit de suivre les choses enlevées dans les lieux où elles auront été transportées et de les mettre en séquestre, avec cette restriction qu'ils « ne pourront néanmoins s'introduire dans les maisons, ateliers, bâtiments, cours adjacentes et enclos, si ce n'est en présence soit du juge de paix, soit de son suppléant, soit du commissaire de police, soit du maire du lieu, soit de son adjoint... » — En vertu de cet article, un garde pourrait-il, s'il trouvait dans la campagne quelqu'un porteur ou soupçonné porteur d'engins prohibés, suivre cet individu à son domicile et y entrer pour opérer la recherche, accompagné de l'un des magistrats plus haut désignés ?

La Cour de cassation paraît, dans son arrêt du 21 avril 1864, n° 719, admettre l'affirmative, car il résulte de son arrêt que l'article 16 est applicable dans tous les cas.

722. M. Chardon, p. 196, refuse *au contraire* le droit pour les gardes et gendarmes d'opérer la recherche des engins prohibés dans les conditions de l'article 16 du Code d'instruction criminelle ci-dessus ; il s'appuie sur les déclarations formelles faites au sein des deux Chambres. Nous adoptons pleinement son avis, en nous basant aussi sur les termes de l'article 16. Cet article ne confère, en effet, aux agents qu'il indique le droit de s'introduire au domicile des citoyens que pour suivre les *choses enlevées*, c'est-à-dire volées, — ce qui n'est pas notre hypothèse. — En ce sens, Rogron, p. 182.

723. Nous citons par analogie, à l'appui de notre opinion, un arrêt de la Cour de Nancy, commençant par ces mots que nous citons textuellement, dans l'impossibilité d'aussi bien dire : « Attendu que le domicile de tout citoyen est un asile sacré et inviolable, dans lequel nul fonctionnaire ou autre ne peut pénétrer, sans une autorisation formelle et spéciale de la loi et sans l'observation des formalités qu'elle prescrit à cet effet. » — La cour annulait la visite domiciliaire faite par des gendarmes, même assistés du maire, au domicile de quelqu'un qu'ils soupçonnaient de détenir des tabacs de contrebande.

Nancy, 10 mars 1837.— D. 37.2.94.— P. 37.2.321.— S. 57.2.450.

724. *Autre objet.* — On peut se demander encore si les gardes et gendarmes, en opérant une perquisition dans le ressort de leurs attributions, — suite d'objets enlevés, etc., — peuvent dresser procès-verbal à l'occasion des engins prohibés qu'ils découvriraient au cours de leur opération ? — C'est une question analogue à celle posée n° 717, pour savoir si le flagrant délit doit être limité à son objet. — La Cour de cassation admet l'affirmative et déclare valable, en pareille circonstance, les procès-verbaux rédigés à raison des engins découverts, par exemple à la suite d'une recherche de bois de délit faite par des gardes forestiers, alors même que la découverte des engins eût eu lieu dans une pièce où ne se trouvait pas l'adjoint accompagnant les gardes, s'il était dans la maison.

Cass., 18 déc. 1845.— D. 46.1.39.—P. 46.2.698.—S. 46.1.188.
Orléans, 9 fév. 1846.— D. 46.2.42. — P. 46.2.700.
Voir dans le même sens les motifs des deux arrêts de cassation n° 483 ; Petit, t. 1ᵉʳ, p. 557 ; note de Sirey, 46.2.188.

725. *Faux prétexte.* — Il faut tout au moins décider qu'il y aurait nullité de la visite domiciliaire que feraient, par exemple, des gardes forestiers qui, sous le faux prétexte de rechercher des bois de délit, pénétreraient, assistés ou non du maire, dans le domicile d'un citoyen et y saisiraient des engins prohibés. — Le tribunal d'Épinal l'a ainsi jugé le 31 octobre 1844. (D. 45, 3.34). M. Petit, t. Iᵉʳ, p. 535, approuve cette décision.

726. Fouille. — **Port d'engins.** — La Cour de Rouen, très-justement jalouse de sauvegarder la liberté individuelle, a décidé que des agents forestiers (il faut en dire autant de tous les autres) ne peuvent procéder à aucune perquisition sur la personne pour constater le port d'engins prohibés hors du domicile, alors qu'aucune circonstance extérieure ne le révèle ; « qu'en pareil cas, le délit ne peut se constituer à la charge de l'inculpé qu'à la condition qu'il est trouvé porteur ou muni d'une manière apparente, visible, en d'autres termes qu'autant que la possession en est manifestée par des actes extérieurs. » — Une fouille semblable est donc nulle.

Rouen, 17 avril 1859.— D. 59.2.85.— P. 59.1197.— S. 59.2.451.
En ce sens : Rogron, p. 177. — Voir aussi Dalloz, n° 184.
En sens contraire : Berriat, p. 151.

727. La Cour d'Amiens a jugé de même, le 12 mai 1827, dans une affaire Gaffet, à l'égard d'une *fouille* opérée par un *maire* et des *agents forestiers,* sur le soupçon d'un délit de chasse. Elle a décidé en outre, et à bon droit suivant nous, que la *résistance avec violences et voies de fait,* opposée par la personne soupçonnée, ne constituait pas le délit de rébellion (voir sur ce dernier point, article 25).

728. Conséquences de la nullité des visites domiciliaires. — Il n'est pas douteux, d'après les décisions citées aux nᵒˢ 718 et suivants, que si le fait qui donne lieu à la poursuite n'est établi que par une visite domiciliaire illégale, le prévenu ne doive être acquitté. — Et le *consentement,* donné par l'inculpé à l'opération, en le supposant établi, serait impuissant pour imprimer à cet acte une autorité que la loi ne lui conférait pas ; cette conséquence est adoptée par tous les arrêts, notamment ceux énoncés aux nᵒˢ indiqués ci-dessus. — Il résulte toutefois des motifs des arrêts de cassation, n° 720, que le consentement du prévenu à la visite domiciliaire couvrirait l'irrégularité de l'opération, si cette visite était la conséquence et l'annexe d'une opération commencée en forêt. — Voir encore cass., 22 janv. 1829, et Rogron, p. 185.

729. *Aveu.* — Mais que décider si à l'audience le prévenu, conduit en justice par suite d'un procès-verbal illégalement dressé, avouait le fait du port ou de la détention d'engins prohibés ? — Il nous paraît difficile de baser une condamnation sur cet aveu qui ne serait que le résultat de la franchise ou des questions pressantes des magistrats, et qui, en tout cas, ne serait donné que

5° Ceux qui auront employé des drogues ou appâts qui sont de nature à enivrer le gibier ou à le détruire;

6° Ceux qui auront chassé avec appeaux, appelants ou chanterelles.

Les peines déterminées par le présent article pourront être portées au double contre ceux qui auront chassé pendant la nuit sur le terrain d'autrui et par l'un des moyens spécifiés au paragraphe 2, si les chasseurs étaient munis d'une arme apparente ou cachée.

Les peines déterminées par l'article 11 et par le présent article seront toujours portées au maximum, lorsque les délits auront été commis par les gardes champêtres ou forestiers des communes, ainsi que par les gardes forestiers de l'État et des établissements publics.

---

par suite d'une perquisition arbitraire. Voir cependant l'article 21, *juges, conviction,* les effets ordinaires de l'aveu, et M. Petit, t. Ier, p. 536. — La Cour de Dijon, par son arrêt du 13 janvier 1864 (confirmé par la Cour de cassation, le 21 avril 1864, n° 719), nous paraît bien près de considérer comme sans importance légale les déclarations du prévenu à l'audience, quand il y est amené par une perquisition irrégulière; l'arrêt dit en effet que de « ses réponses et explications à l'audience, on ne pouvait raisonnablement induire qu'il ait entendu confirmer, par un aveu, l'existence du délit qui lui était imputé. »

730. Observation. — *Engins.* — *Industrie spéciale.* — *Renvoi.* — Il nous paraît évident que les engins prohibés perdraient ce caractère, les filets par exemple, si, comme le fait très-bien observer M. Rogron, p. 174, la personne inculpée établissait qu'elle s'en sert pour son état ou son industrie, ajoutons ou pour un usage autre que la chasse. — Voir pourtant M. Petit, t. Ier, p. 530.

Voir à l'article 16 ce qui concerne la *saisie* et la *confiscation* des *armes, filets* et *engins* prohibés, et à l'article 25 ce qui a trait à la défense de *saisir et désarmer les délinquants.*

4° VENTE OU COLPORTAGE DE GIBIER EN TEMPS PROHIBÉ.

731. Renvoi à l'article 4. — Le n° 4 punit les contraventions à l'article 4, § Ier. Nous renvoyons en conséquence à cet article, n°s 296 et suivants, et aussi au n° 620.

5° EMPLOI DE DROGUES ET APPATS.

732. Emploi seul est punissable. — *Confiscation.* — Cette disposition est la reproduction de l'article 25 de la loi sur la pêche fluviale. — Que l'emploi ait ou n'ait pas produit effet; que l'on ait l'intention de s'emparer du gibier ou de l'abandonner sur place, peu importe : la loi punit l'emploi dès qu'il est constaté. (Chardon, p. 211; Petit, t. IIe, p. 134).

Nous croyons avec M. Petit, même page, que l'on ne saurait confisquer les drogues et appâts, aucun texte n'ordonnant cette mesure.

733. *Appréciation des tribunaux.* — *Noix vomique.* — Les magistrats apprécieront la nature des matières employées. Le tribunal correctionnel de Lyon a jugé, le 17 mars 1847 (D. 47.3.69), que celui qui répand dans la campagne des substances (sang cuit ou autre chose), imprégnées de noix vomique, commet le délit prévu et puni par notre article.

6° CHASSE AVEC APPEAUX, APPELANTS OU CHANTERELLES.

734. Appeaux, appelants, chanterelles. — On désigne généralement sous le nom d'appeaux, des sifflets ou autres instruments de ce genre, destinés à imiter le cri des oiseaux et à les attirer. On donne le nom d'appelants ou chanterelles, — parfois on dit encore appeaux, — aux oiseaux en cage, souvent des perdrix, que l'on place dans la campagne auprès des affûts ou des piéges, et qui, par leurs cris, attirent les oiseaux de leur espèce. — Le n° 6 de notre article prévoit et punit cette chasse, mais les appeaux, appelants ou chanterelles ne sont pas des engins prohibés, et il en résulte que la seule détention d'un appeau n'est pas un délit et que le propriétaire d'un enclos peut y chasser avec. Se reporter à cet égard au 2° du présent article.

§ II.

PEINES DOUBLES FACULTATIVES.

CHASSE DE NUIT, SUR AUTRUI, AVEC ARMES, ETC.

735. Réunion des conditions. — Pour que les juges puissent avoir la faculté (car c'est pour eux une simple faculté et non une obligation) de porter au double les peines de l'art. 12, il faut la réunion des quatre conditions que cet article prévoit : 1° Chasse pendant la nuit; 2° sur le terrain d'autrui; 3° avec des moyens prohibés; et 4° avec arme.

736. 1° *Chasse de nuit.* — Nous renvoyons sur ce point à nos explications, n°s 521 et suiv., et spécialement à celles n° 522.

737. 2° *Sur autrui.* — Encore bien que la loi ne le dise pas, il n'est pas douteux, à notre avis, que le consentement du propriétaire, qui aurait antérieurement cédé ou autorisé la chasse, ferait disparaître la seconde circonstance aggravante et empêcherait les juges de pouvoir appliquer la peine double (Gillon et Villepin, n° 331).

738. 3° *Moyens prohibés.* — Ne pas faire ici la distinction que nous avons établie, au n° 2 de l'art., entre les engins prohibés et les moyens de chasse interdits. Il suffit qu'il y ait moyen prohibé. Une chasse au feu, une chasse faite la nuit à l'aide d'un appeau ou appelant, donneraient donc lieu à la condamnation au double prévue par ce paragraphe.

739. 4° *Avec arme apparente ou cachée.* — C'est aux juges à décider ce qu'il faut entendre par armes. Ils consulteront l'art. 101 du Code pénal, ainsi conçu : « Sont compris dans le mot *armes* toutes machines, tous instruments ou ustensiles tranchants, perçants ou contondants. — Les couteaux ou ciseaux de poche, les cannes simples, ne seront réputés armes qu'autant qu'il en aura été fait usage pour tuer, blesser ou frapper. » — Un bâton pourrait donc, suivant les circonstances, être considéré comme une arme; *item,* des pierres.

§ III.

PEINES DES ARTICLES 11 ET 12, IMPÉRATIVES AU MAXIMUM.

DÉLITS COMMIS PAR CERTAINS GARDES.

740. Article limitatif. — *Gardes particuliers.* — S'agissant d'une loi pénale, il est obligatoire de n'appliquer ce paragraphe qu'aux gardes qui s'y trouvent expressément désignés. — On ne saurait donc soumettre au maximum les gardes particuliers. Les auteurs et la jurisprudence sont d'accord.

Douai, 24 nov. 1848; Bordeaux, 30 avril 1860. Cass., 17 août 1860. — D. 60.1.423. — P. 61.107. — S. 61.1.299.

741. *Gardes-pêche.* — Le paragraphe ci-dessus ne s'applique pas davantage, suivant nous, aux gardes-pêche. Sans doute ce paragraphe est comme la conséquence de l'art. 7, 4°, qui défend de délivrer des permis aux gardes désignés dans cet article, où les gardes-pêche sont dénommés; mais l'art. 12 n'ayant pas reproduit leur nom, il nous paraît absolument impossible de les y comprendre, néanmoins, par voie d'analogie (Chardon, p. 221).

MM. Dalloz, n° 296; Gill. et Vil., n° 333, et le Rép. du

Art. 13. Celui qui aura chassé sur le terrain d'autrui sans son consentement, si ce terrain est attenant à une maison habitée ou servant à l'habitation, et s'il est entouré d'une clôture continue faisant obstacle à toute communication avec les héritages voisins, sera puni d'une amende de cinquante à trois cents francs, et pourra l'être d'un emprisonnement de six jours à trois mois.

Si le délit a été commis pendant la nuit, le délinquant sera puni d'une amende de cent francs à mille francs, et pourra l'être d'un emprisonnement de trois mois à deux ans, sans préjudice, dans l'un et l'autre cas, s'il y a lieu, de plus fortes peines prononcées par le Code pénal.

Palais, n° 462, sont d'un avis contraire et assimilent les gardes-pêche aux autres gardes des communes ou de l'État.

742. *Gardes champêtres des établissements publics.* — Nous les excluons encore, parce que le texte est muet à leur égard. Nous opposera-t-on que l'intention du législateur paraît évidente, et qu'il n'y a là qu'un vice de rédaction ? — Cela nous touche peu en présence du texte, d'autant plus que, parlant des gardes des communes, il désigne en termes exprès et les gardes champêtres et les gardes forestiers (Chardon, p. 221).

743. *Gardes de chemins de fer.* — L'art. 12 leur est encore moins applicable, lors même que les délits de chasse seraient commis dans les dépendances de la voie ferrée. (Metz, 4 juin 1855 ci-dessous.)

744. *L'art. 198 du Code pénal n'est pas applicable.* — Certains auteurs (Chardon, p. 220; Lavallée et Bertrand, p. 112) ont soutenu que si l'art. 12 ne punit que les gardes qu'il désigne, l'art. 198 du Code pénal reste applicable contre les agents, fonctionnaires ou officiers publics qui auraient participé aux délits de chasse qu'ils étaient chargé de surveiller ; qu'en pareil cas, et d'après l'article 198, le maximum doit être prononcé. — MM. Lavallée et Bertrand indiquent en ce sens, sans en donner la date, un arrêt de Rouen, antérieur toutefois à la présente loi. On pourrait y joindre un arrêt de cassation du 22 février 1840 et un arrêt de Metz, et aussi Dalloz, n° 299; Houël, n° 168; Perréve, p. 360.

Cass., 22 fév. 1840.—D. 40.1.403.—P. 40.1.545.— S. 40.1.351.
Metz, 4 déc. 1854. — D. » » » — P. 55.1 76. — S. 55.2.187.

745. Mais nous croyons avec les arrêts ci-dessous que l'art. 198 est inapplicable aux délits de chasse qui sont l'objet d'une législation spéciale. Les débats à la Chambre des députés sont formels à cet égard. Le maximum des peines de l'art. 12 ne devra donc jamais être prononcé que contre les gardes qu'il indique nominativement (Dufour, p. 27; Petit, t. Ier, p. 108).

Metz, 4 juin 1855.—D. 55.2.526.—P. 55.1.449.—S. 55.2.694.
Bord., 30 avr. 1860. — D. 60.2.133.
Cass., 17 août 1860.—D. 60.1.423. — P. 61.107 — S. 61.1.199.

746. **Peines impératives.** — *Maximum de l'amende et de l'emprisonnement.* — Contrairement à ce qui est dit au paragraphe précédent, les peines contre les gardes désignés au présent paragraphe sont impératives. Les juges doivent toujours prononcer le maximum.

Y a-t-il obligation de condamner à la fois et au maximum de l'amende et au maximum de l'emprisonnement? La difficulté est venue de ce que le législateur s'est servi, au début de l'article, de termes facultatifs quant à l'emprisonnement. Suivant une opinion, les expressions qui terminent ne laissent aucun doute sur l'intention du législateur d'exiger, dans le cas qui nous occupe, le concours des deux peines.

Montp., 1er juill. 1844.—D. 44.2.178.—P. 44.2.205.—S. 44.2.381.
En ce sens : Dalloz, n° 298; Gillon et Villepin, n° 330.

747. Nous ne pouvons accueillir ce système. Sans doute le maximum de la peine doit être prononcé ; mais la vraie peine, comme le fait si judicieusement observer M. Petit, c'est l'amende, car l'emprisonnement n'est que facultatif. Notons en outre qu'il a été solennellement déclaré à la Chambre que, dans aucun cas, l'emprisonnement ne serait obligatoire.

Paris, 9 juill. 1844. *J. des Chass.* 1844, p. 449.
Metz (2 arr.), 15 nov. 1852, et 14 fév. 1853, cités par M. Dufour,
En ce sens : Berriat, p. 159; Dufour, p. 27; Morin. *J. du Droit cr.*, 1844, p. 256; t. II, p. 109 ; Rogron, p. 197.

748. *Sans égard au lieu.* — L'aggravation de peine est subordonnée seulement à la qualité du garde; elle est encourue dès lors en quelque lieu que le délit ait été commis, que ce soit sur le terrain soumis à leur surveillance ou hors ce terrain. Le texte est formel et ne distingue pas. (Il en était autrement sous la législation ancienne.)

Cass., 4 oct. 1844.—D. 45.1.221.—D. à sa date.— S. 45.1.106.
En ce sens : Lavallée et Bertrand, p. 113; Morin, n° 25; Perréve, p. 360 ; Petit, t. II, p. 116.

Veulent au contraire que le maximum ne soit appliqué qu'autant que le délit de chasse a été commis par un garde dans le territoire pour lequel il est assermenté, MM. Berriat, p. 156, Gillon et Villepin, n° 334. On pourrait invoquer, en ce sens, un arrêt de cassation du 22 février 1840, rendu avant la loi nouvelle.

749. Renvois. — *Observation.* — Voir à l'article 36 devant quels tribunaux les gardes doivent être poursuivis. — Permis obtenus par les gardes, n° 472.

Il est clair que les juges qui peuvent porter au maximum les peines des art. 11 et 12, quand les délits sont commis par certains gardes, ne pourraient juger ainsi au cas prévu par l'art. 13 ci-après (Petit, t. II, p. 107).

Art. 13.

DÉLITS DE CHASSE DANS LES ENCLOS.

750. Terrain clos. — **Habitation.** — Notre article 13 prévoit et punit d'une amende impérative et d'un emprisonnement facultatif le fait de chasse dans une propriété close et attenant à une habitation ; ces deux conditions doivent être réunies. Il faut se reporter à l'art. 2, n°s 210 et suivants pour connaître ce qui constitue l'habitation et la clôture. — Voir encore art. 11, 2°.

751. *Clôture.* — *Porte ouverte.* — MM. Camusat-Busserolles, p. 142 et 148, et Morin n° 26, prétendent que pour qu'il y ait lieu de prononcer la pénalité de notre article, il faut que la clôture franchie soit de celles qui ne peuvent l'être sans une sorte d'escalade ou d'effraction. — MM. Gillon et Villepin, n° 342, approuvés par le Répertoire du Palais, n° 468, pensent, dans un sens analogue, qu'il ne faudrait pas appliquer notre article si le délinquant était entré par une *porte restée accidentellement ouverte.* — Voir aussi Championnière, p. 131, et Dalloz, n° 301.

752. Il nous est impossible d'adopter ces opinions. La loi n'a pas pu employer à l'article 2 et à l'article 13 les mêmes expressions dans un sens différent. Il suffira donc, suivant nous, pour que la pénalité de l'article 13 soit encourue, que le délit ait été commis dans une propriété close, ainsi que nous l'avons expliqué sous l'article 2. — Voir Berriat, p. 163, et Chardon, p. 223.

753. *Fermier de l'enclos.* — La loi n'a pu vouloir parler que du fait de chasse commis par un étranger. Il nous semble en conséquence évident que le fermier de l'enclos, n'eût-il pas la chasse par suite d'une réserve formelle du propriétaire, ne serait pas, en chassant dans l'enclos, passible des peines de l'article 13 (Gillon et Villepin, n° 341 ; Rép. du Pal., n° 468; Rogron, p. 201).

754. Autres délits. — La loi fait réserve des autres peines que pourrait prononcer le Code pénal ; c'est pour le cas où des délits étrangers à la loi sur la chasse seraient commis en même temps, par exemple des menaces, violences, bris de clôture, etc.

Art. 14. Les peines déterminées par les trois articles qui précèdent pourront être portées au double si le délinquant était en état de récidive, s'il était déguisé ou masqué, s'il a pris un faux nom, s'il a usé de violence envers les personnes, ou s'il a fait des menaces, sans préjudice, s'il y a lieu, de plus fortes peines prononcées par la loi.

Lorsqu'il y aura récidive, dans les cas prévus en l'article 11, la peine de l'emprisonnement de six jours à trois mois pourra être appliquée, si le délinquant n'a pas satisfait aux condamnations précédentes.

Art. 15. Il y a récidive lorsque, dans les douze mois qui ont précédé l'infraction, le délinquant a été condamné en vertu de la présente loi.

Art. 14.

PEINES DES ARTICLES 11, 12 ET 13 AU DOUBLE.

RÉCIDIVE, DÉGUISEMENT, FAUX NOM, ETC.

755. Une des circonstances suffit. — Les juges pourront — ce n'est pour eux qu'une faculté — doubler la pénalité des articles 11, 12 et 13, dans l'un ou l'autre des cinq cas suivants : 1° Si le délinquant était en récidive et alors même qu'il aurait satisfait aux condamnations portées contre lui ; 2° s'il était déguisé ou masqué ; 3° s'il a pris un faux nom ; 4° s'il a usé de violence envers les personnes, et 5° s'il a fait des menaces. — De plus, et encore bien que l'article 11 ne prononce pas la peine de l'emprisonnement, les juges pourront néanmoins l'appliquer aux délits que punit cet article, lorsque le délinquant, même sans avoir pris ni faux nom, ni usé de violences, etc., sera en état de récidive et qu'il n'aura pas satisfait aux condamnations précédentes (voir ce dernier point nᵒ 495 et suivants).

756. 1° Récidive. — 2° Déguisement. — L'article 15 ci-après explique quand il y a récidive. Quant au fait de savoir si le délinquant était déguisé ou masqué, les juges apprécieront. Pour arriver à prouver le déguisement, il ne suffirait pas d'établir que le prévenu n'avait pas les habits qu'il porte d'ordinaire, puisque les chasseurs prennent souvent par fantaisie des vêtements particuliers ; il faudrait d'autres circonstances plus caractéristiques (fausse barbe, perruque, vêtements de femme, etc.) — On sera masqué lorsqu'on aura la figure couverte d'un voile ou d'un objet qui empêche qu'on ne soit vu. — En ce sens, MM. Chardon, p. 226, et Petit, t. II, p. 117.

757. 3° Faux nom. — Le *refus de dire son nom* n'entraîne point la pénalité de l'article 14 ; il rend seulement applicable l'article 25 qui permet aux gardes ou gendarmes de conduire, en pareille occasion, le délinquant devant le maire de la commune.

758. *Faux prénoms.* — Celui qui prend des prénoms qui ne sont pas les siens est-il passible des peines de l'article 14 ? — M. Petit, t. IIᵉ, p. 118, distingue : si les prénoms erronés ont été donnés de bonne foi, l'article 14 ne sera pas applicable ; il le sera si c'est à dessein qu'ils ont été fournis. — Toute raisonnable que soit cette distinction, nous ne pouvons l'admettre, parce que le texte est clair. La loi se sert du mot « *faux nom ;* » or, on n'a qu'un nom qui est le nom patronymique ; en donnant de faux prénoms, on peut tromper sur *ses noms,* mais on ne saurait dire, à notre sens, qu'on a pris un faux nom. (En sens contraire, M. Chardon, p. 227.) — En tous cas, il n'y aurait pas délit à donner un *sobriquet,* sous lequel on serait notoirement connu.

759. *Fausse qualité. — Faux domicile.* — Et si l'on prend une fausse qualité, une profession qui n'est pas la sienne ? Si l'on se dit habitant d'un endroit quand on est d'ailleurs ? — Pas de délit. La loi est muette ; imitons-la.

760. 4° Violences. — 5° Menaces. — Les *violences* doivent être exercées envers les personnes, mais qu'elles soient graves ou légères et à l'égard de telle personne ou de telle autre, peu importe. — Il en est de même des *menaces ;* toute espèce de menaces par paroles ou gestes amèneront l'application de l'article 14. (Berriat, p. 167 ; Dufour, p. 26).

Art. 15.

RÉCIDIVE.

761. Récidive. — *Délits de chasse.* — Retomber dans la même faute indique une persévérance dans le mal, que la loi punit par l'art. 14 de la présente loi.

D'après notre article, il n'y a de récidive en matière de chasse que de délits de chasse à délits de chasse, c'est-à-dire que le prévenu d'un délit de chasse, pour être soumis aux peines de l'art. 14, doit avoir été déjà condamné pour un délit de chasse dans les douze mois précédents. Si la condamnation antérieure avait pour cause un délit d'une autre nature, un vol par exemple, il n'y aurait pas récidive.

Les auteurs et les tribunaux sont unanimes ; voir notamment : Cass., 21 avril 1855. — D. 55.1.222. — P. 55.2.505. — S. 55.1.623.

762. Mais il n'est pas nécessaire, contrairement à ce qui était décidé sous l'ancienne loi, que le deuxième délit de chasse soit exactement de la même espèce que le premier, ni que les délits aient été commis dans le ressort du même tribunal. Que le second délit soit pour avoir chassé sans permis, alors que le premier fut un fait de chasse en temps prohibé, il importe peu. Peu importe aussi le plus ou moins de gravité des condamnations. (Petit, t. II, p. 209.)

763. *Citation. — Appel.* — Rien n'oblige à mentionner, dans la citation pour le second délit, la première condamnation qui établit la récidive (cass., 14 nov. 1835 ; Berriat, p. 170).

Les peines de la récidive peuvent être prononcées en appel en cas d'omission des premiers juges (cass., 8 fév. 1821 ; Berriat, p. 170 ; Chardon, p. 237 ; Petit, t. II, p. 208).

764. *Preuve de la récidive. — Aveu.* — Si le premier jugement a été rendu par le tribunal saisi du second délit, le ministère public, à qui incombe la preuve de la récidive, n'a rien à produire (cass., 3 janv. 1826) ; si c'est un autre tribunal, le ministère public doit produire l'extrait du premier jugement (Rogron, p. 206). — L'aveu du prévenu n'est pas suffisant pour établir légalement la preuve d'une première condamnation (cass., 11 sept. 1828 ; Rogron, p. 208) ; mais le ministère public peut demander un délai pour faire cette preuve, et le tribunal ne pourrait le lui refuser. — La production du certificat du casier judiciaire est suffisante, surtout quand le certificat est confirmé par l'aveu du prévenu (cass., 4 fév. 1860).

765. *Amnistie, grâce, commutation de peines.* — S'il était survenu une *amnistie* après la première condamnation, il n'y aurait plus lieu à récidive, car cette condamnation serait censée n'avoir jamais existé (cass., 13 mess. an IV, 11 juin 1825, 7 mars 1844 ; Berriat, p. 172 ; Chardon, p. 237 ; Petit, t. II, p. 207). — Il en est autrement de la *grâce* et de la simple *commutation de peine ;* elles n'empêchent point la récidive (cass., 5 déc. 1811, 14 oct. 1818, 5 juil. 1821, 11 juin 1825, 15 oct. 1825, 4 juil. 1828 ; 1ᵉʳ juil. 1837 ; Berriat, p. 172 ; Chardon, p. 237 ; Petit, t. II, p. 208 ; — voir cependant Favard, cité par M. Petit).

766. Année de la récidive. — *Point de départ.* — La récidive a lieu par le seul fait qu'un délit est commis dans l'année de la première condamnation. En un mot, le point de départ est la première condamna-

Art. 16. Tout jugement de condamnation prononcera la confiscation des filets, engins et autres instruments de chasse. Il ordonnera, en outre, la destruction des instruments de chasse

---

tion devenue définitive, et le point d'arrivée, le nouveau délit, malgré qu'il pût s'écouler plus d'une année, soit entre la date des deux délits, soit entre l'instant où la première condamnation devient irrévocable et l'époque où l'infraction nouvelle est punie par la justice (cass., 17 juin 1830, 24 juil. 1834, 23 mai 1839; Perréve, p. 351). — On reconnaît généralement que le délai de l'année de récidive ne commence à courir que du jour où le jugement a l'autorité de la chose jugée, c'est-à-dire n'est plus susceptible ni d'opposition, ni d'appel, ni de pourvoi en cassation (cass., 27 mai 1818, 6 mai 1826, 6 fév. 1832, 12 sept. 1834, 13 août 1836, 6 mai 1837; Berriat, p. 170; Championnière, p. 132; Petit, t. II, p. 206; Rogron, p. 206). Il en résulte que le premier jugement ne saurait être pris en considération tant qu'il n'est pas devenu définitif; voir cependant Chardon, p. 236.

767. Jugé en conséquence que si le prévenu s'est pourvu en *cassation,* le délai court seulement à dater du rejet du pourvoi (cass., 12 mai 1832, 27 avril 1833, 20 déc. 1833, 1ᵉʳ mars 1834); — mais le délai court à dater du *rejet du pourvoi,* alors même que l'arrêt de rejet n'aurait pas été signifié (cass., 31 mai 1834; Berriat, p. 172; Petit, t. II, p. 207).

768. Que décider si le premier jugement n'a été frappé ni d'appel ni de pourvoi en cassation ? Le délai court-il du jour du jugement ou du jour de l'expiration des délais, durant lesquels le condamné pouvait se pourvoir ? — Ce que nous avons dit nᵒ 766 nous conduit à penser avec M. Berriat, p. 171, que l'année ne doit commencer que lorsque les divers délais sont expirés.

D'autres auteurs sont d'un avis contraire :

Les uns (Gillon et Villepin, nᵒ 356; Petit, t. II, p. 211) font commencer les douze mois du jour du jugement s'il n'y a pas eu appel, de l'arrêt si l'affaire a été à la Cour, et enfin du rejet du pourvoi s'il a été formé ; le tout indépendamment du résultat de l'appel ou du pourvoi. — Les autres (Chardon, p. 236) pensent que l'appel formé n'empêche pas l'année de commencer à compter du jugement, si cet appel a été rejeté.

Art. 16.

CONFISCATION DES ENGINS ET DES ARMES, ETC.

769. Objet de l'article 16. — Cet article, formé de cinq paragraphes, s'occupe au 1ᵉʳ de la confiscation et de la destruction des engins ; — au 2ᵉ, de la confiscation des armes ; — au 3ᵉ, de la représentation des armes et engins ou du paiement de leur valeur ; — au 4ᵉ, de la saisie et de la confiscation des armes et des engins abandonnés, — et au 5ᵉ, de la question des dommages-intérêts.

Nous allons suivre cet ordre en traitant, sous le § Iᵉʳ, de la *saisie des engins et du gibier.*

770. § Iᵉʳ. Saisie, confiscation, destruction des engins. — *Saisie.* — Nous croyons que le législateur a entendu autoriser la saisie de tout engin ayant servi à commettre un délit de chasse, mais nous regrettons que la loi n'ait pas autorisé cette saisie d'une manière expresse, car il s'agit là d'un droit rigoureux dont l'exercice peut occasionner des scènes regrettables. Quoi qu'il en soit, et des termes de l'article 16 et de ceux de l'article 25, qui défend de saisir ou désarmer les délinquants, — ce qui suppose possible la saisie des engins, — la majorité des auteurs concluent que les gardes et autres agents de l'autorité sont en droit de saisir tous les engins et instruments (moins les armes) qui ont aidé à la perpétration des délits, lors même que ces engins ne seraient pas des engins prohibés. — Ils ont, comme conséquence, le droit d'employer la force pour arriver à la saisie, et la résistance des chasseurs constituerait la rébellion.

En ce sens : Berriat, p. 178; Championnière, p. 150; Chardon, p. 395; Gillon et Villepin, nᵒ 418.

771. Mais cette saisie ne peut être faite qu'au moment où le délit est commis. Elle ne pourrait être faite avant, car elle serait sans cause, ni après, à moins qu'il ne s'agisse d'engins dont le port ou la détention seuls sont des délits. Consulter, nᵒˢ 48 et suivants, les *actes préparatoires de chasse* ; nᵒˢ 704 et suivants, les *délits de port et détention d'engins prohibés,* et nᵒˢ 714 et suivants, ce qui est dit sur la *recherche de ces engins.* — La saisie comprend tous les engins dont le tribunal ordonne la confiscation, voir le nᵒ 775 ci-après.

772. Quant au *gibier,* la loi étant muette à son égard, il ne pourrait être saisi sous aucun prétexte (Berriat, p. 178); et lorsque la loi en autorise la saisie, art. 4, elle suppose qu'il ne s'agit pas d'un fait de chasse ou que le fait de chasse est complétement terminé (Berriat, p. 178; Chardon, p. 242; Dalloz, nᵒ 398).

773. *Confiscation des engins et instruments.* — La loi de 1844 a innové : sous l'ancienne on ne confisquait que les armes. La confiscation doit être prononcée aussi bien lorsque la saisie n'a pas été faite préalablement que lorsqu'elle a eu lieu. Il ne faut pas distinguer, quant à la confiscation, entre les engins licites et ceux prohibés.

774. *Vente ou destruction des engins.* — Lorsque la confiscation a été prononcée et que le jugement n'est plus susceptible de recours de la part du prévenu, les engins qui ne sont pas prohibés, c'est-à-dire les bourses à lapin, les appeaux, les miroirs, etc., sont vendus au profit de l'État par les soins de l'administration des domaines. Pour y arriver, le receveur de l'enregistrement, lorsque les objets déposés au greffe sont en certain nombre, en provoque la remise qui lui est faite par le greffier en vertu d'une ordonnance du président du tribunal. Toutes les armes ne doivent pas être mises en vente; celles d'une valeur excédant six francs sont déposées à la mairie du chef-lieu pour être envoyées aux arsenaux (Berriat, p. 181; Perréve, p. 372). — Les engins prohibés, collets, filets, etc., sont au contraire détruits en exécution du jugement.

775. Que la loi a-t-elle voulu comprendre, art. 16, sous la désignation de *filets et autres instruments de chasse* dont elle prescrit la confiscation ? — Nous croyons, avec les autorités indiquées ci-après, que la loi n'a entendu que les engins passifs, inertes et matériels, et que la confiscation ne saurait porter sur des *animaux vivants* et notamment sur des *furets;* autrement, comme le fait spirituellement observer M. Petit, il faudrait confisquer les traqueurs.

Poitiers, 10 mars 1865. — D. » » » — P. 66.361. — S. 66.2.84.
En ce sens : Dalloz, nᵒ 519; de Neyremand, p. 49; Petit, t. II, p. 183; Rogron, art. 12; note de l'arrêt dans Sirey.
En sens contraire : Chardon, p. 241.

776. On ne saurait davantage confisquer les *lévriers.*

Trib. de Jonzac, du 11 déc. 1844, *Gaz. des Trib.* du 11 janv. 1845. Paris (réformant), 22 janv. 1846, *Droit* du 23, *Gaz. des Trib.* du 23.
En ce sens : Gillon et Villepin, 1ᵉʳ supp., p. 30, et 2ᵉ supp., p. 26, qui indique aussi les décisions ci-dessus; de Neyremand, p. 49; Petit, t. II, p. 183.
En sens contraire : Chardon, p. 241.

777. On ne pourrait également confisquer les *lanternes* qui n'auraient servi qu'à éclairer la marche des chasseurs; elles pourraient l'être, au contraire, si elles avaient été un moyen de chasse (Petit, t. II, p. 184).

778. Que décider à l'égard des *engins prohibés* d'ordinaire, mais dont l'emploi est momentanément autorisé pour les *chasses exceptionnelles,* dont parle l'article 9 ? — Si au moment et au lieu du jugement, l'emploi de ces engins se trouvait licite, il nous paraît évident que les juges pourraient ne pas ordonner la destruction et ils seraient alors vendus sur place et sans retard. — Si l'emploi n'en était pas autorisé, ils devraient être détruits.

prohibés.

Il prononcera également la confiscation des armes, excepté dans le cas où le délit aura été commis par un individu muni d'un permis de chasse, dans le temps où la chasse est autorisée.

Si les armes, filets, engins ou autres instruments de chasse n'ont pas été saisis, le délinquant sera condamné à les représenter ou à en payer la valeur, suivant la fixation qui en sera faite par le jugement, sans qu'elle puisse être

779. Et si les engins et instruments saisis appartenaient à des *tiers*, ceux-ci ne pourraient-ils, en aucun cas, en opérer la *revendication ?* — Jamais, suivant MM. Berriat, p. 178, Petit, t. II, p. 185; voir aussi *Répertoire du Palais*, n° 505, et Rogron, p. 209.

Cette opinion nous semble trop absolue. Nous admettons que la revendication est impossible si l'engin est prohibé d'une manière complète, ou si cet engin a été confié au délinquant par le propriétaire. — Mais si l'engin, licite d'ailleurs, avait été *soustrait* à son possesseur, nous croyons que ce dernier pourrait le revendiquer. — Dans tous les cas, le propriétaire de l'objet confisqué aurait un recours contre le chasseur.

780. § II. **Confiscation des armes.** — Rappelons que l'article 25 défend de désarmer les chasseurs; mais cette défense qui, sauf le cas où les armes seront abandonnées, aura pour conséquence d'en empêcher la saisie, n'empêche point les juges de prononcer la confiscation. — A part l'exception dont nous allons parler plus loin, la confiscation est obligatoire et doit être prononcée par tout jugement de condamnation, alors même que l'on soutiendrait que le poursuivant — l'administration des forêts — était sans qualité pour se plaindre du défaut de permis (arrêt de cassation); — alors même aussi que le fusil n'appartiendrait pas au délinquant, serait un fusil de *garde national*, sauf recours (Douai et Baugé), — ou que la fuite du chasseur ou toute autre cause aurait empêché l'agent de prendre le signalement de l'arme (Limoges).

Douai, 13 déc. 1834.—D. 58.2.150.—P. à sa date.—S. 35.2.89.
Trib. de Baugé, 13 janvier 1841 ; *J. crimin.*, art. 2817.
Cass., 28 janv. 1847.— D. 47.4.67.— P. 47.1.569.
Limoges, 26 mars 1857. — D. 58.2.48. — P. 59.425.
En ce sens : Berriat, p. 178 ; Dalloz, n° 323 ; Petit, t. II, p. 159.
M. Morin critique, n° 28, la confiscation d'un fusil de garde national; il est vrai que cette application de la loi est bizarre.

781. *Emploi de plusieurs fusils.* — Nous croyons avec MM. Berriat, p. 180, et Petit, t. II, p. 161, que si le chasseur avait plusieurs fusils, ou était accompagné d'un domestique en portant plusieurs, il faudrait prononcer la confiscation de tous ceux dont le chasseur aurait fait usage pour rechercher ou tirer le gibier, mais non des autres. Voir aussi Chardon, p. 286.

782. *Délits multiples.* — Jugé avec raison que la confiscation doit être prononcée par chaque contravention, et qu'ainsi l'individu condamné, à l'occasion de deux délits commis à quelques jours d'intervalle, doit être tenu à la confiscation de son arme par le dernier jugement, malgré qu'une confiscation semblable eût été prononcée par la première sentence et n'eût pas encore été exécutée au moment du second délit.

Douai, 14 décembre 1837, cité par M. Petit, t. II, p. 165.
Nancy, 15 janv. 1840. — D. 40.2.101.— P. 45.2.721.
En ce sens : Gillon et Villepin, n° 361 ; Petit, t. II, p. 162, qui fait toutefois très-justement observer, p. 166, qu'il ne peut y avoir lieu à plusieurs confiscations que quand les délits ne sont pas constitués pour un fait unique.

783. M. Petit déciderait comme au numéro précédent, malgré que le prévenu vînt établir que c'est le même fusil qui a servi à commettre les deux délits, sauf à payer la valeur de l'arme pour l'une ou l'autre des condamnations.

M. Berriat, p. 188; MM. Chardon, p. 276, et Gillon et Villepin, n° 351, et le Répertoire du Palais, n° 512, seraient, dans l'hypothèse que nous venons de prévoir, d'un sentiment opposé, et nous préférons leur sentiment, car la confiscation de l'arme n'est qu'une mesure préventive. Voir n° 795.

784. *Exception.* — *Permis.* — *Chasse ouverte.* — La loi dit que la confiscation n'aura pas lieu dans le cas où le délit aurait été commis par un individu muni d'un permis et dans le temps où la chasse est autorisée. Tout le monde est d'accord pour reconnaître qu'il faut, pour bénéficier de l'exception, la réunion des deux conditions ci-dessus : permis et chasse en temps licite (voir notamment Limoges, arrêt cité plus haut). — Mais on reconnaît aussi avec l'arrêt ci-dessous que le fait par quelqu'un, — muni d'un permis et après l'ouverture, — d'avoir chassé sur des *terres ensemencées*, sans autorisation, ne saurait motiver la confiscation.

Nancy, 17 déc. 1844. – D. 45.2.69.—P.45.2.565.—S. 46.2.165.

785. Les arrêts et les auteurs décident que la confiscation doit être prononcée aussi bien lorsque la personne munie d'un permis, chasse en temps de *prohibition accidentelle*, par exemple en temps de *neige*, que lorsqu'elle chasse en temps de prohibition générale, c'est-à-dire après la fermeture de la chasse. Le texte paraît favorable à cette opinion en ne permettant la non confiscation qu'autant que le délit a été commis « *dans le temps où la chasse est autorisée.* »

Cass., 3 juill. 1845.—D. 45.1.336.—P. 45.2.672.—S. 45.1.773.
Cass., 3 janv. 1846.— D. 46.1.79. — P. 46.2.18. — S. 46.1.281.
Cass., 4 mai 1848.— D. 49.1 22.— P. 48.2.521.—S. 48.1.638.
Ajouter : Nancy, 17 déc. 1844 ; Bourges, 13 fév. 1845; Orléans, 27 janv. 1845 ; Caen, 30 janv. et 27 fév. 1845 ; Nancy, 5 fév. 1852 (arrêts cités par M. Petit), et aussi Besançon, 22 fév. 1848, et Colmar, 1er fév. 1860.
En ce sens : Dalloz, n° 322; de Neyremand, p. 31 ; Rép. du Palais, n°s 119 et 510 ; Perrève, p. 84 ; Petit, t. II, p. 159.

786. M. Petit, t. II, p. 161, considère même comme temps prohibé, dans le sens de l'article 16, le fait de chasse commis la nuit. Voir aussi Chardon, p. 245, et Rogron, p. 209.

787. Malgré ces autorités, des tribunaux pensent que le législateur a employé les mots « temps où la chasse est autorisée, » par opposition au temps prohibé, et que le véritable temps prohibé est l'époque qui s'écoule de la clôture à l'ouverture; consulter les n°s 682 et 683. (La conséquence rigoureuse que tire du système contraire M. Petit, en considérant la nuit comme temps prohibé, n'a pas encore été sanctionnée par des décisions judiciaires, mais elle est toute naturelle).

Dans le sens de notre opinion :
Trib. de Vire, du 20 déc. 1844, réformé par l'arrêt de Caen du 30 janvier. — Trib. de Corbeil, 27 déc. 1844. *Gaz. des Trib.* du 23 janvier.
Trib. de Tours, du 7 mars 1845, cass. par l'arrêt du 3 juill. 1845.
Trib. de St-Flour, du 21 juin, cassé par l'arrêt du 3 janv. 1846.
Trib. de Reims, cassé par l'arrêt du 4 mai 1848.
Consulter : Berriat, p. 147 ; Gillon et Villepin, n° 351 ; Lavallée et Bertrand, p. 119.

788. § III. **Représentation ou paiement.** — Les juges ne doivent condamner à représenter l'arme ou à en payer la valeur qu'autant qu'elle n'a pas été saisie, car si elle est saisie on n'a plus à s'en occuper; la loi est satisfaite. — Aussi la Cour de Nancy a-t-elle déclaré un prévenu non recevable à reprendre son fusil, qui avait été saisi, malgré son offre d'en payer la valeur ou les 50 fr. fixés par l'art. 16.

Nancy, 31 janv. 1844. — D. 44.2.69. — P. 44.2.38.

789. Mais, d'un autre côté, quand la saisie n'a pas eu lieu, les juges doivent se borner, après avoir prononcé la confiscation, à condamner le délinquant à représenter son arme (ou ses engins de chasse) ou bien à en payer la valeur. L'option de représenter l'arme (ou les engins) doit toujours être laissée au condamné, sans qu'il soit possible de distinguer, ainsi que l'a très-justement décidé l'arrêt ci-dessous, entre le cas où l'arme ou les engins auraient été décrits, et celui où la fuite du chasseur, l'éloignement, etc., auraient empêché les agents de prendre le signalement exact.

Lim. 21 mars 1857. — D. 58.2.48. — P. 59.425. — S. 59.2.351.

au-dessous de cinquante francs.

Les armes, engins ou autres instruments de chasse, abandonnés par les délinquants restés inconnus, seront saisis et déposés au greffe du tribunal compétent. La confiscation et, s'il y a lieu, la destruction en seront ordonnées sur le vu du procès-verbal.

Dans tous les cas, la quotité des dommages-intérêts est laissée à l'appréciation des tribu-naux.

Art. 17. En cas de conviction de plusieurs délits prévus par la présente loi, par le Code pénal ordinaire ou par des lois pénales, la peine la plus forte sera seule prononcée.

Les peines encourues pour des faits postérieurs à la déclaration du procès-verbal de contravention pourront être cumulées, s'il y a lieu, sans préjudice des peines de la récidive.

790. § IV. **Armes, engins abandonnés.** — Cette disposition, qui permet de saisir et confisquer les objets abandonnés par les délinquants, est une heureuse innovation de la loi ; autrefois le chasseur pouvait venir, après la prescription acquise, réclamer son fusil au greffe, sans craindre des poursuites.

791. § V. **Dommages-intérêts.** — Il ne peut être alloué d'indemnité s'il n'y a pas un préjudice causé. Les tribunaux apprécieront. — Il est de la dernière évidence que les juges ne sauraient, soit d'office, soit sur les seules conclusions du ministère public, accorder des dommages-intérêts ; il faut que la partie lésée figure au procès et fasse une demande. (Sous l'ancienne loi, la question était controversée.) — Les tribunaux peuvent accorder des dommages-intérêts, alors même qu'il n'existerait pas de dommage matériel (Chardon, p. 48 ; voir aussi Dalloz, n° 330 ; Petit, t. II, p. 200). Voir cependant Championnière, p. 153, et Cival, n° 24.

Art. 17.

NON CUMUL DES PEINES.

792. § Ier. **Conviction de plusieurs délits.** — **Non cumul des peines.** — Le principe du non cumul des peines s'applique, suivant notre article, en cas de *conviction* de plusieurs délits ; c'est-à-dire qu'un individu traduit en justice expie, par sa condamnation à la plus forte des peines encourues, tous les crimes ou délits dont il est convaincu, ou, en d'autres termes, qu'il a pu commettre antérieurement. — Le principe doit s'appliquer aussi bien lorsque la conviction résulte de plusieurs condamnations que lorsqu'elle résulte d'un seul jugement. Par suite, celui contre qui plusieurs condamnations ont été prononcées ne doit subir que celle qui le soumet à la peine la plus forte, quand les faits qui ont motivé les dernières condamnations sont antérieurs à la première ; et si l'accusé, après avoir été condamné à la plus forte des peines que comportaient ces faits, est poursuivi pour des crimes ou délits dont la date remonte antérieurement, il ne peut être pour ceux-ci condamné qu'aux frais. Si par la première condamnation les juges n'avaient pas épuisé le maximum, le prévenu pourrait être condamné de nouveau, mais à la condition que les deux peines réunies n'excéderaient pas le maximum fixé par la loi. (Ce dernier point est controversé en doctrine ; dans tous les cas, les juges ne pourraient pas prononcer pour les derniers délits une peine d'une nature différente de celle prévue par la loi pour ces mêmes délits.)

Cass., 27 fév. et 8 oct. 1824 ; 29 juil. 1826, 18 juin 1829, 17 juin 1831.
Cass., 24 avr. 1856. — D. » » » — P. 57.537. — S. 56.1.627.
Cass., 12 janv. 1860. — D. 60.5.273. — P. 60.546.
Consulter le Code d'inst. crim. annoté et son supp., art. 565.

793. *Délits de chasse.* — Ce que nous venons de dire s'applique parfaitement aux délits de chasse ; le cumul des peines est prohibé soit que le prévenu se trouve poursuivi pour deux délits de chasse, soit qu'on le recherche pour deux délits de nature différente. Supposons, comme exemple, qu'un prévenu subisse une condamnation au maximum pour un délit de chasse commis le 1er septembre 1867, il ne pourra plus, aux termes de notre article, être repris pour des délits antérieurs ; s'il était par erreur traduit en justice pour ces délits anciens, il ne devrait être condamné qu'aux frais. — Le principe prohibitif du cumul concerne aussi bien les peines d'amende que les peines corporelles ; la jurisprudence est aujourd'hui constante (cass., 28 fév. et 12 juin 1857).

Par l'expression « *la peine la plus forte sera seule prononcée,* » il ne faut pas entendre que les juges doivent nécessairement appliquer le maximum ; ils ont la latitude du minimum au maximum (Chardon, p. 256 ; Perrève, p. 359 ; Petit, t. II, p. 220).

794. *Contraventions.* — Le principe prohibitif du cumul ne s'applique pas aux contraventions et ne fait pas obstacle à ce que le prévenu soit condamné à la fois pour un délit et pour une contravention de police commise antérieurement, lorsqu'elle résulte de faits distincts (cass., 28 sept. 1865).

795. *Dispositions pénales accessoires.* — *Confiscation.* — *Surveillance.* — Il est évident que la défense du cumul n'a pas trait à l'indemnité attribuée au propriétaire des fruits. — La Cour de cassation a formellement jugé aussi, et à bon droit, croyons-nous, « que la prohibition du cumul des peines ne s'étend pas aux dispositions pénales accessoires, telles que la confiscation de l'instrument du délit ou la surveillance de la haute police, lesquelles... constituent des mesures de police préventive, édictées dans une pensée de sûreté publique..., plutôt que des peines proprement dites. » Arrêt du 6 mars 1856. — Les juges doivent donc prononcer la confiscation, indépendamment de la peine applicable à l'autre délit ou au crime.

Nîmes, 14 janv. 1856 ; cass., 23 sept. 1837, 2 juin 1838.
Poit., 20 mai 1843. — D. 43.2.168. — P. à sa date. — S. 43.2.526.
Cass., 6 mars 1856. — D. 56.1.224. — P. 57.487. — S. 56.1.625.
Cass., 13 mars 1856. — D. 56.1.331. — P. 57.487. — S. 56.1.625.
En ce sens : Berriat, p. 187 ; Championnière, p. 135 ; Chardon, p. 295 ; Dalloz, n° 342 ; Gillon et Villepin, n° 369 ; Rogron, p. 217.
En sens contraire : Petit, t. II, p. 169.

796. **Deux délits, fait unique.** — Nous croyons que le même fait ne saurait rendre le délinquant passible d'amendes multiples, et qu'ainsi le conducteur qui transporte du gibier en temps prohibé ne doit encourir qu'une amende, quel que soit le nombre des paquets transportés et celui des procès-verbaux dressés simultanément par les employés (trib. de la Seine du 20 sept. 1844, *Droit* du 21, cité par Cival, n° 14) ; autrement il y aurait d'ailleurs cumul.

797. § II. **Délits postérieurs.** — *Déclaration.* — Les peines encourues pour des faits postérieurs à la déclaration du procès-verbal peuvent être cumulées, — c'est pour les juges une simple faculté, — sans préjudice des peines de la récidive, alors même que les délits auraient eu lieu le même jour ; mais il faut que le premier procès-verbal soit connu du délinquant.

On reconnaît généralement que par *déclaration* du procès-verbal il faut entendre soit la déclaration **verbale** faite au délinquant par le garde, au moment du délit, soit la déclaration résultant de la citation ou de tout autre acte, signifié à raison des premières poursuites (Berriat, p. 190 ; Camusat-Busserolles, p. 160 ; Gillon et Villepin, n° 374 ; Rép. du Palais, n°s 501 et 502 ; Petit, t. II, p. 227 ; Rogron, p. 219).

Art. 18. En cas de condamnation pour délits prévus par la présente loi, les tribunaux pourront priver le délinquant du droit d'obtenir un permis de chasse pour un temps qui n'excédera pas cinq ans.

Art. 19. La gratification mentionnée en l'article 10 sera prélevée sur le produit des amendes.

Le surplus desdites amendes sera attribué aux communes sur le territoire desquelles les infractions auront été commises.

Art. 20. L'art. 463 du Code pénal ne sera pas applicable aux délits prévus par la présente loi.

SECTION 3ᵉ.
De la poursuite et du jugement.

Art. 18.

PRIVATION DU DROIT D'OBTENIR UN PERMIS.

798. La peine dont parle l'article 18 peut être portée à raison de tous les délits de chasse sans distinction, par conséquent même aux délits que prévoit l'article 11 et qui sont le moins sévèrement punis ; mais ce n'est pour les juges qu'une faculté dont ils n'usent que dans des circonstances exceptionnelles. Le maximum est de cinq années qui commenceront à courir, à notre avis, du jour où le jugement devient définitif (se reporter à l'article 15) ; le minimum n'est pas fixé et demeure à l'appréciation des tribunaux. — Cette peine est accessoire et peut être cumulée (Championnière, p. 136 ; Dalloz, n° 350 ; Dufour, p. 31 ; Rogron, p. 220).

799. *Permis en cours.* — Les Cours de Paris, d'Amiens et de Nancy ont jugé que la privation du droit d'obtenir un permis de chasse implique, pour celui contre lequel cette condamnation a été prononcée, la privation immédiate du droit de chasse, — et que le condamné, — à partir du jour où le jugement rendu devient définitif, — ne pourrait pas, sans délit, se servir d'un permis de chasse antérieurement obtenu.

Paris, 20 nov. 1856, *J. des Chass.*, 21ᵉ ann., 1ᵉʳ sem., p. 66. Amiens, 5 février 1857. Nancy, 29 fév. 1864. — D. 64.2.219. — P. 64.122. — S. 64.2.98. *En ce sens :* Camusat-Busserolles, p. 85 ; Duvergier, sur l'art. 18.

800. Il nous est impossible d'adopter cette opinion. La loi, en conférant seulement aux juges la faculté de priver le délinquant du droit d'obtenir un permis, nous paraît incontestablement vouloir que le permis antérieur, qui n'est pas *à obtenir*, mais est obtenu, produise son effet. Soutenir le contraire, c'est ajouter à la loi, sous prétexte de l'interpréter.

Trib. de Péronne et de Sarrebourg, *Droit* du 26 déc. 1863. Trib. de Nogent-sur-Seine du 3 nov. 1866, *Droit* du 12 janv. 1867. *En ce sens :* Championnière, p. 89.

Art. 19.

ATTRIBUTION DU PRODUIT DES AMENDES.

801. § Iᵉʳ. **Prélèvement des gratifications.** — Quand la loi dit que les gratifications aux gardes et gendarmes (article 10) seront prélevées sur le produit des amendes, on doit entendre qu'il faut procéder ainsi au cas où cela est possible, car les gratifications doivent *toujours* être payées, lors même que les amendes ne seraient pas recouvrées ou qu'il en aurait été fait remise.

802. § II. **Attribution aux communes.** — L'article 3 de l'ordonnance du 5 mai 1844 s'exprime ainsi : « Il sera tenu un compte spécial par commune du recouvrement des amendes. Ce compte sera réglé chaque année, après prélèvement des gratifications et de 5 °/₀ pour frais de régie ; le produit restant des amendes recouvrées sera compté à la commune... En cas d'insuffisance de l'amende pour le paiement de la gratification, il ne sera, pour cet excédant, exercé aucun recours contre la commune. » — Le compte doit être général et comprendre, d'une part, toutes les amendes de l'année, et, d'autre part, toutes les gratifications payées.

Quant aux formes de perception et de répartition, les amendes de chasse sont assimilées (Inst. des fin. du 18 juill. 1844) aux amendes de police rurale et municipale.

Art. 20.

NON APPLICATION DES CIRCONSTANCES ATTÉNUANTES.

803. **Circonstances atténuantes.** — L'article 20 démontre péremptoirement ce que nous avons dit, nᵒˢ 617 et suivants, à savoir que la bonne foi ou le défaut d'intention délictueuse ne sont point une excuse des infractions à la loi sur la chasse. — Les magistrats n'ont pas la faculté d'appliquer l'article 463, ce qui leur permettrait de diminuer les amendes portées par la présente loi ; ils ne peuvent que réduire au minimum, sauf aux parties condamnées la ressource des pétitions et des recours en grâce, qui, nous devons le dire, reçoivent assez fréquemment bon accueil. Les demandes de cette nature doivent être adressées à l'Empereur (inutile de mettre sur timbre et d'affranchir).

804. *Fait de chasse.* — *Vol.* — Supposons un individu poursuivi pour un fait de chasse et un vol. Le délit de vol emportant la peine la plus forte, il faudra appliquer l'article 401 ; mais l'article 401 qui punit le vol, admet l'article 463 qui permet l'application des circonstances atténuantes. — Les auteurs reconnaissent bien que l'article 463 est alors applicable, mais on se demande si on peut, conformément à cet article, abaisser, dans cette hypothèse et dans d'autres semblables, la peine au-dessous de 16 fr. d'amende, minimum en matière de chasse. M. Petit, t. II, p. 224 et suivants, soutient l'affirmative.

805. Nous pensons *au contraire,* avec la majorité des auteurs, que les effets de l'article 463 doivent être limités, en pareil cas, au minimum fixé pour le délit de chasse qui se trouve poursuivi en même temps qu'un autre délit (Berriat, p. 198 ; Chardon, p. 314 ; Cival, n° 209 ; Dalloz, n° 351 ; Répert. du Palais, n° 351 ; Rogron, p. 222).

Section 3ᵉ.

DE LA POURSUITE ET DU JUGEMENT.

OBSERVATIONS GÉNÉRALES.

806. **Cassation.** — *Appréciation des faits.* — Dans les poursuites pour délits de chasse, les juges sont saisis de deux questions : l'une relative à la vérité des faits sur lesquels la poursuite est fondée, l'autre relative à leur qualification légale. Les Cours d'appel décident la première question souverainement, mais leurs arrêts sur la seconde peuvent être révisés par la Cour de cassation.

Cass., 18 mars 1853. — D. 53.1.175. — P. 53.2.429. — S. 53.1.457. Consulter encore cass., 30 nov. 1860 et 9 juin 1864.

807. **Exceptions préjudicielles.** — *Questions de propriété.* — *Tribunaux civils.* — Lorsque devant la juridiction correctionnelle, saisie de la poursuite d'un délit de chasse, le prévenu excipe d'un droit en vertu duquel il aurait agi, le tribunal « ne peut renvoyer cette exception devant les juges civils, qu'autant qu'il s'agit d'une discussion sur le fonds d'une propriété, d'un droit immobilier, dont la connaissance appartient exclusivement à la juridiction civile. » — La Cour de cass. l'a ainsi jugé le 22 janvier 1836, arrêt ci-après.

Art. 21. Les délits prévus par la présente loi | seront prouvés , soit par procès-verbaux ou

808. « Mais, — nous citons encore l'arrêt, — si cette exception consiste uniquement dans l'allégation d'un droit mobilier, tel que les simples tolérances ou permissions d'usage, elle doit être appréciée par les juges de la répression, comme tous les autres moyens proposés par les prévenus pour leur défense. » Il en est ainsi lorsque le prévenu excipe d'une simple permission (arrêt du 22 janvier 1836), ou d'un bail (cassation, 7 janvier 1853). — Les tribunaux correctionnels sont pareillement compétents pour statuer sur l'exception tirée par le prévenu du défaut de qualité du demandeur (dernier arrêt).

Cass., 22 janv. 1836.— D. 36.1.119.— P. à sa date.— S. 36.1.528.
Cass., 5 avril 1866.— D. 66.1.411.— P. 66.1099.— S. 66.1.412.

809. Les juges correctionnels peuvent, sans résoudre pour cela une question de propriété immobilière ou interpréter un acte administratif, décider qu'un propriétaire est non recevable à poursuivre un délit de chasse sur un terrain qu'il prétend lui appartenir, lorsque, d'après un arrêté préfectoral, le terrain en question est renfermé incontestablement dans le lit d'un fleuve et fait ainsi partie du domaine public (premier arrêt).

Ils sont de même compétents pour juger si la transaction passée avec l'administration a éteint ou non l'action publique (deuxième arrêt cassant un arrêt de Nancy du 12 février 1866, et aussi Metz, sur renvoi).

Cass., 20 août 1853. — D. » » ». — P. 54.2.580. — S. » » ».
Cass., 7 avril 1866.— D. 66.1.359.— P. 66.1101.— S. 66.1.413.
Metz, 4 juillet 1866. — D. 66.2.165. — P. 67.438. — S. 67.2.82.
Dans le même sens : décision du Conseil d'État du 7 déc. 1866.

810. L'obligation de prouver l'exception de propriété incombe naturellement au prévenu. — Il y a lieu de l'autoriser à faire cette preuve, en lui déterminant le délai, si l'exception est fondée sur un titre apparent ou sur des faits de possession équivalents, personnels au prévenu et par lui articulés avec précision (cass., 25 juill. 1851, *Bull. cr.*, n° 308, cité par M. Dufour, p. 17). — Lorsque la demande renferme deux chefs distincts, les juges ne doivent surseoir que sur le chef à l'égard duquel l'exception serait admise, et non sur l'autre qui est en état (cass., 22 juillet 1836, Dufour, p. 17).

811. *Renvoi d'office. — Ordre public. — Appel.* — Quand l'exception est fondée, il n'est pas nécessaire que le renvoi à fins civiles soit demandé par des conclusions formelles, à peine de rejet de l'exception. Il suffit que l'exception opposée soit de la compétence des tribunaux civils pour que les juges correctionnels doivent prononcer le renvoi, cette question touchant à l'ordre des juridictions qui est d'ordre public (cass., 22 janvier 1836). — L'exception de propriété peut être proposée en appel pour la première fois (cass. 19 août 1841).

Art. 21.

PREUVE DES DÉLITS.

812. Juges. — Conviction. — *Aveu.* — En parlant des rapports, des procès-verbaux et des témoins, la loi n'a pas entendu limiter à ces moyens la preuve des délits. Les juges ont en cette matière, comme en toute autre matière pénale, le droit de rechercher les éléments de leur conviction dans tous les modes de preuve admis par l'ensemble de la législation, c'est-à-dire aussi bien dans les aveux et déclarations ayant le caractère d'aveux, que dans les procès-verbaux et témoignages.

Est donc nul l'arrêt qui juge que, lorsqu'il n'existe pas par ailleurs une constatation du corps de délit, l'*aveu* ne suffit pas par lui seul pour entraîner condamnation.

Cass., 4 sept. 1847.— D. 47.4.74.— P. 48.1.510.— S 48.1.409.
Cass., 29 juin 1848.— D. 48.5.44.— P. 49.1.218.— S. 48.1.746.
Cass., 4 sept. 1850.— D. 56.1.415.— P. 57.1174.— S. 57.1.150.
Et un grand nombre d'arrêts antérieurs.
En ce sens : Berriat, p. 200 ; Perrève, p. 105, et tous les auteurs.

813. Procès-verbaux. — *Formalités. — Nullités.* — Les procès-verbaux doivent être rédigés avec les formalités prescrites par la loi, à peine de nullité ; la nullité existe sans qu'il soit besoin qu'elle ait été expressément prononcée (cass., 2 décembre 1824). — Les procès-verbaux doivent contenir les preuves de leur validité, et, par suite, on doit considérer comme omises les formalités voulues par la loi qui ne sont pas constatées (cass., 29 mars 1810). — La nullité n'est point couverte par le *silence du prévenu* qui peut l'invoquer en *appel* pour la première fois (cass., 11 avril 1807 et 29 octobre 1824) ; les juges doivent la prononcer *d'office* (cass., 5 mars 1835). — Quand un procès-verbal est déclaré nul, les *frais* n'en peuvent être mis à la charge du prévenu, alors même qu'il succomberait par suite d'une autre preuve (cass., 20 février 1862 ; Perrève, p. 153). De même un garde ne saurait être condamné aux frais du procès, à raison de la nullité de son procès-verbal (cass., 27 juin 1812).

814. *Mais la répression n'est pas subordonnée à la validité du procès-verbal ;* par conséquent, malgré la nullité de celui-ci, le prévenu n'en devrait pas moins être condamné s'il avouait le fait délictueux ou si des témoins en déposaient contre lui (cass., 4 septembre 1847 et 19 novembre 1864).

Le prévenu, après avoir été acquitté une première fois par suite de la nullité du procès-verbal, pourrait être de nouveau poursuivi et condamné à raison du même délit, si la preuve en était faite (cass., 11 août 1831 ; Camusat-Busserolles, n° 45 ; Gillon, n° 405).

815. *Rédaction.* — La rédaction des procès-verbaux doit être claire, précise et offrir un exposé des faits, dégagé de tout événement ou de toute interprétation étrangère à leur but, qui est d'éclairer la justice, sans chercher à l'influencer dans un sens quelconque (circ. à la gendarmerie du 17 septembre 1862). — Les procès-verbaux ne sont pas nuls par ce fait que les rédacteurs auraient omis de mentionner les circonstances de temps et de lieu ; il suffit que les éléments constitutifs du délit soient mentionnés (cass., 24 janvier 1861).

816. *Noms des délinquants. — Prénoms. — Sobriquets. — Erreurs.* — Les procès-verbaux sont valables encore bien que les *noms* des délinquants soient inexactement reproduits, si les délits sont reconnus par eux, et qu'ainsi l'identité des personnes poursuivies se trouve régulièrement établie (Conseil d'État du 18 novembre 1842). — Jugé même qu'il suffit d'indiquer le *prénom* du délinquant, si ce prénom sert généralement à le désigner (cass., 24 décembre 1846). — Nous en dirions autant d'un *surnom* ou *sobriquet,* ou si le délinquant était simplement désigné comme *fils d'un tel,* cass., 26 janv. 1816. — Un procès-verbal ne serait pas nul parce que le garde aurait omis d'indiquer sa demeure (cass., 27 juin 1812).

817. *Date.* — La date est essentielle dans un procès-verbal ; si elle n'existe pas, il est nul. — Jugé pourtant que l'*erreur matérielle* dans la date n'altère pas la vérité des faits énoncés dans un procès-verbal (cass., 3 janvier 1833), si l'erreur se rectifie d'elle-même.

818. *Écriture. — Signature.* — Il n'est pas nécessaire que le procès-verbal soit écrit de la main de l'agent qui verbalise (M. Petit, t. II, p. 11, est d'un avis contraire), mais il doit être signé de lui, à peine de nullité, car, sans signature, le procès-verbal n'existe pas. — Voir toutefois ce que nous allons dire au n° 824. — Les interlignes, ratures, renvois, doivent être approuvés.

819. *Insignes. — Plaque, etc.* — Les gendarmes sont tenus à leur uniforme ; les gardes doivent avoir, sur le bras, conformément à la loi du 26 septembre 1791, article 4, section 7, titre Ier, une plaque de métal ou d'étoffe où seront inscrits ces mots : *la loi,* le nom

rapports, soit par témoins, à défaut de rapports | et procès-verbaux, ou à leur appui.

de la commune et celui du garde. Cette disposition s'applique aux gardes particuliers, quoiqu'elle soit faite plus spécialement pour les gardes champêtres communaux. Mais il n'y aurait pas nullité par ce fait qu'un garde, par exemple, aurait dressé procès-verbal sans être revêtu de ses insignes, car la Cour de cassation a jugé avec raison, le 11 octobre 1821, que si le costume était nécessaire pour s'introduire au domicile des citoyens et faire ainsi acte d'autorité, il en était autrement quand il s'agissait seulement de constater un fait ; que, dans ce dernier cas, il suffisait d'avoir le caractère nécessaire (cass., 5 mai, 6 juin 1807, 7 septembre 1812, 10 mars 1815, 18 février 1820, 11 octobre 1821 ; Gillon et Villepin, nᵒ 398 ; Petit, t. II, p. 10 et 11).

820. *Mention des insignes. — Avertissement du procès-verbal* — Dans tous les cas, aucune loi n'oblige les gardes, non plus que les gendarmes, à mentionner dans leurs procès-verbaux qu'ils étaient revêtus de leurs insignes, au moment où ils constataient les délits (cass., 20 septembre 1833, et trois arrêts du 14 février 1840). — Jugé, dans un sens analogue, qu'il n'est point nécessaire que les gardes ou gendarmes avertissent les délinquants qu'ils vont dresser procès-verbal (mêmes arrêts du 14 février 1840), mais il est bon qu'ils le fassent pour empêcher le non cumul des peines, voir article 17, § 2.

821. *Timbre.* — Les procès-verbaux des gendarmes et des gardes, autres que ceux des particuliers, sont rédigés sur papier libre et visés pour timbre au moment de l'enregistrement qui se fait gratis, ainsi que le visa. Les procès-verbaux des gardes particuliers doivent être dressés sur timbre ; cependant ils ne seraient pas nuls pour avoir été faits sur papier ordinaire. (Il y aurait toutefois une amende de cinq francs, décime en plus).

822. *Enregistrement.* — Il est maintenant de jurisprudence certaine que le défaut d'enregistrement ne rend point nuls les procès-verbaux (cass., 9 mars 1861, 20 avril 1865), et rend seulement passible d'une amende de 5 fr., décime en plus. — L'enregistrement doit avoir lieu dans les quatre jours, depuis mais non compris le jour du procès-verbal ; si le quatrième jour est un dimanche, le délai n'expire que le lendemain. — Les procès-verbaux peuvent être enregistrés, soit au bureau d'enregistrement de la résidence des agents, soit au bureau du lieu où ils les ont faits (loi du 22 frim. an VII, art. 26), soit au bureau le plus voisin de leur résidence (déc. du 28 nov. 1809, 12 juill. 1822, 27 août 1823 ; lois du 2 janv. 1810, 10 août 1822, et 6 sept. 1825). Les gendarmes ont de plus la faculté, quand il n'existe pas de bureau au lieu de leur résidence, d'adresser leurs procès-verbaux au procureur impérial, par les soins duquel la formalité est remplie (déc. du 1ᵉʳ déc. 1854, art. 491). — Les procès-verbaux des gardes particuliers sont enregistrés aux droits de 2 fr., décime en sus ; les autres sont enregistrés gratis.

823. *Parenté.* — Les gardes et gendarmes peuvent verbaliser à l'égard de toutes personnes, même contre leurs parents ou à leur profit. Il n'importe aussi que le garde soit parent ou non du fonctionnaire qui reçoit l'affirmation (cass., 7 nov. 1817 ; circ. min. du 27 flor. an XI ; Petit, t. II, p. 10).

824. Rapports. — L'article 21 énonce les rapports comme pouvant établir les délits de chasse. Le rapport est l'écrit rédigé par un tiers sur une déclaration qui lui est faite. Les rapports sont valables, dans la matière qui nous occupe, quand il s'agit de gardes-champêtres qui ne savent ou ne peuvent pas dresser personnellement leurs procès-verbaux ; mais il faut que ces rapports soient alors reçus, rédigés et signés, soit par les juges de paix, leurs suppléants ou leurs greffiers, soit par les commissaires de police, les maires ou leurs adjoints. (Les rapports sont assujettis aux mêmes formalités et doivent contenir les mêmes énonciations que les procès-verbaux). — Il n'est pas nécessaire qu'il en soit donné lecture.

Cass.. 10 fév. 1843.—D. 43.1.228.—P. à sa date.—S. 43.1.535.
Cass., 24 janv. 1861.—D. 61.1.405.—P. 62.500.—S. 61.1.1005.
Ce dernier arrêt ne rappelle pas les commissaires de police : nous pensons que c'est un simple oubli et qu'ils ont qualité.
En ce sens : Mangin, nᵒ 107.

825. Les personnes désignées ci-dessus sont les seules à pouvoir recevoir et dresser les rapports ; aussi la Cour de cassation, par l'arrêt du 24 janvier 1861, a-t-elle décidé qu'un *instituteur communal* était sans qualité pour rédiger et signer un rapport, et qu'un rapport ainsi fait était radicalement nul. — M. Petit, t. II, p. 16, pense que le garde *doit signer le rapport;* ce n'est pas notre avis.

826. Témoignages. — *Témoin unique.* — Sous la loi de 1790, on se demandait s'il ne fallait pas au moins deux témoins pour établir en justice la preuve d'un délit de chasse, mais déjà la Cour de cassation décidait qu'un seul suffisant (arrêts des 26 août 1830, 5 fév. 1835, 19 fév. 1836). Aujourd'hui, les tribunaux et les auteurs sont unanimes pour reconnaître qu'un seul témoin suffit pour baser la conviction des juges, — si ce témoin leur inspire confiance, car les magistrats ne sont pas rigoureusement tenus d'ajouter foi aux témoignages.

827. *Audition obligatoire. — Audition d'office. — Appel.* — Les juges ne peuvent se fonder sur l'insuffisance ou la nullité d'un procès-verbal pour relaxer le prévenu, lorsque le ministère public offre de suppléer en faisant entendre des témoins (arrêts cités au numéro précédent). Ils ne pourraient pas davantage refuser à un prévenu ou à une partie civile le droit de faire entendre des témoins. — Il appartient aux magistrats d'ordonner d'*office*, quand ils le jugent convenable, l'audition des témoins ; ils ont aussi la faculté d'en entendre d'autres que le ministère public ou la partie civile n'avaient pas appelés. Ils peuvent pareillement entendre quelqu'un, sans qu'il ait été préalablement assigné, ou appeler celui qui aurait assisté à la déposition d'un autre témoin, ou bien demander au cours des débats des personnes déjà entendues. — *En appel,* les juges ont le même droit.

828. Qui peut être entendu comme témoin. — *Règle générale. — Parenté. — Alliance.* — Aucune personne ne doit être refusée comme témoin, si ce n'est les ascendants ou descendants du prévenu, ses frères et sœurs ou alliés au même degré, la femme ou le mari, même après la séparation de corps prononcée, art. 156 du Code d'inst. crim., et les personnes privées du droit de déposer comme témoins, par suite de condamnations pénales, art. 34 et 42 du Code pénal. — On peut admettre en témoignage ceux qui rapportent les dires de l'une ou de l'autre des personnes ci-dessus ; voir pourtant Chardon, p. 359.

829. *Mineurs de quinze ans.* — Les enfants, au-dessous de l'âge de quinze ans, peuvent être entendus par forme de déclaration et sans prestation de serment, art. 79 du Code d'inst. crim. ; au-dessus de quinze ans, ils prêtent serment.

830. *Plaignant.* — Le plaignant, après qu'il s'est constitué partie civile, ne saurait être accepté comme témoin. Il le peut auparavant, voir art. 26. — Les juges peuvent refuser comme témoin celui qui a intérêt au procès, cass., 14 fév. 1834.

831. *Rédacteurs des procès-verbaux. — Témoins à l'appui.* — Rien n'empêche d'entendre les rédacteurs des procès-verbaux, et il ne faut pas distinguer entre les procès-verbaux valables et ceux qui seraient nuls (cass., 3 fév. 1820). — Jugé qu'on peut entendre des témoins *à l'appui* des procès-verbaux, — l'article 21 le dit, du reste, — lorsqu'ils sont insuffisants, ou même entachés

Art. 22. Les procès-verbaux des maires et adjoints, commissaires de police, officier, maréchal-des-logis ou brigadier de gendarmerie, gendarmes, gardes forestiers, gardes pêche, gardes champêtres ou gardes assermentés des particuliers, feront foi jusqu'à preuve contraire.

de nullité ou d'irrégularité (cass., 3 fév. 1820, 17 avril 1823, 1er déc. 1826, 7 nov. 1836, 1er déc. 1836, 8 nov. 1849).

832. *Refus de comparaître. — Faux témoignage.* — Toute personne doit son témoignage à la justice, à l'exception des professions qui obligent au secret (confesseurs, médecins et avocats). Par suite, le témoin qui, sans motif valable, fait défaut ou refuse de déposer, doit être condamné à l'amende, et, s'il persiste, la contrainte par corps peut être décernée contre lui, art. 157, du Code d'inst. crim. — Le *faux témoin* est puni de la réclusion et, s'il a reçu de l'argent, des travaux forcés à temps, art. 362, 364 du Code pénal. La *subornation* de témoins est punie des mêmes peines, art. 365 du C. p.

833. Renvois. — Voir article 24 les formalités de l'*affirmation* des procès-verbaux, — art. 26 la *procédure* à suivre pour les procès de chasse, et aux *formules,* des modèles de procès-verbaux, affirmations, etc.

Art. 22.

QUI PEUT DRESSER PROCÈS-VERBAL.

FOI DUE AUX PROCÈS-VERBAUX.

834. Qui peut dresser procès-verbal. — Toutes les personnes désignées dans l'article 22 ont qualité pour verbaliser, chacune dans les limites de sa compétence territoriale, ainsi que nous allons le voir plus loin. L'article n'est pas limitatif; ainsi les procureurs impériaux et les juges d'instruction peuvent verbaliser en cas de flagrant délit, voir n°s 715 et suiv. (Berriat, p. 209; Chardon, p. 371; Petit, t. II, p. 5; Rogron, p. 228); mais leurs procès-verbaux ne font aussi foi que jusqu'à preuve contraire.

835. *Maires et adjoints. — Commissaires de police.* — Les premiers peuvent verbaliser dans toute l'étendue de leur commune ; les commissaires ont compétence dans le canton ou dans les cantons où ils sont institués (art. 11 et suiv. du Code d'inst. crim.)

836. *Gendarmes.* — Il faut comprendre sous ce nom les *gardes municipaux* à Paris et les *voltigeurs corses* qui remplacent les gendarmes là ou ils sont institués (Berriat, p. 211). — Les gendarmes n'ont pas qualité pour visiter les voitures et les paquets (Championnière, p. 147; Rogron, p. 245). — Leurs procès-verbaux sont valables, quoique rédigés par un seul gendarme (cass., 30 nov. 1827, 10 mai 1839; Berriat, p. 212).

Les officiers, sous-officiers et gendarmes, institués plus spécialement pour rechercher les crimes et délits dans leurs circonscriptions respectives, ont qualité cependant pour dresser des procès-verbaux, en matière de délits de chasse, dans toute l'étendue de l'Empire ; mais il faut, suivant nous, et cela résulte aussi des décisions cidessous, que lorsqu'ils verbalisent en dehors de leur territoire ordinaire, ils se trouvent dans l'exercice de leurs fonctions au moment où ils dressent procès-verbal, comme s'ils revenaient de conduire des prisonniers.

Cass., 8 mars 1851. — D. 51.5.312. — P. » » ».
Décision du Cons. d'État, du 7 juin 1851. -- D. 51.3.58.

837. *Dans une autre opinion,* on soutient que les gendarmes ont compétence dans toute la France, sans restriction ni condition (Chardon, p. 378; Duvergier, sur l'art. 22; Gillon et Villepin, n° 391; Petit, t. II, p. 6; Rép. du Palais, n° 565; Rogron, p. 234).

Notons, en sens inverse, un arrêt de cassation du 8 novembre 1838, affaire Chareyre, qui semble ne leur reconnaître juridiction que dans leur circonscription.

838. *Gardes forestiers.* — Nous croyons qu'il faut entendre par là non-seulement les simples gardes, mais aussi les agents supérieurs (Berriat, p. 211). Ils ne sont pas tenus, quand ils constatent des délits de chasse, à remplir d'autres formalités que celles prescrites par la présente loi (Dijon, 18 déc. 1844) ; par contre, leurs procès-verbaux, en cette matière, ne font foi que jusqu'à preuve contraire.

839. Ils ont compétence dans le territoire pour lequel ils ont été assermentés, mais ils ne peuvent constater les délits de chasse que dans les bois et forêts et non en plaine ou dans les champs.

Cass., 28 oct. 1827. — D. 28.1.6. — P. à sa date.
Cass., 9 mai 1828. — D. 28.1.242. — P. à sa date.
Gren., 15 sept. 1834. — D. 35.2.52. — P. à sa date.
Voir en sens contraire : Metz, 2 i mai 1819.

840. *Gardes pêche.* — Comme les gardes forestiers, les gardes pêche n'ont qualité pour dresser procès-verbal, qu'à raison des délits de chasse qui ont lieu sur les fleuves et rivières à leur garde (Championnière, p. 147).

841. *Gardes champêtres.* — De même pour ceux-ci, leur compétence s'étend aux propriétés rurales et non aux bois et forêts. — Les *gardes messiers,* gardes vigne, etc., ont aussi qualité dans le temps que dure leur mission et là où elle s'exerce.

842. *Gardes particuliers.* — Ils peuvent constater les délits de chasse dans les limites de leur commission, mais là seulement (cass., 4 mai 1828). — Le garde particulier d'une personne ne saurait valablement constater un délit de chasse au profit d'une autre personne (Bruxelles, 31 mars 1825).

843. *N'ont pas qualité* pour dresser des procès-verbaux, *les agents de police,* lors même qu'ils auraient prêté serment avant leur entrée en fonctions ; — les sergents de ville (jurisprudence constante et notamment cass., 15 oct. 1842, 25 fév. 1855, et 13 déc. 1862). — Il va de soi qu'ils peuvent être entendus comme témoins.

844. Foi due aux procès-verbaux. — Quand les procès-verbaux sont réguliers, ils font *foi jusqu'à preuve contraire,* c'est-à-dire que les prévenus peuvent établir, par tous les moyens ordinaires de preuve, que les procès-verbaux sont erronés ; mais que, s'ils ne font point cette justification, la force reste aux procès-verbaux.

Aussi les juges, saisis d'un délit de chasse par un procès-verbal régulier, n'ont pas le droit de s'abstenir de condamner, tant qu'aucune preuve contraire n'est faite ou au moins offerte contre les faits qui y sont énoncés. (Jurisprudence constante, voir notamment cass., 22 juin 1855).

845. *Témoignages irréguliers.* — Les procès-verbaux ne peuvent être combattus que par des témoignages recueillis sous la foi du serment; en conséquence, des renseignements ou des déclarations, fournis sans serment préalable, ne sauraient détruire l'effet des procès-verbaux (cass., 6 juin 1851 et 31 déc. 1864).

846. *Renseignements officieux.* — Ils ne peuvent et ne sauraient être combattus davantage par des renseignements officieux que les juges auraient pris dans un *transport* qu'ils auraient fait d'eux-mêmes, hors la présence des parties et sans les avoir averties de ce transport.

Cass., 29 mars 1855. — D. 55.1.220. — P. 55.219.

847. *Connaissance personnelle.* — Ni par ce motif que les juges croiraient savoir que les faits reprochés au prévenu sont inexacts (cass., 25 fév. 1843), ou que les *faits* allégués seraient *invraisemblables,* ou contredits par la *notoriété publique* (de Neyremand, p. 134, qui cite de nombreuses autorités).

848. *Certificats.* — Encore moins par des certificats constatant des faits contraires, lors même que les certificats seraient émanés des fonctionaires rédacteurs des

Art. 23. Les procès-verbaux des employés des contributions indirectes et des octrois feront également foi jusqu'à preuve contraire, lorsque, dans la limite de leurs attributions respectives, les agents rechercheront et constateront les délits prévus par le paragraphe premier de l'article 4.

Art. 24. Dans les vingt-quatre heures du délit, les procès-verbaux des gardes seront, à peine de nullité, affirmés par les rédacteurs devant le juge de paix ou l'un de ses suppléants, ou devant le maire ou l'adjoint, soit de la commune de leur résidence, soit de celle où le délit aura été commis.

procès-verbaux, lors même aussi que ces procès-verbaux seraient rétractés par les fonctionnaires de qui ils émanent, entendus comme témoins (cass., 5 fév. 1846; Berriat, p. 202).

849. *Faits matériels.* — Mais la force probante des procès-verbaux ne s'applique qu'aux faits matériels que les officiers de police judiciaire ont constatés eux-mêmes (cass., 26 novembre 1834, 18 août 1854). — Jugé en matière forestière, et il paraît naturel d'en faire l'application au point qui nous occupe, que les mentions des procès-verbaux, relatives aux *déclarations et aveux des prévenus*, font foi jusqu'à preuve contraire, aussi bien que ce qui a trait à la constatation des faits matériels (cass., 2 août, 6 août 1834, 16 avril 1835; Gillon et Villepin, n° 385; Rogron, p. 225).

Article 23.

ATTRIBUTIONS ET PROCÈS-VERBAUX DES EMPLOYÉS DES CONTRIBUTIONS INDIRECTES ET DES OCTROIS.

850. Attributions. — *Limites.* — *Foi due à leurs procès-verbaux.* — Les employés des contributions indirectes et des octrois n'ont pas le droit de verbaliser à raison de tous les délits de chasse, mais seulement de ceux prévus par le § 1ᵉʳ de l'art. 4, n⁰ˢ 296 et suiv.

851. La loi exige en outre, pour la constatation des délits réprimés par l'article 4, que les employés soient dans la limite de leurs attributions respectives. — Leurs procès-verbaux ne font *foi que jusqu'à preuve contraire.* — Quant à la *forme des procès-verbaux*, voir Mangin, p. 344.

852. Contributions indirectes. — *Visites domiciliaires.* — *Lieux ouverts au public.* — La recherche du gibier ne peut être faite à domicile, aux termes de l'article 4, que chez les aubergistes, chez les marchands de comestibles et dans les lieux ouverts au public; il faut, de plus, pour que les employés des contributions puissent se livrer à cette recherche, qu'ils soient appelés à exercer leurs fonctions pour une autre cause (circ. des contributions indirectes du 25 juin 1844, ci-dessus).

853. *Aubergistes rédimés.* — Et les employés, ne pouvant faire de visite chez les aubergistes qui se sont rachetés de l'exercice par un abonnement, n'auront pas le droit de se transporter à leur domicile pour y rechercher du gibier en temps prohibé. Néanmoins, comme les débitants abonnés ou rédimés demeurent soumis à certaines vérifications, notamment lorsqu'il s'agit de reconnaître les boissons avant la décharge des acquits à caution ou de surveiller les cartes à jouer, les employés pourraient saisir le gibier qui s'offrirait à leurs yeux dans ces circonstances, mais sans le rechercher.

854. Les employés des contributions indirectes, quand ils soupçonnent de la fraude de la part des débitants, même abonnés ou rédimés, peuvent, avec l'assistance d'un commissaire de police, et après avoir obtenu l'autorisation d'un employé supérieur, se transporter chez les débitants pour s'y livrer à des perquisitions. Ils pourraient alors saisir le gibier que ces perquisitions feraient par hasard découvrir (même circulaire).

855. Lorsque les employés dresseront des procès-verbaux contre des débitants abonnés ou rédimés, ils devront mentionner avec précision l'objet de leur visite et l'endroit où le gibier aurait été trouvé; une omission à cet égard ne serait point cependant une cause de nullité.

856. *Voitures publiques.* — Les employés des contributions indirectes pourront saisir le gibier qu'ils découvriront en assistant au chargement ou déchargement des voitures publiques et en les vérifiant aux relais et à l'entrée des villes. De même, si, *dans le cours de leur surveillance*, ils voient transporter, en temps prohibé, du *gibier à découvert*, ils ont le droit de le saisir quand le délit vient à leur connaissance sans qu'ils aient à fouiller ou à visiter les personnes (circulaire du 25 juin 1844; Gillon et Villepin, n° 401).

857. Octrois. — Les employés des octrois ont à saisir le gibier qu'ils découvrent dans leurs vérifications, à l'entrée des villes (même circulaire). Ils n'ont pas le droit de *fouiller* les personnes voyageant à pied ou à cheval; ils peuvent visiter seulement les voitures (Chardon, p. 372). — Forme des procès-verbaux, voir Mangin, p. 368.

Art. 24.

AFFIRMATION DES PROCÈS-VERBAUX DES GARDES.

858. Cas où l'affirmation est nécessaire. — C'est quand le procès-verbal émane d'un garde, que ce soit garde champêtre, garde pêche, garde forestier, garde particulier, etc. Elle est inutile lorsque le délit est constaté par toute autre personne, soit maires, adjoints, gendarmes, commissaires, agents forestiers supérieurs, etc.

859. Qui peut recevoir l'affirmation. — Ce sont les personnes désignées par notre article, et il résulte bien du texte qu'ils ont pouvoir concurremment et non les uns à défaut des autres (Gillon et Villepin, n° 408). — Voir pourtant Berriat, 219.

860. Mais aucun autre n'a qualité pour recevoir l'affirmation; aussi la Cour de cassation a-t-elle jugé que les *commissaires de police*, — qui peuvent bien dans certains cas, voir l'article 21, dresser les procès-verbaux des gardes, — n'ont point capacité pour recevoir l'affirmation de ces procès-verbaux.

Cass., 20 fév. 1862.—D. 62.1.231.—P. 62.1156.—S. 63.1.111.

861. Toutefois, un *conseiller municipal*, pris dans l'ordre du tableau et agissant pour le maire et l'adjoint, ou les adjoints empêchés (circonstance qui devra être mentionnée), nous paraît incontestablement avoir caractère pour recevoir l'affirmation (loi du 5 mai 1855, art. 4; Berriat, p. 219; Cival, n° 10). — En sens contraire Gillon et Villepin, n° 410; Mangin, p. 227.

862. *Juges de paix, ou suppléant, ou maire, ou adjoint.* — M. Berriat, p. 219, dit que l'ordre, dans lequel les fonctionnaires chargés de recevoir l'affirmation sont placés dans l'article, montre que certains n'ont qualité qu'en cas d'absence ou d'empêchement des autres; voir aussi Mangin, n° 111, et cass., 5 brum. an XII.

Nous croyons au contraire, avec MM. Gillon et Villepin, n⁰ˢ 408 et 409, que ces fonctionnaires sont tous et au même degré et dans tous les cas compétents, et qu'ils ne sont point appelés les uns à défaut des autres. Le garde peut donc affirmer son procès-verbal devant l'un ou l'autre, à son choix. C'est l'avis de M. Petit, t. II, p. 24.

Évidemment les fonctionnaires désignés par notre article ne pourraient pas, sans faillir à leurs devoirs, *refuser de recevoir l'affirmation*.

863. Rien n'empêche le fonctionnaire qui a dressé le rapport (dans le cas où cela est possible, voir l'ar-

Art. 25. Les délinquants ne pourront être saisis ni désarmés ; néanmoins, s'ils sont déguisés ou masqués, s'ils refusent de faire connaître leurs noms, ou s'ils n'ont pas de domicile connu, ils seront conduits immédiatement devant le maire ou le juge de paix, lequel s'assurera de leur individualité.

---

ticle 22) de recevoir l'affirmation, et si le rapport et l'affirmation étaient rédigés sur la même feuille, il suffirait que le fonctionnaire apposât sa signature au bas de l'affirmation (Gillon et Villepin, n° 407 ; Mangin, n° 111).

Rien n'empêche non plus que le procès-verbal et l'acte d'affirmation ne forment qu'un seul tout, et il suffit alors que la signature du garde se trouve après l'affirmation (cass., 19 juillet 1828).

864. Délais et formalités de l'affirmation. — *Heure.* — Les procès-verbaux devant être affirmés dans les vingt-quatre heures du délit (et non de la rédaction du procès-verbal), il en résulte qu'il faut, à peine de nullité, que l'acte d'affirmation contienne l'heure précise à laquelle cette affirmation a lieu, de même que le procès-verbal du délit doit contenir l'heure exacte où le délit a été commis ; autrement rien n'établirait que cette affirmation a été faite dans les vingt-quatre heures. (Le délai se compte d'heure à heure et non de jour à jour).

Cass., 4 sept. 1847.—D. 47.4.276.—P. 48.1.510.—S.48.1.409.

865. Suivant M. Berriat, p. 220, qui cite à l'appui de son opinion un arrêt de cassation du 24 août 1820, et M. Mangin, n° 228, « un procès affirmé le lendemain de sa clôture, est réputé avoir été affirmé dans les vingt-quatre heures, lorsque la clôture du procès-verbal est indiquée simplement par la date du jour et non par celle de l'heure. » M. Chardon, p. 384, est de cet avis. — Nous ne saurions adopter cette interprétation de l'article 24 que critique M. Petit, t. II, p. 23.

Nous reconnaissons pourtant que l'indication de l'heure serait inutile si l'affirmation était faite le jour même du délit, puisqu'il serait dès lors incontestable qu'elle aurait été effectuée dans le délai ; en ce sens, Petit, t. II, p. 23.

866. Les *gardes forestiers* doivent affirmer leurs procès-verbaux dans les vingt-quatre heures du délit ; notre article déroge en cela au Code forestier, qui leur accorde pour l'affirmation toute la journée qui suit le délit (cass., 4 sept. 1847, cité au n° 804).

867. Il a été jugé à diverses reprises qu'une *erreur évidente* dans l'indication du millésime de la date de l'affirmation n'entraînerait pas la nullité du procès-verbal, si l'erreur était rectifiée par la relation entre la date du procès-verbal et celle de l'affirmation.

Cass., 11 fév. 1860. — D. 60.5.500, affaire Fleury.

868. *Formalités.* — Jugé que l'affirmation doit être expresse, et que la simple mention *vu et approuvé,* suivie de la signature du maire, ne saurait équivaloir à l'affirmation, qui doit émaner du rédacteur du procès-verbal, arrêt ci-dessous (mais il a été jugé que le procès-verbal reçu par le secrétaire de mairie et signé par le maire est régulier, cass., 19 mars 1830).

Cass., 24 fév. 1865. — D. 65.1.401. — P. 66.441.

869. Mais il n'est pas nécessaire que le fonctionnaire qui reçoit l'affirmation donne *lecture du procès-verbal* au garde qui l'a dressé, ni fasse mention de cette lecture (1er et 2e arrêts).

Il en serait autrement, — du moins nous le pensons, et cela résulte aussi du 2e arrêt ci-après, — s'il s'agissait d'un procès-verbal émané d'un rédacteur qui n'aurait fait que le signer ; l'article 165, § II, du Code forestier prescrit alors la lecture, et nous croyons que cette formalité devrait être suivie en fait de chasse.

Dijon, 18 déc. 1844. — D. 45.2.61.
Cass., 24 janv. 1861.—D. 61.1.405.—P. 62.500.—S. 61.1.1005.

870. *Signature. — Qualité.* — Jugé qu'il est inutile que la mention de l'affirmation soit revêtue de la signature du rédacteur du procès-verbal, en outre de celle du fonctionnaire qui la reçoit (Conseil d'État, 18 mars et 6 juillet 1843). — Jugé aussi que la signature par le maire de l'affirmation du procès-verbal, sans mention de sa qualité, n'est pas une cause de nullité, si cette qualité est constante (cass., 17 janvier 1845, Berger).

871. *Nullités. — Renvois.* — De même qu'il peut être suppléé par témoins à la nullité du procès-verbal, de même il peut être suppléé par des témoignages à la nullité de l'affirmation (Camusat-Busserolles, n° 45 ; Gillon et Villepin, n° 405).

Voir article 22 ce qui concerne les *procès-verbaux, rapports,* etc., et *l'enregistrement.*

Art. 25.

DÉFENSE DE SAISIR ET DÉSARMER LES DÉLINQUANTS.
EXCEPTIONS.

872. Défense de saisir et désarmer. — A part les exceptions ci-après, les délinquants ne pourront, sous aucun prétexte, être saisis ou désarmés, et nous croyons qu'il n'y aurait ni crime ni délit de la part du chasseur qui porterait des coups à un agent de la loi cherchant à le désarmer par la violence (Liége, 5 avril 1828, affaire Beck).

873. Exceptions. — *Individus masqués. — Refus de dire son nom. — Résistance, force.* — Il suffit que le délinquant se trouve dans l'un des cas prévus par la dernière partie de l'article 25 pour que le garde ou tout autre rédacteur du procès-verbal puisse le conduire devant le maire ou le juge de paix. — Suivant M. Berriat, p. 223, le fait de donner un nom qui paraîtrait faux équivaudrait au refus de dire son nom.

Et la loi étant impérative, « *seront conduits,* » il en résulte que si le délinquant résiste, l'agent est autorisé à employer la force. (On devrait toujours conduire devant le maire de la commune si le juge de paix ne l'habitait pas ; Berriat, p. 223 ; Rogron, p. 255).

Bourges, 14 av. 1853.—D. 54.2.188.—P. 53.2.41.—S. 53.2.720.
En ce sens : Gillon et Villepin, n° 416 ; Lataillhède, note de l'arrêt dans Sirey, et aussi Dufour, p. 392.

874. M. Berriat, p. 223, dit que le droit de désarmer le chasseur existerait en cas de résistance de sa part à suivre le garde ou le gendarme chez le maire ou le juge de paix. — Nous ne pouvons admettre cette opinion. On peut user de la force pour conduire, non pour désarmer (*Mon.* du 24 fév. 1844, p. 372 ; Rép. du Palais, n° 574), sauf le cas où le délinquant chercherait à user de son arme contre le garde (Chardon, p. 394 ; Rogron, p. 254).

Mais si devant le maire le chasseur refusait de faire connaître son nom, il pourrait être alors conduit devant le procureur impérial, et son désarmement deviendrait légal (Berriat, p. 223 ; Championnière, p. 150 ; Rép. du Palais, n° 575).

875. *Rébellion.* — Jugé qu'il y a délit de rébellion de la part du chasseur lorsque, à la suite des efforts faits par un garde pour saisir le délinquant, le gibier de celui-ci tombe à terre, que le garde essaie de s'en emparer et que le chasseur dirige alors sur lui le canon de son fusil (Bourges, arrêt cité n° 873, approuvé par Lataillhède, note de Sirey). — La Cour de cassation a décidé, le 26 février 1829, affaire Decourbe, qu'il y aurait rébellion, même en admettant que le garde eût excédé ses droits en voulant prendre le gibier.

La rébellion est punie de l'amende et de l'emprisonnement (art. 209 et suiv. du Code pénal). Les injures et menaces sont également répréhensibles et punies par les lois.

876. *Saisie des engins, du gibier. — Renvoi.* — Se reporter aux n°s 770, 771, 772 et suivants.

Art. 26. Tous les délits prévus par la présente loi seront poursuivis d'office par le ministère public, sans préjudice du droit conféré aux parties lésées par l'article 182 du Code d'ins-

truction criminelle.

Néanmoins, dans le cas de chasse sur le terrain d'autrui sans le consentement du propriétaire, la poursuite d'office ne pourra être

---

Art. 26.

POURSUITE DES DÉLITS DE CHASSE.

SOMMAIRE.

§ 1ᵉʳ. Qui peut poursuivre les délits de chasse.
§ 2. Procédure ordinaire ; délits commis par les particuliers.
§ 3. Procédure spéciale ; délits commis par les fonctionnaires, les magistrats, les officiers de police judiciaire, etc.

§ Iᵉʳ.

QUI PEUT POURSUIVRE LES DÉLITS DE CHASSE.

877. Ministère public. — Le ministère public a la faculté de poursuivre les délits de chasse, dans les termes de l'article 26, mais ce n'est pas pour lui une obligation (les auteurs sont d'accord). Il peut agir, soit par action directe, soit par voie d'information, en saisissant le juge d'instruction. Dans l'un et l'autre cas, il ne peut plus se désister de son action lorsqu'il a saisi le juge d'instruction ou le tribunal (cass., 6 déc. 1834, affaire Gaillard). — Voir nᵒˢ 896 et 905.

878. *Terrain d'autrui.* — *Plainte du propriétaire.* — Encore bien que chasser sur le terrain d'autrui sans autorisation constitue un délit prévu et puni par l'article 11, 2°, néanmoins le § II de notre article ne permet au ministère public de poursuivre ce délit qu'autant qu'il y a une plainte de la partie intéressée, à moins que le délit n'ait été commis ou dans un terrain clos et attenant à une habitation (voir nᵒˢ 210 et suivants), ou sur une des terres non dépouillées de leurs fruits (voir nᵒˢ 638 et suivants). Dans ces deux cas exceptionnels, la poursuite commencée tomberait nécessairement si le prévenu justifiait à l'audience qu'il avait obtenu le consentement du propriétaire de la chasse. Se reporter à ce que nous avons dit sur le consentement du propriétaire, nᵒˢ 135 et suivants, 145 et suivants.

879. Il nous paraît évident que la loi n'a entendu subordonner la poursuite du ministère public à une plainte préalable qu'au cas où il s'agit d'un simple délit de chasse sur le terrain d'autrui. Si donc à ce délit s'en joignait un autre, par exemple la chasse sans permis ou la chasse en temps prohibé, le procureur impérial pourrait agir d'office. En un mot, la plainte n'est indispensable qu'autant que le consentement du propriétaire ferait disparaître le délit.

Cass., 3 nov. 1831 ; 18 juill. 1834, affaire Beaudouin.
En ce sens : Berriat, p. 232 ; Chardon, p. 416 ; Lavallée et Bertrand, p. 149 ; Rép. du Palais, n° 615 ; table de Sirey, n° 179.

880. *Terres non dépouillées, fermier.* — Nous pensons avec MM. Championnière, p. 98, et Dalloz, n° 246, que si le délit de chasse était commis par le fermier du champ ensemencé, propriétaire par conséquent des récoltes, la gravité du délit disparaîtrait, et que le ministère public ne pourrait agir sans une plainte du propriétaire.

881. *Plainte.* — La plainte consiste dans l'exposé des faits ; elle peut se faire sur papier libre, par lettre ou autrement (Bruxelles, 20 janv. 1831, Palais).

La plainte doit être signée, ou du moins il faudrait, si l'on ne savait pas écrire, que l'on fît sa réquisition au parquet. Aussi la Cour de Rouen a-t-elle refusé, par son arrêt du 8 septembre 1848, *Gazette des Tribunaux* du 13, de regarder comme valable une plainte anonyme.

882. La Cour de Besançon a jugé, le 9 janvier 1844

(D. 45.4.77), que la *remise du procès-verbal* constatant le délit, faite par le propriétaire au procureur impérial, équivalait à une plainte. — Nous ne pouvons admettre cette opinion que critiquent aussi MM. Lavallée et Bertrand, en citant à l'appui de leur sentiment des arrêts de cassation du 22 juin 1815 et du 21 décembre 1816. En ce sens, Championnière, p. 165, et Houël, n° 143. — On devrait joindre au procès-verbal une lettre invitant à poursuivre.

883. Dans tous les cas, ne saurait valoir plainte le procès-verbal rédigé dans une qualité erronée par un garde, à la fois garde forestier et garde particulier, qui aurait verbalisé comme garde forestier quand il aurait dû agir comme garde particulier. (En décidant ainsi par l'arrêt ci-dessous, la Cour de cassation semble admettre implicitement que, dans certains cas, la seule remise du procès-verbal équivaudrait à une plainte.)

Cass., 3 mars 1854. — D. 54.1.162. — P. 56.1.168. — S. 54.1.399.

884. *Désistement de la plainte.* — Lorsque la plainte est formée ou qu'une citation directe a été signifiée au délinquant par le propriétaire, il n'appartient plus à ce dernier d'arrêter les poursuites en se désistant de sa plainte. Le ministère public peut les continuer ; il peut de même interjeter appel ou se pourvoir en cassation, malgré le silence ou l'inaction de la partie plaignante.

Jurisprudence constante, et notamment :
Cass., 13 déc. 1855. — D. 56.1.144. — P. 57.43. — S. 56.1.185.
Il est évident que le ministère public n'est pas lié par la *qualification* donnée au fait par le plaignant (cass., 5 juin 1845).

885. Parties lésées. — *Droit spécial.* — Les parties lésées ont un droit spécial, indépendant de celui qui appartient au ministère public. Le tribunal correctionnel ne saurait donc se dispenser d'infliger les peines portées par la loi, quand même le ministère public aurait refusé ou se serait abstenu d'en requérir (cass., 5 nov. 1829, 23 fév. 1839).

De même, les tribunaux correctionnels ne peuvent refuser de statuer sur une poursuite intentée par un propriétaire pour chasse sans autorisation sur la propriété d'autrui, sous prétexte que depuis l'introduction de cette action le ministère public aurait fait condamner le prévenu pour délit de chasse en temps et avec engins prohibés (arrêt ci-dessous).

Cass., 2 avr. 1864. — D. 64.1.134. — P. » » » — S. 64.1.427.

886. Il faut entendre par *parties lésées* tous ceux à qui le droit de chasse appartient, propriétaires, fermiers, cessionnaires, usufruitiers, etc. ; voir nᵒˢ 28 et suivants, et aussi n° 138.

887. *Fermier rural.* — Le fermier peut-il porter plainte et poursuivre correctionnellement les délits de chasse ? — Oui, s'il a le droit de chasse, nᵒˢ 30 et suivants.

La difficulté naît lorsque la chasse ne lui appartient pas. On décide généralement alors, et nous croyons cette opinion bien fondée, que n'ayant pas la chasse il ne peut être compris dans la dénomination de parties lésées (sauf ce qui va être dit ci-après). Il doit s'adresser aux tribunaux ordinaires pour la réparation civile du dommage qu'il aurait pu éprouver.

Angers, 14 août 1826 ; Rennes, 11 nov. 1835 ; Paris, 8 janv. 1836.
Gren., 19 mars 1846. — D. 46.2.183. — P. 46.2.504 — S. 46.2.468.
Riom, 21 déc. 1861 — D. 65.2.24. — P. 65.1035. — S. 65.2.270.
En ce sens : Duvergier, sur l'art. 26 ; Petit, t. II, p. 48.

888. Jugé *en sens contraire* que le fermier peut poursuivre les délinquants en police correctionnelle.

Cass. Bruxelles, 6 nov. 1822, 3 mars 1825, 25 fév. 1826 ; Angers, 20 janvier 1836 ; cass., 9 avril 1836. (Le texte de la loi ancienne, sous l'empire de laquelle ces derniers arrêts ont été rendus, pouvait se prêter à cette interprétation.)

exercée par le ministère public, sans une plainte de la partie intéressée, qu'autant que le délit aura été commis dans un terrain clos, suivant les termes de l'article 2, et attenant à une habitation, ou sur des terres non encore dépouillées de leurs fruits.

En ce sens : Le Sellyer, t. II, p. 394; Toullier, t. IV, n° 21; Troplong, *Louage*, n° 162. *Ajouter* Berriat, p. 231; Duranton, t. IV, n° 286, et aussi Gillon et Villepin, n° 437.
La Cour de Bruxelles, par son arrêt du 25 fév. 1826, décidait même que le droit de poursuivre les délits de chasse appartenait uniquement au fermier des fruits.

889. *Droit particulier.* — *Terres non récoltées.* — Jugé, toutefois, que le fermier peut saisir la juridiction correctionnelle à raison des délits commis en violation de son droit particulier, par exemple des délits de chasse sur les terres louées non dépouillées de leurs fruits ; le dommage aux récoltes constitue en ce cas, dit avec raison la Cour de cassation, une circonstance aggravante du délit de chasse avec lequel il se confond. Il convient d'autant mieux, ajoute la Cour suprême, de juger ainsi que « cette interprétation de l'art. 26 a pour résultat de protéger en ce point les intérêts si favorables de l'agriculture avec plus d'efficacité. »
Rouen, 23 janv. 1863. *Gaz. des Trib.* du 2 fév. Cass., 5 avr. 1866.— D. 66.1.411.— P. 66.1099.— S. 66.1.412. Consulter Championnière, p. 165; Rogron, p. 279.

890. Le fermier pourrait également poursuivre en *simple police* le fait de *passage* sur tout *terrain préparé ou ensemencé*. La jurisprudence est constante à cet égard. Elle décide aussi que les *prairies* étant dans un état de production permanente doivent être considérées, en tout temps, comme des terrains préparés et ensemencés (cass., 4 déc. 1847, 12 juill. 1855, 28 juin 1856). Il importerait peu qu'on y fût entré par une brèche, ou qu'on n'y eût causé aucun dommage, ou qu'on ignorât qu'il s'agissait d'un terrain étranger. — Mais il est nécessaire de distinguer au point de vue du délit de chasse, voir n° 645.

891. **Locataires ou adjudicataires du droit de chasse.** — Deux points sont hors de controverse; c'est le droit incontestable pour le locataire de la chasse, quand son *bail* est *enregistré*, de poursuivre les délits commis au préjudice de son droit; c'est, en second lieu, l'impossibilité pour celui qui n'a qu'une *simple permission* de chasser, de poursuivre ces mêmes délits. (N'aurait pas davantage le droit de faire réprimer les délits de chasse celui qui n'agirait qu'en vertu d'un bail à lui consenti par un autre que le propriétaire et non ratifié par ce dernier, Amiens cité plus loin.) — Malgré l'argument que l'on pourrait tirer de l'arrêt de cass. du 23 fév. 1844, n° 897, d'après lequel le silence du fermier ne peut nuire au propriétaire qui a intérêt à la conservation du gibier, nous pensons que celui qui loue sa chasse ne peut plus poursuivre les délits de chasse.

892. *Bail non enregistré.* — Si le bail n'est pas enregistré, le locataire de la chasse peut-il néanmoins faire traduire les délinquants devant le tribunal correctionnel? — Nous le croyons avec les arrêts ci-dessous. Vainement oppose-t-on l'article 1328, car, ainsi que l'a parfaitement dit la Cour de Metz, 3ᵉ arrêt, « il n'est pas possible de voir dans le chasseur non autorisé et n'ayant d'autre intérêt que celui qu'il s'est créé lui-même par son propre délit, » un de ces tiers dont parle l'article 1328. — Le locataire verbal d'un droit de chasse peut donc agir en justice. Il suffit que le bail soit prouvé de manière à former la conviction des juges.
Metz, 1ᵉʳ mars 1854.—D 54.2.266.— P. 55.2.364.— S. 56.2.31. Cass., 13 déc. 1855.—D. 56.1.144.—P. 57, p. 43.—S. 56.1.185. Metz, 12 fév. 1857. — D. 57.2.428.
Voir encore cass., 21 janv. 1857.
En ce sens : Lataillhède, *note de Sirey*, arrêt de cass.; note des deux premiers arrêts dans Dalloz.

893. *Dans une opinion opposée,* on argumente de l'article 1328, d'après lequel les actes sous seing privé non enregistrés ne sont pas opposables aux tiers.
Gand (Belg.), 17 janv. 1860.— D. 60.5.49.

Amiens, 2 mai 1863.— D. 63.2.196.—P. 63.768.— S. 63.2.133, et un jugement du tribunal de Melun, cassé.

894. *Baux successifs.* — Nous pensons avec la note de l'arrêt de Dalloz, 54.2.266, que s'il s'agissait de personnes qui auraient successivement traité avec le propriétaire, l'article 1328 serait applicable, et que le premier cessionnaire, dont le bail de chasse ne serait pas enregistré, n'aurait pas qualité pour actionner le second cessionnaire. Consulter les nᵒˢ 153 et suivants.

895. *Location à plusieurs.* — Lorsque la chasse est louée à plusieurs personnes et que la location leur donne un droit intégral, chacune d'elles peut agir en justice isolément pour faire réprimer les délits de chasse.
Metz, 10 fév. 1864.— D. 66.2.207. — P. 67.441.— S. 67.2.84.

896. **Bois et forêts.** — *Régime forestier.* — *Administration forestière.* — L'administration des forêts est chargée, tant dans l'intérêt de l'État que dans celui des communes, des établissements publics et des autres propriétaires de bois et forêts soumis au régime forestier, des poursuites en réparation de tous délits et contraventions commis dans ces bois et forêts; il n'y a d'exception que pour les bois et forêts qui font partie du domaine de la Couronne, article 159 du Code forestier. — Cette administration peut donc, en exerçant à la fois l'action publique et l'action civile, poursuivre les délits de chasse qui ont lieu à quelque époque que ce soit, dans les bois et forêts ci-dessus, alors même qu'aucun dommage n'aurait été causé au sol forestier.
La jurisprudence est fixée en ce sens; voir notamment : Cass., 7 sept. 1849.—D. 49.5.40.— P. 50.2.471.— S. 50.1.415. Cass., 21 août 1852.— D. 52.5.87.— P. 52.2.625.— S. 53.1.785. Cass., 20 mars 1858. — D. 58.1.191. — 58.635. — S. 58.1.564. Orl., 10 juin 1861. — D. 61.2.173. — P. » » » — S. » » ». Cass., 14 avril 1864. — D. 64.1.24. — P. 65.569.—S. 65.1.244. Cass., 27 fév. 1865. — D. » » » — P. 65.569.—S. 65.1.244.
On peut y joindre un arrêt de Paris du 2 avril 1846, un arrêt de Rouen du 25 mai 1855, et des arrêts de Colmar des 20 juin 1854, 13 juill. 1865, 29 mai 1866, et 15 janv. 1867
En ce sens : De Neyremand, p. 82; Meaume, t. II, n° 1119; Perrève p. 246, et aussi Berriat, p. 230, et les auteurs ci-après.

897. M. de Neyremand, p. 82, soumet l'exercice de la poursuite par l'administration forestière, à la condition d'une *plainte préalable* du fermier de la chasse. Il rapporte un jugement du tribunal de Saverne qui juge ainsi. En ce sens, Championnière, p. 165; Chardon, p. 429; Duvergier, et Petit, t. II, p. 52.
Mais nous ne saurions partager cet avis, et nous adhérons à ce motif d'un arrêt de cassation du 23 février 1844, « qu'il importait peu (pour l'exercice du droit de poursuite par l'administration) que la chasse dans la forêt eût été affermée et que le fermier ne se plaignît pas, le silence du fermier de la chasse ne pouvant arrêter l'administration forestière. »
Cass., 23 fév. 1844.—D. 44.122.— P. à sa date.— S. 44.1.680. Cass., 10 avr. 1844.— D. » » » — P. à sa date. — S. 45.1.16.
En ce sens : Berriat, p. 231; Dufour, p. 46, et des arrêts de la Cour de cassation des 23 mai 1835 et 8 mai 1841.

898. L'administration forestière ne peut exercer des poursuites pour délits de chasse qu'autant qu'ils ont été commis sur le sol forestier ; elle n'aurait pas qualité s'il s'agissait d'un délit de droit commun, quoiqu'ayant eu lieu en forêt, par exemple d'un fait de détention d'engins prohibés (trib. de Colmar, du 27 déc. 1856, cité par de Neyremand, p. 84; voir aussi Berriat, p. 233, et motifs de l'arrêt de cass. du 20 mars 1858, n° 896).

899. *Exercice des actions, citations.* — Les actions et poursuites sont exercées par les agents forestiers au nom de l'administration ; les gardes forestiers peuvent faire toutes citations et significations d'exploit.

900. *Transaction, action éteinte.* — Nous croyons avec la Cour de cassation que le droit accordé à l'administration des forêts, par la loi du 18 juin 1859, de transiger avant le jugement, s'applique aux délits de chasse dans les bois et forêts soumis au régime forestier aussi bien qu'aux autres délits forestiers.

Circ. du dir. gén. des forêts, du 31 janv. 1860. — D.60.3.13.
Avis du Conseil d'État, du 26 nov. 1860. — D. 61.3.62.
Trib. de Louhaus, 28 fév. 1863. *Jur. for.*, t. II, p 74.
Nancy (motifs), du 5 mars 1864. *Mon. des Trib.* 1867, p. 721.
Verdun, 12 mai 1865, *Jur. for. et Mon. des Trib.* 1867, p. 721.
Cass., 2 août 1867.— D. 67.1.459. — P. 67.774.— S. 67.1.305.
En ce sens : Dutruc, Journal du min. pub. 1867, p. 11 ; Pont, *Petits contrats*, t. II, nᵒ 587.

901. En sens contraire :

Trib. de Châtillon-sur-Seine, du 5 juill. 1860, D. 60.3.47.
Trib. de Vesoul, du 7 nov. 1861, *Droit* du 21 nov.
Metz, 4 juill. 1866. — D. 66.2.165. — P. 67.438. — S. 67.2.82, et Metz, du 12 avr. 1867, cassé par l'arrêt de cass. du 2 août.
En ce sens : Férand-Giraud, *Pol. des bois*, nᵒ 54 ; note de Dalloz sur les arrêts.

902. Ceux qui n'admettent point le droit de transaction n'admettent évidemment pas que la transaction puisse éteindre l'action publique ; mais le système que nous avons adopté nous conduit aussi à regarder cette action comme éteinte par la transaction, et nous pensons que le prévenu ne saurait être ultérieurement recherché par le ministère public. — Cette conséquence nous paraît formellement résulter de l'arrêt de cassation du 2 août 1867, et c'est à tort que l'annotateur de cet arrêt dans Dalloz en conteste la portée à cet égard, en se basant sur d'autres arrêts qui n'ont point le sens que l'annotateur leur attribue.

903. *Ministère public. — Administration forestière.* — En matière forestière et par suite en matière de délits de chasse commis sur le sol forestier, l'action publique pour la répression de ces délits appartient tant à l'administration des forêts qu'au ministère public ; ces deux autorités peuvent l'exercer ensemble ou séparément. Dès qu'elle est mise en mouvement par une citation ou conservée par un appel à la requête de l'une, elle peut être suivie par l'autre. Dans l'exercice de ce droit, chacune de ces autorités agit avec indépendance par ses représentants.

Cass., 24 déc. 1858.— D. 1859.1.95. — P. 59.602.— S. 59.1.875.
En sens contraire : Petit, t. II, p. 62 ; Duvergier, sur l'art. 26.

904. *Bois et forêts non soumis au régime forestier.* — A leur égard l'administration forestière est sans aucun pouvoir, et le ministère public ne peut agir sans une *plainte préalable,* qu'il s'agisse de bois et forêts des particuliers ou qu'il s'agisse de ceux des communes ou des établissements publics (Meaume, t. II, nᵒ 1121).

Tous les bois des communes et des établissements publics sont soumis au régime forestier, à l'exception de ceux qui ne seraient pas susceptibles d'aménagement ou d'une exploitation régulière.

905. Propriétés communales ou des établissements publics. — Pour celles qui sont en nature de bois et soumises au régime forestier, voir ce que nous avons dit plus haut. Quant aux autres propriétés communales, c'est au maire qu'il appartient de poursuivre les délits de chasse qui s'y commettraient ; nous croyons que le ministère public ne pourrait pas exercer de poursuites, à raison des seuls faits de chasse non autorisés, sans une pliante préalable du maire (Championnière, p. 166, qui cite à l'appui cass., 10 juill. 1807 et 22 juin 1815). — S'il s'agit de propriété appartenant à des établissements publics, la poursuite est exercée au nom de leurs administrateurs.

906. Fleuves et rivières. — Avant le décret du 29 avril 1862, c'était l'administration forestière qui se trouvait chargée de la poursuite des délits de chasse commis sur les fleuves et rivières navigables et flottables (cassation, 20 mars 1858) ; mais le décret ci-dessus a transféré la surveillance et la police de la pêche au département des travaux publics. Les agents de ce département ont donc seuls compétence aujourd'hui pour les délits de chasse commis sur les fleuves et rivières. — Nous pensons que le ministère public a, de son

côté, le droit de poursuivre personnellement ces délits.

Si le cours d'eau était propriété privée, il est évident que le possesseur aurait seul qualité pour traduire les délinquants en justice.

§ II.

PROCÉDURE ORDINAIRE, DÉLITS COMMIS PAR LES PARTICULIERS.

907. Tribunal compétent. — *La partie lésée* peut former sa demande en réparation du préjudice à elle causé par le délit de chasse devant le tribunal correctionnel, ou devant la juridiction civile ; mais si elle forme sa demande d'abord au civil, elle ne peut s'adresser ensuite au tribunal correctionnel (cass., 11 février 1832, cité par M. Dufour, p. 46).

En tant que *délits*, les faits de chasse sont de la compétence des tribunaux correctionnels. Il n'y a même pas exception pour les *militaires,* article 273 du Code militaire, lors même qu'ils commettraient les délits étant en garnison ou présents à leur corps (avis du conseil d'État du 4 janv. 1806, cité par M. Rogron, p. 266).

908. Suivant le droit commun, les délits de chasse peuvent être poursuivis soit devant le tribunal du lieu du délit, soit devant celui de la résidence du prévenu, soit devant le tribunal du lieu où il pourra être trouvé (article 23 Code d'instr. cr.).

909. Introduction de l'instance. — *Citation. —* La poursuite est commencée par la citation donnée au délinquant à la requête du ministère public ou à celle de la partie lésée. La citation doit énoncer sommairement les faits et contenir élection de domicile dans le lieu où siège le tribunal. Il faut, outre le délai des distances, trois jours francs entre la citation et le jour fixé pour la comparution à l'audience. Les juges ne peuvent prononcer d'office la nullité de la citation ; cette nullité doit être proposée, s'il y a lieu, dès le début de l'instance.

910. La citation est tenue seulement à contenir l'énoncé des faits. Il n'y aurait pas nullité dans cette circonstance que la citation donnerait au délit une date autre que celle résultant du procès-verbal, quand d'ailleurs la différence de date n'a pu nuire à la défense du prévenu (deux premiers arrêts). — On ne pourrait annuler une citation sous prétexte que la copie ne contiendrait pas toutes les énonciations mentionnées par l'art. 61 du Code de pr. civ. (cass., 2 avril 1819, cité par M. Houël, nᵒ 139).

Jugé aussi que lorsque la citation contient copie d'un procès-verbal constatant un double délit de chasse, l'omission de l'un de ces délits dans les conclusions de l'inspecteur forestier ne saurait dispenser le tribunal de réprimer le double délit.

Cass., 18 mars 1837. — D. 37.1.493. — P. 58.1.97.
Cass., 30 juill. 1852. — D. 52.1.224 — P. 53.1.197.—S. 52.1.687.
Cass., 21 août 1852.— D. » » » — P. 52.2.625.— S. 53.1.785.

911. La Cour de Colmar a jugé, le 20 juin 1854 (arrêt rapporté et approuvé par M. de Neyremand, p. 83), que l'omission, dans la copie d'acte d'affirmation signifiée à partie, que les *gardes forestiers* et le maire ont signé, entraîne la nullité de l'assignation. Nous ne pouvons approuver cette décision ; voir Lavallée et Bertrand, p. 153.

912. Si le délinquant a donné un *faux domicile,* lors du procès-verbal, il peut y être cité, et, en cas d'absence de sa part, la copie est valablement remise au maire de la commune.

Cass., 21 sept. 1853. — D. 1854.1.50. — P. à sa date.

913. *La comparution volontaire* et spontanée du prévenu suffit pour saisir le tribunal correctionnel ; il en serait de même de celle de la partie lésée et du défendeur.

914. Partie civile. — Le plaignant qui poursuit directement réclame nécessairement dans son exploit des dommages-intérêts pour le préjudice à lui causé; autrement son action ne serait pas recevable. — On peut, sans avoir exercé l'action directe, demander une indemnité en se portant partie civile, soit devant le juge d'instruction, soit au cours de la poursuite exercée par le ministère public; on peut le faire jusqu'à la clôture des débats, même après avoir déposé comme témoin, mais on ne pourrait le faire pour la première fois en appel. Si l'on se portait partie civile avant d'avoir été entendu comme témoin, on ne serait plus reçu à déposer.

915. *La partie civile est responsable des frais* de l'instance vis-à-vis du trésor, sauf son recours contre le prévenu; si elle intervient avant l'audience, elle peut être obligée à consigner les frais d'avance.

916. Choix du défenseur. — Le plaignant ou le prévenu peuvent choisir leur défenseur parmi les avocats attachés à l'un des barreaux de France, ou parmi les avoués occupant près le tribunal saisi de la poursuite. — En matière correctionnelle les prévenus ne sont pas autorisés à confier leur défense à des *parents* ou à des *amis*.

917. *Défenseur d'office.* — L'obligation de désigner d'office un défenseur aux prévenus n'existe pas devant les tribunaux correctionnels, sauf pour les prévenus indigents, poursuivis à la requête du ministère public, qui en font la demande au président.

918. Audience. — *Comparution.* — *Mandataire.* — Si le fait poursuivi n'entraîne pas une *peine d'emprisonnement,* le prévenu peut, sans venir à l'audience, se faire représenter par un avocat ou un avoué; un pouvoir spécial n'est même pas nécessaire. Il suffit d'adresser sa citation avec une lettre explicative.

Lors même que le délit emporterait l'emprisonnement, le prévenu est encore fondé à s'abstenir de comparaître à l'audience, s'il ne s'agit que d'une *remise de cause* ou de proposer des exceptions préjudicielles indépendantes du fond de la prévention.

919. *Exposé.* — *Interrogatoire du prévenu.* — *Témoins.* — *Plaidoiries.* — Le procureur impérial expose l'affaire, et il est ensuite procédé à l'audition des témoins. Nous avons dit, n⁰ˢ 828 et suivants, quelles personnes peuvent être entendues comme témoins; le prévenu et son défenseur ont le droit de reprocher les personnes qui ne rempliraient pas les conditions légales. Après l'audition des témoins, le prévenu est interrogé, puis le ministère public fait son réquisitoire. Le défenseur du prévenu prend alors la parole; il a le droit de répliquer si le ministère public a repris après lui la parole, car c'est lui qui doit la porter le dernier.

920. Jugement. — *Qualification des faits.* — *Mesures d'instruction.* — Les juges ne sont pas liés par la qualification donnée aux faits, mais ils ne peuvent prendre en considération que ceux qui ont fait l'objet de la poursuite et qui sont consignés dans la citation. – Ils ont la faculté d'ordonner, s'ils le croient utile, une expertise par des gens de l'art, sans pouvoir y procéder eux-mêmes. Ils ont le droit d'ordonner aussi la visite des lieux, à la condition qu'elle aura lieu parties présentes ou appelées.

Voir n⁰ˢ 812 et suivants la preuve des délits.

921. *Frais.* — *Acquittement.* — *Condamnation.* — Si le prévenu est acquitté quant au délit, il ne saurait, sous aucun prétexte, être condamné aux frais; voir n⁰ˢ 130 et 813. — S'il succombe, les frais sont à sa charge et le tribunal peut le condamner — ce qu'il fait d'ordinaire — au paiement des honoraires (taxés comme en matière sommaire) de l'avoué de la partie civile si elle est en cause (cass., 27 juin 1861, 9 juin 1864).

922. Opposition. — *Jugements par défaut.* — Si le prévenu ne comparaît pas, on prononce défaut contre lui en le condamnant à la peine encourue. Il a cinq jours, outre un jour par cinq myriamètres de distance, pour former opposition au jugement de défaut. Le délai court à partir de la signification à lui faite de ce jugement (article 187 du Code d'instr. crim.). — Les cinq jours expirés, le jugement n'est plus attaquable que par la voie de l'appel.

923. Appel. — *Délais.* — Si le prévenu comparaît ou se fait représenter, le jugement est contradictoire; on ne peut alors exercer d'autre recours que l'appel. Il est loisible au prévenu d'appeler aussi des jugements rendus par défaut, même durant les délais de l'opposition. — Le délai est de dix jours, c'est-à-dire que si le jugement est rendu le 1ᵉʳ août, par exemple, il faut appeler au plus tard le 11. Si le 11 était un jour férié, il faudrait appeler la veille (Colmar, 30 août 1862, *Mon. des Trib.,* 1867, p. 666; voir Code d'instr. crim. annoté et suppl., art. 203). Quand l'appel est formé contre un jugement de défaut, le délai court à partir de la signification, sauf le délai des distances qui est en plus; si l'appel a lieu contre un jugement contradictoire, le délai court du prononcé du jugement, article 203, Code d'instruction criminelle. Le procureur général peut appeler, pendant deux mois, alors même que le jugement aurait été exécuté par le procureur impérial. — Le prévenu conserve son droit d'appel, s'il est encore dans les délais, malgré qu'il eût exécuté le jugement (*Code d'instr. crim. annoté et suppl.,* art. 202).

924. *Où et par qui se fait l'appel.* — D'après le dernier état de la jurisprudence, la déclaration d'appel ne peut être faite qu'au greffe du tribunal qui a rendu le jugement; par exception, le procureur général peut appeler à l'audience même de la Cour.

L'appel peut être fait par le prévenu et, même sans pouvoir spécial, par tout autre mandataire légal, avoué, père, tuteur, etc. Les autres personnes, y compris les avocats, ont besoin d'une procuration particulière du prévenu; cette procuration est donnée sous seing privé, si le prévenu sait signer, sinon par acte authentique.

925. *A qui profite l'appel.* — Il ne profite qu'à celui qui l'a fait. La Cour de Colmar, par son arrêt du 30 août 1862, *Moniteur* 1867, p. 666, a jugé que les coprévenus ne sont point relevés de la déchéance, si l'un d'eux seul a interjeté appel, lors même qu'il s'agirait d'un délit commis solidairement.

926. *Où se juge l'appel.* — *Ses conséquences.* — L'appel est porté devant la cour impériale du ressort (autrefois l'appel des jugements des tribunaux d'arrondissement était jugé par le tribunal du chef-lieu de département). L'appel formé au greffe, le prévenu n'a plus aucune formalité à remplir; c'est le ministère public qui fait signifier la citation devant la Cour, même au cas où l'appel émanerait de la partie civile seule.

La Cour d'appel peut ordonner la réaudition de témoins déjà entendus, voir n° 827, ou toute autre mesure d'instruction.

Si l'appel n'a été formé que par le prévenu, la Cour ne peut aggraver la peine; elle a cette faculté au contraire lorsque le ministère public a appelé de son côté. Quand la partie civile seule interjette appel, la Cour n'est saisie que de la question des dommages-intérêts et n'a rien à statuer sur la peine (Dufour, p. 94).

927. Pourvoi en cassation. — *Délai.* — Le délai du pourvoi est de trois jours, à partir du prononcé de l'arrêt ou de sa signification, suivant que l'arrêt est contradictoire ou par défaut. — On n'est recevable à user de cette voie qu'autant qu'il s'agirait d'une décision en dernier ressort. Le pourvoi ne serait pas admis contre un jugement en premier ressort, si l'on avait laissé passer les délais de l'appel et que la décision fût ainsi devenue définitive.

928. Effet suspensif. — L'opposition et l'appel suspendent l'exécution du jugement. Il en est de même du pourvoi en cassation, du moins dans les matières correctionnelles.

Art. 27. Ceux qui auront commis conjointe-
ment les délits de chasse seront condamnés solidairement aux amendes, dommages-intérêts
et frais.

---

§ IIIe.

PROCÉDURE SPÉCIALE, DÉLITS COMMIS PAR LES FONCTIONNAIRES, MAGISTRATS, OFFICIERS DE POLICE JUDICIAIRE, ETC.

929. Délits soumis aux Cours d'appel. — *Fonctionnaires.* — *Magistrats.* — Doivent être jugés par les chambres civiles des Cours d'appel, à raison des délits qu'ils peuvent commettre, *même hors de leurs fonctions,* les grands-officiers de la Légion-d'Honneur, les généraux, les évêques, les présidents de consistoires, les préfets, les membres de la Cour de cassation, de la Cour des comptes, des Cours impériales, les autres membres de l'ordre judiciaire : juges des tribunaux de première instance, y compris les suppléants, procureurs impériaux, substituts, juges de paix et leurs suppléants (mais non les greffiers, ni les membres des tribunaux de commerce). — L'incompétence des tribunaux ordinaires est d'ordre public.

Décret du 6 juillet 1810, loi du 20 avril 1810, art. 479, 483 du Code d'instr. crim., etc.

930. Officiers de police judiciaire et autres. — Sont soumis à la même juridiction, mais seulement à raison des délits qu'ils commettent *dans l'exercice de leurs fonctions,* les officiers de police judiciaire, les commissaires de police, les gardes, les juges des tribunaux de commerce, etc. (lois et articles cités au numéro précédent et aussi Dufour, p. 55). En réalité il n'y a guère que les gardes dont les fonctions coïncident avec l'exercice de la chasse.

931. Démission de fonctions. — Tant que la démission d'un fonctionnaire public ou d'un magistrat n'a pas été légalement acceptée, la Cour est compétente et seule compétente. Ainsi jugé, à l'égard d'un suppléant de juge de paix, par la Cour de Rennes, le 8 mars 1848, *Rec. de la Cour,* 1848, p. 136.

932. Coprévenus. — Le prévenu soumis à la juridiction d'exception attire devant cette juridiction son coprévenu (cass., 13 oct. 1842, 13 janv. 1843, 30 janv. 1845, et tous les auteurs).

La Cour de Paris a jugé *en sens contraire,* le 24 octobre 1844, en renvoyant des coprévenus devant la juridiction ordinaire, mais la poursuite concernait un délit que la Cour regardait comme personnel (chasse sans permis), voir n°s 940 et 941.

933. Droit de poursuite. — Le procureur général a seul le droit de traduire devant la Cour les personnes qui relèvent de cette juridiction, sauf aux plaignants à demander à la Cour impériale d'enjoindre au procureur général de poursuivre.

934. Autorisation préalable. — *Agents du gouvernement, etc.* — Les *députés* ne doivent pas être poursuivis sans une autorisation de la Chambre. Les *agents du gouvernement* (préfets, sous-préfets, maires, etc.) ne peuvent être poursuivis, quand il s'agit de faits relatifs à leurs fonctions, sans une autorisation préalable du Conseil d'État. S'il s'agit de *gardes forestiers de l'État,* il est nécessaire d'obtenir l'autorisation du directeur général des forêts (jurisprudence constante, notamment cass., 8 fév. 1838). — Toutefois, il ne suffit pas que les délits soient commis dans l'exercice de leurs fonctions, il faut que les délits soient relatifs à ces fonctions. La Cour de cassation a appliqué ce principe, — revenant sur sa jurisprudence antérieure, — en décidant « que le délit de chasse, soit en temps prohibé, soit sans permis, n'est pas, de la part du garde (un garde forestier) qui l'aurait commis dans l'exercice de ses fonctions, un fait relatif à sa fonction publique. »

Cass., 2 mars 1851. — D. 55.1.104. — P. 54.2.195. — S. 54.1.278. Voir aussi : cass., 16 avr. 1858, et Dijon, 26 janv. 1859.

935. Officiers de police judiciaire. — *Gardes champêtres et forestiers.* — *Gardes particuliers.* — Tous les gardes, même ceux des particuliers, sont des officiers de police judiciaire, et doivent être poursuivis devant les Cours impériales à raison des délits qu'ils commettent dans l'exercice de leurs fonctions.

Et l'on décide généralement que le délit de chasse commis par un garde sur le territoire confié à sa surveillance doit être réputé commis dans l'exercice de ses fonctions (cass., 9 mars 1838, 5 août 1841). Jugé qu'il en est ainsi pour le garde particulier qui accompagne à la chasse des amis de son maître (arrêt du 9 mars 1838).

Le garde serait au contraire soumis à la juridiction ordinaire, s'il chassait sur un terrain non soumis à sa surveillance (cass., 8 août 1846, affaire Rumeau), — ou s'il s'agissait du délit d'un garde champêtre commis sur le domaine forestier (cass., 13 janv. 1849, Philippe).

936. *Commissaires de police.* — Est justiciable de la Cour d'appel le commissaire de police qui commet un délit de chasse dans le canton confié à sa garde, en se rendant à une commune de ce canton pour y remplir une mission relative à ses fonctions (Aix, 8 janv. 1862).

937. *Maires.* — Les maires sont aussi des officiers de police judiciaire et, dès lors, soumis à la juridiction exceptionnelle.

Jugé que le maire qui a commis un délit de chasse sur le territoire de sa commune est dans tous les cas réputé dans l'exercice de ses fonctions.

Nancy, 20 avr. 1857. — D. » » » — P. 57.786. — S. 57.2.773.

938. Jugé dans un sens moins étendu, et nous préférons cette interprétation de la loi, que le délit doit toutefois avoir été commis dans l'exercice réel du pouvoir de la police judiciaire, qu'il ne suffirait pas que le délit eût été commis sur le territoire de la commune.

En ce sens : plusieurs arrêts, et notamment :
Lim., 25 fév 1862. — D. 62.2.182. — P. » » » — S. 62.2.296.
Cass., 8 mai 1862. — D » » » — P. 62.1089. — S. 63.1.112.

Il faudrait l'autorisation du Conseil d'État pour poursuivre un maire qui aurait indûment retenu un permis de chasse (cass., 30 juill. 1850).

Art. 27.

CONDAMNATION SOLIDAIRE CONTRE LES DÉLINQUANTS.

939. Délits commis conjointement. — La Cour d'Orléans a jugé que pour savoir si un délit de chasse a été commis conjointement, on ne doit pas appliquer les principes sur la complicité; qu'il y a lieu seulement de rechercher si les délinquants ont chassé ensemble, sans se préoccuper de la coopération de l'un des chasseurs au fait commis par l'autre (Orléans, 13 déc. 1849 et 24 mars 1851); ce n'est pas l'opinion générale.

940. Chasse sans permis. — Le principe admis par la Cour d'Orléans l'a conduite à considérer comme étant commis conjointement le fait par plusieurs chasseurs d'avoir chassé ensemble sans permis.

Orl., 24 mars 1851. — D. 52.2.112. — P. 51.1.119. — S. 52.2.241.

941. Jugé *au contraire* qu'on ne peut regarder ce fait comme ayant été commis conjointement.

Paris, 24 oct. 1844 — Droit du 25. — P. 45.2.718. — S. 52.2.241.
En ce sens la majorité des auteurs à la doctrine desquels nous adhérons : Berrial, p. 237; Camusat-Busserolles, p. 175; Championnière, p. 167; Dalloz, n° 152, § II; Gillon et Villepin, p. 340; Lavallée, p. 27; Morin, n° 55; Petit, t. II, p. 286.
Dans tous les cas, le chasseur muni d'un permis ne saurait être compris dans la condamnation portée contre ceux qui n'en ont pas (Orléans, cité au numéro précédent).

942. *Battue irrégulière.* — Doivent être condamnés solidairement ceux qui ont pris part à une battue irrégulière (Poitiers, 29 mai 1843), mais voir n° 624.

Art. 28. Le père, la mère, le tuteur, les maîtres et commettants sont civilement responsables des délits de chasse commis par leurs enfants mineurs non mariés, pupilles demeurant avec eux, domestiques ou préposés, sauf tout recours de droit.

943. Condamnation solidaire. — *Conséquences.* — Par suite de la condamnation solidaire qui doit être prononcée, chacun des délinquants est obligé au paiement de la totalité des amendes, dommages-intérêts et frais, et il doit être prononcé autant d'amendes qu'il y a de délinquants (cass., 17 juill. 1823, et tous les auteurs).

La Cour de cassation décide que le coprévenu est passible de l'aggravation de peine encourue par l'auteur principal, à raison d'une qualité particulière, garde champêtre, par exemple.

Cass., 15 juin 1860. — D. 60.1.467. — P. « » » — S. 61.1.398.

944. *Récidive, violences, etc.* — Que décider si l'un des délinquants était en état de récidive, ou s'il avait usé de violences, menaces, etc. ? La peine plus grave qui en résulte doit-elle être portée contre les autres ? — La Cour de cassation a jugé que la solidarité s'étend à toutes les amendes prononcées, même à celle aggravée par l'état de récidive, « l'art. 27 ne distinguant pas entre les divers degrés de culpabilité des prévenus et ne restreignant pas la solidarité au taux de la moindre des amendes prononcées. »

Cass., 13 août 1853. — D. 53.1.338. — P. 54.2.346. — S. 53.1.780.
En ce sens : Petit, t. II, p. 300 ; Rogron, p. 304.
En sens contraire à l'arrêt : Gillon et Villepin, n° 451 ; Rép. du Palais, n° 302.

945. *Recours.* — Dans tous les cas, le délinquant qui, par suite de la solidarité, a été obligé de payer même l'amende encourue par l'autre délinquant, est en droit d'exercer un recours contre ce dernier et pour cette amende et pour la moitié des dommages-intérêts et frais (Gillon et Villepin, n° 450).

Art. 28.

RESPONSABILITÉ CIVILE DES PÈRE, MÈRE, TUTEUR, ETC.

946. L'article 28 est limitatif. — Cet article, qui correspond à l'article 6 de la loi du 30 avril 1790, a étendu la responsabilité ; mais toutes les lois pénales ne pouvant être appliquées au delà de leurs termes, il faut restreindre l'application de l'article 28 aux personnes qu'il désigne. Par suite, le mari ne répondra point des délits de chasse commis par sa femme, l'oncle de ceux commis par son neveu, etc.

En ce sens : Gillon et Villepin, n⁰ˢ 455, 456 ; Petit, t. II, p. 273 ; Rogron, art. 28, p. 305.

947. *Instituteurs et artisans.* — Ils sont responsables de leurs élèves et apprentis aux termes de l'article 1384 du Code Napoléon. Le sont-ils au point de vue de l'article 28 ? — M. Rogron dit, p. 308, que l'affirmative lui paraît incontestable, qu'il y a la même raison de décider à l'égard des maîtres quant aux apprentis, qu'à l'égard des maîtres quant à leurs domestiques.

Il nous paraît évident au contraire qu'ils ne sont pas responsables. La loi ne confond point les maîtres et les commettants avec les instituteurs et artisans, puisqu'elle a pour chacun une disposition spéciale dans l'article 1384 du Code Napoléon. — Et en tous cas, l'article 28, en mettant en regard des mots *maîtres et commettants*, les mots *domestiques* ou *préposés*, a précisé le sens des premiers. Jamais en effet on n'a donné le même sens aux mots *domestiques ou préposés* et *élèves ou apprentis*. Les instituteurs et artisans répondraient néanmoins civilement des dommages, conformément aux dispositions de l'article 1384.

948. *Curateurs et conseils judiciaires.* — *Emancipation.* — Les tuteurs sont responsables ; le texte est formel, mais que décider à l'égard des curateurs ou conseils judiciaires ? Les mineurs émancipés et, par analogie, les prodigues qui ont un conseil judiciaire, engagent-ils, par leurs actes, d'autre responsabilité que la leur ? — Nous ne le pensons pas ; les curateurs et les conseils judiciaires ne sont point des tuteurs. D'ailleurs, l'émancipation fait cesser la puissance paternelle, cause de la responsabilité. Les explications échangées lors de la discussion de la loi, confirment notre manière de voir.

Berriat, p. 241 ; Chardon, p. 440 ; Dalloz ; n° 458 ; Gillon et Villepin, n° 457 ; Petit, t. II, p. 268 ; Rogron, p. 305 ; Rép. du Palais, n° 538 ; Toullier, t. XI, n° 277.

949. M. Duranton croit au contraire que l'émancipation ne fait pas cesser la responsabilité.

Duranton, t. XIII, n° 715 ; Faustin Hélie et Chauveau, t. Iᵉʳ, p. 538 ; Marcadé, sur l'art. 1384 ; Mourlon, t. III, p. 775 ; Zacharie, t. III, p. 197.

950. Si l'émancipation était révoquée, la responsabilité reprendrait son cours ; les auteurs sont d'accord sur ce point, qui ne peut offrir de difficulté.

951. Père, mère, tuteur. — *Enfants naturels.* — La responsabilité existe aussi bien lorsque les enfants sont naturels, pourvu qu'ils soient reconnus, que lorsqu'ils sont légitimes (Chardon, p. 439 ; Petit, t. II, p. 266). — Elle n'existerait pas s'il s'agissait de l'enfant naturel d'une femme mariée, non reconnu par le mari et dont celui-ci ne serait pas cotuteur, Colmar, 1ᵉʳ mai 1866, cité par de Neyremand, p. 97.

952. *Permis de chasse.* — La circonstance que l'auteur du délit serait muni d'un permis de chasse n'empêcherait point la responsabilité ; les père et mère ne pourraient même pas, en ce cas, être accueillis à demander la preuve qu'ils n'ont pu empêcher le délit.

Caen, 2 juin 1840. — D. 41.1.246. — P. à sa date. — S. 40.2.558.
Paris, 13 janv. 1841. — D. 41.2.105. — P. à sa date.

953. *Habitation commune.* — Mais il faut, pour que la responsabilité existe, que les enfants et pupilles habitent avec leur père, mère, tuteur ; et l'obligation d'une habitation commune est aussi bien exigée pour les enfants mineurs avec leurs père et mère que pour les pupilles avec leurs tuteurs ; il ne faut donc pas prendre trop à la lettre l'article 28 qui, par son contexte et sa ponctuation, semble n'exiger la communauté de demeure que des tuteurs et pupilles.

En ce sens : Gillon et Villepin, n° 459 ; Petit, t. II, p. 267 ; Rogron, p. 306.

954. Père. — *Absence. — Éloignement.* — L'absence ou l'éloignement du père est d'ordinaire un obstacle à la responsabilité, mais à la condition cependant que le fait commis par l'enfant, ne puisse pas se rattacher à un système vicieux d'éducation, et à la condition aussi que l'absence du père ait été longue et ait occasionné son éloignement à une distance qui ne lui permettait plus de veiller sur son enfant. (Certains auteurs n'admettent même la non responsabilité du père que lorsque son absence est déclarée ou présumée.)

Jugé avec raison que le père peut être déclaré responsable, et même seul responsable, encore bien que son fils mineur n'habitât pas la maison paternelle, s'il demeurait avec sa mère à peu de distance de l'habitation du père, dans un appartement loué par ce dernier et pour son compte.

Cass., 16 août 1841. — D. 41.1.542. — P. 41.2.621. — S. 41.1.751.

955. Jugé que le père est également responsable de son fils mineur habitant avec lui, malgré qu'il fût momentanément placé, au moment du dommage, sous la surveillance d'un maître d'école (1ᵉʳ arrêt). — Jugé qu'il est de même responsable quand il ne s'agit que d'une absence momentanée (2ᵉ et 3ᵉ arrêts).

Cette responsabilité sera réglée conformément à l'article 1384 du Code civil, et ne s'appliquera qu'aux dommages-intérêts et frais, sans pouvoir toutefois donner lieu à la contrainte par corps.

Cass., 29 déc. 1831.— D.33.1.10.— P. à sa date.— S.33.1.655.
Aix, 11 juin 1859. — D. » » » — P. 61.622.— S.60.2.193.
Rennes, 16 janv. 1862.— D. » » » — P.62.16.

956. *Maladie.* — Le père serait encore responsable quoique en état de maladie, au moment du délit commis par son fils, si, antérieurement, il n'avait pas cherché à réprimer ses écarts.

Cass., 29 mars 1827.— D.27.1.397.— P. à sa date.— S.28.1.373.

957. Mère. — Evidemment la mère n'est pas responsable conjointement avec son mari ; sa responsabilité n'est engagée qu'à défaut de celle du père. Elle n'existera donc que dans les cas d'absence (pourvu qu'il s'agisse d'une absence sérieuse et non d'une absence momentanée), de séparation de corps où l'enfant lui aura été confié, de démence du mari, etc. (Petit, t. II, p. 263 et suiv. ; Nîmes, 20 mai 1858).

Si la mère est remariée, nous croyons qu'elle demeure seule responsable de son enfant mineur, malgré que son second mari ait été nommé cotuteur (Petit, t. II, p. 266).

958. Impossibilité d'empêcher le délit. — *Père.* — *Mère.* — *Tuteur.* — Conformément à la disposition pénale de l'article 1384 du Code Napoléon, le père, la mère, le tuteur (mais eux seulement) peuvent être dégagés de la responsabilité d'un délit de chasse, comme de tous autres délits ou quasi-délits, en prouvant qu'ils n'ont pu empêcher le fait qui donne lieu à la responsabilité.

Ils peuvent faire cette preuve en établissant : 1° à un point de vue général, qu'on ne peut rien leur reprocher touchant l'éducation qu'ils donnent à leurs enfants ou pupilles ; 2° à un point de vue particulier, qu'ils n'ont pu empêcher le délit en question (Perrève, p. 383).

959. Maîtres et commettants. — Disons tout d'abord que la preuve de l'impossibilité dont nous venons de parler, ne peut être faite par eux. Cette disposition de faveur doit, à raison du silence de l'article 1384, leur demeurer étrangère. La jurisprudence, conforme à l'opinion des auteurs, est fixée en ce sens. Nous citons seulement :

Cass., 11 mai 1846.— D.46.1.192.— P.46.2.56. — S.46.1.364.
Cass., 30 août 1860.— D.60.1.518.— P.61.172. — S.60.1.1015.

960. *Fonctions.* — Quand seront-ils responsables ? — Ils seront responsables, dit le troisième paragraphe de l'article 1384, du dommage causé par leurs domestiques et préposés dans les fonctions auxquelles ils les ont employés.

La difficulté est de savoir quand un délit devra être réputé commis dans l'exercice des fonctions du domestique ou préposé. On reconnaît généralement qu'il faut que le fait ou délit se rattache à l'objet du mandat et ait lieu à l'occasion de son exécution, mais sans qu'il faille distinguer entre les faits ou délits accomplis dans l'exercice régulier des fonctions du domestique ou préposé, et ceux qui n'auraient eu lieu que dans l'exercice abusif des mêmes fonctions.

961. Nous approuvons donc l'arrêt qui a jugé que les maîtres et commettants ne sont responsables des faits de leurs préposés ou domestiques que dans les fonctions auxquelles ils les ont employés, « et que, par suite, un commettant ne doit pas répondre des délits que son préposé peut commettre dans un voyage dont il est chargé, quand le délit est étranger à la mission confiée au préposé. »

Cass., 1er oct. 1842. — D. 43.4.378.

962. Nous approuvons de même l'arrêt qui a décidé que la responsabilité est encourue par les maîtres et commettants lorsque les faits dommageables imputés aux préposés se rattachaient à l'objet de leur mandat, s'étaient accomplis à l'occasion de son exécution et avaient été le moyen d'un bénéfice illicite pour les commettants et les préposés.

Cass., 5 nov. 1855. — D.56.1.353. — P. 57.1030. — S.57.1.375.

963. *Faits de chasse.* — Qu'un domestique, profitant du loisir que son maître lui donne le dimanche, se livre à la chasse, il est évident que la responsabilité du maître n'est pas engagée. (Gillon et Villepin, n° 461, qui citent cette hypothèse.) — La Cour de Caen a jugé de même que le maître ne pouvait être responsable de faits de chasse commis par ses domestiques à 8 heures du soir, en hiver, sans que le maître les ait chargés d'aucun travail au dehors (Caen, 1er fév. 1865, *Rec. de Caen et Rouen*, 1865, C., p. 204).

964. Mais, disent MM. Gillon et Villepin, même n° 461, (et le Répertoire du Palais, n° 540, paraît être du même avis), le maître sera responsable du délit de chasse commis par son domestique, qui, allant labourer, par exemple, aura pris avec lui un fusil et tué un lièvre qui sera passé près de lui pendant qu'il tenait la charrue. Une note accompagnant l'arrêt de Caen est dans ce sens ; on dit que le maître aurait dû empêcher son domestique d'emporter un fusil ! — Nous ne pouvons être de cet avis, et nous répétons qu'il faut que le délit se rattache aux fonctions ; or, dans l'espèce prévue par MM. Gillon et Villepin, la fonction du domestique est de labourer, et le délit de chasse ne s'y rattache en rien ; autrement il faudrait dire que le maître répond de tous les faits, délits et crimes de son domestique qui ont lieu pendant qu'il est à son service, ce qui ne saurait être. Pour terminer par un exemple, nous dirons : le maître est responsable de son cocher qui blesse un passant en conduisant maladroitement la voiture, mais il ne l'est pas si, quand son maître l'envoie promener ses chevaux à la campagne, il en profite pour laisser les chevaux dans une auberge et pour faire une partie de chasse avec l'hôtelier. Voir Championnière, p. 169.

965. Nous croyons avec M. Petit, t. II, p. 273, qu'un maître pourra rarement être déclaré responsable d'un délit de chasse commis par un domestique ou préposé. Les exemples de responsabilité pourront se produire lorsque les maîtres ou les propriétaires auront fait prendre à leurs domestiques, préposés ou gardes particuliers, des permis de chasse. La chasse deviendra alors une des fonctions du domestique ou préposé, et alors s'il remplit abusivement cette fonction, en chassant en temps prohibé, avec des engins défendus, etc., le maître sera responsable. (Championnière, p. 169).

966. Jugé, dans un sens analogue que nous adoptons, qu'un maître est responsable lorsque son domestique laisse chasser un chien lévrier dont il était accompagné (Nancy, 18 déc. 1844, *Gaz. des Trib.* du 30 janv. 1845). — Jugé par la même Cour que l'officier de louveterie répond des délits de chasse commis par ses piqueurs dans l'exercice de leurs fonctions (Nancy, 31 janv. 1844. P. 44.2.38).

967. *Maison et dépendance.* — Jugé avec raison qu'un fait commis par un domestique dans la maison ou dans une dépendance de la maison de son maître, engage la responsabilité de celui-ci ; que le domestique, dans de telles conditions, est toujours placé sous l'autorité de son maître et réputé agir dans les fonctions auxquelles il est employé ; que c'est au maître à le surveiller.

Cass., 30 août 1860.— D. 60.1.518. — P.61.172.— S. 61.1.1015.

968. *Intervention, mise en cause.* — Le maître a le droit d'intervenir devant la juridiction correctionnelle pour prendre le fait et cause du prévenu, en soutenant qu'il n'a agi que par son ordre. — Le prévenu peut demander de son côté sa mise en cause ; mais il n'en serait pas moins condamné personnellement, si le fait était délictueux (cass., 7 janv. 1853).

Art. 29. Toute action relative aux délits prévus par la présente loi sera prescrite par le laps de trois mois, à compter du jour du délit.

---

969. Etendue de la responsabilité. — *Amende.* — La responsabilité ne s'étend point à l'amende, qui doit demeurer, comme l'emprisonnement, une peine personnelle. Tous les auteurs sont d'accord sur ce point.

970. *Arme. — Confiscation.* — Elle ne s'étend pas davantage à la confiscation de l'arme ou au paiement de sa valeur, qui ne sont autre chose qu'une sorte d'amende accessoire. Le dernier paragraphe de notre article s'opposerait, d'ailleurs, à ce qu'il en fût autrement, puisqu'il borne la responsabilité aux dommages-intérêts et frais, ce qui ne peut comprendre la confiscation du fusil ou le paiement de sa valeur.

Gren., 16 fév. 1850.—D. 50.2.95.—P. 50.1.694.—S. 50.2.229.
Cass. sur pourvoi, 6 juin 1850. — D. 50.5.59.—S. 58.1.815.
En ce sens : Dalloz, responsabilité, nᵒ 514 ; Gillon et Villepin, 2ᵉ supp., p, 31 ; Sourdat, nᵒ 780.

La Cour de Grenoble a rendu deux arrêts en sens contraire, et se trouve ainsi en opposition avec elle-même.

Gren., 20 déc. 1848.—D. 50.2.96.—P. 50.1.694.—S. 49.1.665.
Gren., 8 mars 1849.—D. 50.2.95.—P. 50.1.694.—S. 50.2.229.
En ce sens : Perrève, p. 371.

971. Responsabilité des mineurs, etc. — *Recours.* — Indépendamment de la responsabilité qui pèse sur les père, mère, tuteur, maîtres et commettants, à raison des délits de chasse, ils sont responsables, suivant le droit commun, des actes dommageables commis par leurs enfants mineurs, pupilles, etc. Il va de soi que la responsabilité, qui incombe aux personnes précitées, n'empêche point les mineurs, domestiques, etc., d'être personnellement tenus vis-à-vis des tiers ou du ministère public ; ils sont tenus également vis-à-vis des personnes considérées comme responsables.

Art. 29.

PRESCRIPTION DES DÉLITS DE CHASSE.

972. Prescription. — *Ordre public. — Calcul par quantièmes. — Jour du délit.* — L'exception de prescription est d'ordre public ; elle doit être suppléée par le juge et peut être invoquée pour la première fois en appel (jurisprudence constante). Nous croyons avec la Cour de Nancy que la prescription se compte de quantième à quantième par le laps de trois mois et non par le laps de trois fois trente jours (Nancy, 28 janv. 1846, affaire Lhote).

Nous pensons aussi que le jour du délit ne doit pas être compris dans le délai de trois mois, et que, par suite, un délit commis le 22 août n'est prescrit que le 22 novembre au soir.

Cass., 10 janv. 1845.—D. 45.1.87.—P. 45.2.121.—S. 45.1.126.
Nancy, 20 déc. 1852. — D. 54.2.186. — P. 53.1.337. — S. » » ».
Bord., 1ᵉʳ avr. 1857. — D. » » ». — P. 57.948. — S. 57.2.81.
Cass., 2 fév. 1865. — D. 65.1.241. — P. 65.790. — S. 65.1.329.
En ce sens : Berriat, p. 246 ; Petit, t. II, p. 321, et beaucoup d'auteurs qui ont écrit sur la prescription, Carré, Chauveau, Toullier, Troplong, etc.

En sens contraire :

Cass., 7 avr. 1837. — D. 37.1.487. — P. 38.1.95.—S. 38.1.904.
Paris, 8 fév. 1843. — D. 44.2.1. — P. 43.1.375.—S. 43.2.134.
Voir aussi Metz, cassé par l'arrêt du 2 fév. 1865.
Gillon et Villepin. nᵒ 470 ; Mangin, *Act. pub.*, t. II, nᵒ 249 ; Morin, nᵒ 37 ; ajouter Cival, nᵒ 3.

973. La prescription d'un délit de chasse doit s'accomplir, malgré qu'il fût connexe à un autre délit de chasse non prescrit (cass., 29 avril 1830 ; Paris, 4 oct. 1838 ; Nancy, 15 janv. 1840). — Il a été jugé pourtant que le prévenu d'un délit de chasse ne peut invoquer la prescription quand son délit est compris dans une poursuite à l'occasion de délits qui nécessitent une plus ample information (Bruxelles, 21 nov. 1821, Palais).

974. Interruption de la prescription. — *Poursuites.* — La prescription d'un délit de chasse peut être interrompue comme celle de tout autre délit, et il est admis qu'il n'est pas nécessaire, pour empêcher la prescription, que la mise en jugement et la condamnation interviennent dans les trois mois ; il suffit que des poursuites soient exercées dans ce délai.

Cass., 26 juin 1840.—D. 41.1.416.—P. 40.2.416.—S. 40.1.731.
Paris, 7 nov. 1842. — D. 43.4.342. — P. 43.1.275. — S. » » ».
Rouen, 28 fév. 1845.—D. 45.4.77.—P. 45.2.719.—S. 45.2.259.
Cass., 7 sept. 1849.—D. 49.5.40.—P. 49.1.375.—S. 50.1.415.
Cass., 2 mars 1854. — D. 54.5.103. — P.

975. Ainsi doivent être considérés comme interruptifs de la prescription *tous les actes de l'instruction judiciaire,* aussi longtemps qu'elle se continue (cass., 26 juin 1841 et 2 mars 1854 ci-dessus) ; — même la *transmission du procès-verbal* d'un délit de chasse, faite par le procureur impérial au ministre de la justice et par celui-ci au procureur général près la Cour de cassation (il s'agissait d'un délit commis par un magistrat ; Paris, 7 nov. 1842, indiqué plus haut) ; — la réquisition du ministère public au juge d'instruction, en lui dénonçant le délit (Orl., 25 avr. 1853) ; — la *citation devant le juge d'instruction,* signifiée au prévenu (Paris, 9 mai 1826, *Palais*) ; — la *citation en justice,* donnée à la requête de l'administration forestière (cass., 7 nov. 1849 ; il en serait autrement, si le délit avait été commis sur une propriété particulière ; Orl., 10 juin 1861) ; — la *citation à témoins* pour venir déposer *devant le juge d'instruction* (Rouen, arrêt cité au numéro précédent) ; — en un mot, suivant la Cour de Rennes, arrêt du 15 mai 1862, tout acte manifestant l'intention du ministère public de poursuivre un délinquant.

976. Et la *citation* interrompt la prescription lors même que la citation désignerait le prévenu sous des *noms et prénoms inexacts* (cass., 26 juin 1840, cité nᵒ 974) — ou qu'elle aurait été donnée devant un *juge incompétent* (Orléans, 1ᵉʳ décembre 1853 ; cass., 13 janv. 1837 et 10 mai 1838 ; Rouen, 12 novembre 1838 ; Orléans, 20 novembre 1840 ; cass., 5 juin 1841, et aussi l'arrêt de cassation cité nᵒ 974, du 7 septembre 1849, et d'autres arrêts de la cour de Colmar, du 12 mars 1860, et de la Cour de cassation du 22 janvier 1863 et 5 mai 1865).

977. *Mais la prescription ne serait pas interrompue* par une dénonciation ou une plainte, par la *citation* donnée à la *requête d'un magistrat incompétent* (cassation, 11 mars 1819 ; Bruxelles, 19 avril 1827 ; 30 avril 1830, Palais) ; par une *citation viciée de nullité* (cass., 11 fév. 1843) ; par le *procès-verbal de délit de chasse* qui n'est qu'une constatation ; par des poursuites faites par des personnes sans droit ni qualité (Poitiers, 2 avril 1845).

La Cour de cassation a cependant jugé que lorsqu'un fonctionnaire doit être poursuivi devant la Cour impériale, et encore bien que cette poursuite ne doive être exercée qu'à la requête du procureur général, néanmoins la citation faite à la requête de l'administration forestière suffit pour interrompre la prescription. Notons que la citation était donnée devant les tribunaux ordinaires ; c'était donc réellement une action incompétemment intentée, mais non une action exercée par un fonctionnaire ou magistrat incompétent.

Cass., 18 avril 1846.—D. 46.4.596— P. » » » —S. 46.1.699.
Cass., 3 avril 1862. — D. 62.1.387. — P. 63.295. — S. 62.1.903.
Cass., 14 avril 1864 ; cass. ch. réun., 27 fév. 1865 ; Colmar, 13 juil. 1865. — *En sens contraire :* Brux., 7 nov. 1864.

978. La prescription ne serait pas interrompue par un procès-verbal du garde qui a constaté le délit, établissant la reconnaissance postérieure du délinquant que le garde n'avait pu connaître lors de la perpétration du délit, malgré que ce procès-verbal fût dénoncé au prévenu.

Cass., 7 avril 1837.—D. 37.1.487.—P. 58.1.95.—S. 38.1.904.

979. *Effets des poursuites. — Personnes étrangères. — Complices.* — Les actes d'instruction et de

SECTION 4ᵉ.

Dispositions générales.

Art. 30. Les dispositions de la présente loi relatives à l'exercice du droit de chasse ne sont pas applicables aux propriétés de la Couronne. Ceux qui commettraient des délits de chasse dans ces propriétés seront poursuivis et punis conformément aux sections 2 et 3.

Art. 31. Le décret du 4 mai 1812 et la loi du 30 avril 1790 sont abrogés.

Sont et demeurent également abrogés les lois, arrêtés, décrets et ordonnances intervenus sur les matières réglées par la présente loi, en tout ce qui est contraire à ses dispositions.

---

poursuites interrompent la prescription même à l'égard des personnes qui ne seraient pas impliquées dans ces actes, article 637 du Code d'instruction criminelle, arrêt du 26 juin 1841, nᵒ 974, et aussi cassation, 5 mai 1865, affaire Deville. — De même la citation donnée en temps utile à l'un des complices fait cesser la prescription vis-à-vis tous les autres, dès l'instant où il s'agit du même délit : cassation, 14 décembre 1837 ; Bourges, 31 janvier 1839, Rouen, cité nᵒ 974, et Bordeaux, 1ᵉʳ janv. 1857. La citation donnée à la requête de la partie civile interrompt la prescription à l'égard du ministère public et réciproquement.

980. Il serait insignifiant qu'un délit de chasse fût porté à une date erronée dans un procès-verbal si des poursuites avaient été exercées dans les délais à compter de la date véritable du délit. Les juges ne sauraient décider comme s'il y avait eu deux délits et déclarer l'un prescrit et l'autre non justifié.

Gren., 11 déc. 1834. — D. 35.2.35. — P. à sa date.

981. *Prescription par trois ans.* — Les délits de chasse, comme les autres délits, ne se prescrivent plus que par trois ans, lorsqu'il a été fait des actes d'instruction ou de poursuite qui ont interrompu la prescription ; le délai de trois ans court de ces actes. La jurisprudence est constante, voir notamment :

Cass., 26 juin 1841. — D. 41.1.416. — P. » » ». — S. » » ».
Cass., 16 juin 1865. — D. 65.1.244. — P. 65.991. — S. 65.1.387.
Cass., 17 mars 1866. — D. 66.2.309. — P. 67.72. — S. 67.1.47.

982. Mais lorsque, sur la citation donnée devant des juges incompétents, il intervient un jugement, l'instance incompétemment engagée n'existant plus, la prescription reprend son cours et est acquise s'il s'écoule plus de trois mois depuis l'instance ainsi terminée et les nouvelles poursuites.

Orl., 20 nov. 1840. — D. » » » — P. 41.1.33.
Cass., 5 juin 1841. — D. 41.1.391. — P. 41.2.286. — S. 42.1.946.
Metz, 23 août 1864, cité nᵒ 972, non cassé en ce point.

983. Il a même été jugé que les poursuites exercées devant un tribunal incompétent n'interrompent pas la prescription lorsque, sur ces poursuites, il est rendu un jugement d'incompétence, avant que de nouvelles poursuites aient été faites en temps utile.

Bourges, 20 nov. 1842. — D. » » ». — P. 45.2.716.
En sens contraire :
Rouen, 12 nov. 1838. — D. 39.2.460. — P. 58.2.588.

984. Partie civile. — Action civile. — La majorité des arrêts et des auteurs décident que l'action civile en réparation du dommage causé par un fait qualifié crime ou délit, se prescrit par le même laps de temps que l'action publique, alors même qu'elle serait intentée séparément et devant la juridiction ordinaire (voir Code d'instruction criminelle annoté de Sirey-Gilbert et son supplément, article 637).

Section 4ᵉ.

Dispositions générales.

Art. 30.

CHASSE DANS LES PROPRIÉTÉS DE LA COURONNE.

985. Portée de l'article 30. — L'article 30 est exceptionnel. Il faut donc le restreindre à ses termes. Il ne s'applique en conséquence qu'aux propriétés qui forment le domaine de la Couronne et non aux propriétés ordinaires de l'État, forêts, fleuves et rivières, etc., — ni aux domaines privés de l'Empereur ou des princes.

986. Et il convient de n'appliquer aux propriétés de la Couronne que les dispositions de la loi relatives à l'exercice du droit de chasse. Par suite, la chasse peut s'y faire en tout temps avec tous les modes et procédés de chasse que l'on préfère, à la seule condition d'avoir la permission d'y chasser ; mais le gibier provenant de ces propriétés ne peut se vendre ou se transporter en temps prohibé. Il peut toutefois être transporté aux châteaux de la Couronne par les gens attachés au service de la maison de l'Empereur.

987. Délits commis dans les propriétés de la Couronne. — Ces délits rentrent sous l'empire du droit commun ainsi que le dit l'article 30 ; ils sont donc poursuivis et jugés comme les délits commis sur les propriétés ordinaires.

Art. 31.

ABROGATION DES LOIS ANCIENNES.

988. Lois anciennes. — Abrogation. — L'article 31 n'abroge formellement que le décret du 4 mai 1812 et la loi du 30 avril 1790 ; de cette loi et de ce décret aucune disposition n'est donc plus en vigueur. — Quant aux autres lois, décrets et ordonnances, ils ne sont abrogés qu'autant que leurs dispositions sont contraires à celles de la présente loi ; en réalité il serait difficile d'indiquer une disposition de ces lois et arrêtés existant encore, à part ce qui concerne la *Louveterie,* dont nous allons nous occuper.

II.

DE LA LOUVETERIE.

De la Louveterie (1).

1° OBJET ET ORGANISATION DE LA LOUVETERIE. LOIS, ARRÊTÉS ET ORDONNANCES.

989. Objet de la louveterie. — La louveterie indique assez par son nom seul qu'elle a été créée pour la destruction des loups ; elle comprend aussi la destruction des autres animaux nuisibles.

990. Organisation de la louveterie. — *Lois, décrets et ordonnances.* — Cette institution est fort ancienne et remonterait, suivant M. Villequez, p. 203, à la fin du V° siècle. Charlemagne s'en occupa d'une manière spéciale, et après lui la plupart des rois de France. Tous les édits, arrêts, réglements, etc., qui furent pris alors importent assez peu. — Ce qui forme le véritable Code de la matière, ainsi que le dit la Cour de cassation elle-même dans l'un de ses arrêts, c'est l'arrêté du Directoire du 19 pluviôse an V (7 février 1797) et l'ordonnance royale du 20 août 1814, laquelle contient le réglement de la louveterie. Nous parlerons de ce décret et de cette ordonnance au fur et à mesure que nous rappellerons ou invoquerons leurs dispositions.

991. La louveterie proprement dite disparut à la Révolution. Napoléon la rétablit par décret du 8 fructidor an XII (26 août 1804) et institua un grand-veneur, le général Berthier. — Une ordonnance royale du 15 août 1814 plaçait aussi — il faudrait plutôt dire maintenait — dans les attributions du grand-veneur la surveillance et la police de la chasse dans les forêts de l'État et la louveterie. Quelques jours après, le 20, paraissait l'ordonnance qui forme encore aujourd'hui la base de l'institution et qui n'était au surplus que la reproduction du réglement arrêté par le général Berthier, le 1er germ. an XIII (22 mars 1805) ; cette ordonnance donnait au grand-veneur le droit de nommer les officiers de louveterie et indiquait leurs attributions et leurs devoirs. Les fonctions de grand-veneur furent supprimées par ordonnance des 14-23 septembre 1830, qui transporta provisoirement à l'administration forestière la surveillance de la chasse dans les forêts de l'État et la chargea de remplir à cet égard les fonctions attribuées jusque-là au grand-veneur. L'une de ces fonctions consistait à nommer les officiers de louveterie ; mais ce droit de nomination fut abrogé par l'ordonnance des 21 décembre 1844-20 janvier 1845, et reporté au roi. Le décret du 25 mars 1852 abrogea lui-même cette dernière ordon-nance et attribua aux préfets la nomination des lieutenants de louveterie. Un autre décret du 31 décembre 1852 nomma un grand-veneur, sans rétablir toutefois l'ancienne grande vénerie et ses attributions.

Les lois et ordonnances précitées et d'autres plus anciennes sont rappelées avec soin dans plusieurs arrêts ci-dessous. Il a été déclaré à la Chambre et il est reconnu par tous les auteurs que ces lois et ordonnances n'ont nullement été abrogées par la loi du 3 mai 1844 sur la chasse.

2° GRAND-VENEUR, LOUVETIERS ET PIQUEURS. NOMINATION, FONCTIONS, DROITS ET DEVOIRS.

992. 1° Grand-veneur. — C'était, sous l'ancienne monarchie française, un des grands-officiers de la Couronne. Comme nous l'avons dit au numéro précédent, les fonctions de grand-veneur furent supprimées en 1830. — Le titre de grand-veneur a été rétabli par l'Empereur, mais non les attributions ; ce c'est donc plus maintenant qu'un titre honorifique.

993. 2° Lieutenants de louveterie. — *Leur mission.* — Les lieutenants de louveterie, aussi appelés officiers de louveterie ou simplement louvetiers, ont été institués par l'ordonnance du 20 août 1814, pour diriger les chasses et battues aux loups et autres animaux nuisibles. Par suite du non-rétablissement des fonctions du grand-veneur, les louvetiers sont dans leurs circonscriptions les véritables chefs de la louveterie.

994. *Nomination. — Caractère. — Uniforme.* — Les louvetiers sont choisis et nommés par les préfets, qui en fixent le nombre (décret du 25 mars 1852, art. 5, n° 17). — « Les commissions sont renouvelées tous les ans, » dit l'ordonnance de 1814, § 3 ; nous pensons avec la majorité des auteurs que les commissions ne se périment pas de plein droit à la fin de l'année, et qu'elles sont tacitement prorogées tant que les préfets n'ont pas fait connaître aux louvetiers qu'ils les ont révoqués (Bourges, 20 mai 1839, et Orl., 11 mai 1840).

Ils n'ont pas le *caractère* de fonctionnaires publics et peuvent être poursuivis sans autorisation préalable (cassation, 13 juillet 1810 et 21 janvier 1839) ; ajoutons qu'ils sont justiciables des tribunaux ordinaires. — Ils ne sont pas tenus à prêter *serment*.

L'ordonnance de 1814 détermine par ses dernières dispositions l'uniforme des louvetiers, celui de leurs piqueurs et le harnachement du cheval. Cet uniforme n'est pas obligatoire.

995. Fonctions des louvetiers. — Les fonctions et les droits des louvetiers ne sont pas les mêmes en temps d'ouverture et en temps prohibé. Quant aux battues, dont nous allons parler spécialement au n° 3, elles peuvent avoir lieu en tout temps.

Ce qui va suivre ne s'applique aux louvetiers qu'autant qu'ils n'agissent qu'en cette qualité ; il est clair, en effet, qu'ils n'ont pas besoin d'invoquer les lois et ordonnances qui nous occupent, s'ils n'exercent qu'un droit qui appartient à tous, dans les limites de la loi du 3 mai 1844, sur un terrain dont ils ont la chasse.

---

(1) Nous ne saurions mieux faire que d'indiquer à ceux de nos lecteurs qui s'intéressent particulièrement aux questions concernant la louveterie, l'excellent ouvrage de M. Villequez, professeur à la faculté de droit de Dijon, *du Droit de destruction des animaux malfaisants ou nuisibles et de la Louveterie,* in-18, 3 fr. 50, chez Hachette, Paris.

996. Temps où la chasse est ouverte. — *Chasse avec l'équipage.* — La fonction des louvetiers, en temps d'ouverture, est ainsi définie par l'ordonnance de 1814 : « Dans les endroits que fréquentent les loups, le travail principal de leur équipage doit être de les détourner, d'entourer les enceintes avec les gardes forestiers et de les faire tirer au lancé ; on découple, si cela est nécessaire..... » — Les expressions de l'ordonnance étant générales, nous approuvons les conséquences qu'en a tirées M. Villequez, p. 271 et suivantes, à savoir que les quêtes peuvent être faites, même en temps de neige, dans toute l'étendue de la circonscription du louvetier, sans distinction de propriétés, sauf aux particuliers ou aux administrations à se plaindre aux préfets, si ces quêtes étaient faites sans raison ou d'une manière vexatoire, sauf aussi la répression par les tribunaux des faits de chasse au gibier ordinaire, s'il en était commis. — Voir pourtant Perrève, p. 443.

997. Nous croyons aussi que ces quêtes et l'attaque du loup peuvent se faire de suite sans que le louvetier soit tenu de recourir à des autorisations ou permissions auprès du préfet, ou de l'administration forestière, ou des propriétaires ou fermiers des chasses, et malgré l'abstention ou la résistance de ceux-ci qu'il n'est pas légalement obligé de convoquer ; mais les arrêts ci-dessous, se basant avec raison sur l'arrêté de l'an V et l'ordonnance de 1814, ont décidé, tout en admettant les principes énoncés plus haut, que le louvetier devait agir *sous l'inspection et la surveillance des agents forestiers.* (Nous pensons avec M. Villequez, p. 291, qu'il faut entendre par là les gardes forestiers de la localité et non les agents éloignés.)

Bourges, 30 mai 39. — D. 40.2.47. — P. » » » — S. » » ».
Cass., 5 janv. 1840. — D. 40.1.392. — P. 40.2.308. — S. 42.1.657.
Orl., 11 mai 1840. — D. 41.2.29. — P. 40.2.308. — S. » » ».
Cass., 30 juin 1841. — D. ch. n° 512. — P. » » » — S. 42.1.658.
Cass., 12 juin 1847. — D. 47.4.69. — P. 47.1.569. - S. 47.1.698.

998. *Opposition de l'administration forestière.* — Que décider si cette administration, prévenue par le louvetier qu'il allait chasser avec son équipage, lui fait signifier une défense ? — La Cour de cassation a décidé d'une manière générale et absolue que l'opposition de l'administration forestière devait arrêter le louvetier, attendu que depuis l'ordonnance du 14 septembre 1830 « cette administration a été substituée au grand-veneur dans ses rapports avec les officiers de louveterie, et qu'elle se trouve maintenant investie, à son lieu et place, du droit d'empêcher, par l'entremise de ses agents locaux, quand il y a lieu, l'exécution des chasses annoncées par les louvetiers. »

Cass., 6 juill. 1861. — D. 61.1.352. — P. 62.536. — S. 61.1.917.
Ang., 27 sept. 1861. — D. 62.2.164. — P. » » » — S. 61.1.917.

999. La Cour de Rennes, par son arrêt du 13 février 1861, dont l'arrêt de la Cour suprême du 6 juillet 1861 prononça la cassation, avait jugé en *sens contraire* que l'opposition des Forêts ne peut empêcher le louvetier de chasser avec son équipage, qu'il est en règle par ce seul fait qu'il a mis les agents forestiers à même d'exercer leur surveillance. — M. Villequez partage l'opinion de la Cour de Rennes, dont il défend énergiquement l'arrêt. Les arguments qu'il invoque nous ont paru péremptoires, et cependant l'arrêt de Rennes n'est pas peut-être, *en fait,* à l'abri de la critique. En effet, le louvetier ne s'était pas borné à chasser avec son équipage, il avait appelé des personnes ; on pouvait prétendre qu'il s'agissait d'une sorte de battue ; or, nous allons voir que pour les battues il y a des formalités à remplir. M. Villequez croit, il est vrai, p. 344 et 348, que le louvetier pourrait amener avec lui des auxiliaires ou quelques-uns de ses collègues, mais nous ne pouvons lui reconnaître ce droit ; voir n° 996 les termes de l'ordonnance de 1814 et aussi l'arrêt de cass. du 6 juillet 1861. Autrement on arriverait à lui concéder la faculté d'organiser à lui seul des battues.

1000. *Quels animaux peut chasser l'équipage.* — *Droit de chasse.* — M. Villequez, p. 357 et suivantes, enseigne que le louvetier peut chasser avec son équipage les loups, renards, blaireaux, et tous les animaux nuisibles déclarés tels par le préfet. La Cour de Nîmes l'a ainsi jugé le 9 juillet 1829, affaire Vignal ; M. Perrève approuve cet arrêt, p. 446 ; voir aussi Petit, t. II, p. 373. — Nous croyons que c'est étendre au delà de ses termes l'ordonnance de 1814, car le paragraphe de cette ordonnance, relatif aux chasses avec l'équipage, ne parle absolument que des loups.

Si le loup poursuivi entre dans des propriétés qui sortent de la circonscription du louvetier, il doit avoir néanmoins le droit de l'y suivre avec les gens de son équipage et les gardes forestiers (Villequez, p. 351).

1001. *Chasse à courre deux fois par mois.* — Pour tenir leurs chiens en haleine, les louvetiers ont, aux termes de l'ordonnance de 1814, restreinte par l'ordonnance du 24 juillet 1832, le droit de chasser le sanglier deux fois par mois dans les forêts de l'Etat, sans pouvoir toutefois le tirer, à moins qu'il ne tienne tête aux chiens. Cette chasse peut avoir lieu lors même qu'une battue aurait été faite dans le mois (Villequez, p. 372) ; les louvetiers ne sont pas obligés de prévenir les locataires de la chasse, mais ils doivent avoir avec eux les agents forestiers, et cette chasse ne peut être faite qu'en temps d'ouverture (circ. des forêts, du 22 juin 1840 ; Villequez, p. 366).

1002. Temps prohibé. — L'ordonnance de 1814 trace ainsi les fonctions des louvetiers : « Dans le temps où la chasse à courre n'est plus permise, ils doivent particulièrement s'occuper à faire tendre des pièges avec les précautions d'usage, faire détourner les loups et, après avoir entouré les enceintes de gardes, les attaquer à traits de limiers, sans se servir de l'équipage, qu'il est défendu de découpler ; enfin, faire rechercher avec grand soin les portées de louves. »

1003. Devoirs des louvetiers. — Voici à cet égard ce que dit l'ordonnance de 1814 : « Ils sont tenus d'entretenir, à leurs frais, un *équipage de chasse* composé au moins d'un piqueur, deux valets de limiers, un valet de chiens, dix chiens courants et quatre limiers. » Cette obligation n'est pas d'ordinaire rigoureusement remplie (Villequez, p. 269). — Ils seront tenus de se procurer les pièges nécessaires pour la destruction des loups, renards et autres animaux nuisibles.

Ils feront connaître ceux qui auront découvert des portées de louves, et donneront journellement avis des loups tués dans leur arrondissement. Tous les ans ils doivent envoyer au préfet et au conservateur des forêts un état général des prises (ordonnance de 1814).

1004. 3º Piqueurs. — Les piqueurs sont choisis par les louvetiers, et leurs fonctions sont évidemment révocables à la volonté de ceux-ci. L'ordonnance de 1814 indique leur uniforme.

M. Villequez, p. 355 et suivantes, est d'avis que les piqueurs peuvent remplacer les louvetiers dans les battues et qu'ils peuvent chasser seuls avec l'équipage, quand leurs maîtres sont absents ou empêchés ; voir en ce sens, Nîmes, 9 juillet 1829, Vignal. — Ce n'est pas notre opinion. Le rôle des piqueurs est secondaire ; ils n'ont aucun caractère officiel, et les fonctions de louvetiers ne nous paraissent pas susceptibles de délégation ; en ce sens, un arrêt de Nancy du 31 janvier 1844, affaire Leclerc ; Berriat, p. 289 ; Gillon et Villepin, p. 402 ; Petit, t. II, p. 379.

1005. Permis de chasse. — Nous croyons avec la majorité des auteurs que les louvetiers et leurs piqueurs sont dispensés d'avoir un permis pour l'accomplissement de leurs fonctions concernant la louveterie, même lorsqu'il s'agit de la chasse à courre au sanglier, n° 1001 (Dalloz, n° 519 ; Perrève, p. 448 ; Rogron, p. 485, et aussi Nîmes, 9 juill. 1829). — D'autres auteurs font une distinction que nous n'admettons pas, ils ne dispensent du permis que quand il s'agit de battues autorisées par le préfet (Berriat, p. 249 ; Cival, p. 144 ; Petit, t. II, p. 378).

3° BATTUES. — PIÉGES. — PRIMES.

1006. **1° Battues.** — *Observation.* — Les battues sont permises quand on les fait sur un terrain dont on a la chasse, nᵒˢ 409 et suivants. Il s'agit ici des battues pour la destruction des loups et autres animaux nuisibles, dans un intérêt public. C'est aux préfets qu'il appartient de déterminer les animaux nuisibles et de reconnaître ou non pour tel le *sanglier* (cass., 3 janv. 1840 ; Poit., 29 mai 1843 ; cass., 21 janv. 1864. Voir art. 9, nᵒˢ 554 et suiv.).

1007. *Quand et où se font les battues.* — Le bon sens répond qu'elles doivent se faire aussi fréquemment que la nécessité l'exige, et qu'il ne faut pas distinguer entre le temps prohibé et le temps d'ouverture. L'article 2 de l'arrêté de l'an V dit de les faire tous les trois mois et plus souvent. — Elles se font partout, dans les forêts de l'Etat et « dans les campagnes, » suivant l'expression du même article ; quand elles doivent avoir lieu dans des bois ou forêts dont la chasse est affermée, on appellera évidemment les locataires de la chasse, mais ce n'est pas légalement obligatoire (Villequez, p. 427).

1008. *Par qui sont ordonnées les battues.* — De la combinaison de l'arrêté de l'an V et de l'ordonnance de 1814, il résulte clairement qu'elles peuvent être ordonnées, soit d'office par les préfets, soit sur la demande des lieutenants de louveterie ou des conservateurs des forêts, soit sur celle des maires. Toute personne peut aussi former dans ce but par simple lettre une demande au préfet, qui ordonnera ensuite la battue d'office, si elle lui paraît utile.

1009. Le décret du 13 avril 1861 sur la décentralisation administrative, a apporté, par son article 6, nᵒ 12, une exception à ce qui est dit au numéro ci-dessus. D'après lui, les *sous-préfets* ont le droit, sur les demandes qui leur sont adressées, d'ordonner des battues dans les *bois des communes et des établissements publics* de leur arrondissement.

1010. *Qui commande et dirige les battues.* — Il faut suivre l'ordonnance de 1814 : « Ces chasses (battues) seront alors ordonnées par le préfet, *commandées et dirigées par les lieutenants de louveterie,* qui, de concert avec lui et le conservateur, fixeront le jour, détermineront les lieux et le nombre d'hommes... » Il suit de là que si le louvetier et le conservateur des forêts ne s'entendaient pas, le préfet ou le sous-préfet devrait décider (Villequez, p. 417). — On demandera d'ordinaire le concours des autorités locales, mais le concert avec elles n'est pas indispensable (cass., 21 avril 1864, d'Hoffelize).

1011. En dehors de ces battues qu'on pourrait appeler générales, une circulaire de M. le ministre de l'intérieur du 11 juillet 1865 permet d'autoriser des battues plus restreintes. Elle s'exprime ainsi : « Enfin, quant aux chasses spéciales ayant pour but la destruction des gros animaux malfaisants ou nuisibles, il est recommandé que les officiers de louveterie en aient autant que possible la direction. Il peut se présenter toutefois des circonstances où des autorisations exceptionnelles seraient accordées utilement à des propriétaires, possesseurs ou fermiers pour l'organisation particulière de chasses aussi bien que de battues, opérées les unes et les autres dans les conditions réglementaires. » Ces derniers mots se rapportent à la surveillance des agents forestiers qui doit toujours avoir lieu (arrêté du 19 pluv. an V, art. 5).

1012. *Amende.* — La majorité des auteurs, s'appuyant sur un arrêt de cassation du 13 brumaire an XI, décident qu'il faut appliquer une amende de 10 francs à ceux qui, régulièrement convoqués pour une battue générale, y ont fait défaut, en conformité d'un arrêt du conseil du 26 février 1697, qui portait en pareil cas une amende de 10 livres contre les défaillants. — D'autres

considèrent le fait comme une contravention de simple police prévue et punie par l'article 471, nᵒ 15, du Code pénal (trib. de pol. de Vaucouleurs du 20 août 1861, cité par M. Villequez, p. 42; Rogron, p. 486).

1013. *Battues irrégulières.* — Le *maire,* délégué par le préfet pour diriger une battue, fait acte de ses fonctions administratives en y procédant, et lors même qu'il ne se serait pas conformé de tout point aux règles tracées par les arrêtés et ordonnances de la louveterie, il ne peut être soumis au contrôle de l'autorité judiciaire.

Cass., 17 mai 1866.— D. 66.1.505.— P. 66.1102.— S. 66.1.413. Voir encore Paris, 31 janv. 1866. *Gaz. des Trib.* du 16 fév.
Il ne pourrait être poursuivi sans l'autorisation du Conseil d'Etat (cass., 1ᵉʳ fév. 1850, affaire Renard. — Voir nᵒˢ 623 et 624).

1014. Mais la Cour de Poitiers, par son arrêt cité nᵒ 1006, a jugé que le *louvetier* qui sort des termes et des limites d'un arrêté préfectoral autorisant une battue, en chassant sur une propriété particulière un sanglier à courre et non à titre de battue, peut être poursuivi en police correctionnelle et condamné comme ayant chassé sur le terrain d'autrui sans autorisation. — Il en serait de même s'il chassait sans la surveillance des agents forestiers (cass., 30 juin 1841, nᵒ 997).

1015. **2° Piéges.** — *Empoisonnement.* — *Mesures de précaution.* — Une circulaire du ministre de l'intérieur du 9 juillet 1818 contient une instruction détaillée pour la destruction des loups. — Il est recommandé de ne jamais placer les piéges dans les chemins ou sentiers pratiqués, et de ne les point établir dans les endroits ouverts sans avoir prévenu le maire de la commune et obtenu sa permission. — On ne doit point user de l'*empoisonnement* (le meilleur moyen de destruction, suivant la circulaire) avant que les habitants des communes ne soient prévenus, par publications et affiches, des lieux où les appâts seront placés, etc.

Consulter Villequez, p. 19 et suivantes, sur les moyens de destruction.

1016. **3° Primes.** — *Fixation.* — De la circulaire ministérielle du 25 septembre 1807 et de celle du 9 juillet 1818 combinées, il résulte que les primes sont : 18 fr. par louve pleine, — 15 fr. par louve non pleine, — 12 fr. par loup, — et 6 fr. par louveteau. Dans certains départements, on assimile les louveteaux aux loups dès qu'ils ont la grosseur du renard (Cival, p. 145). — Peu importe les moyens employés et les circonstances de temps et de lieu. Comme le dit très-bien M. Petit, t. II, p. 380, la destruction d'un loup est un fait que l'administration récompense et que la loi ne saurait punir; en ce sens, Nancy, 27 mars 1852, cité par lui, et Villequez, p. 425. Les primes peuvent être augmentées à raison des circonstances qui auront accompagné la destruction de l'animal (même circul. et aussi loi du 10 mai 1838, art. 14). — Si les loups ont été détruits par l'empoisonnement et que les appâts aient été achetés par la commune, la prime lui appartiendra, sauf un quart ou la moitié pour celui qui amènerait l'animal mort (circul. de 1818).

1017. *Paiement.* — Les primes doivent être payées dans la quinzaine sur les fonds ordinaires du département (loi du 10 mai 1838, art. 12, 18°). La présentation de l'animal se fait au maire de la commune, qui dresse un procès-verbal et l'envoie avec le contrôle de l'animal (la patte droite de devant et les deux oreilles), en y joignant la quittance de la partie prenante. Le préfet fait ensuite parvenir le montant de la prime au maire, et celui-ci verse les fonds à qui de droit.

1018. **Renvois.** — *A qui appartient le gibier tué dans les battues,* voir III° partie ; du *transport et colportage* de ce gibier, nᵒˢ 325 et suivants. — Rechercher du gibier avec un *limier en laisse* n'est pas chasser, nᵒ 79. — Voir aussi IV, *responsabilité,* § 2. — Voir encore nᵒˢ 623 et 624, *tir au jugé, bonne foi.*

III.

DE LA PROPRIÉTÉ DU GIBIER

ET DES DROITS DU CHASSEUR SUR LE GIBIER.

De la Propriété du Gibier

ET DES DROITS DU CHASSEUR SUR LE GIBIER.

§ Ier.

PROPRIÉTÉ DU GIBIER.

1019. Observation. — Nous n'entendons parler que du gibier chassé à l'état de liberté naturelle ; il est clair, en effet, que les questions que nous allons examiner ne peuvent se présenter s'il s'agit de gibier tenu dans des garennes fermées ou dans des parcs clos de murs. Ce gibier appartient au propriétaire. Voir n°s 42, 85.

1020. Du gibier tué ou mortellement blessé. — Les tribunaux et les auteurs sont unanimes pour décider que le gibier est la propriété du chasseur qui l'a tué ou mortellement blessé. Reste en ce dernier cas à déterminer quand la blessure est mortelle ; c'est un point qui est laissé à l'appréciation des tribunaux. La blessure est mortelle dès lors que le gibier ne peut plus échapper au chasseur qui l'a dès lors en sa possession. Suivant M. de Neyremand, p. 39, un lièvre dont la patte est fracassée est frappé d'une blessure mortelle ; de même, dit-il, la perdrix démontée.

1021. *Gibier pris par les chiens.* — Si un chien prend un lièvre, le lièvre appartient au maître du chien, lors même que le gibier eût été pris en l'absence du maître (Sorel, n° 39). — Le droit de celui-ci cesserait si le chien avait abandonné sa capture.

1022. *Gibier sur ses fins, gibier forcé.* — Nous pensons que le gibier appartiendra au chasseur s'il l'a tellement fatigué qu'il n'a plus en quelque sorte qu'à le prendre. D'ailleurs réduire le gibier sur ses fins, tel est le but de la chasse à courre, comme celui de la chasse à tir est de rechercher le gibier pour le tirer au fusil.

Le tribunal de Villefranche l'a ainsi décidé à l'égard d'un lièvre forcé, le 28 mars 1862. S. 63.2.257.
En ce sens : Puffendorf, cité par de Neyremand ; Villequez, p. 95. Consulter aussi Pothier, n° 25 ; et MM. de Neyremand, p. 58, et Sorel, n° 45, qui rapportent le jugement ci-dessus.

1023. Le gibier doit être remis au chasseur. — C'est la conséquence de ce que nous avons dit aux numéros précédents, et le fait de s'emparer du gibier a été plusieurs fois considéré comme un vol par les tribunaux (trib. de Melun, du 6 nov. 1834, et Rouen, 22 avril 1847, cités par Sorel, n° 40). Le gibier doit être remis au chasseur malgré qu'il eût été tué, mortellement blessé, ajoutons ou forcé, sur le terrain d'autrui, ou qu'il y fût allé tomber. Si le propriétaire de ce terrain en interdisait l'entrée au chasseur, il n'en devrait pas moins dans tous les cas, à peine de dommages-intérêts, le remettre ou faire remettre au chasseur, sans préjudice, bien entendu, de la réparation civile du dommage.

Paris, 2 déc. 1854. *Gaz. des Trib.* du 6 déc., et n^{os} suiv.
En ce sens : Dalloz, n° 172 ; Demolombe, sur l'art. 715 ; Merlin, *Gibier*, n° 3 ; Proudhon, t. Ier, n° 585 ; Rogron, art. Ier, p. 24 ; Sorel, n°s 43 et suiv. ; Toullier, t. IV, n° 7 ; Villequez, p. 95 et suiv.

1024. *Terrain clos.* — Nous ne distinguerions pas davantage entre le cas où le gibier aurait été chassé dans un terrain ordinaire et celui où il l'aurait été dans un terrain clos, à moins qu'il ne s'agisse d'une clôture faisant absolument obstacle à la sortie du gibier.

1025. *Contrairement* à ce que nous avons dit aux deux numéros précédents, il a été jugé qu'on ne saurait revendiquer un gibier ni réclamer des dommages-intérêts contre le propriétaire qui le retient, quand ce gibier a été tué ou blessé sans droit sur le terrain d'autrui.

Justice de paix de Sedan, canton nord. *Gaz. des Trib.* du 17 fév. 1861. En ce sens, Chardon, p. 37.

1026. *Deux chasseurs.* — Si deux chasseurs ont tiré ensemble la même pièce de gibier, elle appartiendra à celui que les circonstances démontreront l'avoir atteinte ; dans le doute, ils la partageront (Sorel, p. 30).

1027. Défense d'entrer sur le terrain d'autrui. — Le gibier tué ou mortellement blessé appartient par droit d'occupation au chasseur qui l'a mis ainsi en son pouvoir, mais il n'en est pas moins vrai que le chasseur n'a pas en réalité le droit d'entrer sur le terrain d'autrui. Le propriétaire, tenu à rendre le gibier, peut s'opposer à ce que le chasseur ou ses chiens entrent sur son terrain, en se bornant toutefois à une résistance passive, car les violences ne sont jamais permises.

1028. Le droit d'interdire l'entrée de la propriété n'appartient pas au *fermier* à l'égard du chasseur qui aurait l'autorisation du propriétaire (de Neyremand, p. 40). — Il en serait autrement s'il s'agissait de la portion de la ferme constituant le domicile.

1029. La Cour de cassation a jugé « que l'acte de *blesser un chien* de chasse étranger, introduit dans un *parc clos,* ne constitue pas toujours et dans tous les cas, de la part du propriétaire de ce parc ou de son domestique ou préposé qui veillent à sa garde, une faute ; que les circonstances de cet acte, telle que la légitime défense de soi-même ou d'autrui, la gravité des dégâts causés à la propriété, suffisent, dans une certaine mesure, pour le légitimer. » (Cass., 21 avril 1840 ; voir aussi arrêts de cass. du 17 déc. 1864 et 17 nov. 1865).

1030. Le principe posé par la Cour de cassation nous paraît incontestable, mais il ne nous empêche point d'adhérer pleinement au jugement de M. le juge de paix de Calais, rapporté par la *Gazette des Tribunaux* du 28 mai 1862, que le droit de tuer un animal domestique (un chien de chasse) ne peut se justifier que par l'imminence d'un danger et non par un préjudice de peu d'importance, surtout quand la personne responsable est notoirement solvable. (Houël, n° 16 ; Sorel, n° 24).

1031. Le mieux serait de suivre le conseil que nous trouvons dans M. Sorel, n° 24, à savoir : de mettre le chien en fourrière (si on le prenait sur son terrain en dehors de la présence de son maître), ou de faire à celui-ci une sommation d'avoir à retenir son chien ; un billet donné devant le juge de paix remplirait le même but.

1032. Nous devons noter que le fait de tuer ou blesser *volontairement* le chien d'autrui, s'il s'agit d'un chien de chasse ou d'agrément, ne donne lieu qu'à l'application du nᵒ 1ᵉʳ de l'article 479 du Code pénal (amende de 11 à 15 fr.) et non du nᵒ 3 du même article, qui pourrait entraîner, s'il était appliqué, un emprisonnement de cinq jours, article 480 du Code pénal (cass., 19 avril 1866). — Le nᵒ 3 serait applicable si le fait avait eu lieu par *maladresse ou imprudence*.

1033. Gibier tué dans les chasses aux animaux nuisibles. — Nous distinguerons, comme le fait M. Villequez, p. 227, entre le cas d'une *battue* et celui d'une *chasse avec meute*. Dans le premier cas, la bête n'est pas suivie ; elle est à celui qui la tue. — Quand la bête est poursuivie par une meute, le propriétaire de l'équipage, autant que dure la poursuite, a son droit de préférence, nᵒ 1039 (voir pourtant cass., 22 juin 1843).

1034. Gibier pris au piége. — On décide généralement que tant que le gibier est au piége, il n'y a pas possession légale acquise au propriétaire du piége, et que le premier passant a le droit de s'en emparer, sans que le propriétaire du terrain puisse aussi venir critiquer cette possession.

En ce sens : Dalloz, nᵒ 175 ; Lavallée et Bertrand, p. 47 ; Rogron, p. 26 ; Sorel, nᵒ 42 ; Villequez, p. 151 ; certains de ces auteurs, notamment Sorel, ne paraissent prévoir que le fait d'un engin placé sur le terrain d'autrui.

1035. Proculus, en droit romain, décidait au contraire que le gibier appartenait toujours au propriétaire du piége. M. Perrève, p. 298, est de cet avis.

1036. Le gibier pris au piége appartiendrait évidemment, suivant nous, au propriétaire du piége, si ce piége avait été tendu pour un animal nuisible et si un gibier s'y était pris. De même la bête fauve ou l'animal nuisible seraient la propriété du maître du piége qui les aurait saisis (Dalloz, nᵒ 175).

§ II.

DROIT DU CHASSEUR SUR LE GIBIER.

1037. Observation. — Droit de suite. — Droit sur le gibier. — *Compétence*. — Quand le gibier est tué, blessé mortellement ou forcé, il est, avons-nous dit, nᵒ 1020, la propriété du chasseur ; mais, avant cette main-mise, le chasseur peut avoir, suivant nous, certains droits éventuels, qui écartent momentanément au moins toute prétention des tiers, *à peine de dommages-intérêts*.

Nous allons examiner successivement les diverses hypothèses qui se présentent fréquemment. Il ne s'agit point ici du droit de suite, dont nous avons parlé nᵒ 656, mais de questions de pur droit civil, de la compétence des tribunaux civils et non des tribunaux correctionnels (Paris, 17 juin 1862, cité par Sorel, nᵒ 48).

1038. 1ᵒ Gibier suivi. — *Terrain neutre.* — *Gibier légèrement blessé*. — Nous ne nous occuperons pas du gibier qui ne serait que légèrement blessé, parce que la blessure légère n'est pas par elle-même une cause de préférence au profit du chasseur qui l'a faite ; il faut qu'il s'y joigne le fait de poursuite. — Parlons du gibier poursuivi. D'après l'opinion, qui, nous devons le dire, forme la majorité, on refuse toute préférence au premier chasseur, « attendu, dit la Cour de cassation dans l'arrêt ci-dessous, que s'il est vrai que le gibier appartienne au premier occupant, la possession, en ce qui le concerne, *ne résulte pas de la poursuite par le chasseur ou par ses chiens, ni même d'une blessure si cette blessure est légère* et n'empêche pas le gibier de s'échapper et de gagner *une propriété sur laquelle le chasseur n'a pas le droit de chasse.* »

Trib. de Libourne, 10 juil. 1861.—P. 1865, p. 780.—S. 65.1.258. Cass., 29 avril 62.—D. 62.1.449.—P. 1865, p. 779.—S. 65.1.259. (Les derniers mots de l'arrêt de cassation permettent de supposer que la décision eût pu être en sens opposé si le gibier avait été suivi sur une propriété neutre, voir nᵒ 1040). *En ce sens :* Aubry et Rau, t. II, § 201 ; Bugnet sur Pothier ; Dalloz, nᵒ 175 ; Demante, t. III, nᵒ 11 ; Demolombe, t. XIII,

nᵒ 25 ; Duranton, t. IV, nᵒ 278 ; Merlin, *Gibier*, nᵒ 3 ; Perrève, p. 298 ; Pothier, nᵒ 26 ; Proudhon, t. I, nᵒ 386 : Toullier, t. IV, nᵒ 7. — Joignons y Gaius, l. V, § 1ᵉʳ, *Digeste*; Puffendorf, l. IV, chap. 6, nᵒ 10 ; Rogron, p. 25.

1039. Nous ne pouvons accepter cette opinion et nous reconnaissons au premier chasseur un droit de préférence. (Nous supposons le gibier poursuivi par des *chiens courants*, car nous n'admettrions pas le droit du chasseur si c'était des *chiens d'arrêt*, au cas où, par hasard, ils auraient cherché à poursuivre). De tout temps notre ancien droit le décidait ainsi, d'accord avec l'équité et avec l'usage le plus constant. Il est impossible, d'ailleurs, de trouver dans nos codes un seul texte qui puisse donner appui à la thèse contraire.

Just. de p., Schirmeck (Vosg.), 10 oct. 59.-D. 60.3.80.-S.63.2.237. Just. de p., Coutras, 22 avril 1862, cassé par l'arrêt nᵒ précédent. Just. de p., Calais, de janv. 1865, G. des Trib. du 3 février. Just. de p. de Buxy, de 3 mars 1866, Bull. des J. de P. 1867, p. 44. *En ce sens :* Barbeyrac, cité par Pothier ; *Journal des chasseurs*, t. XXXI, p. 452 ; Gay et Guilbon, *Bull. des Déc. des J. de Paix*, 1860, p. 285 ; Lavallée, p. 15 ; Sorel, nᵒˢ 45 et 47 ; Villequez, p. 187. La loi salique est favorable à cette opinion.

1040. *Chasse sur autrui sans autorisation.* — Les autorités citées au numéro précédent, — unanimes pour reconnaître les droits du premier chasseur vis-à-vis d'un chasseur subséquent, lorsque la chasse a lieu sur un *terrain neutre,* c'est-à-dire où ils ont l'un et l'autre le droit de chasse ou bien où ils ne le possèdent ni l'un ni l'autre, — se divisent quand le droit du chasseur qui poursuit devrait s'exercer sur une propriété où il n'a pas droit de chasser, à l'encontre de celui qui a la chasse sur cette propriété. Dans ce dernier cas, on soutient, suivant une opinion, que l'animal ne pouvant être légalement chassé, ne doit plus être regardé comme occupé par le chasseur vis-à-vis de celui qui a la chasse.

Trib. de Châtillon, 25 fév. 1859, confirmé par l'arrêt ci-après. Dijon, 2 août 1855. — D. » » » — P. 65.730. — S.65.1.258. *En ce sens :* Sorel, nᵒ 46, qui rapporte les décisions ci-dessus. Voir aussi l'arrêt de cassation nᵒ 1058.

1041. Nous n'admettons pas cette distinction. La bête suivie par les chiens du chasseur est toujours occupée par lui. Ce ne serait qu'au cas où le propriétaire, usant de son droit rigoureux, aurait rompu les chiens, qu'il pourrait continuer la chasse, le gibier ayant ainsi recouvré sa liberté naturelle.

J. de p. de Schirmeck, cité nᵒ 1059, et Villequez, nᵒ 87.

1042. 2ᵒ Gibier à l'arrêt du chien d'autrui. — Le chasseur qui survient peut-il tirer ? — Non, fût-il le propriétaire du fonds. Il y a là un droit acquis, car le gibier, fasciné par la présence du chien, ne partira d'ordinaire qu'à l'approche du chasseur et à sa portée.

En sens contraire : les autorités citées nᵒ 1038, et spécialement de Neyremand, p. 37.

1043. 3ᵒ Gibier levé, gité ou posé. — Quant au gibier simplement levé, il a toute sa liberté naturelle, et chacun peut, à part la question des convenances, — voir cependant M. Villequez, p. 252, — le rechercher et se l'approprier. - A plus forte raison en est-il de même au cas où le gibier est gité ou posé, la simple vue ne suffisant évidemment pas à créer un droit.

1044. 4ᵒ Gibier abandonné ou perdu. — Si le chasseur n'a pu trouver l'animal qu'il a tué ou grièvement blessé, si, par ailleurs, il en a cessé la recherche ou la poursuite, ce gibier devient *res nullius* — la chose de personne, — et la propriété du premier occupant.

1045. *Bête laissée sur place.* — *Chasse remise.* — Mais le chasseur resterait propriétaire de la bête morte qu'il n'a pu transporter, s'il avait immédiatement manifesté son droit en la liant ou en la couvrant de feuilles (de Neyremand, p. 43).

Nous croyons que le chasseur aurait encore son droit de préférence dans le cas, rare il est vrai, où la bête étant, par ses blessures plutôt que par la fatigue, dans l'impossibilité d'échapper au chasseur, celui-ci, la nuit survenant, interrompt la chasse avec l'intention manifeste de la reprendre de jour (Villequez, p. 202).

IV.

DE LA RESPONSABILITÉ

DES CHASSEURS, — DES PÈRE, MÈRE, TUTEUR, ETC., — ET DES PROPRIÉTAIRES OU FERMIERS DE CHASSE,

EN DEHORS DE CE QUI EST PRÉVU PAR LA LOI SUR LA CHASSE.

De la Responsabilité.

OBSERVATION GÉNÉRALE.

1046. Principes généraux. — Aux termes des articles 1382, 1383 et 1384 du Code Napoléon, on est responsable du dommage causé par sa faute, sa négligence ou son imprudence, et l'on est responsable du fait des personnes dont on doit répondre. — D'après l'article 1385, le propriétaire d'un animal ou celui qui s'en sert pendant qu'il est à son usage, est responsable du dommage que l'animal a causé, soit qu'il fût sous sa garde, soit qu'il fût égaré ou échappé.

§ Ier.

RESPONSABILITÉ DES CHASSEURS.

1047. Dommage causé par le chasseur. — Jugé avec raison, suivant nous, que le chasseur commet une imprudence qui entraîne contre lui responsabilité, lorsque, revenant de la chasse, il a tenu son fusil dans une direction telle que le coup étant parti, le compagnon du chasseur s'est trouvé atteint. (Bord., 14 fév. 1831).

1048. Nous croyons que le chasseur évitera rarement la responsabilité des accidents que peut causer son arme, lorsqu'elle part entre ses mains. Atteint-il quelqu'un ou quelque chose, animal domestique, etc., dont il ne soupçonnait pas la présence ? — C'était à lui de s'assurer et de la portée de son arme et de l'absence de toute personne ou de toute chose entre le but et lui. — Son arme éclate-t-elle ? — Il devait l'acheter plus solide ; en tout cas, il la tient, c'est sa chose : il en répond. — Son fusil part sans qu'il s'en doute, comme au numéro précédent ? — Il devait y veiller.

1049. *Appréciation des faits.* — Mais évidemment dans l'application de la loi, les faits particuliers peuvent souvent permettre aux juges d'en atténuer la sévérité. Il y aurait notamment lieu de modérer les dommages-intérêts si la personne blessée avait à s'imputer une imprudence personnelle ; cette personne pourrait même n'avoir droit à aucune réparation si l'accident n'était arrivé que par sa faute.

1050. *Force majeure.* — Naturellement il ne pourrait exister de responsabilité si le fait dommageable n'avait eu lieu que par suite d'une force majeure.

1051. Il n'y aurait pas force majeure dans le fait d'un chasseur qui, s'introduisant sur un terrain où il n'a pas le droit de chasse, tuerait ou blesserait un chien du propriétaire qui viendrait l'attaquer. Le chasseur serait responsable, car ce serait sa faute qui aurait été l'occasion de la perte du chien.

Rolland de Villargues, n° 66 ; Toullier, t. XI, p. 316.

1052. Dommages causés par le chien du chasseur. — Le chasseur en est responsable, en vertu de l'article 1385, rapporté plus haut, alors même que le chien se fût mis de lui-même, par son seul instinct, à la poursuite du gibier, sans avoir été conduit ni excité par son maître.

1053. *Chien prêté.* — Le chasseur à qui un chien aurait été prêté, répondrait seul du dommage causé par ce chien à la chasse, et même, d'une façon plus générale, pendant tout le temps que le chien est sous sa garde (article 1385).

1054. Le propriétaire du chien n'est point, en principe, responsable des actes de son chien, quand il l'a prêté à quelqu'un. Il en serait autrement, suivant nous, s'il avait confié son chien à un enfant ou même à tout autre personne, si cette personne était incapable ou trop inexpérimentée pour retenir le chien ; — dans le cas encore où le chien aurait un naturel féroce, présentant un danger continuel.

Il serait de même responsable de toutes les conséquences du délit de chasse qui pourrait être commis par l'emprunteur, y compris le dommage causé par son chien, s'il savait que son chien devrait être employé à un fait de chasse défendu ; il serait en réalité complice du délit, voir n° 60. Il aurait d'ordinaire un recours contre l'emprunteur pour les dommages-intérêts qu'il pourrait être alors condamné à payer, car il serait en droit de prétendre que s'il avait consenti à courir les risques d'un délit de chasse, il n'avait jamais entendu se rendre complice d'un fait dommageable à des tiers.

1055. Dommage causé par le gibier poursuivi. — Le chasseur qui poursuit un gibier ou un animal sauvage est-il responsable du dommage que ce gibier ou cet animal peut causer en fuyant ? — Nous reconnaissons qu'on ne peut invoquer contre lui l'article 1385, puisque cet article ne concerne que le propriétaire de l'animal et que le gibier n'est la propriété de personne, tant qu'il est en liberté ; mais nous croyons qu'on peut invoquer contre lui les articles 1382 et 1383, et qu'aux termes de ces articles il est responsable.

Nous pensons donc que les adjudicataires du droit de

chasse dans une forêt, qui, en poursuivant des cerfs, les auraient fait déboucher de la forêt et se jeter dans un champ de blé, seraient tenus du dommage.

1056. Nous adhérons en conséquence à l'arrêt de cassation qui a considéré comme responsables des chasseurs dont les chiens avaient fait tomber un cerf qu'ils poursuivaient du haut d'une falaise dans la cour d'une ferme. L'arrêt de Rouen contre lequel le pourvoi avait été formé commence ainsi : « Attendu que le fait de chasse, dans les conditions mêmes de son exercice le plus licite, n'en oblige pas moins à la réparation des dommages dont il devient la cause ou l'occasion. »
‹ Cass., 26 mai 1852.—D. 52.1.286.—P. 54.2.19.—S. 52.1.549.

§ II.

RESPONSABILITÉ DES PÈRES, MÈRES, TUTEURS, MAITRES ET COMMETTANTS.

1057. Délits de chasse. — *Renvoi.* — Nous renvoyons à nos annotations, sous l'article 28, n°s 946 et suivants, pour toutes les questions se rattachant à la responsabilité résultant des délits de chasse.

1058. Autre responsabilité. — *Personnes responsables.* — Indépendamment de la responsabilité résultant des délits de chasse, l'article 1384 du Code Napoléon établit une responsabilité plus générale, et cette responsabilité frappe les instituteurs et les artisans, qui ne sont pas, suivant nous, soumis à la responsabilité exceptionnelle édictée par l'article 28.

1059. Père, mère, tuteur. — *Accidents occasionnés à la chasse.* — Les père, mère et tuteur sont responsables de l'accident causé à la chasse par l'imprudence de leur fils ou pupille, habitant avec eux, et sont par suite passibles de dommages-intérêts envers la victime ou ses parents, sans préjudice, bien entendu, de la responsabilité qui incombe à l'auteur de l'accident, sur ses biens présents ou à venir, et sans préjudice aussi de leur recours contre les enfants mineurs, pupilles, etc.— La responsabilité a toujours lieu, à moins, dit l'article 1384, que les père et mère, instituteurs et artisans ne prouvent qu'ils n'ont pu empêcher le fait qui donne lieu à cette responsabilité. Voir sur ce dernier point n° 958.

1060. Il a été jugé, avec raison suivant nous, que le père, qui avait donné à son fils la permission de chasser, est de plein droit responsable, sans pouvoir prouver l'impossibilité où il aurait été de réprimer l'accident.
Caen, 2 juin 1840. — D. 41.2.46. — P. 43.2.121.— S. 40.2.538.

1061. *Arme à feu.* — Le père est civilement responsable des accidents causés soit volontairement, soit involontairement, par son fils, à portée duquel il a imprudemment laissé une arme à feu.
Bord., 8 déc. 1841. — D. 43.1.146. —
Cass., 28 fév. 1843.—D. 43.1.146.— P. 43.2.122.—S. 43.1.530.

1062. Jugé cependant que le fait par le père d'avoir laissé à la disposition de son enfant mineur (une fille) une arme à feu et des munitions dont l'enfant s'est servi d'une manière nuisible, ne constitue pas une imprudence entraînant nécessairement la responsabilité du père, alors qu'il s'agit d'un mineur de 20 ans, que le père était momentanément absent et que l'accident n'est pas arrivé par suite d'un vice d'éducation.
Agen, 21 fév. 1866. — D. » » » — P. 66.1022. — S. 66.2.277.

1063. Maîtres et commettants. — Instituteurs et artisans. — *Renvois.* — L'article 1384 dit expressément qu'ils sont responsables, lorsque le dommage a été causé par les domestiques et préposés dans l'exercice de leurs fonctions, et ils ne sont pas admis, comme les père, mère, tuteurs, instituteurs et artisans, à prouver qu'ils n'auraient pu empêcher l'accident.
Ils ont de droit un recours contre les auteurs du fait dommageable, à moins qu'ils n'aient donné des ordres pour le commettre. — Voir n°s 960 et suivants sur le fait de savoir quand les domestiques et préposés doivent être réputés dans l'exercice de leurs fonctions.

§ III.

RESPONSABILITÉ DES PROPRIÉTAIRES DE BOIS ET FORÊTS ET DES FERMIERS OU ADJUDICATAIRES DE CHASSE, A RAISON DES DOMMAGES CAUSÉS PAR LE GIBIER ET LES ANIMAUX NUISIBLES.

SOMMAIRE.

1° Observations générales s'appliquant à toute espèce de gibier ou d'animaux nuisibles.
2° 1° Cerfs, biches, daims, chevreuils ; — 2° lapins ; — 3° lièvres ; — 4° loups, renards, blaireaux ; — 5° sangliers.

1°.

OBSERVATIONS GÉNÉRALES S'APPLIQUANT A TOUTE ESPÈCE DE GIBIER OU D'ANIMAUX NUISIBLES.

1064. Bois. — Gibier. — Voisinage. — Servitude. — Nous croyons avec M. Sorel, p. 2, que la présence du gibier dans un bois, constitue, pour le voisinage, une sorte de servitude naturelle dont les inconvénients doivent être supportés dans de certaines limites, sans donner lieu à aucune action, ou doivent tout au moins être pris en considération dans la fixation des indemnités (Trib. civil de Corbeil, du 9 décembre 1846. Palais, 50.1.202). Voir n°s 1086 et suivants.

1065. Principe de la responsabilité. — La responsabilité ne peut résulter, contre les propriétaires ou fermiers de la chasse, que des articles 1382 et 1383 du Code Napoléon qui rendent chacun responsable du dommage qu'il a causé par son fait, sa faute, sa négligence ou son imprudence. On admet généralement qu'il y a responsabilité dans les trois cas suivants :

1066. 1° *Garenne.* — *Parcs clos.* — Quand le propriétaire a une garenne ou s'il a clos son parc d'une clôture faisant vraiment obstacle à toute communication avec les héritages voisins, on peut dire alors qu'il est propriétaire du gibier ou des animaux sauvages qui se trouvent ainsi dans son domaine et qu'il doit répondre du dommage par eux causé.

1067. 2° *Fait actif.* — *Conservation du gibier.* — Le propriétaire d'un bois ou d'une forêt est responsable lorsque c'est par son fait que le gibier a été attiré ou s'est multiplié, comme si, par exemple, il a fait lâcher du gibier ou d'autres animaux, s'il leur a ménagé des abris, s'il a gardé la chasse et fait défendre à dessein de chasser dans ses propriétés, etc.

1068. 3° *Refus de laisser détruire.* — Lorsque le gibier ou les animaux sauvages se sont multipliés d'eux-mêmes, sans que le propriétaire ait rien fait pour les attirer, il n'est pas en général responsable, mais il doit, en ce cas, laisser les voisins qui se plaignent détruire le gibier, et son refus engagerait sa responsabilité.
Voir décisions judiciaires citées 2° *lapins*, et numéros suivants.
En ce sens : Dalloz, v° responsabilité, n° 737 ; Sorel, p. 9 et suivantes ; Sourdat, de la responsabilité, t. II, p. 403 ; Toullier, t. XI, n° 508.

1069. *Qui doit détruire.* — Lorsque le propriétaire est responsable pour avoir fait multiplier le gibier ou l'avoir laissé à dessein se multiplier, voir n° 1067, et à plus forte raison dans l'hypothèse prévue n° 1066, nous pensons qu'il ne suffirait pas que le propriétaire donnât l'autorisation de détruire ; il doit, à notre avis, détruire lui-même, par la raison qu'ayant fait le mal, il doit le réparer et non le faire réparer par ses voisins, à leurs frais (trib. civ. de Rouen, 10 mars 1858. D. 58.3.74).
Au cas où le propriétaire se refuserait à détruire, les tribunaux pourraient autoriser les voisins à faire détruire le gibier et les animaux nuisibles sur le terrain

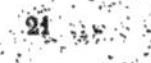

du propriétaire et à ses frais (consultation de M. Jacob, *Ann. J. de p.*, 1862, p. 146).

1070. M. Sorel, p. 10 et 11, pense au contraire que l'alternative appartient au propriétaire, et « que dès » l'instant qu'il autorise les parties lésées à venir dé- » truire chez lui les animaux dont ils ont à se plaindre, » on n'a plus rien à lui reprocher. »

En ce sens, les motifs d'un jugement du trib. civ. de Corbeil du 9 déc. 1846. — P. 50.1.212.

1071. *Gibier multiplié de lui-même.* — Si le propriétaire n'a rien fait pour que le gibier se multiplie, il suffit qu'il accorde aux voisins l'autorisation de venir eux-mêmes chasser dans ses bois et détruire le gibier, pour être à l'abri de toute action. Il ne saurait être tenu d'opérer lui-même ou à ses frais la destruction. — Il ne serait point responsable s'il avait fait tous ses efforts pour détruire, et s'il avait accordé à ses voisins toute autorisation d'agir personnellement (trib. de Melun, du 21 fév. 1862, *Ann. des J. de p.*, 1862, p. 233, et arrêts cités n° 1100).

Dans une autre opinion qui va trop loin à notre avis, on décide que l'abstention est une faute dont le propriétaire est responsable, par la raison que recueillant les avantages de son sol boisé, il doit en subir les inconvénients et prendre lui-même l'initiative de la destruction (note de l'arrêt du 17 fév. 1864. *Sirey*, 64.1.109).

1072. Le propriétaire qui veut être irresponsable doit accorder aux voisins une autorisation de détruire sans restriction ; ainsi, l'autorisation de tuer le gibier (des lapins) n'emporte pas nécessairement le droit de fureter et de défoncer les terriers, et le propriétaire qui se refuserait à accorder ce dernier droit pourrait être déclaré responsable, mais il peut demander que ses gardes soient prévenus la veille (Rouen et Beauvais).

Trib. civ. de Rouen, cité n° 1069, et 7 août 66. *Mon.* 1867, 237. J. de p. de Bacqueville, juillet 1861, cité par Sorel, p. 121. Trib. civ. de Beauvais du 2 avril 1867. *Mon.* 1867, p. 557.

1073. Conditions de la responsabilité. — *Dommage.* — Pour qu'il y ait lieu à responsabilité, M. Sorel, p. 10, semble exiger que la présence du gibier constitue pour le voisinage un véritable fléau, ou que les lapins, s'il s'agit de ce genre de gibier, se soient multipliés à l'infini.

Cette opinion est, à notre avis, trop absolue, et nous croyons qu'il suffit que le préjudice soit considérable, relativement aux voisins.

1074. Nous croyons même qu'il suffit que le dommage soit manifestement appréciable pour donner ouverture à l'action, quand il s'agit de dégâts causés par du gibier, dans l'hypothèse des nᵒˢ 1066 et suiv., et que les tribunaux doivent admettre d'autant plus facilement ces demandes en indemnités, que la négligence ou la mauvaise volonté des propriétaires aura été plus grande. — Dans un grand nombre de décisions judiciaires, il est, du reste, parlé seulement du dommage causé.

Cass., 29 nov. 1846.—D. 47.1.29.—P. 47.1.410. —S. 47.1.288. Trib. civ. de Corbeil, 9 déc. 1846. — P. 50.1 209. Trib. civ. de Rouen, 10 mars 1858, n° 1069 ; mais le dommage doit être appréciable (trib. civ. d'Amiens, 16 nov. 1858, et trib. de Rouen, 23 juin 1858).

1075. Commencement de la responsabilité. — *Mise en demeure.* — Il a été soutenu qu'aucune responsabilité ne pouvait être encourue par les propriétaires de bois et forêts, tant qu'une mise en demeure ne leur avait pas été adressée par les voisins ; mais la Cour de cassation a souverainement rejeté ce système par la double raison « que les articles 1382 et 1383 n'imposent » nullement cette condition, et que souvent même le » préjudice résultant d'une faute ne peut être prévu, ce » qui rend la mise en demeure impossible. » (Il faut excepter pourtant le cas où le gibier s'est multiplié de lui-même.)

Cass., 30 nov. 1858. — D. 59.1.20. — P. 59.837. — S. 59.1.251. Cass., 10 juin 1863. — D. 63.1.369. — P. 64.80. — S. 63.1.464. La mise en demeure s'entend d'ordinaire d'une sommation par voie d'huissier ; nous pensons toutefois que des plaintes verbales suffiraient.

En sens contraire : M. Sorel, p. 10, qui exige une mise en demeure dans tous les cas.

Trib. civ. de Melun, 21 fév. 62. *Ann. des J. de p.*, 1862, p. 233.

1076. Juge compétent. — Aux termes de l'art. 5 de la loi de 1838, les juges de paix connaissent, sans appel, jusqu'à la valeur de 100 fr., et à charge d'appel, à quelque valeur que la demande puisse s'élever, des actions pour dommages faits aux champs, fruits et récoltes, soit par l'homme, soit par les animaux. C'est donc à ces magistrats qu'il faut soumettre toutes les questions relatives aux dégâts commis par le gibier ou par les animaux sauvages. (Leurs décisions, en pareille matière, ne sont susceptibles que de l'appel devant les tribunaux civils, si la demande excédait 100 fr., et non du pourvoi en cassation, cass., 18 avril 1862.)

1077. Il n'y a pas à distinguer entre la demande formée par un voisin contre un propriétaire étranger et celle qui le serait par un fermier contre son bailleur, à raison des dégâts causés par le gibier sorti des bois de celui-ci.

Cass., 5 août 1858. —D. 58.1.373.— P. 58.1079.—S. 59.1.118. *En ce sens*, consulter de M. Avice, avocat à la Cour de cass., *Ann. des J. de p.*, 1858.

1078. *Exception.* — *Exécution d'un contrat.* — Les juges de paix sont compétents quand il s'agit d'un simple dommage à apprécier ; mais ils ne le seraient plus (et il faudrait s'adresser aux tribunaux civils) si l'action en réparation du préjudice causé avait pour objet l'exécution d'un contrat de droit civil, par exemple l'exécution de la clause d'un bail de chasse qui imposait au fermier de la chasse la responsabilité du dommage causé, soit à la forêt, soit aux propriétés riveraines, par les lapins ou autres animaux nuisibles de la forêt.

Cass., 17 déc. 1861. — D. 62.1.486.— P. 63.819. — S. 63.1.264.

1079. Action collective. — Rien n'empêche les riverains de s'entendre pour formuler dans un seul et même exploit leurs demandes et conclusions individuelles, alors surtout qu'il s'agit du même fait de négligence ou d'imprudence.

Trib. civ. de Melun, 21 fév. 1862. *Ann. J. de p.*, 1862, p. 233.

1080. Expertise. — *Constatation du dommage.* — Par qui le dommage doit-il être constaté ? — On reconnaît généralement que les gardes champêtres n'ont pas qualité.

M. Sorel dit, p. 26, que la procédure à suivre en pareille matière est déterminée par une tradition qui a force de loi et qui est l'exécution d'un arrêt du Parlement de Paris, du 21 juillet 1778. — Cet arrêt ordonne la nomination d'experts par les juges des lieux et trois visites aux terres prétendues endommagées, etc. — L'arrêt en question fut suivi d'un autre, à la date du 15 mai 1779, hérissé de formalités, et nous pensons que sous son empire le gibier avait beau jeu.

Disons plutôt que c'est aux juges de paix à s'éclairer comme ils le croient convenable et qu'il leur est loisible de n'ordonner qu'une seule expertise ou même une simple descente de leur part sur les terres, le tout, bien entendu, parties présentes ou appelées (dans la pratique il n'y a, le plus souvent, qu'une seule expertise).

Cass., 28 avril 1862.—D. 62.1.334.—P. 62.1140.—S. 62.1.021.

1081. Il a été jugé, du reste, en termes formels, et nous approuvons la décision, que les arrêts de réglement de 1778 et de 1779 ont été formellement abrogés par l'article 1042 du Code de procédure civile et que les formalités desdits arrêts ne sont plus en vigueur.

Trib. civil de Melun, 21 fév. 1862, *Ann. J. de P.*, 1862, p. 233.

1082. *Nomination des experts.*— C'est aux juges de paix à nommer et à choisir les experts, puisqu'ils doivent connaître de l'affaire. Mais ils ne peuvent ordonner l'expertise, comme toute autre mesure d'instruction, qu'autant qu'ils sont régulièrement saisis de l'action. — Ils n'ont donc pas qualité pour répondre des requêtes à eux adressées à cette fin, et la nomination d'experts qui serait ainsi faite non contradictoirement serait nulle et vicierait l'opération qui suivrait.

Trib. civil de Melun, 21 févr. 1862, *Ann. J. de P.*, 1862, p. 233.

` Une expertise ordonnée en référé devant le président du tribunal civil, avant toute instance, serait-elle nulle ? Nous ne le croyons pas, mais nous approuvons néanmoins la décision ci-dessous qui a laissé les frais de référé à la charge du demandeur en les considérant comme une superfluité.

J. de p. de Ribecourt, 25 mai 1860. — *J. des Ch.*, 25ᵉ ann., p. 219.

1083. Preuve. — *Dommage.* — C'est évidemment au demandeur à faire la preuve du dommage ; il doit donc établir nettement que c'est le gibier venant des bois du défendeur qui a causé le dommage. Si les dégâts avaient pu être aussi bien causés par le gibier venant d'autres bois, et que le demandeur ne pût prouver quel gibier en est l'auteur, il devrait succomber dans son action.

1084. *Aveu du propriétaire. — Transaction.* — Le propriétaire qui se reconnaît responsable du dommage causé par le gibier de sa forêt, en offrant de s'en rapporter à une expertise amiable pour la fixation de l'indemnité, peut être jugé responsable en justice. Son aveu n'est pas, en cas pareil, indivisible.

Cass., 25 nov. 1862. — D. 62.1.533. — P. 63.330. — S. 63.1.75.

1085. Mais si le propriétaire payait, avant toute demande en justice, une indemnité à titre de *transaction* et pour éviter un procès, la somme versée devrait lui être restituée si les voisins intentaient une action judiciaire, au mépris de l'intention commune, et succombaient dans cette action.

Trib. civil de Melun du 28 fév. 1862, *Ann. J. de P.*, 1862, p. 240.

1086. Jugement. — **Fixation des dommages.** — *Voisinage des forêts.* — Nous pensons que les juges de paix doivent prendre en considération, pour déterminer l'indemnité, le fait, s'il était prouvé, que les terres endommagées avaient été louées à un taux inférieur à raison de leur voisinage des bois et forêts ; on ne saurait nier, en effet, que ce voisinage constitue une sorte de servitude de situation (voir nᵒ 1064).

1087. *Imprévoyance. — Cultures spéciales.* — Le tribunal civil de Corbeil a jugé, le 30 août 1855 (*Écho agricole* du 29 avril 1856), qu'il y a lieu d'imputer une partie du dommage à l'imprévoyance des riverains qui auraient cultivé, dans des terres presqu'entièrement entourées de bois, certaines récoltes dont le gibier de forêt est très-avide. — Cette décision a été critiquée dans l'*Écho agricole;* on a soutenu que c'était violer le droit appartenant à chacun de cultiver ses terres comme il l'entend ; mais nous pensons avec M. Sorel, p. 36, que cette critique est mal fondée, surtout si le riverain avait cultivé, contrairement à l'usage, au lieu de la remplacer par une autre, une production de nature à attirer le gibier.

1088. Locataires et adjudicataires des chasses. — *Interprétation du bail.* — Tout ce que nous avons dit ci-dessus s'applique aux locataires de la chasse comme aux propriétaires eux-mêmes, et, à notre avis, les locataires répondent seuls, à moins de stipulations contraires, du dommage causé par le gibier durant le bail de chasse ; mais la clause du bail portant que le locataire sera responsable, ne peut être entendue en ce sens qu'il sera tenu de tous les dommages causés ; elle veut dire seulement que s'il y a lieu à responsabilité, dans les limites du droit commun, elle incombera au locataire (Sorel, p. 33 et 34). — Si la cause du préjudice n'est pas antérieure à la location, les riverains doivent se borner à assigner le locataire de la chasse ; si elle est antérieure, ils peuvent actionner le propriétaire ou le fermier ou tous les deux ensemble.

1089. Le propriétaire qui a loué la chasse de ses bois est sans qualité à réclamer contre le locataire une indemnité à raison du dommage que le gibier aurait pu causer, si le fermier n'a pas contrevenu aux conditions de son bail, et le cahier de charges qui défendrait au locataire de laisser les lapins se reproduire, n'a d'autre objet que d'obliger ce locataire à ne pas laisser augmenter le nombre des lapins existant au moment du bail (premier jugement). — Le fermier de la chasse serait surtout à l'abri s'il était établi que par aucun fait personnel il n'a favorisé la reproduction du gibier (deuxième jugement).

Trib. civil de Melun, 28 fev. 1862, *Ann. J. de P.*, 1862, p. 240. Trib. civ. de la Seine, 23 juin 1866, *Gaz. des Trib.* du 18 juillet.

1090. Propriétaires. — **Fermiers ruraux.** — *Interprétation du bail.* — Le fermier d'un bien rural a toujours le droit, ainsi que nous l'avons dit nᵒ 560, de détruire les animaux nuisibles qui porteraient dommage à ses récoltes, à moins qu'il ne s'agisse des animaux nuisibles qui sont en même temps gibier (chevreuils, par exemple, et qu'il y eût une clause dans le bail à cet égard) ; — mais le fermier n'a d'action contre son propriétaire que dans les circonstances où cette action existerait contre un étranger (cassation, 19 juillet 1859, de Lyonne) ; il est clair que la présence des lapins dans un bois n'est pas un de ces cas fortuits que le bail a pu mettre à la charge du fermier (tribunal civil de Rambouillet, du 30 décembre 1859, D. 60.3.333).

1091. Il n'y aurait lieu à aucune indemnité si le fermier s'était chargé par le bail de détruire lui-même le gibier, dans l'hypothèse où le propriétaire ne l'aurait pas fait, en renonçant à tout recours contre celui-ci ; ainsi jugé par le tribunal de Corbeil, le 14 février 1855, et sur appel par la Cour de Paris, le 13 juillet 1855, *Écho agricole* du 11 mars 1856. — Dans les pays où il est d'usage d'*épiner* les terres afin d'entraver le braconnage au filet, le fermier est censé connaître cette coutume et ne peut s'opposer à l'épinage, surtout si le propriétaire ou le locataire de la chasse offrait de l'indemniser au besoin (Paris, 11 juillet 1867, Tassélin).

2ᵒ.

1ᵒ CERFS, BICHES, DAIMS, CHEVREUILS ; 2ᵒ LAPINS ; 3ᵒ LIÈVRES ; 4ᵒ LOUPS, RENARDS, BLAIREAUX ; 5ᵒ SANGLIERS.

1092. 1ᵒ Cerfs, biches, daims, chevreuils. — Ces animaux sont *sédentaires* et non nomades, et lorsqu'ils occasionnent des dommages aux voisins, il y a lieu à responsabilité si le propriétaire ou le locataire de la chasse les a fait élever et les a laissés se multiplier, soit en s'en réservant exclusivement la chasse, soit en ne détruisant que les cerfs, etc.

Trib. civ. de Rouen, 6 mai ou 22 juin 1858. — D. 58.3.73, et *Journal des Chass.*, 22ᵉ ann., IIᵉ partie, p. 214 ; Sorel, p. 44. J. de p. d'Anizy (Aisne) du 13 mai 1861, *Bull. des J. de p.* 1863, p. 38.

1093. M. Sorel dit, p. 44, que si le propriétaire n'a rien fait pour attirer ces animaux, le cultivateur « n'aura d'autre droit que de les détruire sur ses propres terres quand il les y trouvera. » Nous pensons, quant à nous, que le propriétaire doit détruire ou laisser détruire ainsi que nous l'avons expliqué nᵒ 1068.

1094. Contrairement à ce que nous avons dit nᵒ 1092, il a été jugé que les cerfs, biches, etc., sont des animaux nomades qui ne sauraient jamais donner lieu à des actions en responsabilité contre le propriétaire.

Just. de p. de Langeais, 11 janv. 1861, cité par Sorel, p. 147.

La Cour de cassation a jugé le 26 mars 1867, — *Droit* du 27, *Mon.* du 4 avril, — que le propriétaire ne serait pas responsable par cela seul que ne faisant pas chasser et ne les chassant pas lui-même, il maintient ces animaux sur ses domaines ; mais cet arrêt n'est pas contraire à notre opinion, nᵒ 1092 ; le fait de ne pas chasser ou de ne pas faire chasser est un fait passif, insuffisant aussi à nos yeux pour engager la responsabilité du propriétaire. — Un autre arrêt de la Cour de cass. du 4 déc.

1867, D. 67.1.456, rendu dans le sens de celui du 26 mars, consacre très-clairement, quoique d'une façon implicite, le principe posé n° 1092.

1095. 2° Lapins. — Responsabilité. — *Garennes.* — Chacun peut aujourd'hui convertir son terrain en garenne, mais à ses risques et périls. On distinguait autrefois les garennes en garennes ouvertes et en garennes fermées ; celles-ci étaient closes à murs et entourées de fossés remplis d'eau. — Qu'il s'agisse de garennes ouvertes ou fermées, nous croyons que le seul fait de leur existence engage la responsabilité du propriétaire lorsqu'un dommage est causé.

1096. La Cour de cassation a jugé le 13 janvier 1839, affaire Perrault, que les lapins de garenne appartenant au propriétaire du bois, il est responsable dans tous les cas du dommage, en vertu de l'article 1385. — La même Cour, dans l'arrêt ci-dessous, a indiqué ce qu'il fallait entendre par garenne ; elle a décidé que le propriétaire qui, tout en détruisant beaucoup de terriers en conserve d'autres, « fait ainsi de ses bois une garenne ouverte, et est responsable du dégât causé par les animaux dont il est propriétaire. » (Nous adhérons toutefois au jugement du trib. civil de Falaise du 9 février 1860, — D. 60.3.32, — qui a jugé que les *terriers* que des lapins viendraient spontanément creuser dans un bois non clos, ne forment pas garenne, et que, par suite, les lapins ne sauraient être considérés comme appartenant au propriétaire.)

Cass., 29 nov. 1846. — D. 47.1.29. — P. 47.1.410. — S. 47.1.288.
Trib. civ. de Rambouillet du 13 mars 1840, cité par Sorel, p. 40.

1097. Nous pensons que les tribunaux, pour arriver à la cessation du préjudice occasionné par les lapins, pourraient autoriser les voisins à détruire les garennes, si le propriétaire refusait d'obéir aux décisions judiciaires lui ordonnant de détruire son gibier ou de le laisser détruire.

1098. *Autres causes de responsabilité.* — Des arrêts que nous allons citer ci-après, il résulte bien, soit explicitement, soit implicitement, que les propriétaires de bois et forêts sont responsables, en dehors des cas où il y a garenne ouverte ou fermée, toutes les fois qu'ils ont *favorisé la multiplication* des lapins directement ou indirectement (cass., 10 juin 1863 et décisions suivantes).

Cass., 13 janv. 1829, 22 mars 1837, 2 janv. 1839, 31 déc. 1844, 29 nov. 1846, 7 mars 1849, 7 nov. 1849, 7 août 1851, 24 juil. 1860.
Et des arrêts antérieurs du 9 janv. 1810, 14 nov. 1816, et 10 août 1819 de la Cour de cassation.

Ajouter les décisions suivantes :
Trib. d'appel de Rouen, 29 thermidor an XI.
Trib. civ. de la Seine du 27 janv. 1843, cité par Sorel, p. 77.
Trib. civ. de Corbeil, 9 déc. 1846. P. 50.1.202.
Trib. civ. de Coulommiers, 17 mars 1859. D. 60.5.331.
J. de paix Nogent-sur-Seine, 3 août 59. Bull. des J. de p., II, 217.
T. civ. de Rambouillet, 30 déc. 59. D. 60.5.332 ; Droit du 22 janv.
En ce sens : Bost, Encycl. des Juges de p., Lapins ; Favard, t. II, p. 50 ; Gillon et Villepin, n° 212 ; Merlin, Gibier ; Sourdat, n° 1158 ; Toullier, t. XI, n° 508 ; Zacharie, t. III, § 348

1099. Il y a responsabilité dans le fait d'établir des *terriers artificiels* pour y faire peupler les lapins et les y retenir (trib. d'app. de Rouen) ; — quand on ménage aux lapins dits « buissonniers » des *abris* permanents dans des buissons et des broussailles (cass., 7 mars 1849) ; — si l'on favorise la multiplication *en lâchant du gibier* ou autrement (cass., 22 mars 1837, 7 nov. 1849, et 24 juil. 1860) ; — lorsqu'on *garde* et *entretient* des lapins pour le plaisir de la chasse (cass., 31 déc. 1844) ; — quand on laisse subsister des *terriers* et qu'on *néglige de détruire* les lapins (cass., 2 janv. 1839), surtout si le voisin lésé avait mis le propriétaire *en demeure* (cass., 7 août 1851), lors même qu'on aurait détruit un grand nombre de terriers, si on en avait laissé d'autres (cass., 29 nov. 1846, et just. de p. de Nogent-sur-Seine).

1100. *Lapins multipliés d'eux-mêmes.* — Quant aux lapins qui se rassemblent d'eux-mêmes dans un lieu par l'effet de l'instinct, ils n'engagent la responsabilité du propriétaire que s'il néglige de les détruire et qu'il refuse en outre aux voisins de les détruire (arrêts nombreux parmi ceux cités n° 1099, et notamment : cass., 13 janv. 1829 et 19 juil. 1859, de Lyonne, trib. de Falaise du 9 fév. 1860 ; en ce sens, Gillon et Villepin, n° 213).

1101. 3° Lièvres. — *Animaux nomades.* — Il a été jugé que les lièvres étaient des animaux nomades, aussi bien gibier de plaine que de bois, et qu'on ne saurait jamais être responsable des dégâts par eux commis.

J. de p. de Montereau, 22 déc. 58. J. des Chass., p. 394, 2° p.
Trib. civ. de Fontainebleau, sur appel, 3 fév. 59, même citation.
J. de p. Nogent-sur-Seine, 3 août 59. Bull. des J. de p., II, 217.
M. Sorel croit aussi, p. 39, que le lièvre est essentiellement nomade, et il n'admet la responsabilité du propriétaire que dans des cas exceptionnels, comme s'il avait fait *lâcher* une certaine quantité de lièvres que malgré les réclamations des voisins il ne consentirait pas à réduire.

1102. Nous croyons *au contraire* qu'il faut assimiler les lièvres aux lapins, et que le propriétaire sera responsable de leurs dégâts dans les circonstances où il le serait de ceux commis par les lapins ; nous admettons cependant, quand il s'agit de lièvres, que l'on soit plus difficile à admettre la preuve du dommage et de la négligence du propriétaire.

Trib. civ. de Beauvais, Gaz. des Trib. du 5 mars 1841.
J. de paix de Boissy-Saint-Léger, 14 août 1847 et 9 déc. 1848, cités par Sorel, p. 128. Droit du 2 janv. et 15 déc. 1848.
J. de paix de Creil, 11 fév. 1850, confirmé par le trib. de Senlis du 16 nov. 1859 ; l'arrêt de cass. ci-dessous a confirmé.
J. de p. de Montfort-l'Amaury, 20 octobre 1864, Bull. des J. de p. 1865, p. 101.

1103. Dans tous les cas, il a été jugé par la Cour de cassation que les propriétaires sont responsables « quand les lièvres sont entretenus et gardés dans des bois pour le plaisir de la chasse. «

Trib. civ. de Corbeil, du 2 déc. 1847. Droit du 2 janv. 1848.
Cass., 24 juil. 1860. — D. 60.1.425. — P. 60.1103. — S. 60.1.716.

1104. 4° Loups, renards, blaireaux. — Peut-il y avoir lieu à responsabilité à raison des dégâts causés par ces animaux ? — M. Sorel repousse énergiquement, p. 26, la possibilité d'une pareille responsabilité. Il cite à l'appui de son opinion un jugement du tribunal civil de Rouen du 23 juin 1858, — *Journal des Chasseurs,* 22° année, p. 15, II° partie, mais ce jugement est plutôt implicitement contraire ; voir pourtant les motifs d'un jugement du juge de paix de Prémery, cité n° 1106, et Merlin, *Gibier,* § VIII.

1105. Nous ne pouvons être de cet avis et nous préférons le sentiment de M. Sourdat, t. II, p. 403, qui, en parlant des sangliers, des chevreuils, des loups et des renards, s'exprime ainsi : « Le propriétaire d'un bois qui les y laisserait multiplier à l'excès et refuserait la permission d'y chasser pour détruire, serait passible de dommages-intérêts, mais dans ce cas seulement. » — Voir n° 1102 et ce qui va suivre.

1106. 5° Sangliers. — Suivant M. Lavallée, *Journal des Chasseurs,* 25° année, 1er semestre, p. 255, le sanglier serait un animal nomade, et il ne pourrait jamais être question de responsabilité à l'occasion de ses ravages. (En ce sens, just. de p. de Prémery, 2 oct. 1860. *Droit* du 5 oct. et *Journal des Chass.,* 1er sem., p. 217).

M. Sorel, p. 42, approuve ces autorités et ne voudrait tout au moins admettre la responsabilité que dans des cas tout à fait exceptionnels. M. le juge de paix du canton Est d'Alençon a admis le système de M. Sorel, dans un jugement du 28 fév. 1868, en déclarant un propriétaire non responsable faute par son adversaire d'avoir prouvé contre lui un fait personnel très-caractérisé, tel que l'importation des sangliers.

1107. Nous préférons les décisions ci-dessous, qui ont rendu les propriétaires et fermiers des chasses responsables toutes les fois qu'il y a eu de leur part un fait de la nature de ceux indiqués n° 1092.

Trib. civ. de Laon, du 28 juil. 1858, cité par Sorel, p. 43.
J. de p. de Ribécourt, 25 mai 1860. J. des Chass., I, p. 219.
J. de p. de Souvigny, 15 janv. 1862, voir arrêté ci-dessous.
Cass., 17 fév. 1864. — D. 64.1.212. — P 64.712. — S. 64.1.100.
Les notes des arrêts dans Dalloz et Sirey sont en ce sens.

V.

DES GARDES PARTICULIERS.

Des Gardes particuliers.

1108. Observation préliminaire. — *Gardes cham-*
pêtres particuliers. — *Gardes forestiers particuliers.*
— *Distinction.* — Les gardes particuliers peuvent être
soit champêtres, soit forestiers, soit à la fois champêtres
et forestiers. — Comme leurs attributions ne sont pas
les mêmes, que les formalités de leur nomination sont
différentes, nous distinguerons, dans le cours de notre
travail, en commençant généralement nos annotations
par ce qui a trait aux gardes champêtres particuliers,
sauf à réunir à la fin de chaque paragraphe ce qui sera
commun aux divers gardes.

Garder la chasse sur les propriétés confiées à leur
surveillance, telle est l'une des plus importantes fonctions des gardes particuliers; il en résulte que ceux-ci
sont parfois appelés *gardes-chasse,* mais il n'y a point
de gardes-chasse spéciaux.

1° A QUI APPARTIENT LE DROIT D'AVOIR DES GARDES
PARTICULIERS.

1109. Gardes champêtres particuliers. — *Pro-*
priétaires. — Les mots *gardes champêtres* expliquent
à eux seuls que ces gardes sont choisis pour veiller aux
champs. — C'est la loi du 20 messidor an III, ordonnant
l'établissement de gardes champêtres dans toutes les
communes rurales, qui a, par son article 4, conféré
aux propriétaires le droit d'avoir des gardes particuliers.
(Du reste, les gardes champêtres existaient déjà avant
la Révolution ; une déclaration royale du 11 juin 1709
ordonnait qu'il en fût nommé dans chaque paroisse. Ils
portaient, suivant les localités, les noms de *messiers,*
baugards, sergents de verdure, gastiers, gardes
champêtres. Les particuliers avaient, comme aujour-
d'hui, pour la garde de leurs terres, des gens salariés
qui prenaient d'ordinaire le nom de *gardes-chasse*).

Les propriétaires qui ont des gardes particuliers sont
néanmoins tenus à la contribution au traitement du
garde de la commune, article 4 de la loi précitée, à
l'exception des propriétaires de bois qui n'auraient pas
de terres non closes (circulaire ministérielle du 21
avril 1823) ; si leurs propriétés étaient closes en partie,
leur contribution serait restreinte proportionnellement
(même circulaire; Dalloz, *gardes champ.,* n° 37).

1110. *Fermiers ruraux.* — Ceux-ci ont aussi bien
que les propriétaires le droit d'avoir des gardes particuliers (cass., 27 brumaire an IX et 27 brumaire an XI,
et tous les auteurs).

Il en serait évidemment de même des *usufruitiers,*
usagers, etc.

1111. *Locataires ou adjudicataires des chasses.* —
Ils ont pareillement le droit d'avoir des gardes particuliers, mais la fonction de ces gardes doit se borner à
la constatation des délits de chasse.

1112. Gardes forestiers particuliers. — *Proprié-*
taires. — *Fermiers.* — Les gardes forestiers s'occupent de veiller à toutes les propriétés boisées (forêts,
bois et taillis). Aux termes de l'article 117 du Code forestier, les propriétaires, et il faut en dire autant des
fermiers de toute nature, ont le droit d'avoir des gardes
forestiers; voir n° 1109, § II.

1113. Gardes champêtres et forestiers particu-
liers. — **Cumul de fonctions.** — Rien ne s'oppose à
ce que le même garde particulier soit en même temps
garde champêtre et forestier. D'ordinaire même, les
gardes particuliers cumulent ces fonctions, en observant
seulement pour chaque délit ou contravention les règles
spéciales que la loi a prescrites (consulter les paragraphes suivants). — Il est loisible aux propriétaires
de s'entendre entre eux pour n'avoir qu'un seul garde,
chargé de veiller à toutes leurs possessions.

2° CONDITIONS POUR ÊTRE GARDE PARTICULIER.

1114. Conditions. — **Age.** — **Moralité, etc.** —
Gardes champêtres et forestiers particuliers. — On
ne peut être garde champêtre ou forestier avant 25 ans
(article 5, section 7, titre Iᵉʳ de la loi du 6 octobre 1791,
et article 3 du Code forestier). — Nous ne croyons pas
qu'il existe de *limite d'âge,* après laquelle on ne pourrait plus être nommé garde particulier. — Les gardes
doivent présenter des garanties de *moralité.* Ce point
est laissé à l'appréciation de l'administration. Une condamnation pénale ne serait pas, à notre avis, un obstacle
absolu à l'admission d'un garde, s'il avait racheté sa
condamnation par une conduite de nature à inspirer
confiance.

Les gardes doivent, autant que possible, savoir lire
et écrire, mais ce n'est pas rigoureusement nécessaire,
car ils peuvent au besoin faire rédiger leurs procès-
verbaux, voir n° 824.

1115. *Un garde champêtre communal peut-il être*
garde particulier ? — Nous pensons avec M. Cère,
p. 10, qu'il serait préférable qu'un garde champêtre
communal s'occupât exclusivement de veiller aux propriétés communales ; cependant l'administration tolère
assez fréquemment le cumul des fonctions de garde
communal et de garde particulier (Dalloz, n° 39).

1116. *Un fermier peut-il être garde particulier*
de la propriété qu'il exploite ? — Nous le croyons.
M. Blanche, p. 952, est d'un avis contraire, tout en reconnaissant que la loi n'a pas établi d'incompatibilité entre
les fonctions de garde particulier et la position de
fermier; le silence de la loi nous donne évidemment
raison. Consulter par analogie le n° 823. — Nous reconnaissons, toutefois, à l'administration le droit, dans
le cas qui nous occupe, d'être plus sévère sur l'admission et d'exiger des candidats une plus grande moralité.

1117. *Que décider à l'égard du domestique à*
gages ? — La Cour de Bourges, par son arrêt du 29

juillet 1853, affaire De Gain, a déclaré que « les fonctions de garde sont incompatibles avec l'état de domesticité. » On peut citer en ce sens un arrêt de la Cour de cassation du 3 août 1833.

Nous nous rangeons à ces autorités, tout en pensant que le mot *domestique* doit être pris ici dans son sens le plus restreint, c'est-à-dire dans le sens d'un homme attaché au service de la personne du maître ; les fonctions de régisseur, dans la plus modeste acception, lors même que celui qui les exercerait habiterait chez son maître, ne rendraient point incapable d'être garde particulier.

3° FORMALITÉS A REMPLIR, NOMINATION, SERMENT, ETC.

1118. Gardes champêtres particuliers. — *Demande.* — *Agrément.* — Pour faire nommer un garde champêtre particulier il faut présenter sa demande (*voir aux formules*), soit directement, soit par l'intermédiaire du maire de sa commune, au sous-préfet de son arrondissement ou au préfet, dans l'arrondissement du chef-lieu. On joint généralement un certificat de moralité délivré au futur garde sur papier libre par le maire de la commune où il est domicilié. — La demande ou commission doit être enregistrée aux droits fixes de 2 fr., décime en plus.

Sur le vu des pièces, le sous-préfet ou le préfet, par une mention mise ordinairement à la suite de la demande, donne ou refuse son autorisation, autrement dit son agrément. Cette mention n'est soumise ni au timbre ni à l'enregistrement. — La commission approuvée ou refusée est retournée à l'impétrant par l'entremise du maire.

Il est incontestable aujourd'hui que l'approbation du Conseil municipal de la commune n'est nullement nécessaire pour la nomination des gardes particuliers. (Les gardes champêtres communaux sont nommés directement par le préfet, art. 5, n° 21, du décret sur la décentralisation du 25 mars 1852.)

1119. *Serment.* — Quand la commission est en règle, le garde champêtre particulier, sans avoir besoin de la communiquer au procureur impérial, se présente devant le juge de paix du canton où il doit exercer ses fonctions pour prêter le double serment professionnel et politique ; par le premier, il jure de veiller à la conservation de toutes les propriétés qui sont sous la foi publique et de toutes celles dont la garde lui est confiée par l'acte de nomination ; — par le serment politique, le garde jure obéissance à la Constitution et fidélité à l'Empereur. (La prestation de serment donne ouverture à un droit d'enregistrement de 3 fr. seulement, la commission fût-elle collective.)

Si les propriétés confiées à la surveillance d'un garde champêtre particulier sont situées en *divers cantons,* nous pensons qu'il doit, à l'exemple des gardes forestiers, faire enregistrer sa prestation au greffe de la justice de paix où le serment n'a pas été prêté.

1120. *Présentation à la gendarmerie.* — Les gardes champêtres communaux sont obligés, après leur prestation de serment, de se présenter à la gendarmerie pour y faire enregistrer leur commission. Il nous paraît évident que cette formalité ne concerne point les gardes particuliers ; voir pourtant Dubarry, *Secrétaire de mairie,* au mot *garde particulier,* et Rousset, p. 110.

1121. Gardes forestiers particuliers. — *Demande, formalités.* — Ce que nous avons dit n° 1118, concernant les gardes champêtres particuliers, s'applique ici (*voir aux formules*), en ayant soin d'indiquer qu'il s'agit de forêts, bois ou taillis. Il faut de plus joindre à sa demande l'acte de naissance du garde et, pour remplacer l'attestation de moralité, un certificat, extrait du casier judiciaire, délivré par le greffier du tribunal civil de l'arrondissement où le futur garde est né, constatant que celui-ci n'a pas été l'objet de condamnations ou indiquant celles qu'il a subies.

1122. *Serment.* — *Présentation au serment.* — *Ministère public, avoué.* — Lorsque le garde a été agréé par le sous-préfet, il doit prêter le serment professionnel et politique devant le tribunal de première instance de sa résidence (art. 5 et 117 du Code for.), c'est-à-dire de l'endroit où il doit exercer son emploi. — Il appartient aux procureurs impériaux, exclusivement à tous autres, même aux avoués, de présenter au serment les gardes forestiers particuliers (cass., 20 juill. 1823 et 15 juill. 1836) ; dans la pratique on s'adresse néanmoins à l'un des avoués près le tribunal pour l'accomplissement des diverses formalités, et celui-ci, quand les pièces sont en règle, avertit le propriétaire du jour où son futur garde doit prêter serment.

L'acte de prestation de serment est enregistré au droit fixe de 3 fr. — Les frais divers de la nomination d'un garde forestier particulier qui peut être en même temps garde champêtre sont d'environ 25 fr., y compris la rémunération du mandataire si l'on s'adresse à un avoué.

1123. *Pouvoir du procureur impérial, refus de présenter au serment.* — Le procureur impérial peut-il refuser de présenter un garde au serment ? — L'affirmation paraîtrait résulter du réquisitoire adopté par la Cour de cassation dans l'arrêt du 15 juillet 1836, cité au numéro précédent. Nous ne saurions pourtant l'admettre, puisque les procureurs impériaux ne sont chargés par la loi ni de nommer ni d'agréer les gardes. Ils doivent, à notre avis, se borner à en référer officieusement aux préfets si le garde qui se présente ne leur semble pas en règle ou s'ils ont sur son compte des renseignements défavorables.

1124. *Enregistrement des commissions et des prestations de serment.* — Les gardes forestiers particuliers ne sont point tenus de se présenter à la gendarmerie, mais l'article 5 du Code forestier les oblige à faire enregistrer leur commission et leur acte de prestation de serment au greffe du tribunal de première instance dans le ressort duquel ils sont commissionnés. — Ils peuvent exercer leurs fonctions dans des arrondissements où ils n'ont pas prêté serment, à la condition que leur commission et leur prestation de serment soient enregistrées aux greffes des tribunaux de ces arrondissements (art. 5 du Code for.; cass., 10 sept. 1847).

1125. Observations générales. — *Fonctions réunies.* — *Commissions collectives.* — Comme nous l'avons dit n° 1113, le même garde particulier peut être à la fois garde champêtre et garde forestier, et c'est même ce qui a lieu le plus souvent. On ne remplit alors que les formalités de la nomination des gardes forestiers particuliers et l'on procède, comme il est expliqué n° 1120, en mentionnant dans la commission que le garde est nommé pour veiller aux propriétés rurales et forestières. — Les propriétaires peuvent aussi agir collectivement (voir dernière partie du n° 1113). Dans ce cas, la demande occasionne autant de droits d'enregistrement qu'elle énonce de propriétaires ayant des intérêts distincts.

1126. *Refus d'admission.* — *Recours.* — Qu'il s'agisse d'un garde champêtre particulier ou d'un garde forestier particulier, c'est toujours le sous-préfet qui doit donner son agrément. S'il refuse, on peut recourir au préfet (voir l'art. 117 du Code for., qui est formel en ce sens, au moins en ce qui concerne les gardes forestiers), et ensuite au ministre.

1127. *Insignes.* — *Plaques.* — *Armes.* — *Renvoi.* — Voir n°s 819 et 820, ce que nous avons dit au sujet des insignes et de la plaque. Quant aux armes, les gardes peuvent, comme les autres citoyens, porter celles qui leur conviennent, pourvu qu'elles soient apparentes (Rousset, p. 110 ; voir n° 514).

1128. *Changement de propriétaire.* — *Commission nouvelle.* — La Cour de cassation, par l'arrêt ci-dessous, a jugé, très-justement à notre avis, que les héritiers du propriétaire qui a fait nommer un garde (nous en dirions autant d'un acquéreur) peuvent le conserver sans qu'il y ait lieu de remplir aucune formalité ni de renouveler le serment.

Cass., 14 mars 1802. — D. 03.5.347. — P. 05.586. — S.
En sens contraire : Trib. de Niort, 2 déc. 1854, et Rousset, p. 109.

1129. *Changement de gouvernement. — Serment.*
— Nous pensons que les gardes particuliers devraient prêter un nouveau serment, s'il survenait un changement de gouvernement.

4ᵃ CARACTÈRE. — FONCTIONS. — COMPÉTENCE
TERRITORIALE DES GARDES PARTICULIERS.

1130. 1º Caractère. — *Commission.— Officiers de police judiciaire. — Agents de la force publique.*
— Nous avons dit, nᵒˢ 930 et 935, que les gardes particuliers, champêtres ou forestiers, sont des *officiers de police judiciaire,* et nous avons indiqué la conséquence qui en résulte à raison des délits qu'ils pourraient commettre. — Ils ne reçoivent pas de leur seule commission leur caractère d'officiers de police judiciaire, mais de l'acte de l'autorité compétente qui les agrée et du serment qu'ils prêtent en justice. Leur commission n'est donc pas un simple mandat et n'expire pas de droit à la mort de celui qui l'a délivrée (arrêt de cassation cité nᵒ 1128). — Les gardes particuliers sont aussi des *agents de la force publique.* Ils doivent prêter mainforte à l'autorité et en recevoir, à leur tour, aide et assistance, le tout relativement aux délits et contraventions qu'ils sont chargés de constater, car nous croyons avec M. Cère, p. 27, qu'à la différence des gardes communaux ils ne sauraient être requis par la gendarmerie pour des délits étrangers à leurs fonctions ou aux propriétés confiées à leur garde.

En sens contraire : Rousset, p. 112.

1131. *Mais ils ne sont pas des agents du gouvernement,* voir nᵒ 934, et par suite on n'est pas obligé, lorsqu'on croit avoir à les poursuivre, de recourir à une autorisation préalable (Blanche, p. 939; Dalloz, nᵒ 52).

1132. *Subordination des gardes particuliers.* —
« Les gardes champêtres et forestiers, dit l'article 17 du Code d'instruction criminelle (et il faut entendre aussi par là les gardes particuliers) sont, comme officiers de police judiciaire, sous la surveillance du procureur impérial, sans préjudice de leur subordination à l'égard de leurs supérieurs dans l'administration. » — Les maires sont leurs supérieurs hiérarchiques dans l'ordre judiciaire, mais non les juges de paix (cass., 14 février 1843).

1133. 2º Fonctions des gardes.— Aux termes de l'article 16 du Code d'instruction criminelle, ils doivent rechercher, suivant qu'ils sont champêtres ou forestiers, les délits et les contraventions portant atteinte aux propriétés rurales ou forestières, — dresser procès-verbal de ces délits et contraventions, — suivre les choses enlevées sans pouvoir entrer dans les maisons et dépendances, si ce n'est en présence du juge de paix, du commissaire de police ou du maire, — arrêter et conduire devant le maire les individus surpris en flagrant délit, si le délit emporte la peine d'emprisonnement ou une peine plus grave, — se faire donner, à cet effet, main-forte par le maire ou l'adjoint.

1134. *Recouvrements d'indemnités.* — Les gardes particuliers sont sans qualité pour réclamer et recevoir les indemnités pouvant être dues à raison du dommage causé aux propriétés confiées à leur garde. S'ils le font, ils n'engagent pas la responsabilité de leurs maîtres, à moins que ceux-ci ne leur aient donné des instructions.

Cass., 10 mai 1805.—D. 05.1.355.—P. 05.1364.—S. 65.1.327.

1135. 3º Compétence territoriale. — *Renvoi.—*
Se reporter aux nᵒˢ 838 et suiv., car les explications qui s'y trouvent s'appliquent aussi bien aux contraventions et délits étrangers à la chasse qu'aux délits prévus et punis par la loi du 3 mai 1844. Voir aussi aux formules.

5ᵉ PROCÈS-VERBAUX. — FORCE PROBANTE.

1136. Procès-verbaux. — *Formes et affirmation.*
— Pour la forme des procès-verbaux, se reporter aux

nᵒˢ 813 et suivants. — Un arrêt de la Cour de cassation du 9 mars 1866, indiqué ci-dessous, rendu dans une affaire où huit procès-verbaux de gardes champêtres étaient attaqué pour cause de nullité, a décidé des points très-importants touchant *l'écriture* et *l'affirmation* des procès-verbaux. La Cour a jugé : 1º Que les gardes peuvent faire écrire leurs procès-verbaux par des personnes sans qualité, c'est-à-dire autres que celles indiquées nᵒ 824, et se borner à les signer pourvu que l'officier public qui reçoit l'affirmation donne préalablement au garde verbalisant lecture de son procès-verbal. (La Cour fait une application générale de l'art. 165 du Code forestier. Voir ce que nous avons dit nᵒ 818. Ajoutons que M. Mangin, p. 219, considère au contraire comme de l'essence d'un procès-verbal d'être écrit par le garde ou par un fonctionnaire compétent; en ce sens, cass., 1ᵉʳ juill. 1813, et 12 avril 1817). — 2º Que l'acte d'affirmation du procès-verbal doit être revêtu, à peine de nullité, de la signature du garde. En ce sens, Mangin, p. 69; voir des décisions contraires nᵒ 870.

Cass., 9 mars 1866. — D. 66.1.285. — P. 66.1101. — S. 66.1.575.
La *rédaction* des procès-verbaux n'est point assujettie à un délai de rigueur, cass., 17 mai 1864. *L'affirmation* se fait devant les magistrats indiqués par l'art. 24 de la loi sur la chasse; elle a lieu, à part ce qui a trait aux délits de chasse, au plus tard le lendemain de la clôture du procès-verbal.

1137. *Remise des procès-verbaux.* — Le propriétaire peut poursuivre directement la répression des délits et des contraventions, mais il peut aussi faire remettre par son garde le procès-verbal dans les trois jours, y compris celui où le fait a été reconnu, soit au commissaire de police si le fait constitue une contravention, soit au procureur impérial, s'il constitue un délit. La Cour de cassation a décidé que ce délai n'est pas de rigueur (arrêts des 17 mai et 20 juin 1861).

1138. Foi due aux procès-verbaux. — Que les gardes particuliers soient champêtres ou forestiers, leurs procès-verbaux ne font foi que jusqu'à preuve contraire, art. 154 du Code d'inst. crim., et 188 du Code for.

6º SUSPENSION, — RÉVOCATION, — DESTITUTION —
ET RESPONSABILITÉ DES GARDES.

1139. 1º Suspension. — Les maires peuvent suspendre les gardes communaux, mais nous ne croyons pas qu'ils aient ce droit à l'égard des gardes particuliers. Nous ne pouvons reconnaître cette faculté qu'aux préfets, car il s'agit d'une peine que les propriétaires sont incompétents pour prononcer.

1140. 2º Révocation. — La révocation est le retrait de la commission ; elle ne peut émaner que du propriétaire qui l'a donnée; elle a lieu à sa volonté, sans qu'il soit tenu de donner aucun motif de sa décision; si le garde avait été choisi par plusieurs personnes, chacune d'elles aurait la faculté de le révoquer pour son compte. — Il suffit de retirer au garde sa commission. S'il se refusait à la remettre, le propriétaire pourrait, par un acte d'huissier, lui révoquer ses pouvoirs et l'actionner au besoin devant les tribunaux.

1141. 3º Destitution. — La Cour de cassation a jugé à diverses reprises que les tribunaux n'ont aucun pouvoir disciplinaire sur les gardes (cass., 10 juin 1824, et 29 fév. 1828), et nous pensons qu'il faut en dire autant du ministère public. — Qui peut alors, quand le propriétaire refuse de révoquer son garde, prononcer la destitution de celui-ci ? — M. Blanche, p. 952, et M. Chardon, p. 366, disent que c'est le sous-préfet qui a donné son agrément à la commission; nous le croyons aussi, mais les parties ont le recours au préfet (voir l'art. 117 du Code for.).

1142. 4º Responsabilité. — L'article 7 de la section VII de la loi du 6 octobre 1791 porte : « Les gardes champêtres seront responsables des dommages dans le cas où ils négligeront de faire dans les vingt-quatre heures les rapports des délits. » Le mot *délits* s'entend aussi des contraventions. Cet article s'applique aux gardes particuliers qui seraient d'ailleurs responsables, aux termes de l'article 1991 du Code Napoléon.

1143. Crimes et délits commis contre les gardes. — *Rébellion.* — Les articles 209 et suivants du Code pénal punissent de peines sévères la rébellion, c'est-à-dire la résistance avec violences et voies de fait envers les agents de la force publique. L'article 209 mentionne les gardes champêtres et forestiers. Cependant la Cour de cassation a jugé, par arrêts des 5 et 12 mai 1807, que les violences avec armes contre les gardes d'un simple particulier ne constituaient pas le crime de rébellion à la force armée. Nous croyons néanmoins que l'article 209 est applicable.

1144. *Violences exercées sur eux dans l'exercice de leurs fonctions.* — Les articles 231 et suivants du Code pénal qui répriment sévèrement et avec raison les violences dirigées contre les agents de la force publique dans l'exercice de leurs fonctions sont applicables aux gardes champêtres et forestiers des particuliers.

1145. Crimes et délits commis par les gardes. — *Délits ordinaires, maximum.* — Le garde particulier qui commet un délit ou participe à un délit qu'il était chargé de surveiller doit être condamné au maximum de la peine, article 198 du Code pénal ; l'article 463 reste néanmoins applicable suivant l'opinion commune. L'article 198 ne concerne pas les contraventions.

1146. *Corruption.* — *Faux.* — Le garde particulier qui aurait reçu des promesses, des dons ou des présents pour faire un acte de sa fonction, même juste, mais non sujet à salaire, ou pour s'abstenir de faire un acte qui entrait dans l'ordre de ses devoirs, serait passible de la dégradation civique et de l'amende, article 177 du Code pénal. — Le corrupteur encourt les mêmes peines.

Le garde particulier qui rédigerait frauduleusement un faux procès-verbal serait passible des travaux forcés à perpétuité (art. 147 du Code pénal ; Chauveau et Faustin Hélie, t. II, p. 411 ; Mangin, p. 208).

1147. *Exercice des fonctions après destitution ou révocation.* — Le garde qui se rendrait coupable d'un fait semblable encourrait l'emprisonnement, article 197 du Code pénal. — Si le fait avait lieu *avant la prestation de serment,* la peine est une amende de 16 à 150 fr., article 196 du Code pénal.

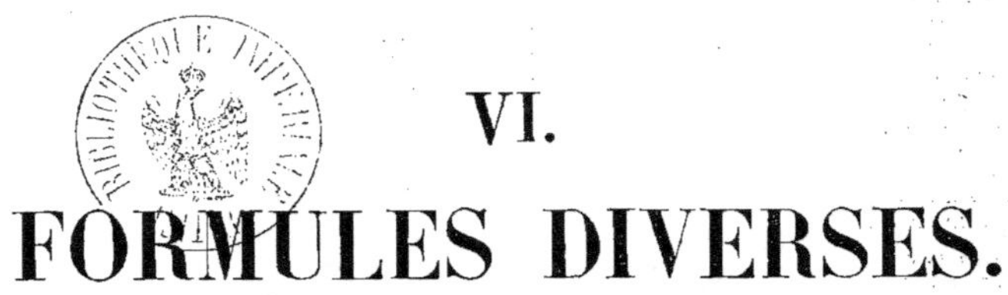

VI.
FORMULES DIVERSES.

Formules.

BAUX DE CHASSE. — CAHIERS DE CHARGES. — DEMANDE DE PERMIS. — PROCÈS-VERBAUX. — COMMISSIONS DE GARDES, ETC.

1148. Bail de chasse. — *Sans réserve par le propriétaire.* — « Entre les soussignés, — A. d'une part, — et B. d'autre part, — a été convenu ce qui suit : M. A. loue par le présent à M. B., qui l'accepte, la chasse et tous les droits qui en dépendent sur la ferme de Courbeton, située..... *sans aucune réserve de la part de M. A.* — Le bail est fait pour 3, 6 ou 9 années, au choix des parties, en se prévenant verbalement ou par lettre trois mois avant la fin de chaque période ; il est entendu toutefois qu'il prendrait fin à la mort de l'un ou de l'autre des contractants et qu'en cas de vente de tout ou partie de la ferme, il cesserait de plein droit sur l'objet vendu à compter de l'entrée en jouissance de l'acquéreur (1). — Ce bail est consenti à la charge par M. B., 1° de jouir du droit de chasse en bon père de famille, en causant le moins de gêne et de tort possible au fermier ; 2° de répondre à ses risques et périls de tous les dommages que pourraient causer à celui-ci ou aux voisins, soit les chasseurs, soit le gibier ou les animaux nuisibles qui peuvent exister sur la ferme et notamment dans le petit taillis qu'elle comprend ; 3° de ne pouvoir céder son bail à un autre sans le consentement exprès de M. A. ; 4° de faire garder la propriété, et 5° de fournir à ce dernier et à son domicile, par chaque année de jouissance, un lièvre, deux lapins et une demi-douzaine de perdrix, le tout évalué pour l'enregistrement à la somme de douze francs. — M. A. délègue au besoin à M. B. tous les droits qui peuvent lui appartenir touchant la destruction des bêtes fauves et des animaux nuisibles. — Fait double à....., le..... »

Nota : Écrire le bail sur deux feuilles de timbre de 0,50 et faire enregistrer de suite ; le droit est insignifiant : 0,20 par 100 fr. sur le prix cumulé des années du bail. Après trois mois, le droit est double.

1149. *Bail avec réserve par le propriétaire.* — Supprimer les mots « *sans aucune réserve de la part de M. A.,* » qui figurent à la formule précédente et les remplacer par ceux-ci : « Avec réserve pour M. A. et son fils de la faculté de chasser quand bon leur semblera sur la ferme de Courbeton, soit isolément, soit ensemble, soit chacun avec deux amis. — Le bail est fait, etc., etc. »

1150. Cahier des charges, — *auxquelles est adjugé le droit de chasse dans les forêts de l'État.* (*Extrait*). — Ce cahier de charges a été délibéré en conseil d'administration le 22 mai 1863, adopté par le directeur général des forêts le 23 mai 1863, et approuvé le 5 juin suivant par le ministre des finances. Il existe en outre des *clauses spéciales,* approuvées par le directeur général le 30 juin 1863, concernant la défense par les adjudicataires d'introduire des lapins dans les forêts amodiées. — Il nous a paru trop long de transcrire ici tous ces documents, et nous nous bornons à rapporter les clauses d'un intérêt général.

«..... Art. 14. — Les fermiers et cofermiers pourront se faire accompagner chacun par trois personnes (1). —

---

(1) Lors même que cette dernière clause n'existerait point, il nous paraîtrait impossible que le locataire de chasse, même par bail enregistré, pût se prévaloir de ce bail vis-à-vis du nouveau propriétaire (mais il aurait son recours contre l'ancien) : l'art. 1743 du Code Napoléon ne nous paraît pas applicable ici. Consulter par analogie n° 9. — Voir pourtant en sens contraire M. Petit, t. 1ᵉʳ, p. 343.

(1) Se reporter aux nᵒˢ 671, 672 et suivants.

Le fermier qui ne désignera point de cofermier, ou qui, dans cette désignation, n'atteindra pas le maximum déterminé par l'acte d'adjudication, pourra, quand il chassera, remplacer par quatre personnes chacun des cofermiers non désignés.... Il est interdit à toute personne autre que les fermiers, les cofermiers et les gardes particuliers à ce dûment autorisés, de chasser isolément, à peine d'être poursuivie comme délinquant (1). — Art. 22. Les adjudicataires demeureront responsables, vis-à-vis des propriétaires des héritages riverains, des dommages causés à ces héritages par les lapins, les autres animaux nuisibles et toute espèce de gibier (2). — Art. 24. Les fermiers souffriront les battues qui pourront être ordonnées pour la destruction des loups et autres animaux nuisibles. — Ils concourront à ces battues (3). »

1151. Demande de permis de chasse (4). — A M. le Préfet de..... ou à M. le Sous-Préfet de..... (suivant que l'on habite le chef-lieu de département ou un arrondissement). — Monsieur le Préfet, — Le soussigné, A... (noms, profession, domicile), a l'honneur de vous exposer qu'il est dans l'intention de se livrer à l'exercice de la chasse et qu'il ne se trouve dans aucun des cas d'exception prévus par la loi. C'est pourquoi il vous prie, Monsieur le Préfet, vu la quittance ci-jointe constatant le paiement du droit, lui accorder le permis nécessaire. — Il a l'honneur d'être... (dater et signer). »

Faire cette demande sur timbre de 0,50 c.

1152. *Demande pour un mineur.* — « A M. le Préfet (ou le Sous-Préfet). — Le soussigné, agissant pour Émile Duval, son fils mineur (ou son pupille, s'il s'agissait d'un tuteur), âgé de....., demeurant avec lui, — a l'honneur de vous exposer que son fils est, avec son autorisation, dans l'intention.... »

Si le mineur était émancipé, il faudrait dire :

« Le soussigné..., mineur émancipé, assisté de M. A..., son curateur, a l'honneur... » — Le mineur signerait et avec lui le curateur.

1153. Procès-verbaux de délits de chasse. — *Fait constant. — Coup de fusil.* — « L'an mil huit cent soixante-sept, le trente septembre, à six heures du matin, — moi, François-Jacques-Nicolas Montbulé, dit Sapeur, demeurant commune d'Ancinnes, au hameau de Montregnier, garde particulier des propriétés de M. le comte de ***, propriétaire, demeurant commune de Louvigny, ayant été reçu et assermenté au tribunal civil de Mamers, et étant décoré de ma plaque et porteur de ma commission, — me suis trouvé, en faisant ma visite ordinaire, sur la pièce de terre appelée la Grouas-du-Val, située au lieu dit le Val-au-Cerf, commune d'Ancinnes, ensemencée en trèfle, dont la chasse est louée à M. le comte de ***, suivant bail en forme. — J'étais au bas de cette pièce de terre quand j'entendis l'explosion d'un coup de fusil qui me parut venir de l'extrémité du champ. Je me dirigeai aussitôt de ce côté et j'aperçus, dans le même champ, à 50 mètres de moi environ, un individu courbé qui ramassait un lièvre sous sa blouse. Il prit la fuite en m'apercevant, mais je le reconnus parfaitement pour être le sieur Philippe Maigret, tisserand,

demeurant à Ancinnes. J'ai cru inutile de me mettre à sa poursuite et n'ai pu lui déclarer procès-verbal. Le fusil dont il était armé n'est qu'à un coup, mais je ne saurais en faire une désignation précise. — Fait et clos à Ancinnes, les jour, mois et an ci-dessus, à midi. (Signer.) »

Voir les art. 21, 22 et 24 de la loi sur la chasse et le n° 1130.

1154. *Engins prohibés. — Collets.* — « L'an ....., je, soussigné ....., étant sur la pièce de ....., ai trouvé sur la haie de cette pièce de terre trois collets en fil de laiton. Voulant connaître le délinquant, je me suis mis en embuscade à une certaine distance, après avoir déplacé le collet du milieu. Au bout d'une demi-heure j'ai vu un sieur Jacques Guillocher, cordonnier à Neufchatel, *déboucher* dans le champ et se diriger du côté de la haie où les collets étaient tendus ; il s'est arrêté un instant devant le premier collet pour l'examiner ; arrivé devant celui que j'avais dérangé, il s'est baissé et l'a remis en place. Je me suis aussitôt dirigé vers lui. Il a cherché à nier d'abord, mais il a fini par avouer le délit en me suppliant de ne pas verbaliser. Je lui ai répondu que mon devoir s'y opposait et lui ai déclaré procès-verbal. J'ai ensuite saisi les collets pour en faire le dépôt au greffe du tribunal civil. — Fait et clos à ....., le ..... »

1155. Affirmation des procès-verbaux. — « L'an ....., le ....., à une heure de l'après-midi, devant nous (maire, adjoint, juge de paix ou suppléant, voir art. 24), s'est présenté le sieur ***, garde particulier de M. ***, lequel a, par serment, affirmé sincère et véritable le procès-verbal ci-dessus, dressé contre le sieur ***, et il a requis acte de son affirmation que nous lui avons donné. (Signature de la personne qui reçoit l'affirmation et du garde qui a rédigé le procès-verbal).

Nous rappelons que l'affirmation doit avoir lieu dans les vingt-quatre heures du délit, voir n°s 864 et suivants, et le n° 1130.

1156. Commission d'un garde particulier, champêtre et forestier. — « A M. le Sous-Préfet de.... — Monsieur le Sous-Préfet, — Le soussigné (noms et domicile du propriétaire) a l'honneur de vous exposer qu'il possède dans les communes de..... diverses propriétés consistant en terres labourables, prés, taillis, etc., et que, désirant avoir un garde particulier, il a choisi et déclare commissionner à cet effet le sieur....., qui remplit toutes les conditions d'âge, de capacité et de moralité. — C'est pourquoi le soussigné vous prie, Monsieur le Sous-Préfet, vu l'acte de naissance du sieur..... et l'extrait négatif du casier judiciaire qui lui a été délivré, agréer ledit sieur..... comme garde particulier des propriétés rurales et forestières que le soussigné possède actuellement et de celles qu'il pourra acquérir par la suite (1), ou dont il est ou sera locataire à quelque titre que ce soit, dans toute l'étendue de l'arrondissement de..... (dater et signer). »

1157. Si le propriétaire ne voulait faire nommer qu'un garde champêtre, il s'adresserait également au sous-préfet (voir n° 1126), mais il ne parlerait que de ses propriétés rurales. — Pour les locataires des chasses, la formule ci-dessus peut être suivie ; il n'y a que quelques mots à changer.

1158. *Agrément du sous-préfet.* — Il suffit de mettre au pied ou en marge de la commission la mention suivante : « Vu et agréé par nous, sous-préfet de.... (dater et signer). »

---

(1) Voir les n°s 675 et 676.
(2) Mais les adjudicataires ne sont responsables que suivant le droit commun, voir n° 1088 et les n°s 1064 et suivants.
(3) Suivant M. Villequez, p. 421, l'adjudicataire qui refuserait son concours à une battue encourrait l'amende de 16 à 100 fr. portée par l'art. 11, 5°. — Ce n'est pas notre avis, et nous croyons que l'amende de 10 fr. dont nous avons parlé n° 1012 est seule applicable ; il ne s'agit pas là d'une contravention relative à la chasse, voir art. 11, 5°.
(4) Nous répétons ici que le chasseur n'est pas tenu de porter avec lui son permis (voir n°s 150 et suiv.), et l'arrêté préfectoral qui astreindrait à en être porteur serait illégal, comme ajoutant à la loi ; par suite le refus de se conformer à un semblable arrêté ne constituerait ni délit de chasse ni contravention ; ainsi jugé par la Cour de Lyon le 21 janvier 1868, *Droit* du 5 février.

(1) Nous croyons nécessaire de mentionner les propriétés futures, car si le propriétaire avait dans sa demande indiqué spécialement ses propriétés ou même certaines communes, nous pencherions à croire que le garde n'aurait pas qualité sur les propriétés qui seraient acquises postérieurement (art. 1989 du Code Nap.).

TABLE ALPHABÉTIQUE [1]

DE TOUTES LES MATIÈRES.

TABLE ALPHABÉTIQUE.

(1) I. Les chiffres qui suivent chaque mot correspondent aux numéros de l'ouvrage ; la lettre *s.* veut dire *numéros suivants.*
II. On trouvera l'indication cherchée, soit en se reportant au mot général, soit en se reportant au mot particulier; ainsi pour connaître où est traitée la question de savoir si la chasse à l'affût est permise, le lecteur peut voir à la table au mot générique *chasse,* ou au mot spécial *affût.*
III. Quand au mot principal se rapportent d'autres mots qui le qualifient, nous les plaçons immédiatement après ce mot. Exemple : CHASSE, - à l'affût, - en bateau, - à courre, etc.
IV. Le lecteur voudra bien s'aider aussi de la division méthodique des matières, qui est en tête de l'ouvrage.

15589 — Nantes, Imprimerie Charpentier, rue de la Fosse, 32.

EN PRÉPARATION

La Pêche et les Cours d'eau.
Les Chemins de Fer, Construction, Police, Transport, Responsabilité.

Ces Ouvrages paraîtront, comme *la Chasse*, en deux éditions, grand in-8° à 2 colonnes, ou in-18.

(Le prix des deux éditions est le même).

NANTES, IMPRIMERIE CHARPENTIER, RUE DE LA FOSSE, 32.

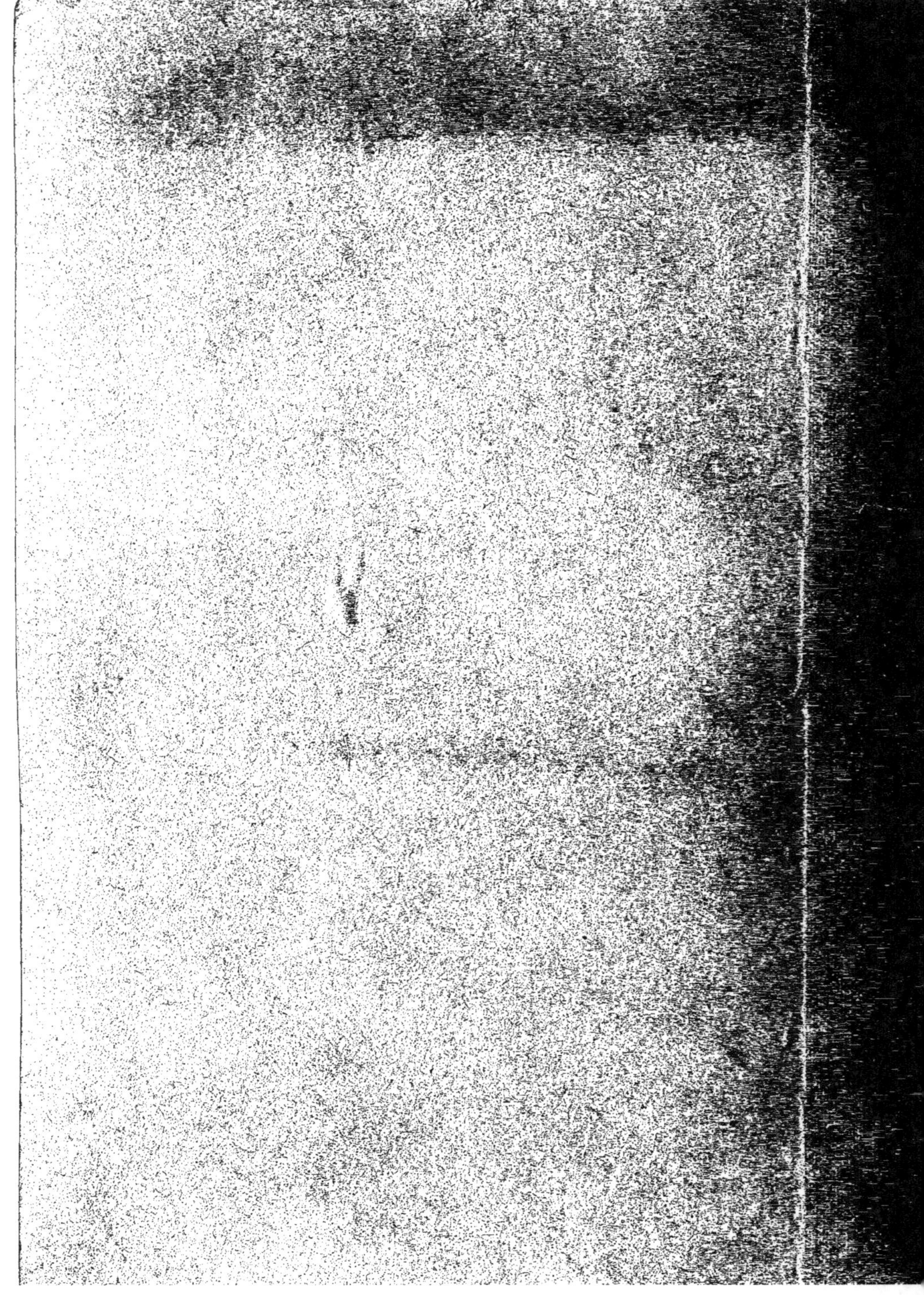